中国经济形与势

张兆安　邱俊鹏　邵晓翀 / 著

上海社会科学院出版社
SHANGHAI ACADEMY OF SOCIAL SCIENCES PRESS

序　言

　　经济形势犹如远处的水墨山水，时而层峦叠嶂，时而烟雾缭绕，时而清秀巍峨。任何一个国家、一个地区、一个城市，遍历周遭，时事万千，经济形势变幻莫测，概莫能外。如何研判短期的"形"变与长期的"势"转，以及二者的辩证关系，当然也就成了宏观经济形势研究者的一项主要工作。做这项研究，不仅是一份工作，更是一种使命。

　　改革开放以来，在中国宏观经济和上海经济运行进程中，已经取得了一系列举世瞩目的丰硕成果，也逐渐呈现一些比较突出的问题和矛盾，需要不断得到化解。其中，有不少是理论问题，更多的是实践问题，当然，也有理论和实践相结合的问题。尤其是2008年国际金融危机爆发之后，中国逐渐面临着世界经济形势扑朔迷离、复杂多变、不确定性不稳定性逐渐增多，国内经济创新转型和经济下行压力的严峻挑战。在这个大背景下，怎么在中国宏观经济运行和上海经济增长中分析短暂的形变和长期势位的转换，这无疑需要经济学者进行深入系统的分析并提出对策建议。这就需要经济学者具备发现问题的敏锐性、分析问题的独到性和解决问题的精准性，还需要持续跟随中国和上海经济发展的脉搏，审时度势，把握形势，既着眼于变量的研究、行业的研究、微观企业和个体的研究，也要发现共同的趋势、背后的力量和深层次的本质所在。

　　一个经验老到的卖者，不用凭借秤砣，掂一掂就知道几斤几两，这就是所谓的手感。经济形势分析需要"手感"，有时也叫"直觉"。对我个人而言，多年从事这方面工作的经历给我提供了这种条件。自1983年以来，尽管我从事的工作岗位和工作职责不尽相同，但经济研究和决策咨询始终没有停止过。1983年7月，我进入上海社会科学院部门经济研究所（现改称为应用经济研究所）开始从事经济研究工作；之后，由于工作岗位的调整需要，在农村经济研究室从事了6年的"三农"问题研究，担任了7年左右的企业发展研究中心副主任和工业经济研究中心副主任；接着在1997

年出任上海经济年鉴社副主编，开始涉及综合经济以及各个经济领域；2020年6月，我又调任上海市人民政府发展研究中心咨询部主任，上海经济年鉴社执行副主编、主编，在差不多7年的时间内从事了一系列十分重要的决策咨询工作；2007年3月，我被选举为中国民主建国会上海市委的专职副主委，全面负责民建上海市委的参政议政工作，完成了一系列的调研课题和社情民意征集工作；2014年8月，根据新的任命，我又回到上海社会科学院担任经济研究所副所长，到2016年8月开始出任上海社会科学院副院长。

在此期间，我还有幸担任了第十届上海市政协委员（2003年1月—2007年1月），第十一届、第十二届、第十三届全国人大代表（2008年3月—2023年3月）；担任了中国民主建国会第十一届、第十二届、第十三届上海市委副主委（2007年3月—2022年7月）；第九届、第十届、第十一届民建中央委员，经济委员会副主任（2007年12月—2022年12月）；并且连续主编了18年的《上海经济年鉴》，还受聘担任了一些高校的兼职教授等。

应该说，在2014年再次回到上海社会科学院工作之后，我的主要研究工作开始转为从事中国宏观经济运行形势分析，并且撰写了一系列的研究分析报告提供给中央和国家有关部门作为决策参考。同时，在上海社会科学院被确定为国家高端智库之后，我又担任了国家高端智库"中国宏观经济运行研究"创新团队的首席专家。因此，在这些年来，我独立或者领衔撰写了一系列中国与上海经济形势分析方面的报告，在主流媒体上公开发表了一些相关的论文和文章，得到了社会好评。

经济形势分析需要传承和发扬，感谢一路同行的人。2014年下半年开始，在我及同事开始主要从事"中国宏观经济运行研究"的经济形势分析和撰写经济形势分析报告的过程中，时任上海社会科学院院长王战教授给予我们很大的关心和指导，与我们一起形成分析的框架和思路，一起讨论中国宏观经济运行进程中的要素变化和存在问题，以及需要采取的相应对策，不仅使我们获益匪浅，而且使得我们撰写的经济形势分析报告具有比较鲜明的特色。与此同时，还有一些院内的经济学者也给我们提供了不少的帮助。在此，一并表示衷心的感谢。

在中国宏观经济运行研究及经济形势分析工作中，上海社会科学院经济研究所副研究员、研究生副院长邸俊鹏，学术功底深厚，悟性又特别强，一直作为一名直接参与此项研究工作的核心成员,并且起到了十分重要的作用。可以说,自2016年之后,几乎所有涉及全国和上海的经济形势分析报告,都是由我们两人共同撰写完成的。对她长期以来为全国经济和上海经济形势分析报告撰写工作所做出的贡献表示衷心的感谢。

还有,在我们着力于全国经济和上海经济形势分析工作过程中,我指导的上海社会科学院经济研究所博士研究生邵晓翀,在就学期间也参与了一些经济形势分析研究工作,并且发挥了很好的协助作用。其结果是,他不仅直接参与了一些研究报告的撰写工作,而且在他进入浦东新区张江集团工作之后也撰写了一系列的专题报告,充分体现出了一定的专业潜质。为此,对他所做出的努力和贡献也要表示衷心的感谢。

上海作为中国最大的经济中心城市、世界经济重要的桥头堡,是中国特色社会主义市场经济最生动的场景,也是中国式现代化的典型代表。对上海的经济学者而言,上海的经济发展为研究中国经济提供了最实时的一手资料,所谓窥一斑而知全豹。同时,着力于中国宏观经济和上海经济运行形势的系统分析和持续研究,不仅是专业研究工作使然,更是一种使命和担当。

如今,我们从事全国经济和上海经济形势分析工作已经有10个年头了。在这个不长也不短的历史进程中,我们为全国经济和上海经济发展所取得的成绩而感到欣慰,也为全国经济和上海经济发展进程中需要继续攻克的难关而献计献策,更要衷心地祝愿全国经济和上海经济持续砥砺前行,不断地创造辉煌。在这个比较特殊的时间节点,我们开始对2008年国际金融危机之后涉及全国经济增长的相关文章,以及2010年之后涉及上海经济增长的相关文章,特别是2014年开始的全国经济形势分析报告和2017年开始的上海经济形势分析报告作了梳理和归类,按照已经公开发表或可以公开发表为准则,在大量的分析报告、论文和文章中选择了100余篇汇集成了本书,以飨读者。

当然,我们也十分清醒地认识到,我们对中国宏观经济运行和上海经济发展所做出的一些分析和研究,不可能纵向到底、横向到边,还有很多局限性和不足之处,也难免挂一漏万,尤其是提出的很多观点和很多建议,只是一家之言,仅作参考而已。

最后,本书的出版,是为了记录我们对中国宏观经济运行和上海经济发展相关命题的一些分析和思考，也是为了记录我们对中国宏观经济运行和上海经济发展所做出的一些微薄的智力贡献。

是为序！

张兆安

2023 年 8 月

目　录

序言 ……………………………………………………… 张兆安　1

第一编　中国经济形势研判与建议（2008—2022 年）

2008—2010 年

化解企业困境需多管齐下 ………………………………… 张兆安　3
振兴经济应以终端消费为指向 …………………………… 张兆安　6
把握应对金融危机的主线 ………………………………… 张兆安　9
从中国扩大内需措施掌握服务业发展契机 …………… 张兆安　11
对规划也要进行"规划" ………………………………… 张兆安　15
关注"新生代农民工" …………………………………… 张兆安　18

2011 年

中国经济：新年之新思考 ………………………………… 张兆安　20
稳增长，如何稳 …………………………………………… 张兆安　26
产业融合也是创新 ………………………………………… 张兆安　29
推动我国民营经济发展的思考 …………………………… 张兆安　31
振兴我国农村消费意义重大 ……………………………… 张兆安　33

2012 年

中国促进内需市场发展之策略 …………………………… 张兆安　37
调结构，怎么调 …………………………………………… 张兆安　44
把握宏观经济形势与政策措施的走向 …………………… 张兆安　46

2013 年

创新驱动战略与政府自身建设 …………………………… 张兆安　49
中国服务贸易发展的战略思考 …………………………… 张兆安　52
化解我国中小企业融资难的七项建议 …………………… 张兆安　58

2014 年

2014 年：改革创新中的稳中求进 ………………………… 张兆安　61
2014 年下半年度我国宏观经济形势分析与建议
　　——重点防范外资外贸"双下行"的风险 ……………… 张兆安等　64
非公经济发展应有六个"突破" …………………………… 张兆安　73
农村土地制度改革试点：坚持底线和原则 ………………… 张兆安　75

2015 年

2015 年一季度我国宏观经济形势分析与建议
　　——推出六个方面应对的"组合拳" ……………………… 张兆安等　79
2015 年上半年我国宏观经济形势分析与建议
　　——积极化解五个方面的"叠加效应" …………………… 张兆安等　86
2015 年下半年度我国宏观经济形势分析与建议
　　——对准微观经济层面"需求萎缩，成本上升"发力 …… 张兆安等　94
2015 年：中国宏观经济运行及未来应对之策 ……………… 张兆安　105

2016 年

2016 年上半年我国宏观经济形势分析 ………………… 张兆安　邱俊鹏　122
当前我国宏观经济运行态势与建议
　　——针对"四个板块分化"和"五个传导机制"施策
　　………………………………………………… 张兆安　邱俊鹏　126
警惕经济运行隐含"滞胀"风险 ………………… 张兆安　邵晓珅　137
当务之急是扭转"脱实向虚"态势 ……………… 张兆安　邵晓珅　144
2016 年：非公经济发展的挑战和机遇 ……………………… 张兆安　150
推进民间投资增长要综合施策 ……………………………… 张兆安　153
抓好供给侧改革关键环节 …………………………………… 张兆安　156
精准发力推进农业供给侧结构性改革 ……………………… 张兆安　158

2017 年

2017 年上半年我国宏观经济形势分析与建议
　　——围绕"六个稳定"和"四个推进"综合施策
　　………………………………………………… 张兆安　邱俊鹏　161
勇往直前坚决闯过这个关口 ………………………………… 张兆安　168
我国跨境电子商务如何转型与发展 ………………………… 张兆安　171

2018 年

中国经济怎样迈出高质量发展步伐	张兆安	173
2018 年上半年我国宏观经济形势分析与建议		
——围绕"五个着力"综合施策	张兆安 邱俊鹏	177
推动人工智能与实体经济融合发展	张兆安	183
我国对口帮扶工作立法研究	张兆安 邵晓翀	185

2019 年

防范化解风险需要做到五个"着力"	张兆安	202
2019 年上半年我国宏观经济形势分析与建议		
——精准施力稳预期，谨防经济"脱常"运行	张兆安 邱俊鹏	206
从两个"万亿级"看中国消费新变化	张兆安	213
市场由大到强：中国经济发展的不竭动力	张兆安	215
抓住六个关键环节，持续优化营商环境	张兆安	217
开放创新，国家级经济技术开发区要先行一步	张兆安	220
发挥社会组织力量，进一步优化营商环境	邱俊鹏	222

2020 年

重头戏：稳定经济运行的八个预期	张兆安	226
2020 年上半年我国宏观经济形势分析与建议		
——把握"四个关系"，形成"四个合力"	张兆安 邱俊鹏	229
编制"五年规划"需要强化"五个意识"	张兆安	238
稳住农业需唱好"两出戏"	张兆安	240
助力"六稳""六保"效果显现	张兆安 邵晓翀	242
外资看中的不仅仅是中国市场	张兆安	245
新冠肺炎疫情冲击下的中国经济与防控重点	邱俊鹏	247
新冠肺炎疫情防控与经济发展两手抓	邱俊鹏	251
当前民营经济面临的主要风险与应对	邱俊鹏	253

2021 年

紧紧抓住高质量发展这个主题	张兆安	256
2021 年上半年我国宏观经济形势分析与建议		
——着力化解七个方面"风险压力"	张兆安 邱俊鹏	258

2022 年

中国经济：爬坡过坎，砥砺前行 ………………………………… 张兆安　265
当前经济形势分析与应对
　　——在稳增长与财政可持续性之间寻求平衡 ……… 邱俊鹏　张兆安　269
2022 年宏观经济面临的十大风险 ………………………………… 邱俊鹏等　275
包容性创新带来包容性增长 ……………………………………… 邱俊鹏　279
数字经济如何赋能实体经济 ……………………………………… 邱俊鹏　283
坚持元宇宙服务实体经济，持续推进科技创新 ………………… 邵晓翀　286
国潮新消费新趋势 ………………………………………………… 邱俊鹏　291
解读 2022 年底中央经济工作会议精神 …………………………… 邱俊鹏　293

第二编　上海经济形势研判与建议（2010—2023 年）

2010 年

"十二五"：上海经济发展的两个梳理 …………………………… 张兆安　299
正视上海未来发展的九大关系 …………………………………… 张兆安　304
从形态与空间布局看城市发展 …………………………………… 张兆安　306

2011 年

上海实现转型发展的路径探问 …………………………………… 张兆安　308
商业功能要契合城市发展 ………………………………………… 张兆安　311
从两个视角来认识传统产业 ……………………………………… 张兆安　314

2012 年

"创新驱动，转型发展"的未来方向 ……………………………… 张兆安　317
对上海郊区农业发展的若干认识 ………………………………… 张兆安　320
上海"十二五"以及未来发展的七个要点 ………………………… 张兆安　323
上海商业发展新思考 ……………………………………………… 张兆安　328

2013 年

对上海人口问题的若干思考 ……………………………………… 张兆安　330
抓住城乡统筹着力点 ……………………………………………… 张兆安　333
自由贸易试验区与上海创新发展 ………………………………… 张兆安　335

2014 年

党的十八届三中全会精神与上海未来发展
  ——张兆安研究员在上海企联的演讲 ………… 张兆安 338

从两个 35 年看上海发展愿景
  ——张兆安研究员在上海社会科学院"三城论坛"上的演讲
  ………………………………………………………… 张兆安 343

2015 年

经济"双引擎"，还需政府做"减法" ……………… 张兆安 350

上海创新驱动发展的思考 ……………………………… 张兆安 352

2016 年

上海经济：稳中有进，结构向好，仍需努力 ………… 张兆安 354

靠什么守住"品牌"的生命线 ………………………… 张兆安 358

2017 年

2017 年上海经济运行预测与对策 ………… 张兆安 邱俊鹏 360

上海在全国及长三角经济中的挑战与机遇 ………… 邱俊鹏 378

人人关注"短平快"，重大创新怎能冒出来
  ——张兆安研究员在沪津深三城论坛的演讲 ……… 张兆安 381

2018 年

2018 年上海宏观经济形势分析与研判 …… 张兆安 邱俊鹏 387

四大品牌建设，怎样从"打造"迈向"打响"
  ——张兆安研究员在上海图书馆的演讲 …………… 张兆安 402

打造开放新高地要只争朝夕 …………………………… 张兆安 409

2019 年

文旅融合发展应当"精益求精"
  ——张兆安研究员在上海市文旅局中心组扩大学习会的演讲
  ………………………………………………………… 张兆安 411

加快构建适合上海营商环境发展的评价指标体系 …… 邱俊鹏 417

以新兴奋点、新增长点、新支撑点引爆未来 ………… 张兆安 421

2020 年

上海经济运行特点与短中长期施策重点 ……………… 邱俊鹏 423

全力以"复"，促进消费潜力释放 …………………… 张兆安 430

深入推进示范区建设 ………………………………… 张兆安　432

2021年

上海经济结构和需求侧动力分析 …………………… 邱俊鹏　434
引领区：浦东改革开放再出发 ………………………… 张兆安　441
关于"十四五"期间张江科学城数字化转型的思考 … 邵晓翀　445
关于选择上海市银行卡产业园承载建设具有国际竞争力金融科技
　产业集群的建议 ……………………………………… 邵晓翀　449
做深做实 AI 赋能中心，为张江科学城提供数据共享利用平台
　……………………………………………………………… 邵晓翀　453
关于进一步推进张江机器人谷特色园区建设的思考 … 邵晓翀　458

2022年

彰显改革开放的浦东力量 ……………………………… 张兆安　462
上海应探索科技、产业、金融高水平循环之路 ……… 邵晓翀　464

2023年

打造超大城市乡村振兴"样板房"
　——张兆安研究员在中共上海市委党校的演讲 … 张兆安　469
上海市元宇宙生态营建思路与工作建议 ……………… 邵晓翀　475
关于组建张江科技银行的战略构想 …………………… 邵晓翀　481

第一编

中国经济形势研判与建议
（2008—2022 年）

2008—2010 年

化解企业困境需多管齐下

2008年7月份以来，国务院高层领导分别到东部沿海省市进行密集调研，而社会各界也对当前宏观经济形势以及未来的政策取向给予极大关注。关注焦点之一，是企业遭遇的生存与发展的严峻挑战。

从总体来看，当前企业所面临的困境突出表现为一些中小企业产值回落、效益下降、出口减少、资金短缺、生存困难、关停并转增多，继而引发了就业压力增加等新情况和新问题。按照通常的规律来讲，在市场经济体制下，企业的"开开关关""干干停停"和"分分合合"是很正常的事情，可是为什么这次企业面临困难引起了社会各个层面的高度关注呢？这是因为涉及的企业面比较广，涉及的企业数比较多。

从表象看，出现经营困难的企业似乎都受到了一些共性因素的影响，但探究下去，每个企业陷入困境的主要原因还是不尽相同的。例如，有的企业主要由于人民币升值及出口政策等调整而难以维持经营，一些加工贸易型的中小企业就是如此；有的企业主要由于各类要素成本价格上升不能予以消化而难以为继，一些传统的劳动密集型、低附加值的行业和产品的企业大多如此；还有的企业主要因为银根紧缩加剧了融资难而陷入经营困境，一些中小企业融资难是一个长期困扰的问题，当前表现得更加严重。

说到底，企业困境是外部环境和内在因素共同作用的结果。在宏观经济层面上，能源与原材料价格上涨、劳动力成本提高、环保成本增加、人民币升值、出口退税下调、银行加息，以及受到美国次贷危机影响所引发的外需回落等，都使得企业发展的外部环境发生了变化，增多了不确定性因素。在产业发展层面上，产业增长方式粗放、产业结构调整不力、产业能级升级不快、产品结构变化不大等因素，使得产业基础比较脆弱，抗御经济波动的能力有限。在企业发展的内在因素方面，集中体现在四个"弱"，即判断宏观经济走势的预见性能力比较弱、应对不确定因素影响的能力比较弱、抗击各类经营风险的能力比较弱、参与国内外市场竞争的持续能力比较弱。这些弱项在"风平浪静"时都被掩盖着,一旦外部环境泛起波浪时便会"原形毕露"。

当前中小企业所面临的困难是十分现实的,而形成困难的因素也是错综复杂的,因而需要多管齐下。

在宏观层面上,需要对现行政策做进一步的调整和完善。一是要进一步加强和改善宏观调控,既要抗通胀,也要保增长。重点是要增强宏观调控的预见性、针对性和灵活性,把握好调控的重点、节奏和力度,各项政策不宜层层叠加、节奏过快,要给中小企业缓冲期。二是要进一步推动人民币汇率和出口退税率的软着陆,保持相对的稳定性、连续性和灵活性,避免对企业造成过大冲击。三是要进一步改善中小企业的融资环境,实施积极而又稳健的金融政策。重点是要稳定银行准备金率,增加中小企业贷款额度,适度降低贷款利息,优化融资期限结构。四是要进一步加快金融服务对内开放力度,切实解决中小企业融资难的瓶颈。重点是要尽快设立产业发展基金,引导发行小企业集合债,发展小额贷款公司,开展设立社区银行、民间银行的试点,从体制机制上来缓解中小企业融资难的问题。

在产业层面上,需要对当前影响最大的外贸行业作必要的梳理。一是要进一步加强外贸政策,尤其是出口退税政策的审视和评估。应该充分认识到,外贸增长方式的转变不可能在短时期内完成,因此在外贸转型期内避免出现激烈的动荡至关重要,在当前可以适当提高牵涉就业面甚广的出口产业的出口退税率,不久前部分纺织品出口退税率已经从11%上调至13%。二是要进一步调整产业结构和出口结构,加快重组、调整、淘汰落后企业和低端产品,加快产业升级和产品更新换代,提高出口竞争能力。三是要进一步支持那些出口前景好、压力大,以及符合外贸增长方式转变方向的外贸企业,可以提供一定的补贴,帮助企业渡过难关,但不搞"一刀切",进行择优扶持。四是要进一步采取有效措施,鼓励企业"走出去"。当前我国外汇储备充裕,可以尝试允许外贸企业保留一部分外汇,以增加外贸活力,鼓励并推动企业走向国际舞台。

在企业层面上,需要在瞬息万变的市场经济环境中加快练好内功。一是要从低头拉车转向抬头看天。随着中国经济融入全球经济程度的加深以及对外依存度的提高,昔日企业不关注的一些输入型因素开始影响到了企业的日常经营活动，如国际原油价格、汇率变动等，这说明企业必须增强对国内外经济环境变化的预见能力和把握能力。二是要从被动应对转向主动调整。例如，经济发展的历史实际上也是要素成本逐渐抬升的历史，成本上升具有刚性的特征。劳动者的工资不可能永远停留在一个水平上，是一个十分简单的道理。那么，与其说等成本上去了穷于应付，还不如提早调整经营方向和产品结构。三是要从安于现状转向推陈出新。实践证明，一个企业要保持长久的生命力，唯有不断地进行自主创新。创新包括技术创新、产品创新、服务创新、经营创新、管理创新，不断推陈出新，才能同国内外市场发展的趋势相整合。

（张兆安，《文汇报》2008年8月18日）

振兴经济应以终端消费为指向

自中国改革开放以来,我国经济第一次直面世界性的国际金融危机所带来的严峻挑战,也是第一次真正地直面经济周期所带来的困扰。在如此的大背景下,如何审时度势,抓住关键,突出重点,统筹兼顾,抵御危机?从我国经济发展的条件和经济发展的规律来考察,需要奏好抵御国际金融危机的三部曲。

第一部曲:推出刺激举措,坚定发展信心。2008年下半年以来,为了应对国际金融危机所带来的严峻挑战,在党中央、国务院的正确领导下,中央及各级地方政府都纷纷出台了一系列促进经济平稳较快发展的政策措施。最明显的,当属引起全球关注的4万亿元巨额投资计划。进一步在宏观经济层面上主要表现为,以高强度的手段扭转经济增长滑坡的态势,以投资需求的强拉动创造了中间市场的振兴。从宏观和微观层面上,向全社会强力注入发展信心。目前初步效果已经显现,但是眼下世界经济形势依然严峻复杂,国际金融危机还远未见底。因此在未来一段时间,我们仍然需要采取更强有力的措施,继续确保并推动经济又好又快发展。

第二部曲:调整产业结构,振兴产业发展。种种迹象表明,国际金融海啸一波未平,第二波疑似正在酝酿形成,对于未来外部危机的持续深化,我们要有清醒的认识和准备。但是中国的经济不同于西方发达国家,这一次全球金融危机对中国的影响和冲击主要还是实体经济。因此,国务院最近审议通过的钢铁、汽车、船舶、石化、纺织、轻工、有色金属、装备制造、电子信息、物流业等十个重点产业的调整和振兴规划,应该说是应时之举,是确保经济平稳较快增长和增强产业发展后劲的一项重大举措,并且对提升信心、稳定生产、稳定市场都将起到十分重要的推进作用。当然,需要提醒的是,保增长的同时,也不能忘记调结构——保增长要以调结构为手段,调结构要以保增长为目标。另外,保增长也不应是一味地追求GDP速度的增长,经济增长的效益和效率也同样关键。

第三部曲：创新市场结构，振兴终端市场。投资拉动和产业振兴，最终还是要建立在市场需求的基础上。应该清醒地认识到，创造和发展终端市场，是经济复兴发展的落脚点，也是确保经济增长的归宿点。我们需要积极地稳定外需，但是国内消费的振兴才是我国经济又好又快发展的关键动力。创造市场、创新消费、营造经济新的繁荣，这是经济发展的关键性标志。为此，在已经出台了一系列促进经济平稳较快发展的政策措施的基础上，还需要进一步强化以"市场为本"的经济复苏理念，旨在着重提高全社会的资源配置效率，进而提高全社会的收益水平，创造条件提高全社会的消费能力，有效地解决我国终端市场需求不足的问题。推动消费增长，关系到我国经济在短期内的平稳较快发展，更关系到在较长期内能不能可持续发展。从这个角度出发，凡是有助于促进消费增长的经济政策和社会政策，都应该加快并加大力度出台，而且所有的举措最终都要转化或传导到振兴终端市场上来。并且，通过这次抗击国际金融危机，要探索我国特有的振兴终端市场的转化和传导机制。

应该看到，抵御国际金融危机的"三部曲"，部部相依，环环相扣。当前，第一部曲正在实施，第二部曲正在启动，第三部曲有所动作，抵御国际金融危机的任务道阻且长。从经济规律来分析，拉动内需包括振兴要素市场、中间市场、终端市场，但最终取决于终端市场、终端消费。显然，终端消费是"三部曲"的战略重心。如果终端消费和终端市场这个问题不解决，那么，投资规模也好，产业振兴也好，所有的中间市场、中间消费等都会受到很大程度的影响和制约。因此，这"三部曲"需要在"终端消费"的指挥棒下，进行有联动、有配合、有衔接、有效率的"大合唱"。结构的真正调整、消费的真正扩大、市场的真正繁荣，才是经济的真正振兴。

就现实而言，中国的市场结构存在着明显的"二元结构"，消费群体跨度很大，城市和农村落差很大，外需和内需很不平衡，从中间市场到终端市场的转化和传导机制并未形成。尤其是产业振兴到终端市场振兴缺乏传导机制，有效供给和有效需求处于非关联受控状态等。

所以，所有的矛盾的焦点都会集中到市场上来。这次国际金融危机其实给了我们一个深刻的启示，那就是为了实现持久的改革开放，必须建立内需市场依存度的弹性机制，真正实现内外需市场的互补发展。从当前来看，就是在稳定外需的同时，把立足点和着力点转移到扩大内需尤其是消费需求上来，使内需能有"爆发力、战斗力、储备力",形成内外需市场有一个自适应的转换平台。唯其如此,才能形成中国特色的"经济较快平稳发展"的长效机制,才能使中国的经济立于不衰之地。

(张兆安,《解放日报》2009年3月10日)

把握应对金融危机的主线

2008年下半年以来，为了应对国际金融危机所带来的严峻挑战，中央及各级地方政府出台了一系列促进经济平稳较快发展的政策措施，并起到了积极的效应。在2009年的全国两会上，总理温家宝又提出了各项"保增长、保民生、保稳定"的关键举措。从当前的国内外经济形势演变的趋势来看，需要把握好应对金融危机的三条主线。

第一，把握好四个"围绕"。一是围绕着企业展开。国际金融危机对中国企业的生存与发展产生了重大的影响，因而所有经济社会政策的设计和出台都需要以企业为基点，凡是可能引起企业负担上升或加剧企业经营压力的经济和社会政策，都可以暂缓出台。二是围绕着就业展开。当前，面对全社会的就业压力，一头要稳企业，才能最终稳定就业，这就需要政府采取财税政策，帮助企业渡过难关，使得企业能够更好地承担社会责任；另一头要把促进就业作为首要任务，实施积极的就业政策，扩大就业援助，尤其要对创业带动就业提供更有力的政策支持。三是围绕着内需展开。受国际金融危机影响，外需下降已成定势，这就对扩大内需形成了倒逼机制，也为经济增长动力的转换提供了机遇。为此，要坚持不懈地把扩大内需作为经济增长的主要动力，抵消外需减少的影响。四是围绕着民生展开。民生问题实质上就是消费问题，关系到中国经济在短期内的平稳较快发展，更关系到长期的可持续发展，凡是有助于解决民生问题进而促进消费增长的经济和社会政策，要加快并加大力度出台，让老百姓"有钱可花，有钱敢花"。

第二，把握好四个"关系"。一是经济增长和发展转型的关系。关键是要把贯彻落实科学发展观同积极应对国际金融危机紧密结合起来，把解决眼前的矛盾同长远的发展利益紧密结合起来，把化解局部的问题同全局的整体利益紧密结合起来。也就是说，保增长要以调结构为手段，调结构要以保增长为目标。二是扩大内需和稳定外需的关系。自改革开放以来，通过扩大开放推动了产业提升和经济发展，但抓住了国际市场而国内市场却波澜不惊，也就是外需强而内需弱。应该认识到，只有内需起来了，经济增长才能稳定并可持续，当前的对策是要促内需稳外需，不稳外需就会丧失机遇，不促内需就会丧失后劲。三是积极投资和启动消费的关系。长期以来，经济增长主要依赖投资而不是消费的拉动作用，从而影响到经济发展方式的转变。当前，在扩大内需中投资依然将起到至关重要的作用，但除了要把握好投资的方向、结构、效益之外，更要把着力点放在推动消费上，通过扩大最终消费，带动中间需求，使得消费能够成为推动经济增长的主导力量。四是实体经济和虚拟经济的关系。两者之间相互促进和相互影响，金融危机的爆发并不是虚拟经济发展的必然结果，而是金融衍生工具运用失控和金融体系监管不力的直接结果。从这个角度来看，不能因此而对金融体制改革和金融开拓创新丧失信心，而是要通过深化改革和不断创新来解决虚拟经济发展中的问题。

第三，把握好四个"合力"。一是各级政府之间的合力。在这个特殊时期，各级政府要坚决贯彻落实好中央"扩内需、保增长，调结构、上水平，抓改革、增活力，重民生、促和谐"的方针政策，同时需要根据各地实际情况制定特殊的对策，抓住重点、焦点和难点问题，着力化解当地经济社会发展的主要矛盾。二是政府部门之间的合力。越是在这种紧要当口，在各项政策措施不断频频推出的特殊时期，越是需要各个政府部门之间进一步加强沟通、加强协调、加强合作，形成全方位、各层面的合力，从而更多地制定好、运用好、发挥好政策"组合拳"的功能和作用。三是政府和企业的合力。当前，各级政府都在采取积极措施帮助企业走出困境，力度不可谓不大，速度不可谓不快，措施不可谓不实。在这个前提下，企业自身也要坚定信心，迎接挑战，如加快发展转型，调整产品结构，推进技术创新，提高管理水平，把挑战转化为提升企业能级的机遇。四是企业和员工的合力。企业和员工历来是同呼吸、共命运，在当前严峻的经济形势下，企业需要担当起更现实，更重要的社会责任，稳定就业岗位。对于员工来说，也要想企业所想，急企业所急，同企业一起分担困难，抱团取暖，共度时艰。

（张兆安，《上海企业》2009年第4期）

从中国扩大内需措施
掌握服务业发展契机

面临世界性金融危机的发生，如何调整服务业的发展方向是一个大课题。发展服务业对于抵御金融危机影响却是天赐良机，尤其对发展中国家来说，通过梳理服务业发展环境，活络民生经济，创造新的发展空间，防止资源存货的结构性堆积，更有利于避免经济危机的冲击。中国这次应对世界金融危机影响的强有力的政策措施，为服务业的发展提供了极大的机遇。

一、刺激经济政策的内涵

2008年以来，为抵御国际经济环境对中国的不利影响，防止经济增速过快下滑和出现大的波动，中国对宏观经济政策做出重大调整，实施积极的财政政策和适度宽松的货币政策。随后又推出了关于进一步扩大内需，以促进经济平稳较快增长的十项措施，决定在2009年第四季度新增1000亿元中央投资，这1000亿元的投资方向重点是解决民生、基础设施与生态环保的问题，包括：保障性安居工程、农村民生工程和农业基础设施，铁路、公路、机场等基础设施建设，教育、卫生等社会事业，生态环境建设，自主创新和结构调整，以及灾后的恢复重建，等等。

鉴于这次世界金融危机对中国经济发展的影响，来势猛、变化快、影响深，所以在采取应对措施的时候明确要求"出手要快、出拳要重、措施要准、工作要实"。这1000亿元的中央投资作为扩大内需的一项重要举措，希望能够尽快地拉动经济增长，减缓国际金融危机对经济增长的不利影响。

这1000亿元投资涉及的建设工程，在2008年与2009年两年中整体需要4万亿元投资。4万亿元投资构成整体是这样的：需要中央投资1.18万亿元，占29.5%；保障性安居工程2800亿元，占7%；农村民生工程和农村基础设施整体3700亿元，占9.25%；铁路、公路、机场、城乡电网1.8万亿元，占45%；医疗卫生、文化教育事业400亿元，占1%；生态环境方面的投资3500亿元，占8.75%；自主创新结构调整1600亿元，占4%；灾后的恢复重建，重灾区1万亿元,占25%。从大类分析来看,直接关联民生的建设占71%、救灾占25%、产业创新占4%;在直接关联民生建设的内容中,城乡基础设施环境占63%、民生保障安居占7%。同时,中国地方政府的反应都是非常积极。据不完全统计,各地的投资可能超过18万亿元。

二、刺激经济政策的预期

这一次的投资方向正确,投资的决策果断、力度理性,投资预期可佳。经测算,4万亿元投资整体上可以每年拉动经济增长1个百分点。同时,可以尽快克服世界金融危机的影响,营造经济社会的新结构,创造经济发展的新环境。反映在以下六个方面。

(一)扩大消费

政府采取切实有效措施,解除群众消费的后顾之忧,也包括在流通领域采取一系列鼓励政策。比如2008年已经提高了低收入群众的保障水平,2009年还要继续提高。继续提高离退休人员离退休费、优抚人员抚恤标准、低保群众的低保水准等。同时,进一步发挥公共财政职能,加大财政投入,多渠道筹集资金,建立科学合理的社会保障筹资机制,逐步提高财政社会保障支出比重,重点用于支持农村社会保障、低收入群体社会保障,逐步提高老年人、残疾人、妇女儿童等弱势群体的福利保障水平。

(二)提高农民收入

2008年较大幅度地提高了农产品的价位水平,针对前一阶段国际农产品的价格大幅上涨,最近又出现了大幅度的回落,采取了增加农产品储备的一些措施。2008年取得了粮食的第五个连续增产年,粮食、棉花、油料、生猪都有了较大发展,目前价格出现了回落的态势。在这种情况下,政府确定一些国有粮食企业以及其他农副产品的采购企业要收购一部分粮食、棉花、油料、猪肉,增加储备,维持农产品价格的稳定,且增加农民的收入。

(三)增加就业机会

对于在就业上遇到困难的一些群众,特别是下岗职工,中国政府实行了扶持政策,帮助他们再就业。解决就业最根本的出路,还是要保持经济平稳较快增长,所以现在的政策是把保持经济平稳较快增长作为主要任务。这也是现在要快出拳、出重拳刺激经济增长的一个重要原因,采取多项措施,包括鼓励就业的一些经济政策。

（四）进一步完善社会保障制度

进一步完善农民工以及城镇居民在养老、医疗等方面的保障制度，以解决群众在消费上的后顾之忧。近年来中国的财政收入连年大幅增加，2007年财政收入达5.1万亿元，占当年GDP的20.8%，为推动社会保障事业发展奠定了坚实的物质基础。

（五）增加农村投入，支持农村市场的开发

中央安排用于粮油存储设备和烘干设备建设项目的投资计划、节能环保投资计划，以及农林水利项目的投资计划的投资资金分别为10亿元、25亿元和291亿元，因此已下达的投资计划总计326亿元。积极发展农村市场，比如采取补助的办法，支持彩电、冰箱这类家用电器到农村销售。此外，还将根据市场的情况以及经济发展的态势，进一步研究鼓励消费的政策。

（六）大力发展"最民生"工程

如这次4万亿元的投资方案牵涉到方方面面，不过，专家认为与民生关系最密切的，乃是改善交通的投入。这是因为交通设施建设将对地区发展与居民出行起到关键作用，改善交通为最"民生"的工程，对提高基层劳动力的就业与消费都有重要意义。

三、抓住服务业发展机遇

在中国经济发展中，服务业的发展在经济增长中的作用已越来越重要。一方面，由于中国工业化和城市化的加速推进，服务业在整个国民经济中的比重不断提高，尤其在城市经济发展中，服务业更是得到了迅猛的发展；另一方面，这次刺激经济举措发出了一个强烈的信号：中国的服务经济要提前加速发展了，这也是改变中国经济发展方式的重要一步。这是因为在十项重要举措中几乎95%以上都关联到服务经济，尤其在金融危机影响下，毅然出击，非同寻常。为此，还要在以下几个方面做出努力。

（一）政策举措的落实需要传导机制和运作载体

在宏观上，服务业要与整个社会经济发展相融合，在编制经济发展规划时必须有一个同步的、与之融合的服务业的协调发展规划和实施规划。在具体项目上，要与项目本身的发展相融合，同具体项目一样，要有融入其中的服务业的可行性研究报告、设计报告、实施报告和评估报告。从服务业追求的目标来看，服务业将极大地提高全社会的资源配置效率。显然，服务业能够担纲政策传导机制的重要补充和落实政策的先行载体。因此，在战略理念上一定要把发展服务业作为转变经济发展方式的一大重要内容,抓住机遇,组织各路大军提前介入刺激经济的各个举措项目中去,从而形成服务业新的服务群体、新的服务平台和新的服务网络,催生服务业的大发展。

(二)服务业要抓住自身系统集成和配套发展

这次4万亿元投资举措中,重点特别突出,直接关联民生的建设占71%、救灾占25%,包括保障性安居工程、农村民生工程和农业基础设施,铁路、公路、机场等基础设施建设,生态环境建设,等等。这些极大部分是服务经济的硬件组成部分,都是十分重要的,但这仅是基础,如果没有服务经济理念、没有服务经济要素、没有服务经济目标,照样形成不了服务经济。因此,在搞好硬件资源配置的同时,应不失时机地搞好服务业软件资源的研究、开发、配置,特别是基础设施对服务业的综合开发、开放、利用,尤其要注重基础设施提供资源配置一体化的平台。因此,服务业要抓住自身系统集成和配套发展。

(三)加速城乡服务体系及服务业社会化组织管理的建设

这一点也是这次政策举措中特别强调的。对农村服务体系来说,几乎是空白的。在城市关注民生的服务体系中,也很不完善。目前,有必要从这次实现刺激经济的政策预期的六个方面,建设好服务体系,以确保政策预期的兑现。为此,要加快以下体系的建设,包括扩大消费和增加保障的互动服务体系、提高农民收入的服务体系、增加就业的服务体系、保障制度及保障服务的体系、投入农村和支持农村市场开发的服务体系、大力发展民生工程服务和监控服务的体系。此外,还应加快服务业社会化组织的建设等。

(张兆安,《台湾经济研究月刊》2009年1月号)

对规划也要进行"规划"

时间飞逝，一转眼"十一五"时期快要过去了。每当这个时刻，全国各个层面的政府都会准备着手编制下一个五年规划。那么，在"十二五"规划的编制工作开始展开之际，不禁想到了对规划也要进行"规划"的命题。

为什么对规划也要进行"规划"？其主要原因是：在以往的经济社会发展的历史进程中，我们有时也会发现，有些规划的设想同现实发展的结果不相一致，有的甚至还可能出现较大出入。由是，不仅影响到了规划应有的严肃性，也扭曲了人们对规划本身的认识。

当前，我国既面临着严峻复杂的外部发展环境，又处于自身发展转型的重要关口。从全国来看，转变发展方式、调整产业结构的任务还相当艰巨，保持经济又好又快发展的难度也明显增加。在如此形势下，如何编制好全国各个层面的第十二个五年规划，当然也就意义重大。为此，提出对规划也要进行"规划"的命题。要回答并解决好这个问题，不妨强化以下五个方面的思考。

思考之一：强化战略思维。人们有时会说，"计划不如变化"，其意思是计划或规划再好，也赶不上形势发展的变化。这似乎有一定道理。但是，规划与结果之所以会出现走样，根本的原因往往在于对未来发展趋势把握的失准，而能不能够把握未来发展的趋势，这又与是否具有战略思维密切相关。如果趋势把握不准，就是通常所讲的缺乏前瞻性，规划就不可能跟上变化，而要具有前瞻性，就必须强化战略思维。

思考之二：提升系统思维。说到底，规划是一个十分庞大的系统工程。一般来讲，在经济社会发展规划或称作总体规划之下，还有一系列的配套规划或称作条块规划。在这种情况下，有些规划同实践的背离，实际上同规划之间的统筹协调不力有关，也就是人们经常所说的规划之间的"打架"，实际上也是规划的科学性不够的表现。因此，各种规划之间从编制到执行全过程的衔接不仅是十分重要的，也是十分必要的。

这种衔接的主要内涵：一是要加强总体规划与专业规划的协调；二是要加强区域规划与区域规划的协调；三是要加强城市规划与农村规划的协调；四是要加强城市规划与产业规划的协调；五是要加强功能规划与形态规划的协调；六是要加强产业规划与布局规划的协调。

思考之三：形成开放思维。有的时候，规划同现实的脱节，也是同规划编制和规划实施中的开放意识不够有关。实际上，一个城市或区域的五年发展规划，是关系到全社会方方面面的大事。从这个角度来看，关心者越多、参与者越广、研究越深入、讨论越充分、分析越到位、编制越科学、实施越透明，那么，这种规划就会越符合客观实际和发展趋势，就越不会出现规划同实际的脱节。

因此，规划编制部门除了要充分依靠专业工作者之外，还可以广泛地听取全社会方方面面的意见，汇集全社会的智慧于规划中。例如，对一些规划中所提出的重要目标、重要项目、重要举措等，也不妨向社会公示，进行广泛的讨论，以形成全社会上上下下的共识。

思考之四：引入逆向思维。长期以来，由于受到计划经济体制思想的影响，人们往往容易形成固化的思维定式，也就是俗话所说的"习惯成自然"。当前，我国已经从"计划时代"走向了"规划时代"，那么，我们的思维方式不妨也来个转向。例如，我们一直以来的思维方式，就是热衷于计划或规划发展什么，其结果可能也会"挂一漏万"，让原来不应该发展的也"搭上便车"发展起来了，以至于事后不得不被动调整，当今所存在的许多结构问题概莫能外。

如果反其道而行之，我们不妨尝试一下，在计划或规划中明确不发展什么，至于发展什么让市场去推进，我们只是起引导作用。这是否也是一种新的思维方式呢？还可以商榷。

思考之五：增强督查思维。事实上，有些规划同现实的走样，往往也是规划在执行中出现了偏差的结果。造成这种偏差的主要原因，要么是规划本身的问题，要么是规划在执行中走了样。从以往的规划实施情况来看，规划执行中缺乏严肃性也是一个主要问题。因此，克服规划执行中的随意性就显得尤为重要。

如何克服？应该抓住两头：一要抓好规划执行过程中的监督，要建立起全面的监督体系和规划实施的问责制，切实防止规划的"走过场"；二要抓好规划执行过程中的评议，要建立起规划执行情况的年度报告制度，更要建立规划执行情况的评议制度，让规划执行中的走样现象失去"市场"。

（张兆安，《解放日报》2010年4月10日）

关注"新生代农民工"

2010年中央一号文件明确要求"采取有针对性的措施，着力解决新生代农民工问题"。如何解决这个问题？不仅需要政治智慧，也需要具体政策。

"新生代农民工"，是一个日渐庞大的群体。这个群体主要是80后与90后，在目前1.5亿农民工中约占60%。据统计，这个群体还在以每年800万—900万人的速度在快速递增。要不了10年，这个群体的总人数将会突破2亿甚至更多。同时，这个群体约占目前全国总人口的1/13，全国城镇人口的1/6，全国城镇就业人员的1/3。如此规模的庞大群体，当然是不容回避的、不能忽视的。

"新生代农民工"，也是一个处于社会边缘的群体。这个群体的一个显著特征是：都出生并成长于改革开放年代。在这个群体中，一部分在农村出生、在农村长大，后到城市打工；一部分在农村出生，在城市长大直至打工；还有一小部分则是在城市出生、成长、打工。从当前及未来趋势来看，这个群体的人们既不愿回到农村，又难以融入城市，从而成为城市与农村"两不靠"的"边缘一代"。显然，对这个游离于城市和农村两大区域之外的群体，必须引起高度重视。

"新生代农民工"，还是具有一个多元需求的群体。在这个群体中，很多人的人生规划倾向就是离开农村，融入城市。同父母辈的"农民工"相比，这个群体受教育程度相对比较高，职业期望值比较高，物质与精神需求比较高，向往城市的生活方式，不愿意接受命运的安排，在经济待遇、社会地位、生活品质以及个人理想等方面有着更高的追求。因此，这个群体的需求发展是多元化的，并且具有明显的时代特征。

"新生代农民工"，更是一个不可或缺的群体。在城市经济社会发展中，这个群体成了一支重要的力量，为城市创造了GDP，带来了生气，营造了幸福。这个群体已经成为城市正常运转的重要组成部分，离开了他们，城市经济社会发展都会受到不同程度的影响。

在城市经济社会发展进程中，尽管这个群体不可或缺，但与城市户籍的新生代相比，这个群体最为缺失的是公民的平等权利。例如，一样的工作，却同工不同酬、同工不同权、同工不同福利；一样的付出，得到的却是低报酬、低福利、低保障；一样的公民，却出现了就业不平等、保障不平等、权利不平等、发展不平等现象。

因此，这样一个群体，需要高度关注。目前，这个群体所带来的一系列社会问题，已经引起了中央的高度重视。我们应该清醒地认识到，如果这个群体的问题不能得到有效解决，将会对社会健康发展产生诸多影响，对我们推进和谐社会建设形成阻滞。

当前的核心问题是：这个群体渴望融入城市，但城市却没有全面准备好。那么，已经准备好的方面，就可以去兑现；还没有准备好的方面，就应该进一步进行改革创新。为此要走好关键性的三步：一是"落户"。2009年中央经济工作会议要求"促进符合条件的农业转移人口在城镇落户并享有与当地城镇居民同等的权益"，尽管全国各地情况各异，但都应结合城市化发展的进程，进一步深化户籍制度改革，建立健全体制机制，允许符合条件的"新生代农民工"在城镇"落户"，让这个群体的一部分人先成为新市民。二是"接轨"。针对"新生代农民工"在城市就业的不平等现象，需要进一步改革城市的就业制度、报酬制度、福利制度等，让这个群体能够得到一视同仁的平等劳动待遇。三是"共享"。"新生代农民工"也是城市的建设者，应该享有与城市居民同等的权益。重点是要逐步把他们纳入城市的社会保障体系中，分批分期地解决他们的社保、医保、失保、住保，以及培训、教育等问题，让这个群体能够共享城市改革发展的成果。

（张兆安，《解放日报》2010年3月16日）

2011 年

中国经济：新年之新思考

一、2010 年的中国经济回顾

2010 年是中国"十一五"时期的收官之年，在过去"十一五"的 5 年间，中国面对国际金融危机的严峻挑战，积极探索和推进经济发展方式的转变，发展的理念发生了变化，增长的动力得到了提升，产业结构进行了调整，政府职能出现了转变，取得了显著的成绩。但是，经济社会发展也面临着不少困难和挑战，深层次的矛盾需要解决，潜在的风险需要化解。

按照 2010 年 10 月发布的国民经济统计资料*，2010 年前三季度 GDP 同比增长 10.6%，比 2009 年同期加快 2.5 个百分点。通常第四季度经济将会有更快增长，因此整体而言，2010 年的经济增长将会超过 10%，主要表现在以下方面：

首先，投资保持强劲增长。前 10 个月固定资产投资同比增长 24%，房地产开发投资同比增长 36.5%。从行业来看，非金属矿采选、制品业、铁路运输业同比投资增长都超过 20%；有色金属矿采选、冶炼及压延加工业的投资增长超过 30%。

其次，消费方面，在投资持续攀升的同时，消费也呈现上升趋势，2010 年前三季度社会消费品零售增长 18.4%。20 世纪 90 年代以后，消费与 GDP 的比率一直呈下降趋势，2004 年下降到最低点，而随着这几年中国国家政策的调整，出台了一系列提高收入和扩大消费的措施，消费开始逐步上升，但仍然处在低位，其根本原因是收入差距不断扩大，特别是绝大多数的农村人口收入和消费偏低。

最后，在进出口方面，2010 年 1—10 月进出口总值 23 934.1 亿美元，较

---

* 本书中数据来源若无特别说明，均来自国家统计局、上海统计局、Wind 数据库。

2009年同期增长36.3%，进出口规模已经超过2009年进出口总额2.2万亿美元。从全年情况看，进出口会保持较高的增长趋势。

总体而言，由于投资、消费和进出口均处于高位增长，2010年的中国经济依然维持高增长态势，而推动这一高成长的根本原因，在于中国经济目前处在城市化、工业化、现代化，以及国际化的多重叠加推动进程中，经济二次探底的可能性已不复存在。从2010年宏观经济的调控政策来看，中国政府正在致力于社会经济发展回归常态，但鉴于经济的快速增长和实体经济对货币量的巨大需求，必然导致经济和物价的过快增长。在这种情况下，对过热的经济进行调整和限制也是十分必要的。

二、对2011年中国经济发展的思考

2011年是中国"十二五"时期的开局之年，在未来"十二五"的5年间，中国进入了全面建设小康社会的关键时期，也进入了深化改革开放、加快转变经济发展方式的攻坚时期。因此，如何正确认识和把握宏观经济发展的趋势尤为重要，并且在此基础上引入新的思考。

（一）宏观经济运行需要重点关注的主要问题

当前，中国经济运行总体良好的趋势明显，并且向着宏观调控的预期方向发展。但是，在国内外经济环境错综复杂和不确定因素增多的情况下，中国经济仍然还面临着六大"两难"问题。一是宏观政策面临"两难"。应对国际金融危机推出的一系列刺激经济政策，如果退出太早经济可能下滑；如果退出太晚又会加大通胀压力。二是人民币汇率面临"两难"。人民币如果升值过快，出口形势就可能恶化，就业压力可能增大；如果不升值，又会面临巨大的国际压力，也有可能造成热钱大量流入。三是外贸出口面临"两难"。当前，既要增强出口对经济的拉动，又不能再走过去过度依赖出口的老路。四是物价问题面临"两难"。在转变经济发展方式过程中，资源价格要上调，但又要化解物价上涨的压力。五是收入分配改革面临"两难"。要增强消费对经济的拉动，就需要提高劳动者的收入，但相应地就会增加企业的成本。六是房地产调控面临"两难"。不调控高房价可能引发社会问题，但房地产若出现大萎缩也会影响经济增长。

2011年的国际经济形势依然复杂多变，世界经济前景仍然扑朔迷离，中国经济在克服国际金融危机的诸多困难之后，依然还面临着异常复杂的形势。当前，中国经济运行尤其需要重点关注的是以下四个方面的影响：

1. 通货膨胀未来走势的直接影响

从2010年7月以来,居民消费价格(CPI)出现了加快上扬的态势,10月份CPI爬升到了4.4%,创25个月来新高,超出了全年CPI涨幅控制在3%以内的目标,成为宏观经济中最出乎意料的一个指标,不仅加重了通胀预期,对居民,尤其是低收入群体的生活产生了明显影响。从国内来看,农副产品及食品价格上升过快,推高了通胀率;从国际来看,国际资源产品价格的上升,以及美联储推出第二轮6 000亿美元的量化宽松政策,也加剧了中国输入性通胀的压力。因此,2010年的通胀形势有可能超出预期,2011年的通胀压力也可能依然严峻,货币政策面临着调整。

2. 人民币汇率形成机制改革的影响

在G20峰会举行之前,中国重启人民币汇率形成机制改革,不仅是人民币国际化总体战略的重要组成部分,也有利于减轻贸易摩擦和通货膨胀,促进产业结构提升和发展方式转变。从人民币汇率的未来走势看,可能会出现小幅缓慢升值的态势。但问题在于,如果人民币升值不到位,也有可能进一步助长人民币升值预期,引发更多国际热钱涌入。如果这种态势同国内物价上涨结合起来,有可能引导出成本上升的叠加效应,降低出口竞争力,给未来经济发展带来巨大的不确定性。因此,人民币汇改对中国经济走势的影响,需要予以密切观察。

3. **房地产调控未来走向的影响**

2010年第二季度以来,中国许多城市房市交易量大幅下滑,但房价仍未出现明显下降迹象,市场呈现胶着状态。第三季度以后,房市出现了量价上冲的苗头,之后中央政府以及一些大城市都先后出台了新的调控措施。近年以来,中国的房价问题已经成为重要的民生问题,不仅关系到社会的稳定,也直接影响到经济的稳定发展。因此,2011年对房价的调控政策不会松动,也不可能松动。但是,由于房地产是中国经济发展的重要产业之一,一旦房地产下滑过快过大,也有可能对经济增长和税收规模造成很大的影响。因此,对未来房价走向必须予以高度关注。

4. 节能减排政策力度的影响

2010年是中国"十一五"规划的最后一年,尽管节能减排的任务十分艰巨,但规划指标基本可以完成。在这种形势下,中国各级政府在节能减排上明显加大了力度,这对经济发展的增速会产生一定程度的影响。虽然2011年的宏观调控政策可能以稳定为主，但节能减排的力度不仅不会减弱，反而有可能进一步加大。在"保速度"和"节能减排"的选择上，中央政府可能会选择全力完成节能减排指标，适度放缓经济增长速度。在这种情况下，经济增长、货币政策、产业结构、就业形势等都有可能会出现变化，对此需要引起高度关注。

（二）宏观经济运行需要重点关注的主要特点

在新的一年中，中国将紧紧围绕"十二五"科学发展的主题，以加快转变经济发展方式为主线，推动经济和社会的双线发展，积极的财政政策和适度宽松的货币政策，转向为积极的财政政策和稳健的货币政策。为此，中国宏观经济运行将可能呈现出几个主要特点。

1. 立足扩大内需，推动消费需求

加快经济结构战略性调整的一个重要内涵，就是要立足扩大国内消费，尤其要推动城乡居民的消费，改变过去主要依靠投资、出口拉动经济增长的局面，以依靠消费来推动经济的发展。为此，一是要继续扩大城乡就业，特别是每年新增劳动力就业，以及农民的非农就业问题，让老百姓"有钱可挣"。二是采取积极有效的措施，切实提高城乡居民的收入，让老百姓"有钱可花"。三是进一步健全社会保障体系，提供社会保障水平，让老百姓"有钱敢花"。四是推出消费政策，改善消费环境，引导消费行为，释放消费潜力。

2. 稳固农业基础，化解通胀压力

稳定的农业生产事关大局的稳定。2010年农产品价格明显上涨，不仅成了价格波动的主要因素之一，也说明农业生产能力还不稳定，一些重要农产品的供求仍然处于紧张平衡的状态。为此，一是加快发展现代农业，进一步加大农业投入，改善农业生产条件，推动农业生产的稳定发展。二是加快新农村建设，要进一步解决好"三农"问题，尤其要保障农民收入能够得到持续的增长。三是强化支农惠农政策，在农业生产的产前、产中、产后都予以支持。四是改善农产品流通，减少流通环节，降低流通成本，化解通胀压力。

3. 发展现代产业，提升产业能量

从产业结构来看，必须加快形成现代产业体系，提高产业核心竞争力。为此，一是培育发展战略性新兴产业，全力发展高新技术产业，加强现代能源产业建设。二是大力发展现代服务业，尤其在东部发达地区及大城市，结合经济结构调整，加快形成以服务经济为主导的产业结构。三是加强产业融合发展，尤其是要用资讯技术来改造提升传统产业，全面提高经济社会各个领域的资讯化水平。四是以规划来引导和优化产业布局，防止重复投资和新的产能过剩。此外，还要加强全国的综合运输体系建设。

4. 统筹区域发展，加强区域协调

总的来看，中国"东部率先、西部开发、东北振兴、中部崛起"的大区域发展格局已经基本形成，但区域之间和区域内部还需要进一步统筹协调发展，区域经济发展中的增强协调性和缩小差异性还得"双管齐下"。为此，一是加强区域统筹发展，进一步缩小区域之间的经济社会发展差异。二是积极推进主体功能区建设，稳妥地推进城镇化建设，增强城镇综合承载能力。三是积极推动都市圈的发展，尤其是中西部地区的都市圈建设，增强城市群对经济社会发展的带动力。四是谋划和引导东部沿海地区产业向中西部地区的转移，增强产业的联动发展。

5. 加快科技进步，强化人才支撑

长期以来，创新能力不足一直是制约中国产业、企业、产品、品牌等竞争力的主要瓶颈，并拖累经济结构的调整和产业结构的优化升级。为此，一是深入实施科技兴国战略，增加科技投入，进一步提高科技创新能力。二是充分发挥企业自主创新的主体作用，积极推动企业的技术创新，提高企业的核心竞争力。三是完善鼓励技术创新和科技成果产业化的法制保障、政策体系、激励机制、市场环境以及推动形成全社会的创新体系。四是实施人才强国战略，加快教育改革发展，加强现代化建设需要的各类人才队伍建设。

6. 加强社会建设，促进和谐发展

在经济发展的同时，也要注重加强社会建设。为此，一是进一步转变政府职能，建立健全基本公共服务体系，以及构建完善公共财政体系。二是合理调整收入分配关系，努力提高城乡居民收入在国民收入分配中的比重，提高劳动报酬在初次分配中的比重，尤其要提高中低收入群体和基层职工的收入。三是进一步健全覆盖城乡的社会保障制度，加快医疗卫生事业改革发展，提高城乡居民的社会保障水平。四是切实提高住房保障水平，加快保障性住房的建设，着力解决低收入家庭和"夹心层"的住房问题。

7. 深入推进改革，突破体制瓶颈

实践证明，改革是发展的动力，改革的深化将会进一步释放生产力，也有利于克服经济社会发展中的矛盾和问题。为此，一是加快政府职能转变，推动行政体制改革，进一步提高宏观调控的能力和水平。二是继续推进国有资本和国有企业改革，要继续完善所有制结构，推动非公经济发展。三是推进重点领域和关键环节改革，加快财税体制、金融体制、投资体制、价格机制，以及文化体制、社会体制等的改革。四是要进一步加快农村改革，发挥好全国综合配套改革试点地区的示范作用。

8. 提升开放水平，注重开发质量

面对国内外出现的新形势，统筹利用好国际和国内两个市场及两种资源显得尤为重要，这就要求进一步提高对外开放的水平和质量。为此，一是稳定提升开放型经济水平，要在优化开放结构和提高开放质量方面多下功夫。二是继续推进对外贸易稳定增长，推动外贸发展方式的转变，进一步完善出口结构，提升出口产品的技术含量和竞争能力。三是进一步优化利用外资结构，推动利用外资方式的创新。四是抓紧实施"走出去"战略，在当前经济全球化和国内市场竞争国际化的形势下，实行"走出去"战略显得尤为重要，也是促进经济可持续发展的重要条件。

（张兆安，《台湾经济研究月刊》2011年1月号）

稳增长，如何稳

- 在经济发展方式转变的进程中，经济增速适度回落是正常的也是可以接受的，但如果经济增速回落过快，就有可能引发就业等一系列的社会问题。因此，稳住经济增长就稳住了大局。
- 稳增长要以调结构为手段，以增效益为方向，而调结构和增效益也要以稳增长为目标。当前要"促内需稳外需"，不稳外需就会丧失机遇，不促内需就会丧失后劲。

最近召开的中央经济工作会议，明确了"稳中求进"是2012年经济工作的主基调，并且还要把稳增长、控物价、调结构、惠民生、抓改革、促和谐更好地结合起来。

为什么要稳增长？就是因为经济出现了下行压力。从国际看，随着欧洲主权债务危机的蔓延，日本和美国经济相继陷入困境，长期以来拉动世界经济增长的三个"火车头"同时熄火。尽管"金砖四国"起到了一定的替代作用，但世界经济增长放缓的态势难以扭转，外部需求减弱，成了中国经济增长面临的最大下行风险。从国内看，企业尤其是中小企业经营出现困难，经济增速逐季回落，并显现出了下行压力。应该看到，在经济发展方式转变的进程中，经济增速适度回落是正常的也是可以接受的，但如果经济增速回落过快，就有可能引发就业等一系列的社会问题。因此，稳住经济增长就稳住了大局。

在这种十分特殊的背景下，一方面我们要坚定信心、看清形势，把握我国经济发展的有利条件，积极应对各种不确定因素的严峻挑战；另一方面，我们也要抓住关键、聚焦重点、统筹兼顾、精心谋划，继续推动经济稳定增长。为此，当前尤其需要把握好以下五个关系：

一是经济增长和发展转型的关系。在当前稳定经济增长的过程中，还是要把转变经济发展方式摆在十分重要的位置。从这个角度出发，关键是要把贯彻落实科学发展观同积极应对经济下行压力紧密结合起来，把解决眼前的矛盾同长远的发展利益紧密结合起来，把化解局部的困难同全局的整体利益紧密结合起来。也就是说，稳增长要以调结构为手段，以增效益为方向，而调结构和增效益也要以稳增长为目标。

二是政策调整和有保有控的关系。面对经济下行压力，当然需要对经济政策进行必要的调整。但是，目前最大的难点在于，所有宏观经济调控的政策都面临着"不能重，也不能轻"的"两难"境地。例如，货币政策调整过大，有可能引起通货膨胀的反弹，并且在经济和社会领域引起一系列的负面效应。因此，面对微观经济的困局，一方面货币政策应该进行适度的调整，但要把握好"有保有控"，而不能"全面宽松"；另一方面，应该适时加快结构性减税的步伐，通过减税来缓冲企业成本上升的压力。

三是扩大内需和稳定外需的关系。中国自改革开放以来，通过不断地扩大开放，吸引了众多的国际资本和国际产业，不仅在很大程度上推动了产业能级的提升和中国经济的发展，也在一定程度上营造了出口导向型的增长模式。但是，抓住了国际市场而国内市场却波澜不惊，也就是外需强而内需弱。应该清醒地认识到，只有内需起来了，中国经济增长才能稳定并可持续。因此，当前的主要对策应该是要"促内需稳外需"，不稳外需就会丧失机遇，不促内需就会丧失后劲。

四是积极投资和启动消费的关系。在扩大内需中，过去主要还是依赖投资的拉动作用，消费对经济增长的推动作用一直没有得到很好发挥，从而影响到经济发展方式的转变。当前，为了应对经济下行的压力，在扩大内需中投资依然将起到至关重要的作用。但是，除了要把握好投资方向、投资结构、投资效益之外，更要把着力点放在推动消费上，通过扩大最终消费，带动中间需求，使得消费能够成为推动经济增长的主导力量。

五是实体经济和虚拟经济的关系。从经济形态和产业结构的角度来看，实体经济和虚拟经济都是国民经济的重要组成部分，两者之间相互支撑、相互促进和相互影响。当前，首先要落实好中央经济工作会议提出的"牢牢把握发展实体经济这一坚实基础"的精神，积极营造鼓励脚踏实地、勤劳创业、实业致富的社会氛围；同时，要有效抑制各种投机活动，并且通过深化改革和不断创新来解决虚拟经济发展中的问题。

从2012年经济发展来看，关键是要根据本地区的实际情况制定特殊的对策措施，抓住当地的重点、焦点和难点问题，着力解决当地经济社会发展的主要矛盾；政府部门之间也要进一步加强沟通、加强协调、加强合作，形成全方位、各层面的合力，从而更多地制定好、运用好、发挥好政策"组合拳"的功能和作用。在此基础上，政府和企业、产业和产业之间也要形成协力。企业自身要坚定信心，迎接挑战，加快发展转型，调整产品结构，推进技术创新，提高管理水平，把挑战转化为提升企业能级的机遇，特别是要抓好"产业融合"。例如，传统的零售业、批发业与信息产业结合起来，就出现了电子商务和网上购物；旅游业与农业对接起来，就产生了观光农业和休闲农业。这说明，只要具有产业融合的意识，选准产业融合的路径，加上一些创意的元素，再辅之以必要的政策支持，就有可能源源不断地形成一些新产业、新技术、新业态、新产品、新服务、新模式。

在当前经济下行的压力下，各类企业尤其需要担当起更现实、更重要的社会责任，也就是要稳定就业岗位。对于企业员工来说，也要想企业所想，急企业所急，同企业一起分担困难，抱团取暖，共度时艰。对各级政府来说，一头要稳定企业，才能最终稳定就业，这就需要政府采用各项政策，帮助企业渡过难关，使得企业能够更好地承担社会责任；另一头要把促进就业作为当前的重要任务，实施积极的就业政策，扩大就业援助，尤其要对创业带动就业提供更有力的政策支持。

（张兆安，《解放日报》2011 年 12 月 31 日）

产业融合也是创新

在人类社会发展的历史进程中，产生了一系列自然科学和社会科学的学科。于是，人们都记住了一个被称为"交叉科学"的名词。所谓交叉科学，是指不同的学科通过交叉融合，产生了新的学科。例如，生物学与化学的融合，出现了生物化学的新学科；生态学与经济学的融合，产生了生态经济学。从这个视角来看，产业发展中的"产业融合"也具有异曲同工的道理。

顾名思义，产业融合是指不同产业或同一产业不同行业相互渗透、相互交叉，最终融合为一体，逐步形成新产业的动态发展过程。产业融合可分为产业渗透、产业交叉和产业重组三类，而产业发展中的产业融合例子比比皆是。例如，传统的零售业、批发业与信息产业一结合就出现了电子商务和网上购物，旅游业与农业一对接就产生了观光农业和休闲农业，金融业与航运业一联动就引申出了航运金融业等。这说明，只要具有了产业融合的意识，选准了产业融合的路径，加上了一些创意的元素，再辅之以必要的政策支持，就有可能源源不断地形成一些新产业、新技术、新业态、新产品、新服务、新模式。

因此，在"十二五"开局之年，通过产业融合来推进产业创新、产业升级、产业转型，对于创新驱动、转型发展，都具有十分重要的现实意义。要推进产业融合，关键是要抓好以下四个重要环节：

一要强化产业融合的意识。当前，国际国内的经济结构和产业结构正发生着深刻变化，产业之间的融合渗透正在日益清晰地展现出来。在当前经济全球化和高新技术化的大背景下，产业融合已经越来越成为产业发展的现实选择，产业融合发展已经成为提高产业生产率和竞争力的一种新的发展模式。应该清醒地认识到，产业融合不仅可以促进传统产业的创新，也有助于推进产业结构的优化。同时，在不同的产业领域内，产业融合以不同的方式演进，最终将促成整个产业结构的高度化、合理化，并构架出融合型的产业新体系。

二要选准产业融合的路径。一旦具有了产业融合的意识之后，应该准确地选择产业融合的路径。一般来讲，产业融合主要有三种形式。第一种，高新技术向其他产业的渗透融合，形成新的产业。例如，信息技术向传统制造业的渗透融合，产生了机械电子、航空电子、光机电一体化等新型产业。第二种，产业之间的延伸融合，形成新的产业。即通过产业间的互补和延伸，实现产业间的融合。例如，服务业向农业和制造业的延伸渗透，延伸了农业和工业的产业链，使得传统农业和传统工业向产前和产后发展，提高了附加功能和竞争力。第三种，产业内部之间的重组融合，形成新的产业。例如，农业内部的种植业、养殖业、畜牧业等，通过生物链重新整合，形成了生态农业等。

三要抓好产业融合的创意。产业融合的过程，也就是不断创新的过程。要创新，还要加上一些创意的元素，才会起到比较好的效果。这是因为，产业融合的最终成果都体现在一个"新"字上，而新生事物的产生、新生事物要转化为新的生产力，都离不开好的创意。简言之，创意就是具有新颖性和创造性的想法，并且能够把那些想法转化为新的发展。纵观全球，许多发达国家通过创意，涌现了一系列新的产品、营销、服务，吸引了全世界的眼球。国内也同样如此，如动漫产业、时尚设计、创意产品、创意服务等，不仅提升了传统产业能级，而且直接推动着产业的新发展。

四要提供产业融合的支撑。从全球来看，各个国家都十分关注产业融合发展，有的国家制定了一系列的支持政策，有的国家如韩国还专门制定了《产业融合促进法》。为此，对政府来讲，关键是要做到"三个有"。一要"有眼光"。对产业融合可能产生的新产业、新技术等，要具有战略眼光，更需要具有前瞻性的把握；二要"有勇气"。产业融合的任何新成果都将对现有的体制机制带来新的挑战，对政府的管理模式和管理规章带来新的挑战，这就要求能够及时地调整现行的方针政策，以适应产业融合发展趋势的需要，更要有调整和制定新方针、新政策的勇气；三要"有压力"。产业融合是未来发展的趋势，也蕴含着许多新机遇和新增长点，需要企业和政府自我加压去寻找和破解，也需要增强时不我待的紧迫感。

（张兆安，《解放日报》2011年7月26日）

推动我国民营经济发展的思考

自从改革开放以来，我国经济社会发展的实践已经充分证明，通过大力发展民营经济，可以达到加快经济发展、改善经济结构、提高经济效益、增加民众就业，最终提高民众消费能力的目的。目前，在我国的国民经济发展中，民营经济已经成为一支十分重要的力量，民营企业已经成为我国企业体系中的一个重要组成部分。

2011年是"十二五"规划的开局之年，对未来5年我国民营经济的发展，尽管"十二五"规划中做出了一些必要的战略部署，各级政府对民营经济的发展也越来越重视。但是，我国民营经济发展中仍然还存在着一些瓶颈问题有待化解。为此，还应该在以下七个方面去进一步完善。

一、让出一定市场空间

在"十二五"发展中，应该对目前国企垄断的行业进行必要的分析，在此基础上，针对我国民营经济的特点和发展现实，对这些国企垄断行业的民营资本比重和民营企业进入规模做出一个合理的设计，进一步扩大民营经济进入的市场领域。例如，在医疗、教育、养老、交通、文化等公共服务领域，对民营经济成分比重还要有一些量化指标，从而为民营经济发展提供更为广阔的空间。

二、形成一些服务体系

目前，尽管在我国的民营经济发展进程中，已经出现了一些大企业和大品牌，但是，从总体上来讲，民营企业主要还是以中小企业为主，与此相对应的是民营企业还缺乏完整的支持服务体系，这就需要各级政府通过设立整套公共服务平台予以扶持。这一系列服务体系主要包括信息搜集整理、政策宣传解读、市场动向指引、行业行为协调、贷款融资支持、员工教育培训等。

三、培育一批龙头企业

应该充分认识到，我国民营经济龙头企业的数量、质量、规模和品牌，不仅关系到全国民营经济的整体发展水平，也关系到我国经济发展方式的转变和自主创新能力的提高。为此，在"十二五"发展的进程中，有必要对促进全国民营经济规模化、集约化、科技化、品牌化，设定基本方向和目标，同时应该采取必要的政策和措施，加快培育我国民营经济各个领域的龙头企业。

四、形成一套对话机制

在我国的现实经济发展中，广大的民营企业家身处经济一线和基层，对国内外经济形势和经济环境有着最直接的感受，对各级政府的政策措施也最为敏感，可以为党和政府的重大决策提供重要的参考和依据。为此，各级党委、政府以及主要领导可以同各地的重点骨干民营企业家，建立必要的对话机制，而相关的政府部门也应该建立起政府部门领导和民营企业家的对话机制。

五、降低一点税赋负担

当前，我国民营经济发展还面临着一些瓶颈，其中有一个重要的影响因素，就是各地民营企业普遍反映的税赋负担偏重问题，尤其是对民营中小企业发展的影响更大。为此，在"十二五"发展时期，应该在国家层面上从长计议，结合税制的结构性改革，积极创造必要的条件，进一步降低民营企业发展中的税赋负担，并且制定一些实质性的政策规定，给民营企业以更多的支持。

六、完善一下监管机制

从全国来看，民营经济发展的整体态势是健康的，但是，目前也有一些民营企业违法经营、欠薪逃债等行为时有发生，造成不良社会影响，这与政府监管体系的薄弱和监管的不到位有密切关系。为此，各级政府应该不断完善必要的监管机制，包括民营企业家和中高级管理人员的教育培训机制、企业经营者行为监督机制、企业诚信考核机制、企业资金流动监管机制等。

七、构建一个自律机制

从我国民营经济健康稳定发展的角度来看，也需要构建必要的自律机制。当然，民营经济的发展和民营企业的经营，不应套用国企的组织形式和管理模式，但也要有与其自身特点相适应的自律组织和体系。在如此情况下，应该在各级政府的指导下，在有关社会团体的协助下，形成民营企业发展的自律组织和体系，而这些自律组织和体系可以作为民营企业协调利益、加强自律的制度保障。

（张兆安，《上海企业》2011年第5期）

振兴我国农村消费意义重大

从消费的角度来看，我国的市场结构存在着明显的"二元结构"，消费群体跨度很大，城市和农村落差很大，内需和外需很不平衡，从中间市场到终端市场的转化和传导机制并未形成，尤其是产业振兴到终端市场振兴缺乏传导机制，有效供给和有效需求处于非关联受控状态，等等，所有这些矛盾的焦点都会集中到农村市场上来。因此，我国农村市场的振兴将是决定我国经济命运的一个大问题。我们可以想象一下，如果一个农民增加消费1 000元，全国9亿农民就能增加消费9 000亿元，足见我国农村消费潜力之巨大。为此，在"十二五"发展时期，要继续实施积极的扩大内需政策，推动全国消费的整体发展，就应该对我国的农村消费振兴引起特别的关注，对我国农村市场的开发应有重大建树。基于如此的思考，提出如下五个方面的建议。

一、大力改变农村消费市场长期被轻视的状态

长期以来，消费市场孰轻孰重的辩证理念没有解决，严重轻视农村消费市场。国内有机构曾经通过对农村居民收入和消费模型的研究表明：农村固定资产投资增速每提高1%，农村居民人均纯收入增速提高0.289%；农副产品价格指数涨幅每提高1%，农村居民人均纯收入增速提高0.171%；农村居民新增收入的78%将投入消费，明显高于城镇的长期消费边际倾向。因此，农村具有很大的消费发展潜力。但是，在这个问题上，主流氛围还是集中在城市中高端市场上，轻视了农村的中低端市场开发，从而对农村市场体系的开发建设缺乏战略举措。对于中高端市场，世界发达国家都是有的，我国也是需要的，但这不是中国特色！我国还是社会主义初级阶段，现阶段中高端市场不能解决中国的问题，广大的农村市场和即使在城市里的消费市场，量大面广的主流群体还是需要"适用技术、适用产品、适用市场"。因此，理应重塑我国的市场结构体系。

二、全面规划农村消费资源配置结构

要振兴农村消费，除了要提高农民的收入之外，还要提高资源配置效率，

保障消费资源的有效供给。要做到这一点，必须正确地把握农村的消费结构。现阶段农村的消费结构总体上包括生产要素和生活要素两大方面，具体为：(1) 农用资源类。包括种子、化肥、农药、饲料、农科、农具、农业加工等。(2) 交通和通信类。包括基础设施和个人使用品等。(3) 吃、穿、住等生活类。(4) 家庭设备类。包括家电、家具等。(5) 文教娱乐类。包括义务教育、公共文化、技能培训等。(6) 卫生、医疗、保健类。包括公共卫生、防疫、医疗、预防等。(7) 能源类。如太阳能利用等将来的增长空间较大。由于我国的城乡差距、东西差距、南北差距、地域差距、经济布局差异很大，如何做好有效的资源配置，应及早做出研究规划。

三、加快建立城乡产业梯度转移的大通道

当前，我国已经进入了"城市支持农村、工业反哺农业"的发展时期。为此，除了要振兴农业外，还要振兴适合农村的工业，特别是农产品加工业以及农用要素的属地化生产企业，振兴农村商业服务业和农村卫生事业等。我国农村面广量大，滴水成河，积元成亿，新农村将是我国经济发展的蓄水池，这一点，必须形成共识。从这个角度来看，我国已经出台的产业振兴计划，应该是"移旧迎新"而不是"废旧迎新"，把适用的转移出去，而不是抛弃一切。为此，应该把梯度转移作为产业振兴计划的重要组成部分，把转移点作为产业振兴的发展点。要形成一股巨大的声势，像20世纪80年代我国出现的大规模的横向联合那样，搞好这一次产业振兴的梯度转移。因此，在组织机制上要形成梯度转移服务组织体系和服务机制，形成城市的产业网、商业网和农村的转移网关联发展。

四、切实加强振兴农村消费网络体系建设

振兴农村消费，首先要振兴农村流通网络。人们怀念20世纪50年代，以集体经济为主体的全国农村供销合作社系统网络的建立，对于中华人民共和国成立后国民经济和农村经济的迅速恢复功不可没，有了流通渠道，经济就活了，推动了产业的发展，形成了经济发展的正循环。当前，农村的流通网络必须进一步构建完善，形成一个资源流动和配置的新平台，不论国有、集体、个体，都在这个新平台上运作。做到村村有小店，乡乡有中心店，镇镇有综合店，有条件的还可建立超市和集市贸易。探索流通实现形式的多样化，如对要素市场，可以开设"专业连锁专卖店"，如种子、化肥等市场，有利于控制质量、便于打假，更便于实行配送服务。还可以采用民间喜爱的形

式，如庙会、展销会，可以定期、定点举行，也可以不定期、不定点举行，甚至肩挑"货郎担"、机动车"货郎担"等进行营销活动。

五、启动农村居民消费的即时项和潜力项

对农村消费资源配置内容进行优选比较，可以选择即时能够启动的类项和有潜力发展的类项先行启动，关键是要制定相应的消费政策和财政补贴政策。具体内容和建议如下：

（1）家电下乡。有的产品在农村销售已经了解的，如彩电已下乡，但各种系列的平面电视和中型上下的平板电视，农村还是有巨大需求的。有的产品在农村还不太了解，如微波炉市场，在农村出于柴火缺乏或农忙等原因，农民经常吃冷饭冷菜，有了微波炉热一下，几分钟就可吃上热饭热菜，可以大力推广创造市场。

（2）汽车下乡。1.6升以下的汽车，特别是客货两用车，农村居民还是很向往的。目前，在农村大多使用拖拉机作运输工具，完全可以用客货两用车进行适度替代。

（3）通信无线化，手机下乡。农村地广、人居分散，如采用固定电话，布线成本高，夏秋容易遭雷击，因此，农村通信无线化也可以是一种趋向。

（4）日用品和耐用消费品下乡。可以在农村进行大量、大批的促销和巡回展销，也可以建立地区性的大市场。

（5）农村居民居住房消费。农民筹集一身积蓄就是为了造一次房子，这是中国农村典型的自然经济的表现。改革开放以后，农村比以前富裕了，改善生活居住的欲望更为强烈，造房的群体从年老一代转移到年轻一代，从被动需求转化为创造需求，已经成为农村生活趋向的一大亮点，正在形成我国农村经济发展的巨大需求。为此，应该关心、支持、扶植这种愿望，根据新农村建设的要求给予资源配置支持，信贷支持。更为重要的是加强农村规划，出台相关政策，推进农村土地集约化、宅基地置换，在保障农民产权利益的前提下，进行财政补贴，使农民自觉走上农村居住集约化的道路。

（6）医疗保障事业的需求。人们对医疗保障的需求和欲望，城市居民和农村居民应该是没有根本区别的，但在医疗保障事业的供给上却有重大差别，这就是城乡二元结构的一个重大弊端。要克服二元结构影响，除了尽快发展农村经济外，更多地依靠政策调整医疗保障事业上的城乡差别。

（7）率先启动农村太阳能利用工程。如果说20世纪是石油世纪的话，那么 21 世纪则是可再生能源的世纪、太阳能的世纪。目前，我国是世界上太阳能热水器生产量和销售量最大的国家，从事太阳能热水器研制、生产、销售和安装的企业达到几千家，年产值几十亿元，但从房屋的热水器安装率来说，以色列已达 80%，日本为 11%，中国约在千分之几，说明太阳能热水器的推广应用潜力仍很大。太阳能热水器和太阳能热水器超导供暖系统都可以进入全国城乡千家万户，这个市场资源一定要保护好、开发好、应用好。如果太阳能热水器安装率提高 10 倍，将有几百亿元的年产值，如果在这基础上再提高 10 倍，年产值将有几千亿元。为了发展农村经济，振兴农村消费，首先在农村推广太阳能民生工程，然后由农村包围城市，彻底实现我国生活能源的重大变革。

（张兆安，《上海企业》2011 年第 3 期）

2012 年

中国促进内需市场发展之策略

2012 年以来，中国经济成长仍然受到 2008 年国际金融危机的影响，加上中国正处在一个加快经济发展方式转变的关键时期，在这个发展过程中，经济发展能否转型成功、结构调整能否调整到位，均直接关系到长远的利益。因此，在"十二五"期间，中国应结合经济成长方式转变的要求，改变一直以来过度依赖投资的经济模式。同时，在消费增长的基础上，可以为服务业拓展更广阔的空间。

从促进中国内需市场来看，无非是通过两个途径——投资与消费。在每个不同的历史发展时期，对这两个途径的依赖权重是不一样的。因此，以目前而言，应积极采取"稳定投资，完善投资的结构效应；力推消费，强化消费的带动作用"策略，为中国经济奠定扎实的基础。

现代经济学认为国民经济增长主要是依靠"三驾马车"拉动，即投资、出口、消费。自中国改革开放以来，目前的经济增长主要还是以投资和出口拉动为主，消费尽管每年都在平稳增长，但总体上还处于拉动经济成长能力不足之态势。因此，从拉动经济成长的动力结构上来看，如果投资和出口受挫，国民经济持续稳定成长就会遇到困难。基于如此判断，中国应结合经济成长方式转变的要求，改变一直以来过度依赖投资的经济模式；同时，在消费增长的基础上，可以为服务业拓展更广阔的空间。

一、影响当前中国消费的主要障碍

从目前情况来看，中国消费增长的稳定回升，将有助于经济成长的持续和稳定。但从转变经济成长方式的要求出发，消费的贡献程度还比较低，消费在拉动经济成长"三驾马车"中的作用还不够突出，消费与投资、出口相互替代的功能还不甚明显，从而就可能会在一定程度上造成转变。那么，影响当前中国消费的主要障碍是什么呢？应该说，突出表现在以下三个方面：

第一，农民收入提高比较缓慢。中国农民数量众多，传统农业的产出比较低，抗风险能力也相对较弱，而农村劳动力转移又需要有一个渐进的过程，这使得巨大的农村市场缺少农民收入快速增长的支撑。因此，有必要进一步扩大对农业的投入，努力增加农业的产出，以及有效提高农民的收入。

第二，社会保障体系不尽完善。中国正处在重要的转型时期，社会保障体系尚在健全完善的过程中，保障水平还比较低，这就使得国民的一部分即期消费转化成了远期消费，进而影响了当前消费的规模和水平。因此，需要进一步构建和完善适应城乡经济发展水准的养老保障、医疗保障、失业保障、社会救助、最低生活保障等覆盖城乡的多层次社会保障体系。

第三，公共服务资源配置及收入分配政策等有待改善。通过公共教育资源、公共卫生资源的均衡配置，公共财政和社会协调机制到位，以及社会收入分配调节等方面的逐渐完善，都将有助于充分挖掘消费增长的潜力。

二、振兴消费是当前推动中国经济发展的关键

2012年以来，中国经济成长遭遇"两碰头"的严峻挑战。一方面，2008年国际金融危机的影响还在延续，世界经济成长的不确定因素依然很多，国际上的欧债危机还在演变，而欧美主要经济体国家的经济成长乏力，新兴经济体国家的经济成长势头也开始回落，这种复杂多变的全球经济形势，对中国经济产生了十分重要的影响；另一方面，中国正处在一个加快经济发展方式转变的关键时期，经济转型发展的任务相当艰巨，经济结构调整的任务相当复杂，经济发展能否转型成功、结构调整能否调整到位，均直接关系到长远的利益。在这个发展过程中，促进中国经济增长更加稳定和持续的任务，一定是十分重要和相当艰巨的。

在中国国内外经济环境复杂多变的形势下，到了2012年4月，拉动中国经济成长的投资、出口、消费"三驾马车"都出现了不同程度增幅放缓的迹象。根据中国国家统计局公布的数据，4月份规模以上工业增加值同比（较2011年同期）增长9.3%，为2009年5月以来最低；社会消费品零售总额同比增长14.1%，扣除价格因素实际增长只有10.7%，创2006年11月以来新低；2012年1—4月固定资产投资同比增长20.1%，创下10年新低，而CPI下降至3.4%。又据中国海关总署发布的外贸数据，4月进出口增速下滑至2.7%，1—4月进出口总值11 671.8亿美元，同比增长6%，其

中：出口 5 932.4 亿美元，增长 6.9%；进口 5 739.4 亿美元，增长 5.1%。同时，中国财政部也发布数据，4 月全国财政收入仅比 2011 年同月增长 6.9%，增幅同比回落 20.3 个百分点，其中税收收入增长 2.6%，增幅同比回落 23.3 个百分点。

  以上数据充分显示 2012 年以来，中国国内外经济环境更加错综复杂，世界经济复苏的艰巨性、曲折性进一步凸显，而中国国内经济运行中依然存在着一些突出的矛盾和问题，特别是经济下行的压力进一步扩大。因此，2012 年的宏观经济发展，一定要贯彻"稳中求进"的经济工作总基调，保持经济平稳较快发展、加快调整经济结构和产业结构、有效管理通胀预期三者之间的关系，尤其要把扩内需作为稳定成长的一个极其重要的手段和途径。

  中国自改革开放以来，通过不断地扩大开放，吸引了大规模的国际资本和国际产业，不仅在相当程度上推动产业能级的提升和中国经济的发展，也营造了出口导向型的增长模式；但是，从国际市场看，中国已经名列出口总额全球第一，或许还会有些潜力，但不可能无限扩大。从长远发展来看，中国需要改变外需强而内需弱的现状，而实际上中国国内市场也大有潜力，例如，14 亿中国人，即使每个人多消费 1 元，就是 14 亿元的巨大市场。从这个角度来看，当前稳定出口是需要的，而只有内需起来了，中国经济增长才能稳定并可持续。因此，现阶段主要对策应该是要"促内需稳外需"，不稳外需就会丧失机遇，不促内需就会丧失后劲。

  从促进中国内需市场来看，无非是通过两个途径，即投资与消费。当然，在每个不同的历史发展时期，对这两个途径的依赖权重是不一样的。以目前而言，应该根据中国国内外经济发展的环境变化，和转变经济发展方式的客观要求，积极采取"稳定投资，完善投资的结构效应；力推消费，强化消费的带动作用"策略，促进中国内需市场的有效成长，并且为中国经济的稳定增长奠定扎实的基础。

  若要振兴中国的农村消费，除提高农民的收入外，还要切实加强振兴农村消费网络体系建设、提高资源配置效率，以及保障消费资源的有效供给。

三、振兴消费主要路径在于完善投资的结构效应

  从投资来看，大规模的投资确实能够拉动经济增长，但高投资不仅难以担当起结构调整的重任，还有可能引起更严重的结构问题。应该看到，在扩

大内需中，过去主要还是依赖投资的拉动作用，例如，为了应对2008年的国际金融危机，中央与各级地方政府，都纷纷出台了一系列促进经济平稳较快发展的政策措施，其中最明显的为引起全球关注的4万亿元巨额投资计划。当然，大规模、高强度的投资，在宏观经济层面上以高强度的手段扭转经济成长滑坡的态势，以投资需求的强拉动创造了中间市场的振兴，并在微观层面上向全社会强力注入发展信心，但也在一定程度上引起重复投资和通胀压力。

当前，为了积极应对经济下行的压力，一方面，仍然需要投资在经济成长中发挥应有的拉动作用，这是因为在促进中国内需市场中，短期之内投资依然发挥较重要的作用，也同样需要保持一定的投资增长幅度；另一方面，除了要继续保持稳定的投资增长之外，重点是要把握好投资方向、投资结构、投资效益。因此，提出以下三点建议。

（一）保持适当的政府投资规模

从投资结构来看，中国政府主导的投资具有决策果断、速度较快、力度较大、见效较快的特点，在一定程度上可以尽快化解经济下行的压力，增强经济发展的信心。因此，首先要对列入"十二五"规划的重大项目，特别是改善民生、扶持西部和农村发展的基础设施、教育卫生、资讯化等重大投资专案，应该提升实施力度，加快投资速度，还可以启动一批事关全局、带动性强的重大投资专案，使得一度下滑过快的政府投资能够恢复到常态。

（二）把握好投资的方向和结构

从投资的方向和结构来看，在保持一定规模投资增长的同时，也要注意防止异化为新一轮的投资依赖。怎么防止？关键是要把握好投资方向，优化好投资结构，支持重点领域和薄弱环节的投资。例如，这次中央财政投入1 700亿元，深入推进节能减排，在增加投资稳定经济成长的同时，也充分体现"绿色投资"的倾向，同时，更多的财政投入将用于培育发展新能源、新能源汽车和节能环保等战略性新兴产业，从长远科研构建经济发展新的增长点。

（三）积极启动民间投资的活力

从投资资金来源来看，除了需要稳定政府投资之外，还应该更多地、更好地充分发挥民间投资的重要作用，促使投资资金来源的多元化，并启动民间投资，以增强经济的内生动力。例如，最近中央人民政府明显加大了鼓励民间投资的政策力度:交通运输部出台实施意见,鼓励民间资本进入交通运输基础设施、服务、新兴业务等领域;卫生部下发通知,允许社会资本按照经营目的自主申办营利性或非营利性医疗机构;铁道部出台实施意见,在铁路工程建设、装备制造等多个领域对民间资本开放。

四、鼓励扩大消费,强化消费的带动效应

无论是投资拉动,还是产业振兴,最终还是要建立在扩大市场需求的基础上。因此,积极创造和创新发展最终消费的终端市场,不仅是经济稳定发展的落脚点,也是确保经济成长的归宿点。从这个角度来看,中国经济要保持稳定、可持续发展,就一定需要在积极稳定投资增长的同时,把经济成长的着力点更多地放在推动消费上,通过扩大最终消费,带动中间需求,促使消费能够成为推动中国经济成长的主导力量。

从积极扩大中国国内消费来讲,首先需要进一步强化以"消费为本"的经济理念,旨在着重提高全社会的资源配置效率,进而提升其收益水平,创造条件提高全社会的消费能力,有效地解决中国终端市场需求不足的问题。同时,推动消费增长,关系到中国经济在短期内的平稳较快发展,更关系到在较长期内能否持续发展。从这个立场出发,凡是有助于促进消费增长的经济政策和社会政策,都应该加快且加大力度出台,而且所有的举措最终都要转化或传导到振兴终端市场上来。为此,提出以下三点建议。

(一)构建良性的消费支撑体系

对中国而言,推动消费增长是一个极其重要的命题。也就是说,要构建形成良性的消费支撑体系,进而为消费增长提供扎实的基础,关键是要体现在四个方面:(1)调整社会收入分配机制,紧紧抓住社会收入分配利益调整的契机,把政策贯彻与促进消费有机地结合起来,让老百姓"有钱消费";(2)消除抑制消费增长的各种因素,尤其要先行梳理医疗、教育、住房等因素对消费增长的影响,让老百姓"有钱敢消费";(3)制定促进消费的政策措施,形成鼓励全社会参与消费的整体氛围,让老百姓"有钱乐于消费";(4)积极开拓新的消费热点,深化体制机制改革,针对不同消费层次需求,创造新的消费载体,挖掘新的消费内涵,为老百姓"创造消费"。

(二)推出积极的消费刺激政策

消费能不能得到持续的成长,还依赖于有效的消费政策,尤其在面临经济下行压力之际,适时推出积极的消费刺激政策尤为重要。例如:为了应对

2008年国际金融危机的影响，中央政府曾经出台一系列推动消费的刺激政策。从2012年6月起，中央财政安排265亿元用于支持扩大节能家电等产品消费，全面启动推广符合节能标准的空调、平板电视、电冰箱、洗衣机和热水器节能产品补贴。消费者购买这五大类产品，将获得最高600元的财政补贴。这些消费政策的出台，对消费增长将会引发积极的作用，对稳定经济成长也将起到一定的助推效果。

（三）启动广阔的农村消费市场

从消费的角度来看，中国的市场结构存在着明显的"二元结构"，消费群体跨度很大，城市和农村落差很大，从中间市场到终端市场的转化和传导机制并未形成，尤其是产业振兴到终端市场振兴缺乏传导机制，有效供给和有效需求处于非关联受控状态等，所有这些矛盾的焦点都会集中到农村市场上来。因此，农村市场的振兴是消费增长乃至经济成长的一个大问题，如果一个农民增加消费1 000元，全国9亿农民就能增加消费9 000亿元，足见农村消费潜力之巨大。为此，当前推动全国消费的整体发展，就应该对农村消费振兴引起特别的关注，全力改变农村消费市场长期被轻视的状态，当然，若要振兴中国的农村消费，除要提高农民的收入外，还要切实加强振兴农村消费网络体系建设，提高资源配置效率，以及保障消费资源的有效供给。

（四）促进服务业的进一步发展

需要特别说明的是，持续促进消费增长还将为服务业发展提供有效的空间，进而有助于促进中国经济结构的调整和产业的转型升级。首先，随着消费总量的增长，服务业发展可以向深度拓展。从当前来看，在已有的服务业发展基础上，应该在深度上挖掘潜力，培育新的经济成长点。为此，不仅可以从新的形态、新的业态、新的手段等方面入手，进行深化延伸，还要不断提高服务水准和服务质量，从内涵方面进行新的扩展。其次，随着消费水准的提升，服务业发展可以向广度延展。服务业的领域很多、门类也很多，从传统服务业向现代服务业发展过程中，还能新增许多服务空间。为此，可以瞄准城乡居民消费结构改变的未来趋势，抓住新的消费热点和消费重点，乘势发展相关服务业和新型服务业。最后，随着消费市场的细分，服务业发展可以向专业化方向拓展。在当前中国服务业发展的大类中，生产性服务业发展比较滞后，消费性服务业发展大有潜力，而个人服务业发展则初露端倪，总体来说都有发展前景。例如，在个人服务业领域中的中介服务业、家庭服务业、与医疗保健有关的服务、与改善日常生活品质相关的服务、与住房及生活环境相关的服务等，都还处于发展的初始阶段，有的甚至还是服务"空白"，市场前景十分广阔。

（张兆安，《台湾经济研究月刊》2012 年 8 月号）

调结构，怎么调

在 2012 年中国经济发展"稳中求进"的主基调中，"调结构"不仅是当前的一个重要任务，而且也会影响到中国经济长远的可持续发展。当下，关键是要处理好经济发展中的五个重大战略"替代"关系。

其一，在动力替代方面，要着力处理好投资、出口、消费之间的替代关系，尤其要积极推动消费增长。长期以来，拉动经济增长的投资、出口、消费"三驾马车"失衡已久。从投资看，大规模的投资确实能够拉动经济增长，但高投资不仅难以担当起结构调整的重任，还有可能引起更严重的结构问题。从出口看，外需下降局面在短期内难以逆转，而改善出口结构和质量的任务还很艰巨。从消费看，尽管出台了扩大内需的刺激政策，社会消费保持了较高的增长，但仍然难以担当起推动经济增长的主导力量。关键要在保持适度投资规模和积极稳定出口的前提下，把推动消费增长作为着力点。为此，一要调整社会收入分配机制，让老百姓"有钱消费"；二要消除抑制消费增长的各种因素，让老百姓"有钱敢消费"；三要推出鼓励消费的政策措施，让老百姓"有钱乐于消费"；四要开拓新的消费热点、消费载体和消费内涵，为老百姓"创造消费"。

其二，在资本替代方面，要着力处理好各类资本之间的替代关系，尤其要发挥社会资本的作用和加快民营经济的发展。目前要关注三个方面：一是实体资本和虚拟资本的关系。如果实体经济回报很低甚至没有回报，资本就会游离，还会催生虚拟经济的风险，因而有必要调整好实体经济的发展政策。二是财政资金和社会资本的关系。应该更多地发挥社会资本的作用，更多地引导社会资本投入实体经济。三是国资、外资、民资的关系。当前，除了要积极引进外资和深化国资改革之外，更要切实落实好非公经济发展的各项政策，创造有利于民营经济发展的社会环境、市场环境和舆论环境，推动民营经济健康稳定发展。

其三，在要素替代方面，要着力处理好各类要素之间的替代关系，尤其要加速形成创新驱动的发展态势。"中国制造"也必须向"中国创造"转变,创新是一个重要的路径。当前,政府应重点抓好三件事:一抓制度创新。一系列的体制机制营造了众多的制度,制度不创新,一系列的创新活动和创新成果就会撞上一扇扇的"玻璃门"和"弹簧门"。二抓体系创新。创新不可能仅仅依靠科技或企业的"单兵突进"就能奏效,而是需要全社会创新体系的支撑,也就是在各层面、各领域形成互相支撑的创新体系。三抓平台创新。创新活动需要各类公共平台提供必要的支持,包括信息、技术、人才以及服务平台等。

其四,在产业替代方面,要着力处理好产业之间的替代关系,尤其要加速推动服务业发展。目前,我国的产业结构调整任务十分艰巨。在农业方面,生产效率和组织化程度不高。在制造业方面,传统产业缺乏核心技术与自主创新的制高点,而先进制造业发展的难度也不小,战略性新兴产业更不突出。在服务业方面,集中表现为产业规模不大、产业能级不高、辐射能力不强、国际化程度很低。因此,很有必要在积极发展现代农业和先进制造业的同时,把服务业发展作为产业结构调整的一个重要突破口。为此,一要谋划好全国服务业发展的整体规划、操作思路及相应措施,推动服务业集聚发展。二要深化服务业发展的体制机制税制改革,还要放松服务业发展的管制。三要突出服务业发展的重点和特色,重点扶持服务业龙头企业,培育服务品牌以及服务业发展人才。

其五,在市场替代方面,要着力处理好各类市场之间的替代关系,尤其要加快国内市场尤其是农村市场的发展。我国的市场结构存在着明显的"二元结构",内需和外需很不平衡,城市和农村落差很大。为此,一要处理好国际和国内市场的关系。从国际市场看,中国已经名列出口总额全球第一,或许还有潜力,但不可能无限扩大。国内市场则大有潜力可挖,13亿中国人,即使每个人多消费1元,就是13亿元的巨大市场。二要处理好城市和农村市场的关系。过去,我们倾力于城市中高端市场,轻视农村中低端市场的开发,而广大的农村市场潜力巨大,曾经的家电下乡、汽车下乡等,都取得了明显的成效。因此,理应大力改变农村市场长期被轻视的状态,切实加强农村市场体系建设,继续制定相应的消费政策和财政补贴政策。

(张兆安,《解放日报》2012年2月16日)

把握宏观经济形势与政策措施的走向

在2011年12月召开的中央经济工作会议上,明确了2012年经济工作的总体要求、大政方针、主要任务,并且作出了具体部署。因此,"稳中求进"成为2012中国经济发展的主基调,并且还要把稳增长、控物价、调结构、惠民生、抓改革、促和谐更好地结合起来。

其一,稳增长,就是要应对经济下行压力。从国际看,随着欧洲主权债务危机的蔓延、日本和美国经济相继陷入困境,长期以来拉动世界经济增长的三个"火车头"同时熄火,尽管四个"金砖国家"起到了一定的替代作用,但世界经济增长放缓的态势难以扭转,使得外部需求减弱成为中国经济增长面临的最大下行风险。从国内看,企业尤其是中小企业经营出现困难,经济增速逐季回落,中国经济增速已从2011年一季度的9.7%回落至三季度的9.1%。经济增长显现了下行压力。应该看到,在经济发展方式转变的进程中,经济增速适度回落是我们期望的,但是,也要防止经济增速回落过快,引发就业等一系列社会问题,所以要稳住经济增长。

其二,控物价,就是要防止价格出现反弹。2011年以来,由于受到国内外综合因素的影响,国内通胀水平一路走高。尽管当年11月开始出现了大幅回落的良好态势,但是,从当前形势来看,影响国内物价总水平基本稳定的因素依然存在,物价上冲的压力仍然没有完全消除。因此,如果不继续采取积极的综合措施,物价走势就有可能出现反弹,保持物价总水平基本稳定的目标也会落空,2011年以来控制通货膨胀的成效也会最终丧失,并且在经济和社会领域引起一系列的负面效应。

其三,调结构,就是要加快发展方式转变。从现实情况来看,关键是结构调整,提高经济增长的质量和效益,增强经济发展的协调性和可持续性。2011年10月以来,一些产业规划密集出台,2012年将继续实施积极的财政政策和稳健的货币政策,财政政策和信贷政策都要注重加强与产业政策的协调和配合,充分体现分类指导、有扶有控,也体现了"预调微调"的政策导向。同时，中央经济工作会议提出的"牢牢把握发展实体经济这一坚实基础"，意味着我国将努力营造鼓励脚踏实地、勤劳创业、实业致富的社会氛围，表明鼓励实体经济发展将成为调控主线。事实证明，如果结构调整不力，经济发展方式转变也就不可能实现。

其四，惠民生，就是要突出提高发展的包容性。应该看到，要提高发展的包容性，经济增长和改善民生必须协调发展，老百姓也必须分享到经济增长带来的好处。在如此态势下，就要把保障和改善民生放在更加突出的位置，就要加大财政投入力度，集中解决紧迫性问题，切实办成一些让人民群众看得见、得实惠的好事实事。例如，要进一步提高人民群众的收入，提高中等收入者的比重；要进一步提高人民群众的社会保障水平，就业、住房、医疗、教育、养老等领域的保障水平都还有待提高。

其五，抓改革，就是要继续保持经济活力。从当前来看，重点是要着力解决影响经济长期健康发展的体制性、结构性矛盾，通过深化改革，在一些重点领域和关键环节取得新的突破。当然，改革的内涵和领域很多，在经济领域中尤其需要加快的是财税、金融、资源性产品价格、国有企业、民间投资体制等改革，以及利率市场化改革和汇率形成机制改革。同时，要加快推进营业税改征增值税和房产税改革试点，合理调整消费税范围和税率结构，全面改革资源税制度，继续推进农村领域的各项改革，继续深化行政管理体制、社会管理体制、医药卫生体制、文化体制等改革和事业单位分类改革。

其六，促和谐，就是要促进经济社会生态的和谐发展。要正确处理好改革发展稳定的关系，积极有效化解各种矛盾和风险隐患，促进社会和谐稳定。要正确处理好经济发展和社会发展的关系，经济发展上去了，如果社会建设水平和社会管理能力跟不上，就一定会出现越来越多的社会问题，最终拖累经济发展。要正确处理好经济发展和生态环境的关系，应该看到，以往的经济发展在一定程度上是以牺牲环境为代价的，因而节能减排是不可松懈的。最后，所有发展的关键点还在于人的和谐发展，个人的自我和谐、人与人的和谐、家庭和谐、人与自然以及人与社会的和谐，还大有文章可做。

在如此态势下，如何认清经济形势和积极应对所面临的严峻挑战？一要关注经济形势的特征。目前，经济形势仍然比较严峻，经济转型期的各种矛盾和问题还在不断显露出来，保持经济稳定增长的压力不小，因此，2012年的经济增速将有可能进一步下降，但全年的经济增速应该能够保持在8%以上。二要关注经济政策的走向。由于经济增长的不确定因素很多,为了实现全年"稳中求进"的目标,中央已经出台了一些经济政策,当然,也还会出台一些新的方针和政策,尤其要关注财政政策和货币政策的走向、结构性减税的进程、支持实体经济发展的措施、防止物价反弹的措施等。三要关注政策措施的叠加效应。为了实现"稳中求进"的目标,中央已经出台了若干政策措施,对一些重点领域和关键环节的改革也做出了具体部署,随着经济形势的发展变化,还有可能出台一些后续的政策措施。所有这些,必然会出现一些叠加效应,有的可以预见,有的则需要加以研判。四要关注上海经济发展的趋势。从产业拉动来看,"十二五"发展时期还是"两轮驱动",即服务业和制造业共同推动经济增长,但是要"两个优先"发展,即优先发展现代服务业和优先发展先进制造业;从产业结构来看,要加快形成服务经济为主导的产业结构,这是同建设"四个中心"的目标是高度吻合的;等等。因此,企业应该同这种趋势"对对表"。五要关注企业自身的发展。种种迹象表明,所有在沪的企业,都应该在当前的宏观经济形势和微观的发展环境中寻求自身的出路,或者通过提升能级来应对挑战,或者通过发展转型来谋求新的出路。

(张兆安,《上海企业》2012 年第 1 期)

2013 年

创新驱动战略与政府自身建设

在现实经济社会生活中，任何事情都存在着两重性。最典型的是，2008年全面爆发的国际金融危机，不仅对中国经济发展带来了十分严峻的挑战，也终于让国人开始清醒起来，也普遍地意识到昔日的经济发展方式终于走到头了。

在 2011 年 11 月召开的党的十八大工作报告中明确指出，要实行创新驱动发展；在 2013 年的第十二届全国人大第一次会议上，总理温家宝在政府工作报告中提出，要实施创新驱动战略；同年 3 月 5 日，习近平总书记在参加第十二届全国人大第一次会议上海代表团审议政府工作报告时强调，要把工作着力点放到加大创新驱动力度上来，不断为创新发展注入新的动力和活力。应该充分认识到，实施创新驱动战略，不仅需要全社会的共同认识和共同努力，也需要与政府自身建设紧密地结合起来。

在 2013 年 3 月第十二届全国人大第一次会议上，审议通过了《国务院机构改革和职能转变方案》，从而拉开了改革开放以来第七次国务院机构改革的大幕。实际上，政府自身建设除了要减少机构数量之外，更重要的是实行职能转变。政府职能转变的核心：一是职能转移。关键是解决好政府与市场、政府与社会的关系，充分发挥市场在资源配置中的基础性作用，更好发挥社会力量在管理社会事务中的作用。二是职能下放。关键是解决好国务院部门管得过多过细的问题，把该管的管住管好，不该管的不管不干预，并且充分发挥中央和地方两个积极性。三是职能整合。关键是解决部门之间职责交叉、推诿扯皮问题，提高行政效率。四是职能加强。关键是解决好国务院部门抓大事管宏观不够问题，改善和加强宏观管理，建立完善制度机制。

当然，《国务院机构改革和职能转变方案》的实施，一定会对全国上下的政府自身建设起到重大的推动作用。如果从我国实施创新驱动战略的角度来看，那么，各级政府的自身建设还可以继续从以下四个方面着力。

其一，转型方向要坚持。转变经济发展方式能不能坚持？关键在于对经济增长速度的评价和认同。最近，各类媒体上对全国各地经济增长速度的评议比较多，各类专家的评论也不少。各地经济增长保持什么样的速度？其实可以用三个标准来衡量，即：环境容量能不能承受；资源条件有没有能力；结构是不是得到优化。例如，上海已经实施了多年的"创新驱动，转型发展"战略，尽管增长速度为7.5%，但服务业的比重达到了60%，消费对经济增长的贡献在70%以上，单位生产总值能耗两年内下降10.5%，尤其是减少了对投资、房地产、重化工业、加工型劳动密集型产业的"四个依赖"，各种结构问题得到了一定程度的化解。因此，一味追求速度既不科学，也不可持续。

其二，审批制度要改革。总的来说，在审批权限需要层层下放的基础上，一定还要实行"减少数量，分类指导"。减少数量，就是要最大限度地缩小审批、核准、备案范围，该取消的坚决取消，切实落实企业和个人投资自主权。如何分类指导？从资本性质来看：一是财政资金投入要严格审批，这是由公共财政的属性决定的；二是国有资本投入要提高效率，国有企业投资需要提高决策效率；三是社会资本投入要加快放开，尤其是民营资本投入应该全面放开。从资本投向来看：一是产业投资要审慎一些，这是因为很多产业的产能严重过剩，不能继续加剧这种状况；二是民生投入要宽松一些，对一些公共设施、公共产品、公共交通等民生问题的投入，需要进一步放松审批，对确实需要审批的，也要简化程序，限时办结。

其三，政府规章要修订。政府当然要依照规章办事，但在现实经济生活中，各种规章经常会"打架"，各类规章也不与时俱进。比如，原来的食品安全问题，按照各自的规章实行多头管理，管理效率很低，管理效果不佳，互相推诿，相互扯皮；又如，经济社会生活中的一些新生事物，新产业、新行业、新企业、新项目、新服务、新的商业模式等，往往又会受到原有规章的制约而不能得到创新发展。因此，有的时候，与其说是部门之间的扯皮，还不如说是规章之间的扯皮。面对这些问题，一方面需要政府相关部门和职责进行必要的整合，如这次对食品药品实行统一监督管理；另一方面，不仅需要对政府部门之间的各种规章进行必要的统筹协调，而且需要对各类规章进行及时的整理修订。

其四，机构设置要合理。这次国务院机构改革，全社会十分关注，各类媒体上也频繁出现各界人士对大部制改革的期待。那么，到底是大部制好还是小部制好？当然，部门少了，不一定是坏事；部门多了，也不一定是好事。从当前来看，一定是实行大部制比较符合政府机构改革和职能转变。如果进一步讨论的话，政府机构如何设置才比较合理呢？其实也有三个标准很重要，而且这三个标准都是可以进行量化的。一是政府行政经费支出占财政支出的比重下降了没有，或者说，政府行政经费支出是否能够保持在一个比较合理的增长水平；二是政府的行政效率提高了没有，或者说，政府的办事效率提高了没有；三是人民群众和企业对政府工作的满意度提高了没有，或者说，人民群众和企业对政府工作的评价上升了没有。

（张兆安，《上海企业》2013年第4期）

中国服务贸易发展的战略思考

当今,全球经济一体化已经成为世界经济发展的一个基本趋势,而全球经济发展竞争的一个重点,也已经开始从货物贸易转向服务贸易。中国自2001年加入世界贸易组织(WTO)以后,对外贸易已经从货物贸易为主导的贸易方式,开始逐步向货物贸易和服务贸易并重,并加快推进服务贸易发展的方向发展。据商务部统计,截至2012年,中国的服务贸易进出口总值已位居世界第三,达到4705.8亿美元。在这种对外贸易转型发展过程中,尽管中国服务贸易获得了比较迅速的发展,规模也有进一步的扩大,但是仍然存在着一些发展中的问题和瓶颈,迫切需要政府和企业采取必要的对策和措施,以积极推动中国服务贸易发展再上一个新的台阶。

一、中国服务贸易发展的现状特征与主要问题

加入WTO以来,中国服务贸易得到了快速稳定增长,服务贸易规模迅速扩大,内涵逐渐丰富,物件不断扩展,从而成为全球公认的新兴经济体国家中的佼佼者,但从总体上来讲,由于中国服务贸易发展的起步比较晚、起点比较低、总体水平不高、竞争能力也比较薄弱,未来发展还存在着一些迫切需要解决的矛盾和问题。中国服务贸易发展的现状特征和主要问题表现在以下三个方面。

(一)发展速度比较迅速,但占进出口总量比重依然很低

改革开放以后,中国的对外贸易得到了跨越式的发展,加入WTO后,服务贸易又呈现迅速增长的显著态势。根据统计,2002—2012年的11年间,中国服务贸易年平均增长20%;特别是2005年以后的增长速度更快,2005年和2008年服务贸易的增长速度均超过30%,2007年、2009年和2011年的增长率也都超过20%,呈现超高速的成长态势,增幅超过货物贸易的增长。就当前的情况来看,一方面受到国际经济发展环境的影响,中国的对外贸易尤其是出口增速出现了下降迹象;另一方面,尽管服务贸易增速也有所下降,但仍然还是在延续着相对较快的增长势头,显示出较强的竞争力和

发展空间。

从地方角度来看，2012年上海服务贸易进出口总额首次突破了1 500亿美元大关，达到了1 515.6亿美元，同比增长17.2%，完成了年初确定的15%的增长目标。其中，服务出口515.3亿美元，同比增长8.9%；服务进口1 000.3亿美元，同比增长22.1%。2012年上海服务贸易进出口占全国服务贸易进出口总额的比重为30.7%，总额、服务出口和服务进口均居全国首位，对全国服务贸易的贡献程度进一步巩固；服务贸易占同期上海对外贸易总额（货物贸易和服务贸易之和）的比重提高到25.8%，对上海经济贸易的贡献程度进一步加强。这说明，上海服务贸易发展，不仅推动了上海国际贸易中心建设，而且在全国取得率先发展的作用也正在逐渐显现出来。

但是，中国服务贸易发展的水平仍然还很低。其主要表现在：(1) 从中国对外贸易的整体结构来看，服务贸易占对外贸易的比重仍然比较低。根据统计，2006—2012年，中国服务贸易额占贸易总额的比重一直在10%左右徘徊，2012年仅为10.54%，而在同一时期，世界服务贸易占贸易总额的比重在20%左右，也就是中国服务贸易占贸易总额的比重仅仅为世界平均水准的一半，呈现发展不足和增长空间巨大两方面的特点。(2) 从中国服务贸易总额占世界服务贸易总额的比重来看，水准也比较低。根据资料，2012年中国服务贸易总额占世界服务贸易总额的比重仅为5%左右，而同期中国货物进出口总额占世界货物进出口总额的比重则超过了20%，说明结构是严重失衡的。因此，积极推动服务贸易的进一步发展壮大，不仅已经成为中国对外贸易保持稳定增长的重要基础，也应该成为中国对外贸易创新发展的新增长点和亮点。

（二）服务贸易进出口都有规模增长，但逆差规模有所扩大

在中国服务贸易历史发展过程中，存在着一个比较显著的特点——进口规模大于出口规模，进口增速快于出口增速。2012年中国服务进出口总额达到4 706亿美元，比2011年增长12.3%。其中，服务进口2 801亿美元，同比增长18.2%；服务出口1 905亿美元，同比增长4.6%；服务进出口逆差达到了896亿美元。从作为地方的上海来看，情况也同样如此，服务进出口逆差的规模达到了485亿美元，而服务进口的增速比服务出口的增速要快13.2个百分点。观察近年来的总体发展态势，中国服务贸易发展不仅出现了连续性逆差，而且逆差的规模有扩大的态势。

此外，中国服务贸易逆差不仅主要集中在运输、旅游、保险服务、专有权利使用费和特许费领域，而且逆差的规模还在上升。同时，咨询、计算机和信息服务、建筑服务等则实现了较大数额顺差，前两个行业的顺差还在增加。这充分说明，中国服务贸易内部失衡状态明显，因此进出口比重结构调整的空间仍然很大。

（三）新兴服务贸易增长比较快，但传统服务贸易比重高

目前中国服务贸易发展进程中，新兴服务贸易，尤其是高附加值服务贸易增长比较迅速，有些甚至令人刮目相看。在中国高附加值服务贸易中的咨询，计算机和信息服务，广告、宣传等出口呈现出了快速增长的态势，2012年分别比2011年增长了17.8%、18.6%、18.2%；而专有权利使用费和特许费、金融服务、通信服务等进口增势也十分显著，增幅分别为20.7%、158.4%、38.6%。从2012年上海服务贸易发展来看也是一样的情况，其中计算机和信息服务出口同比增长29.4%；广告、宣传出口同比增长28.5%；保险服务、专有权使用服务出口占比虽不高，但也都实现了30%以上的增幅。

但是，我们亦可发现中国服务贸易发展中，传统服务贸易仍然占有很高的比重。2012年，作为传统服务贸易的运输和旅游在中国服务进出口总额中的占比达到58.8%，比2011年增加2.2个百分点。2012年，旅游进出口总额首破1 500亿美元，居各类服务进出口之首，同比增长25.6%；运输进出口总额达1 248亿美元，位居第二，同比增长7.5%。从2012年上海服务贸易发展的特点来看，也同样如此，一是受国际原油价格高位震荡，全球特别是中国货物贸易增速放缓等因素影响，运输服务进出口429.8亿美元，同比增长9%，虽高于2011年2%的增幅，远低于平均增长水准，但占服务进出口的比重达到28.36%；二是受到出境游市场持续升温等因素影响，旅游进口继续保持较高速度增长，全年实现贸易额519亿美元，同比增长33.3%。

二、中国服务贸易发展的战略思考与对策措施

从中国服务贸易发展的现状特征中，我们可以清楚地看到，尽管中国加入WTO之后，服务贸易发展速度比较快，进出口规模也有所扩大，但是，在中国服务贸易未来发展中，还存在着一些有待解决的主要问题和关键瓶颈，也迫切需要各级政府、社会各界、相关企业等各个层面采取必要的对策和措施，推进中国服务贸易能够进一步稳定、健康、快速发展。为此，提出如下六个方面的战略思考和对策建议。

（一）制定完善服务贸易发展的战略

从未来发展趋势来看，服务业发展水平已经成为衡量一个国家现代化水平的重要标志之一，而全球经济竞争的重点也开始从货物贸易转向服务贸易，服务贸易发展的水平也决定着一个国家的国际竞争力。在如此的大背景下，很有必要根据国际经济发展变化情况和全球贸易发展的基本趋势，对中国服务贸易的未来发展进行必要的统筹规划，提出明确的发展方针、目标、任务、路径，制定完善大规模推进中国服务贸易发展的全球战略以及政策体系，各级政府也应该根据各地的条件和基础制定相应的服务贸易发展规划，通过上下协调、政企联动、各方努力，促进中国从目前的贸易大国真正走向贸易强国。

（二）积极推动服务贸易的深化开放

随着经济全球化和世界各国的开放，中国除了要有步骤地扩大服务贸易开放之外，还应该实现由被动开放国内服务业市场向主动要求开放各国服务业市场的战略转变，并且推动双边、多边开放。例如，海峡两岸关系协会和台湾海峡交流基金会于6月21日在上海签署《海峡两岸服务贸易协议》，其中大陆对台湾开放80条、台湾对大陆开放64条，双方市场开放涉及商业、通信、建筑、分销、环境、健康和社会、旅游、娱乐文化和体育、运输、金融等行业。协议的签署为加快实现两岸服务贸易正常化、促进两岸服务贸易自由化做出了重要的制度性安排，有利于扩展两岸服务贸易的广度和深度，提升国际竞争力。

（三）加快调整优化对外贸易结构

针对中国对外贸易结构中，货物贸易比重高而服务贸易比重低的状况，不仅要形成货物贸易和服务贸易并重发展的格局，还要重点推动服务贸易的发展。长期以来，一方面，由于中国实行了改革开放，对外贸易发展迅速，尤其是货物贸易的快速发展，使得中国发展成为全球第二的经济体和全球主要的贸易大国；另一方面，由于中国大规模的传统产品和低附加值产品的出口，也造成了大量的自然资源消耗和严重的自然环境污染，经济发展方式不可持续。这充分说明，中国经济发展方式需要转变，传统的出口方式也必须进行转变，出口结构必须进行调整，而实行转变和结构调整的一个重要路径，就是进一步加快发展服务贸易，这是因为，服务贸易是绿色贸易，加快发展服务贸易，符合经济发展方式的转变，更符合中国的基本国情和国际潮流。

（四）全力推动新兴服务贸易发展

应该清醒地认识到，进入 21 世纪以后，全球服务贸易发展的结构发生了重大变化，服务贸易正逐渐由传统的以劳动密集型为基础的服务贸易，向以知识、智力密集型或资本密集型为基础的现代服务贸易转变。相应地，运输、旅游等传统服务业占服务贸易的比重逐渐下降，新兴服务业的贸易比重不断上升。因此，中国应该紧跟国际服务贸易的发展趋势，努力调整和优化服务贸易结构，积极发展现代服务贸易，缩小传统服务贸易的发展比重，扩大现代服务贸易的发展比重。目前来看，尽管现代服务贸易在中国整体服务贸易中的比重虽然不高，但其近年来的增长速度提高很快。因此，更应该通过增加新兴服务业的出口，不断优化中国服务贸易的出口结构，增强服务产业的国际竞争力。

（五）支持鼓励服务业企业"走出去"

在中国服务贸易发展中，还应该积极推动服务贸易发展模式的转变，从过去国外服务企业"引进来"逐步转向中国服务企业"走出去"。目前，中国除了要继续推动制造业企业"走出去"之外，还要积极鼓励中国的服务行业和服务企业大胆"走出去"，推动实现跨国经营，抢占国际服务业市场。例如，中国服务业企业可以紧紧依托"走出去"的制造业企业，通过货物贸易把服务贸易带出去，带动技术和人才的出口，带动与制造业密切相关的服务性企业向海外投资。为此，中国政府部门应该进一步提高认识，高度重视，放开限制，并且在规划、组织、引导、支持、政策、服务等方面，为中国服务业企业"走出去"提供全方位的支撑。

（六）加强海峡两岸服务贸易联动发展

在中国服务贸易发展过程中，海峡两岸服务贸易的进一步合作和联动，应该成为一个重要的拓展领域。当前，海峡两岸可以抓住《海峡两岸服务贸易协议》签署以后的战略机遇，促进两岸服务贸易联动发展上一个新台阶。为此，一是推动海峡两岸服务贸易企业的双向投资，尤其是要鼓励大陆企业的对台投资；二是瞄准服务贸易中能够形成利益共同点的领域，进一步加强海峡两岸合作交流；三是选择海峡两岸民众有共同需求的服务贸易领域，推动相关服务贸易的双向发展；四是选择大陆服务贸易发展的重点区域，进一步加快海峡两岸服务贸易的联动发展。例如，上海正在建设国际经济、金融、贸易、航运中心，沪台在金融、贸易、航运等领域的合作空间很大，机会也很多,应该可以在服务贸易领域大有可为。又如,在沪台金融合作方面,银行、证券、保险、货币、离岸金融业务、中小企业融资业务、财富管理业务等,都可以进一步深化合作和共同发展。

(张兆安,《台湾经济研究月刊》2013 年 8 月号)

化解我国中小企业融资难的七项建议

2012年过去了，2013年来到了。在新的一年中，随着经济发展方式的进一步加快转变，我国中小企业融资难问题能不能得到有效化解，仍然直接关系到全国面广量大的中小企业的生存和发展。从当前的现状来看，我国中小企业融资难的原因很多，但归纳起来主要有内外两个方面的因素。其一，是内生原因。即一些中小企业内部存在着企业经营不稳定、财务制度不健全、担保及抵押难、信用程度低、融资风险大等问题，使得中小企业融资成本偏高，融资额度有限。其二，是外部障碍。即金融资源配置不合理，资本市场结构不尽合理，金融体系不完善，体制机制不配套等因素，进而影响到中小企业的融资。为此，提出以下七个方面建议。

一、完善中小企业发展的法律体系

应该尽快完善和细化《中小企业促进法》可操作性的措施和办法，建立健全中央及各级政府为中小企业发展服务的主管机关，建立健全各级政府和地方各级中小企业服务机关应该分别向各级人民代表大会及其常委会的汇报审议制度。同时，加快制定与中小企业发展相配套的制度和规范，以形成一个具有系统性、可操作性和规范有序的中小企业法律体系。

二、建立专门的政策性担保信贷金融机构

从国外经验来看，建立担保信贷金融机构，是政府干预金融市场、弥补市场缺陷、矫正市场失效的重要手段。建立中小企业政策性担保信贷金融机构，不仅可以有效地贯彻国家产业政策，弥补商业性投融资活动的不足，还可以较少的政策性资金投入吸引更多的社会资金。政策性担保信贷金融机构，有利于积累中小企业融资和服务监管经验，通过特殊贷款等手段进行政策引导来吸引民间资金介入，并对商业和民间金融进行补充的领域提供资金或进行政策引导。

三、允许民间资本发展区域性中小银行

放松金融市场的准入管制，允许民间资本发展面向中小企业的区域性中

小金融机构,解决中小企业融资过程中的"所有制歧视"和"规模歧视",从根源上解决中小企业融资难问题。因此,要鼓励发展中小金融机构,引导国有大银行通过分支机构向社区银行转变,满足广大中小企业的融资需求;同时,也有利于银行业调整信贷结构,降低信贷集中度,形成新的利润增长点。此外,还要规范民间借贷,促进民间借贷阳光化。对于银行信贷来讲,它仅仅是个补充,不会对传统银行业务产生根本性影响。

四、积极扶持、促进融资租赁业的发展

"融物"代替"融资"的融资租赁具有独特的功能和优势,也是科技型中小企业中固定资产投融资的融资方式和渠道。但是,出于融资租赁公司定位错位、资金来源短缺、配套优惠政策缺失以及租赁市场的不规范等诸多原因,许多租赁公司相继发生经营困难,经历了行业的整顿和公司的重组。因此,我国的融资租赁业,迄今未能像在主要发达国家那样成为中小企业融资的主要渠道之一。经过行业整顿和重组后,尽管2008年开始融资租赁业进入了快速发展阶段,但仍然处于发展起步阶段,建议应尽快出台《融资租赁法》和有关配套政策,以促进融资租赁业持续稳定发展。

五、建立健全中小企业的信用担保体系

目前信用担保体系的主要问题:信用担保立法滞后、多头管理和监管推诿并存、缺乏信用担保机构准入和退出机制、风险分散分摊及补偿机制尚未建立、金融征信信息共享机制滞后、担保机构的规模小实力弱、担保放大倍数低、政策性担保机构存在较多的行政干预等。为此,一是构建合理的风险分担机制。发达国家多数信用担保机构的风险覆盖比例为60%—80%,信贷金融机构相应承担20%—40%的风险。建议我国信用担保业承担80%—90%的风险;在这80%—90%的风险中,由省级政府以上的再担保机构承担30%的担保风险。二是建立中小企业信用担保机构退出机制,清理整合规模过小、效率低下的地方政府出资的中小企业信用担保机构,并提高担保放大倍数。三是建立有效的再担保和保险机制。建议成立一个多层次的再担保体系,由中央政府完全出资的全国性再担保机构和地方省/市担保机构组成的再担保机构组成。借鉴意大利担保公司做法,以承保项目75%的额度向瑞士再保险公司购买再保险,由再保险机构承担部分风险。四是减少政府干预。尽管提出要减少行政干预,实行专业化独立运作,但仍然存在领导定项目,担保项目决策失误造成呆坏账,拖垮担保机构。五是对信用担保市场的准入和退出、谨慎标准、信用担保公司的公司治理机构、运作管理、风险管理措施和财务管理的制度，要明确法律规范和监管机构。

六、推进完善中小企业集群融资渠道和平台

在一些产业园区，中小企业在地域空间上形成了专业化产业集聚体，也就是企业集群。中小企业集群，由于产业内相互之间通过分工协作或地域空间而结成稠密的联系网络如地缘关系、产业链关系等以及基于本地的"根植性"，无论在向市场直接融资还是向银行间接融资中，比一般游离的中小企业具有优势。就中小企业集群融资渠道和平台而言，可以根据成熟程度选择不同模式。例如，"园区推荐、银行融资、第三方担保"（如上海浦东新区张江高科技园区企业"易贷通模式"），"政府补贴、园区贴息、银行融资、第三方担保"（如上海浦东新区金桥开发区的"金桥直贷通模式"），以及更进一步的政府补贴、银行融资、小贷融资、直接投资、第三方担保等多种间接融资和直接融资相结合的融资方式。

七、充分发挥政府提供公共产品的优势

政府应该在创建一个更有利于中小企业发展的融资环境方面发挥特殊作用：一是完善电子政务平台，为中小企业提供更好的信息服务。政府可以开发中小企业融资信息平台，发布和汇集有关中小企业融资和扶持的政策法规、办事流程、服务资源，使企业及时了解有关政策信息，提供政府采购、技术合作、产品销售的信息服务。二是发挥政府协调作用，构建企业与金融机构的交流平台，为中小企业、银行、担保机构以及风险投资机构组织提供交流和沟通的机会。三是建立中小企业融资服务专家评审团。目前，金融机构和中小企业特别是科技型中小企业之间存在较大的沟通障碍，组建一个包括行业专家、金融从业人员以及政府官员在内的专家评审团，有助于改善金融机构识别中小企业的项目风险，提高金融机构提供融资的意愿。四是持续跟踪调查中小企业融资状况，动态掌握中小企业融资发展态势和融资环境评价等，为评估和完善中小企业融资政策提供依据。

（张兆安，《上海企业》2013年第1期）

2014 年

2014 年：改革创新中的稳中求进

2013 年，我国经济工作的总基调是稳中求进，并且呈现出稳中有进、稳中向好的态势。2013 年 11 月，党的十八届三中全会召开并审议通过了《中共中央关于全面深化改革若干重大问题的决定》（以下简称《决定》）；12 月 3 日，中央政治局会议定调了 2014 年经济工作，强调"继续坚持稳中求进工作总基调，把改革贯穿经济社会发展各领域各环节"；12 月 10—13 日，中央经济工作会议对新一年的经济工作又进行了总体部署。从总体上来看，面对复杂多变的国际经济形势和国内经济尚未完全消除的下行压力，2014 年我国经济工作仍然是继续坚持稳中求进的总基调，但是，坚持稳中求进工作总基调的背景有了新的变化，内涵也更加丰富。

其一，深化改革为稳中求进奠定了重要的基础。2014 年是全面贯彻落实党的十八届三中全会精神、全面深化改革的第一年，在三中全会《决定》共 16 个部分三大板块的全文中，从经济、政治、文化、社会、生态文明、国防和军队等六个方面共 60 条，对我国全面深化改革进行了具体部署。可以预见，这些涉及面广、影响深远的深化改革的重大举措，都需要各个部门、各个地方在新的一年中拿出贯彻落实的路线图和时间表；因此，从中央到地方，全面推进改革的深化，对我国经济发展实现稳中求进奠定了重要的理论基础和实践指南。同时，中央经济工作会议还提出了新的要求，强调要全面认识持续健康发展和生产总值增长的关系，不能把发展简单化为增加生产总值，努力实现经济发展质量和效益得到提高又不会带来后遗症的速度。这充分表明，要着力纠正不正确的政绩导向，进一步改革和完善政绩考核指标。

其二，政府职能转变为稳中求进创造了良好的制度环境。推进经济发展的稳中求进，需要发挥市场和政府"两只手"的作用，尤其需要发挥市场的作用。三中全会《决定》明确指出，要处理好政府和市场的关系，使市场在资源配置中发挥决定性作用和更好发挥政府作用。在新的一年中，政府职能转变将会走上快车道，一系列改革举措都需要落实。例如，行政审批制度改革，凡是市场机制能够有效调节的经济活动，一律取消审批；企业投资项目除了关系国家安全和生态安全等项目之外，一律由企业依法依规自主决策，政府不再审批；推进工商注册制度便利化，削减资质认定项目，逐步推进注册资本认缴登记制；完善主要由市场决定价格的机制，凡是能由市场形成价格的都交给市场，政府不进行不当干预。因此，市场体系建设将更加完善，市场主体的作用发挥将更加明显。

其三，主要工作和任务的部署为稳中求进明确了方向和抓手。中央经济工作会议确定了2014年经济工作的总体要求和主要任务，明确提出了继续实施积极的财政政策和稳健的货币政策，具体部署了切实保障国家粮食安全、大力调整产业结构、着力防控债务风险、积极推进区域协调发展、着力做好保障和改善民生工作、不断提高对外开放水平六大主要任务。这充分说明，宏观调控政策保持了基本稳定，而转方式、调结构、惠民生的力度会进一步加大，其中坚定不移化解产能过剩、积极防控地方政府性债务风险、让老百姓得到深化改革的好处等，都传递出了新的信号。所有这些，都为经济发展的稳中求进明确了方向，指明了路径。

其四，微观经济激活为稳中求进增添了活力。应该清醒地认识到，经济增长的微观基础是各类企业，而企业又是市场经济的主体，因此，搞好微观经济的发展环境、搞活企业主体，发挥市场主体的作用，就必然会为经济发展的稳中求进提供重要的保障。在三中全会《决定》和中央经济工作会议中，都提出了一些积极的举措，例如，改革审批制度、继续放宽投资准入、完善结构性减税政策、适时适当降低社会保险费率；明确提出了混合所有制经济是基本经济制度的重要实现形式，废除对非公有制经济各种形式的不合理规定，消除各种隐性壁垒，制定非公有制企业进入特许经营领域具体办法，允许具备条件的民间资本依法发起设立中小型银行等金融机构等。早在2013年4月25日，中央政治局常委会就定调经济："宏观政策要稳住，微观政策要放活，社会政策要托底。"因此，微观经济发展环境的改善，企业主体作用的发挥，必将为经济发展的稳中求进创造基础性的保障。

其五，民生工作改善为稳中求进起到推动作用。说到底，民生工作做得好，同样可以推动经济发展的稳中求进。在三中全会《决定》和中央经济工作会议中，都对进一步保障和改善民生工作进行了重要部署，例如：户籍制度改革、计划生育政策调整、新型城镇化建设，以及在教育、就业、收入分配、社会保障、医疗卫生、住房、食品安全、安全生产等方面需要解决好人民最关心最直接最现实的利益问题。在这个发展过程中，不仅能够让人民更好地分享我国改革开放的成果，而且对于相关产业的发展将会起到重要的推动作用。比如，城镇化建设必然会带动民间投资、社会保障体系完善必然会带动消费、中小城市户籍放开必然会带动城市经济发展等，都会对经济发展的稳中求进起到很大的推动作用。

（张兆安，《上海企业》2014 年第 1 期）

2014年下半年度我国宏观经济形势分析与建议

——重点防范外资外贸"双下行"的风险

在2014年上半年经济形势报告中,我们对影响我国宏观经济运行的20余项经济变量进行了分析,在此基础上提出了要重点防范房地产价格过快下降、地方融资平台政府违约、产能过剩持续加剧"三碰头"的潜在风险。8月份宏观经济下行的现实,印证了我们当时的一些判断,促使社会各方形成了房地产不能快速破灭的共识,随后中央也出台了一系列相关政策。

我们认为,下半年这些经济变量又出现了一些分化,但保持7.5%左右的经济增长是全面深化改革的必要前提,防风险仍然是2015年经济工作的主线之一。其中,防止外资外贸"双下行"风险,应该成为中央宏观调控新的防范重点之一。

一、经济变量新的演化:有利条件与不利影响

下半年以来,这20余项明显影响我国宏观经济运行的经济变量又出现了一些新变化。有的成为有利条件,有的可能会产生不利影响。

从外部变量来看,一是美日货币政策背道而驰。美联储10月30日宣布正式推出QE,而日本央行10月31日令人意外地宣布再度加码QE。美国10月失业率从8月的6.1%下降至5.8%,创2008年7月以来最低水平,不仅扫除了对QE退出而影响经济下行的担忧,而且呈现经济复苏增强的迹象。二是新兴经济体分化明显。国际货币基金组织2014年连续第4次下调,2014年俄罗斯经济增速由3%下调至2%,连续4次下调南非经济增长将低于2%,巴西2014年、2015年两年的经济增长仅为0.4%和1.5%,而印度经济增长有望再次回到5%以上。三是欧洲负利率结果初显。最大的威胁是由通缩引发的经济滞胀,这在日本经济发展中已经发生过。四是欧洲最大经济体增长下滑。德国10月大幅下调2014年经济增长率由1.8%降至1.2%,2015年增长预期从2.0%下调至1.3%。五是国际原油连续暴跌。10月国际原油继续暴跌,每桶

跌破 84 美元，创近 4 年来新低。六是乌克兰危机未有结果。国际金融和能源市场随之动荡，美俄、欧盟与俄罗斯的关系出现新变局，如果危机继续升级，可能带来更严重的经济影响。七是埃博拉出现蔓延迹象。如果控制不好，有可能对全球经济造成一定影响。

从内部变量来看，一是房地产推出新政。9月首套房认定新标准出台，取消公积金贷款保险、公证、新房评估和强制性机构担保等收费项目，在不动产登记启动以后、房产税推出的背景下，激活了市场人气，刺激了刚性需求，但政策效应有待放大。二是小微企业减负效果显现。10月起，月销售额3万元以下小微企业免征营业税和增值税，企业经营有所好转，但对企业创新转型的金融等支持仍需加大力度。三是新的增长动力正在形成。11月国家发改委又集中批复了总金额近2 000亿元的7个基础设施建设项目，成为稳增长的重要措施之一。四是通胀压力已经化解。10月CPI低至1.6%，创57个月新低，物价上涨已不是现阶段的主要矛盾。五是结构调整成效显现。尤其是服务业增长速度快于工业，比重继续提高，延续了2013年以来的良好态势。六是用电量有所回升。9月，全社会用电量同比增长2.7%，虽较8月回升4.2个百分点，但仍然是2014年以来的"次低"，说明经济仍然面临短期压力。七是新增贷款创新高。9月新增人民币贷款8 572亿元，创14年同期新高；但社会融资规模约为1.05万亿元，同比减少3 598亿元，说明实体经济需求不强。

我们判断：一是影响我国宏观经济运行的内外部经济变量还在不断变化之中，需要密切关注，如日本量化宽松政策出台；二是有利条件和不利因素正在不断转化，处于此消彼长的状态，总体上可以彼此抵消；三是我国宏观经济运行的基本面没有根本改变，短时期内发生突变的可能性不大；四是我国经济下行的压力依然十分严峻，必须在各个层面和各个领域保持一定的增长动力。

二、宏观经济总体情况："下行压力"中的基本稳定

我们认为，下半年以来，在国内外经济变量的影响下，我国宏观经济运行出现了一些下行迹象，但从总体上来判断，仍然呈现出"下行压力"中基本稳定的整体态势。

"下行压力"主要表现在：一是增长速度不稳。1—9月，经济增长速度7.4%，但前三个季度分别为7.4%、7.5%、7.3%，说明增长动力不够。二是工业增长减速。9月工业增加值同比增长8.0%，比8月上升1.1个百分点，

但远低于预期，且为近 6 年来最低水平。三是投资逐渐下降。1—9 月固定资产投资同比增长 16.1%，比 1—8 月回落 0.4 个百分点，延续近两年稳步下行趋势，尤其是房地产开发投资增速跌至 12.5%。四是消费增长低于预期。9 月社会消费品零售总额增长 11.6%，呈现逐月下降态势，明显低于预期。五是 PPI 和 PMI 表现乏力。10 月 PPI 同比下降 2.2%，连续 32 个月下降；10 月 PMI 为 50.8%，比上月回落 0.3 个百分点，说明经济仍然面临下行压力。

"基本稳定"主要表现在：一是增长处在合理空间。增长速度仍然保持在 7.5% 左右，尽管有下行压力，但是还处在合理的增长空间。二是就业出乎预料得好。1—9 月，城镇新增就业 1 082 万人，提前完成目标任务，也说明结构调整没有突破就业底线。三是产业替代进程加速。在工业增速下降的前提下，服务业发展开始提速，说明服务业和制造业的替代关系开始明显。四是城乡居民收入保持较快增长。1—9 月全国居民人均可支配收入增长 8.2%，比 GDP 增速高 0.8 个百分点，而且居民收入的名义增长速度比财政收入增速高。

我们判断，一是宏观经济运行尽管有些起伏不定，但国民经济在新常态下运行总体平稳；二是经济发展中的矛盾和问题进一步显露，但仍然需要通过经济发展和经济发展方式转变予以化解；三是经济发展中的不确定因素依然很多，但经济发展亮点有所显现，经济、产业、需求、区域、收入分配等结构都有积极改善；四是经济增长的动力和要素出现变化，但经济发展的路径依赖有所转化，拼资源、拼环境、拼成本的方式有所转变，新产业、新行业、新模式等不断涌现。

三、经济运行突出问题：外资外贸"双下行"风险

我们认为，我国宏观经济运行呈现"下行压力"下的基本稳定，是内外部经济变量共同作用的必然结果，也是经济增长进入新常态以后的必然体现。当前来看，最需要密切关注的是外资外贸领域出现的新情况、新问题，尤其要防止外资外贸"双下行"的风险，以保障宏观经济运行的基本稳定。

（一）外资外贸显露出"双下行"态势

2014 年以来，我国的外资外贸领域出现了一些值得高度关注的新迹象。在外资外贸领域，初步呈现出"双下行"态势。其主要表现在：

一是外资利用大幅下降。1—9 月，我国的外商直接投资 873.6 亿美元，同比下降 1.3%。而在 7 月和 8 月，外商直接投资连续两个月同比负增长，7 月 78.1 亿美元，同比下降 16.7%；8 月 72 亿美元，同比下降 14%；9 月 90.1

亿美元，同比仅增长 1.9%。

二是主要国家对华投资下降明显。前 8 个月，尽管韩国和英国对华投资分别为 30.2 亿美元和 8.5 亿美元，同比增长 31.3% 和 18.9%。但是，日本、美国、欧盟对华投资分别为 31.6 亿美元、20.8 亿美元和 42 亿美元，分别下降 43.3%、16.9% 和 17.9%。

三是资本流出迹象开始显露。8 月外汇占款意外负增长，9 月银行结售汇逆差 1 006 亿美元，连续第二个月出现逆差，引发了市场对资本正在流出中国的担忧。

四是外汇储备再现负增长。9 月末，国家外汇储备余额为 3.89 万亿美元，较 6 月末减少约 1 000 亿美元，时隔两年多后，我国外汇储备再现负增长。

五是出口增长起伏不定。1—9 月，我国出口增长分别为 10.6%、-18.1%、-6.6%、0.9%、7.0%、7.2%、14.5%、9.4%、15.3%，呈现出不稳定状态。尤其值得重视的是，内地与香港双边贸易 1.61 万亿元，下降 13%。

六是进口增长明显乏力。1—9 月，我国进口增长分别为 10.0%、10.1%、-11.3%、0.8%、-1.6%、5.5%、-1.6%、-2.4%、7.0%，进口连续出现几个月的负增长，在我国的对外贸易中是比较少见的。

(二) 外资外贸"双下行"风险需要把控

我国外资外贸出现"双下行"态势，说明外资外贸在经过长时期的高速增长之后，出现了一些新情况、新问题，如果应对不力，很有可能对我国宏观经济运行产生严重影响。

一是宏观经济运行稳定离不开外资外贸。改革开放实践表明，外资外贸对我国投资、出口、消费都起着十分重要的促进作用。总的逻辑是：利用外资强劲，带动进口强劲，形成出口强劲；外资外贸稳定了，就业空间就能拓展，也能够有效促进消费增长。例如，出口能够带动有效投资和未来投资，出口增长也能帮助化解产能过剩问题。因此，在一个比较长的时期内，稳定外资外贸的实质，就是保障宏观经济稳定增长。

二是投资和贸易稳定增长离不开外资外贸。改革开放以后，尤其是 2001 年我国加入 WTO 之后，外商投资已经成为我国投资增长的一个重要组成部分，而对外贸易也成为我国经济增长的一支重要力量。历年以来，我国外资外贸呈现的都是正相关的关系，可谓是"一荣俱荣"。(见图 1)

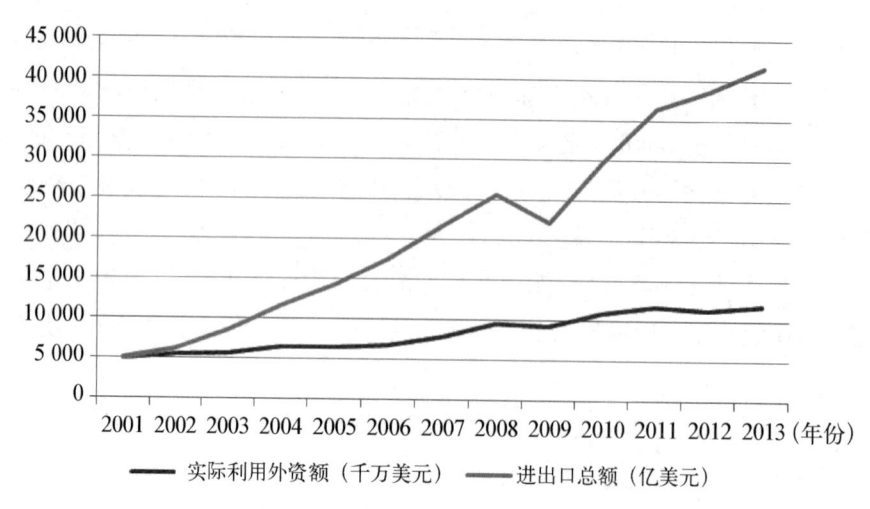

图1　2001—2013年我国实际利用外资总额与进出口贸易总额的变化关系

三是进出口稳定增长离不开外资利用。目前，我国进出口有一半以上是由外商投资企业创造的，说明外商投资在很大程度上带动了我国外贸发展。1993—2013年，外商投资企业出口额累计达8.3万亿美元，占我国总出口的51.1%；外商投资企业进口累计达7.5万亿美元，占我国总进口的53.1%。如果外资增量减少，加上外资存量流出，将会直接影响到我国进出口的规模和稳定增长。

四是制造业稳定增长离不开外资利用。目前，我国制造业不仅是利用外资的主要领域，也是我国出口产品的主力军。2014年前8个月，我国制造业实际利用外资下降约为15.7%，其中7月、8月份分别大幅下滑了17.8%和29.1%，是连续15个月同比下滑。应该清醒地认识到，我国制造业实际利用外资的下降，对我国出口可能会形成中期制约。

我们认为，一是改革开放以来，我国外资外贸一直保持着比较稳定的增长态势，继续保持这种稳定态势，对宏观经济运行、结构调整、解决就业等仍然具有重要作用。二是我国外资外贸出现"双下行"态势，是各种因素共同作用的结果，需引起高度警惕。三是外资外贸在宏观经济运行中的权重很大，如果"双下行"风险把控不好，很有可能出现连锁反应与共振效应，对我国宏观经济运行产生十分严重的冲击。

四、2015年外资外贸工作建议：打好四个"稳定"硬仗

我们认为，2015年外资外贸工作需要坚持中央经济工作会议提出的"保持经济基本稳定，稳中求进、稳中向好"的总基调，重点防范利用外资外贸"双下行"风险，应该成为2015年中央宏观调控的重点之一。具体来说，2015年的外资外贸工作，要重点打好四个"稳定"硬仗。

（一）稳定思想共识，重申外资外贸的重要性

当前，由于我国外资外贸发展出现了新情况、新问题，社会各界的各类想法和议论就多了起来。比较典型的是：由于实际利用外资金额仅为微增长，有人称我国利用外资的"黄金时代"已经结束；有人认为，我国经济发展已经不缺资本，利用外资减少问题不大；有人提出，我国内需市场大，出口下降一点可以承受。如此等等，说明对于我国外资外贸发展存在着不同的声音、不同的观点、不同的认识。

我们建议：

一是国务院或商务部在适当的时间，召开一次外资外贸工作会议，有必要重申外资外贸工作的重要性，研究部署新常态下我国外资外贸工作的方向、目标、模式、结构等重大问题，以统一思想，使步调一致。

二是国家有关部门应整合各方力量，对我国外资外贸面临的新挑战进行前瞻性的深入分析研究，构建外资外贸发展的预警机制，如果外资外贸继续下行，应及时推出进一步的刺激和支持政策。

三是构建对外贸易平台和工程。7月宣布成立金砖银行，10月成立亚洲基础设施投资银行，11月宣布设立丝路基金，这些都是我国深度融入世界经济的重大战略，丰富完善了国际经济治理体系和结构。与此对应，我国也应该探索建立对外贸易的发展平台和关键工程。

四是社会舆论要有正确的引导，在我国经济转型时期，保持外资外贸稳定增长仍然十分重要。总的判断是：外资不能少、出口要持续、进口需增加，不能因为出现一些波折就动摇对外资外贸重要性的认识，社会各界应该形成共识。

（二）稳定外资预期，防止外资利用出现拐点

历年来，我国政府逐渐取消外资"超国民待遇"的优惠政策，外资三法合一，内外资企业实行统一所得税，劳动力、资金等要素成本也在上升。2011年9月1日开始实施外资并购安全审查制度，2014年9月葛兰素史克因行贿被中国开出迄今最大罚单30亿元，下半年对奔驰、宝马、奥迪、微软、高通等外企启动反垄断调查，8月20日依法对日本12家对汽车零部件和轴承

实施价格垄断的企业罚款 12.35 亿元。所有这些，不仅成为社会关注焦点，而且引发人们将此与吸收外资大幅下降联系起来的联想。

我们建议：

一是确立系统思维。孤立起来看，以上举措都是正确的，但连贯起来看，有可能产生叠加效应，不仅给外界造成一些误解，而且可能改变外资的预期，甚至导致外资利用出现拐点。如果出现这种情况，对我国利用外资极为不利。

二是加强顶层设计。各个政府部门应该统一思想，加强协调，对利用外资的重大判断、重大问题、重大政策，以各个政府部门联合出台文件为好，尤其要避免从部门角度出发，出台有可能改变外资利用预期的政策。

三是继续通过扩大开放引进外资。对外资引进实行负面清单方式，尤其要推动服务业引进外资上新台阶。充分利用我国发展混合经济的机遇，让外资以出资、增资方式参与。当然，还要制定相应的产业标准和技术标准，要求地方、部门、企业在引资过程中严格遵守标准，支持和鼓励符合标准的外资，禁止不符合标准的外资进入。

四是抓紧通过利用外资引进技术。过去引进外资，解决了大量就业问题，核心技术引进不多。目前，发达国家经济不景气，恰好是我国通过利用外资引进核心技术的最佳时机，如通过德国等国家技术的引进消化吸收，我国的高铁开始走向世界。

（三）稳定外贸增长，继续保持中速前行水平

近年来，我国外贸增长总体上呈现出以下特征：出口不稳定，进口下降幅度大，进而共同影响外贸的下行。1—8月，我国进出口同比增长仅为2.3%，与年初制定的 7.5% 左右的增长目标仍有明显距离，而我国向境外产业转移和订单转移也在加快。在这种情况下，稳定外贸增长并且保持中速前行，已经成为宏观经济稳定运行的一个重要因素。

我们建议：

一是抓紧落实好已有的政策措施。5月国务院下发《关于支持外贸稳定增长若干意见》，下半年外贸回暖，与此密切相关，11月又出台了加强进口八项新政。目前，进一步贯彻落实好政策是头等大事，应建立督查机制，不能让政策落实低效率，更不能让政策"空转"。

二是加快外贸体制改革，尤其要释放通关改革红利。以运行一年的中国上海自由贸易试验区为例，目前进出口的平均通关时间区内比区外减少了

40%左右，有效节约了通关时间和物流成本，此类经验应加快向全国推广。

三是切实减轻外贸企业负担。包括减少行政审批、整顿和规范进出口环节收费和管理、加快出口退税速度、降低企业融资成本。同时，还应帮助企业减轻劳动力和原材料成本上升、人民币升值压力，以及国际贸易摩擦带来的经营压力。

四是出口和进口并重。从出口看，重头戏是优化结构，加大高科技含量和高附加值产品的出口，减少原材料、低级加工产品的出口，提升出口产品的国际竞争能力。从进口看，结构调整也很重要，除了要加大高科技的技术和产品进口之外，如果生产性进口少了，生活性的消费品进口就要增加，还有服务贸易进口更要大力发展。

五是"引进来"与"走出去"并重。1—9月，我国累计境外投资749.6亿美元，同比增长21.6%；9月当月境外投资97.9亿美元，同比增长90.5%。当前，尤其要支持国内企业进行海外并购，要利用"一带一路"倡议推动企业"走出去"，要利用"走出去"带动出口增长。

（四）稳定外部环境，加快各类贸易谈判进程

当前，全球贸易格局正在发生深刻变化，并且影响着我国外贸的外部环境。奥巴马总统第二任期伊始，一改此前的全球战略，重点转向TPP和TTIP的谈判，以经济围堵代替军事围堵，借此重建世界经济规则和全球经济秩序，逆转美国等西方国家的衰退，重振其在世界的主导地位。因此，稳定我国对外贸易外部环境，加快各类贸易谈判进程，显得尤为重要。

我们建议：

一是增强紧迫感和危机感，加快各类贸易谈判进程。目前，可以亚太自贸区路线图批准为契机，中美、中欧等一系列双边、多边投资和贸易谈判的速度应该加快。在这个方面，不仅应该采取更加时不我待、积极主动的姿态，而且应该给出明确的时间表。

二是及时果断决策，完成中美投资协定谈判。中美投资协定谈判于2008年启动，迄今已进行了15轮谈判，建议在奥巴马第二任期结束之前，中美双边投资协定全面谈成和签署。在目前我国利用外资增长动能趋缓的情况下，尽快达成中美投资协定，将对引进外资带来新的增长点，并有助于改善外资的结构和质量。

三是抓紧准备工作，启动中国欧盟自贸谈判。欧盟是我国最大的贸易伙

伴，中欧贸易额有望在 2020 年突破 1 万亿美元，较目前交易规模翻倍。当前，中欧自贸协定谈判的时机已成熟，应该创造条件，尽快启动。

四是积极创造条件，推进各项自贸协定谈判。除了中欧自贸协定谈判之外，7 月 1 日中国-瑞士、中国-冰岛自贸协定正式生效，中澳自贸区的第 21 轮谈判也已举行，中国斯里兰卡自贸区谈判正式启动，11 月中韩自贸区实质性谈判已经结束。总的来讲，势头不错，但最为关键的是应加快谈判的进程。

（张兆安等，2014 年 11 月 10 日）

非公经济发展应有六个"突破"

党的十八届四中全会通过的《中共中央关于全面推进依法治国若干重大问题的决定》指出，社会主义市场经济本质上是法治经济。当前，尽管我国非公经济得到了快速发展，为经济社会发展做出了积极贡献，但仍然还存在着一些瓶颈问题。因此，需要从法治角度出发，进一步形成公有经济和非公经济平等竞争、相互促进、相得益彰、共同发展的格局，其中以下六个方面的"突破"尤显重要。

一是政策落实方面的"突破"。要完善政策制定机制，让民营企业参与政策制定的过程，让政策相关方都能表达意见。要强化政策的事前和事后协调，政府部门之间要加强统筹协调，不同部门之间要积极配合。要把握好政策出台的节奏，出台政策的政府部门要相对集中，以便于企业了解、便于部门操作。要把好出台政策的法律关，还要加强政策出台后的反馈机制建设，提高政策的及时纠错和完善能力。

二是发展环境方面的"突破"。尤其是政府在公共服务、办事效率、社会法治环境的打造以及产业政策调整等方面，还要加强工作。民营企业并不需要特殊的照顾，只要在市场准入、金融借贷、税收减免、用人用工、社会地位等方面做到一视同仁，公平公正。同时，民营企业扶持政策应该偏重于引导企业优化结构、产品升级换代，并创造各种规模、各种所有制企业和谐共生的良好经济环境。

三是服务体系方面的"突破"。要进一步健全民营企业服务体系，优化民营企业政策支持环境，鼓励各类服务机构、中介组织、行业协会等积极为民营企业服务。要建立面向民营企业需求的公共服务平台，及时定期公布扶持政策、重大项目、行业发展、产品信息等。行业协会也要通过各种方式、各种途径及时分析行业发展态势，提供各种专业服务。

四是企业融资方面的"突破"。解决民营企业融资难要多管齐下，政府要建立健全为民营企业融资服务的机构或担保基金，国有银行应有专门的贷款指标，行业协会也可作为中间人或担保人而有所作为。真正从底层设计、制度设计角度出发，解决民营企业融资难、融资贵问题。

五是企业转型方面的"突破"。要从扶持重点民营企业着手，形成以新产品为核心的民营企业集群。要把大量零散分布的民间服务业组织起来，实现民营服务业由"游击队"向"正规军"的转变。要鼓励民间资本向重点领域集聚，加大品牌产品培育力度，提高产品的科技含量，提高民营企业的整体竞争力和市场影响力。

六是人才支撑方面的"突破"。要制定民营企业人才资源开发与发展规划，要有明确的数量、质量目标以及相应的政策、措施。要制定特殊的民营企业人才政策，打破常规，调动民营企业人才的积极性，强化竞争机制、激励机制，创造良好的人才发展环境。此外，在引进具有核心人才的同时，也要引进相关的技术、管理、营销人员，为创新、开发、生产提供系统化的人才支撑。

（张兆安，《中国经济时报》2014年12月10日）

农村土地制度改革试点：
坚持底线和原则

近年来，全国各地的农村土地制度改革试点取得了一定的成效，但现有的政策法规和体制机制出现了与此不相适应的一些问题。当前来看，土地制度改革不仅要盘活农村承包土地、农民宅基地、农村集体建设用地等"三块土地"，也是土地承包责任制以后第二次影响十分深远的重大改革。因此，必须坚持三条底线：集体土地所有权不能变，农地农用不能变，农民的基本权益不能变。必须坚持两个原则：凡具有地方个性特色的，让各地积极探索与创造经验；凡具有全国普遍共性的，从法律规范等层面上进行制度固化。

一、农村承包土地

一是如何处理实际土地面积与承包面积不符？出于种种原因，一些农户的实际土地面积超过了承包面积，是否需要重新核定、如何核定、收益如何分配等，如果处理不当会有后遗症，建议国家或省级政府的相关部门出台比较统一的规定。

二是土地确权是否确地？除了实行确权确地的地区之外，建议对二轮土地延包时实行确权不确地的地方，在登记权益时应该采取确股确利不确地的做法，以确保享有土地承包经营权的农民利益不受损害。

三是如何规范土地流转？建议推行"保障承包权、分离经营权"。在保障土地承包权的前提下，将土地经营权从土地承包权中分离出去，按照依法、自愿、有偿的原则，鼓励承包经营权在公开市场上流转。建议流转平台建立在乡镇一级，以村为单位进行统一流转；由村民与村委会签订统一格式的土地流转授权委托书，再由村委会与土地经营者签订统一格式的土地流转合同，土地经营者不得转包、转租、分包给第三方经营。

四是如何确定流转费？建议各地政府对土地流转费提出一个比较合理的指导价格，在有些发达地区还可以进行合理的控制，并在此基础上由双方最终确定。

五是如何促进流转关系保持稳定？建议通过完善法律规范，对土地承包权实行物权化保护，消除农民对土地经营权流转的担心和顾虑，并辅以社会保障、非农就业、流转收益等方面的支持措施，让不愿意种地的农民长期稳定地转出土地承包经营权。

六是如何解决流转纠纷？建议在县、乡镇建立农村土地承包经营权纠纷调解仲裁机构，形成"民间协商、镇村调解、区县仲裁、司法保障"的工作体系。

七是如何在流转中分散农业风险？建议理顺农业保险体制机制，调整起付点标准和赔付内容，各地应制定参加农业保险的特殊政策，全国应实行差异化农业保险扶持政策。建议探索建立政策支持的农业巨灾风险补偿基金，建立和完善农业巨灾风险分散机制。

八是如何实行土地流转融资抵押担保？建议及时修改《物权法》《担保法》等相关法律，允许土地承包经营权或农村集体土地使用权进行抵押、担保融资。同时，建立健全土地流转抵押、担保的服务平台，包括评估、登记、处置、交易等。

二、农民宅基地

一是如何改革完善农村宅基地制度？建议按照新型城镇化和新农村建设双轮驱动的要求，综合运用好宅基地置换、集体土地流转等政策。可采取三种模式：

（1）宅基地置换模式。通过实行城乡建设用地增减挂钩政策推进农民宅基地置换试点，农民可将旧宅基地换取产权房，使得家庭财产可以显化，农民集中居住后还可以节约使用农村集体建设用地。

（2）宅基地归并或村庄归并模式。在村民自愿的前提下，拆除分散在各个自然村落的旧房，在行政村范围内统一规划建设中心村，节余的建设用地和占补平衡指标由当地政府按分类指标价格收购，用于平衡建设成本。

（3）村庄改造模式。对基本农田保护区、水源保护区、生态林地区、农民集中居住区等规划保留地区，对村内的基础设施建设、环境综合整治、公共服务设施配套等村级公益事业实施改造。

二是如何选择农村宅基地制度改革模式？宅基地置换、宅基地归并、村庄改造三种模式各有所重、各得其所，又互相补充。为此建议：对一些大城市郊区，可以宅基地置换为主要模式；对一些纯农村地区，可以宅基地归并为主要模式；对基本农田保护区、规划相对稳定的地区，以及不具有条件开展宅基地置换、村庄归并以外的区域，大力推进村庄改造。

三是如何认识保障农户宅基地用益物权？党的十八届三中全会通过的《中共中央关于全面深化改革若干重大问题的决定》（以下简称《决定》）提出保障农户宅基地用益物权，选择若干试点，慎重稳妥推进农民住房财产权抵押、担保、转让，探索农民增加财产性收入渠道，这是一项重大的政策突破。根据《物权法》规定，完整的所有权包括占有、使用、收益和处分权。目前法律规定农民对宅基地只拥有占有和使用权，因为宅基地是给农民自用的，不能买卖宅基地，用益物权没有处分权，这是与所有权的最大区别。赋予农民更多的财产权利，不是要分给农民新财产，而是要让法律赋予农民的财产权利得到更好的实现和保障。

四是如何慎重稳妥推进农民住房财产权抵押、担保、转让的试点？建议把握三个重点：可抵押、担保的是农民住房财产权；农民住房财产权转让由于与宅基地使用权不可分割，按现有政策，这种转让的对象仅限于本集体经济组织内部符合建房条件的成员；农民住房财产权的抵押、担保、转让，必须慎重稳妥。因为农民一旦抵押失败就会失去住房财产，就可能无房可住，这与城镇居民抵押房产失败而失去房产权益一样，法院一般也不会采取依法拍卖的手段。转让就更为复杂，必须先有法律的制度安排，方可进行。

三、农村集体建设用地

一是农村集体建设用地如何入市？十八届三中全会《决定》提出在符合规划和用途管制的前提下，允许农村集体经营性建设用地出让、租赁、入股，实行与国有土地同等入市、同权同价。对于农村集体建设用地入市，建议要坚持三个前提条件：符合规划；坚持用途管制；限于集体经营性建设用地。

二是农村集体土地如何出让？建议把握四个重点：出让的主体应以村为主；出让规则可参照现行的国有土地出让政策，按照相关规定提取税费；土地出让收益还要支付大市政配套费和统筹资金；剩余的出让收益（一般不少于50%）归农村集体经济组织，主要用于发展壮大集体经济和公益事业，一般不能直接用于一次性分配。

三是如何在征地中兼顾农村集体经济发展？除了改革完善征地制度之外，

建议实施"征地留用地"政策,在征地总量中保留10%—20%的农村集体经济用地,在符合规划的前提下,用于建设商业用房或公共租赁房,以此壮大农村集体经济,增加农民财产性收入。

(张兆安,《联合时报》2014年4月15日)

2015 年

2015 年一季度我国宏观经济形势分析与建议

——推出六个方面应对的"组合拳"

在 2014 年上半年和下半年的经济形势报告中,我们对影响我国宏观经济运行的 20 余项经济变量进行了分析,分别提出要把控房地产市场过快下降、地方融资平台政府违约、产能过剩持续加剧"三碰头"风险,要把控外资外贸"双下行"风险,并且分别提出了一些具有针对性、操作性的对策建议。2015 年一季度,这些经济变量又出现了一些新的变化。

从有利方面看:一是经济增长 7%,保持在合理空间;二是房地产继续推出新政,市场有所活跃;三是股市回暖,成交大幅上升;四是服务业增长速度继续超过制造业,比重比上年同期提高 1.8 个百分点,高技术产业增加值同比增长 11.4%,产业结构更趋优化;五是社会消费品零售总额同比名义增长 10.6%,尤其是网上商品和服务零售额同比增长 41.3%,市场销售稳定增长;六是 CPI 同比上涨 1.2%,保持低位运行;七是全国居民人均可支配收入同比名义增长 9.4%,继续有所增加;八是广义货币(M2)余额同比增长 11.6%,货币信贷平稳增长;九是金砖银行、亚投行、丝路基金、"一带一路"倡议实施、长江经济带构建、京津冀一体化推进、新型城镇化建设、"互联网+"计划制订等,都给经济增长注入新的动力和活力。

从不利因素看:一是全球经济仍然低迷复杂,各大经济体复苏艰难;二是我国经济增速有所放缓,有些地区已经滑出合理增长空间;三是全国规模以上工业增加值按可比价格计算同比增长 6.4%,3 月回落至 6% 以下;四是全国固定资产投资(不含农户)同比名义增长 13.5%,其中房地产开发投资同比名义增长 8.5%,增速均有所回落;五是进出口总额同比下降 6.0%,其中出口增长 4.9%,进口下降 17.3%,尤其是 3 月份进出口总额同比下降

13.5%，其中出口下降 14.6%、进口下降 12.3%；六是全国财政收入下行，中央和有些地方财政收入出现负增长；七是面临通缩压力、产能过剩、融资瓶颈、外资转移、成本上升、实体经济艰难等，都印证了经济下行的严峻态势。

我们认为，我国宏观经济运行依然"喜忧参半"，基本面没有根本改变，但在经济进入新常态之后，继续保持经济稳定增长，是我国推进全面深化改革的必要前提和必然要求。经济新常态，不是不要经济增速，关键是要形成有效需求、有效投资、有效增长。对于这一点，全国上下、各个层面、各行各业一定要有正确的认识。

我们认为，针对宏观经济运行的现实态势，目前应该尽快采取一些关联效应大、短期见效快、影响持续长的宏观调控政策，有效化解经济运行下行压力，切实推动经济稳定增长。其关键，是要全面清理以往的紧缩政策，采取适当、适度的刺激政策，重点要打好以下六个方面的"组合拳"。

一、财政货币政策的"组合拳"

一是建议采取"双降"措施，降低准备金率和利率。运用定向降准、降息、再贷款等操作工具提高存量货币信贷效率，加速资金周转，盘活存量，引导信贷流入实体经济。尤其要降低企业贷款利率，可以通过贷款利率下降幅度大于存款利率的不对称降息，让利实体经济。要加大公开市场逆回购操作力度，扩大资金净投放规模，发展直接融资对提高央行定向再融资操作的效力，防范系统性金融风险，缓解小微企业融资难。要使用非常规货币调控工具，定向为市场注入流动性，以期改善银行信贷结构，降低实体经济融资成本。

二是建议发行 500 元面值人民币，抵御通货紧缩预期。大额面值钞票的发行，一般会给人们造成通货膨胀的感觉，在通胀时期不宜发行。目前的种种迹象表明，我国的有效需求、有效投资明显不足，难以推动有效增长，通缩也已经到了临界点。在这种情况下，发行 500 元面值人民币是绝佳时机，并且这个时机可能会稍纵即逝。这是因为，既不用担心 500 元面值人民币发行带来通货膨胀的危险，还可以打消市场、企业以及老百姓对通货紧缩的预期。

三是建议促进股市稳定发展，降低新三板门槛，推出创业创新板。近期，股市回暖趋势是好的，但犹如疯牛、妖股频现的景况，再加上间接融资不到位，就会对实体经济产生抑制作用，因此，应以培育慢牛市场为好。同时，要降低新三板门槛，让更多的企业能够直接进入新三板融资，加快研究新三板做市商制度，活跃新三板市场的交易。此外，在上海证券交易所设立创业创新板块，适应创新企业发展要求和我国经济转型升级需要，成为弥补现有市场功能不足而设立的新市场。

四是建议扩大地方发债额度，推动 PPP 模式融资。在明确发行 1.5 万亿元地方债规模的基础上，应进一步增加发债额度，用于有效平衡和对冲地方融资平台的规模。同时，通过 PPP 模式，将一些公共基础设施建设项目向社会资本开放，不仅可以减轻财政压力，也可以填补融资平台剥离后的缺口。此外，信贷政策和货币政策应给予地方政府一定喘息时间，在"稳健"的大基调下，给予地方政府一定的定向宽松政策，保证地方政府融资畅通。

二、激活微观经济的"组合拳"

一是建议在财税环节，提高小微企业减免税额度。2014 年 10 月起，月销售额 3 万元以下小微企业，已经免征营业税和增值税，但由于起点不高，政策效应有限。当前来看，可以进一步把小微企业免征营业税和增值税的起点，提高到月销售额 5 万元甚至 10 万元以下，把享受减半征收企业所得税优惠政策的小微企业范围从 20 万元以内（含）再适当提高，从而对小微企业形成强大的激励作用。此外，还应该适时调整部分产品的增值税率，降低企业税负。

二是建议在社保环节，降低企业社保缴费费率。党的十八届三中全会明确提出要"适时适当降低社会保障缴费的费率"。2015 年 2 月份，国务院决定把失业保险费率由 3%统一降至 2%。这对于企业社保环节的减税降费来讲，已经有了良好的开端，但还不够。这是因为，目前企业成本高企的一个重要因素，是劳动力成本比较高；劳动力成本比较高的一个重要因素，是社保成本比较高。从这个角度来看，企业社保缴费费率还应进一步降低。要么企业缴费费率直接降低；要么企业缴费费率降低，个人缴费费率适当提高。

三是建议在服务环节，清除企业成本上升的不合理因素。4 月份，国务院明确提出要清理涉企收费，下调工商电价，这对企业成本下降具有重要作用。因此，除继续加快取消一些行政事业"任性"收费以外，还应该关注两个推高企业成本的因素，分别是：公共产品提供方面比较高的服务价格，由于垄断因素形成比较高的服务价格，例如，物流环节成本、电信网络成本、银行收费等。

三、扩大消费增长的"组合拳"

一是建议实施积极的鼓励消费政策,帮助消化过剩产能。解决产能过剩问题,除了调整产业结构和提升产业能级之外,推动消费增长也是重要之策。因此,应根据"有保有压"原则,对一些重要产业领域,尤其是同老百姓生活直接相关的产品,出台一些促进消费的激励政策。比如,以前曾经实行过的家用电器"以旧换新"政策,实施效果比较明显,老百姓也得到了实惠。当前来看,这种显性的消费激励政策,能够比较快地产生效果,在一定程度上可以起到消化产能过剩的作用。

二是建议降低进口商品税费,把流向境外的消费拉回国内。近年来,中国消费者购买力不断上升,2014年中国人买走了全球46%的奢侈品,但由于国外品牌商品在境内外的价差相当大,使得中国消费者倾向于境外购物。一方面2014年中国内地奢侈品市场首次出现负增长,较2013年下降了1%;另一方面中国消费者在全球奢侈品市场的消费上涨9%,达到3 800亿元。因此,应尽快降低进口商品税费和价格,让消费者在国内消费,不仅有利于提升消费者福利,而且能够增加消费税收入,避免老百姓和政府双方面的福利损失。

三是建议加大宣传力度,扩大国外游客来华旅游规模。近年来,一方面是中国人出境旅游购物大幅增加,另一方面是境外游客来中国旅游有所减少。尽管海外游客减少有全球经济不景气、人民币升值等因素影响,但仍然还有很大的空间和潜力。因此,应在大力改善国家形象的同时,加大海外宣传,推动来华旅游签证便利化,进一步推动实施境外游客离境退税政策,扩大政策实施区域范围,提高离境退税额度规模,鼓励国外游客在中国购物消费。

四、外资外贸领域的"组合拳"

一是建议整合各方力量,推进外资外贸稳定发展。我们在2014年下半年经济形势报告中指出,如果外资外贸"双下行"风险把控不好,很有可能出现连锁反应与共振效应,对我国宏观经济运行产生十分严重的冲击,同时提出要打好四个"稳定"硬仗,即稳定思想共识,重申外资外贸的重要性;稳定外资预期,防止外资利用出现拐点;稳定外贸增长,继续保持中速前行水平;稳定外部环境,加快各类贸易谈判进程。目前来看,应及时推出进一步的刺激和支持政策。(见图1、图2、图3)

二是建议积极利用外资,稳定外资预期。目前,由于全球经济不景气,我国又逐渐取消外资"超国民待遇"的优惠政策,外资三法合一,内外资企

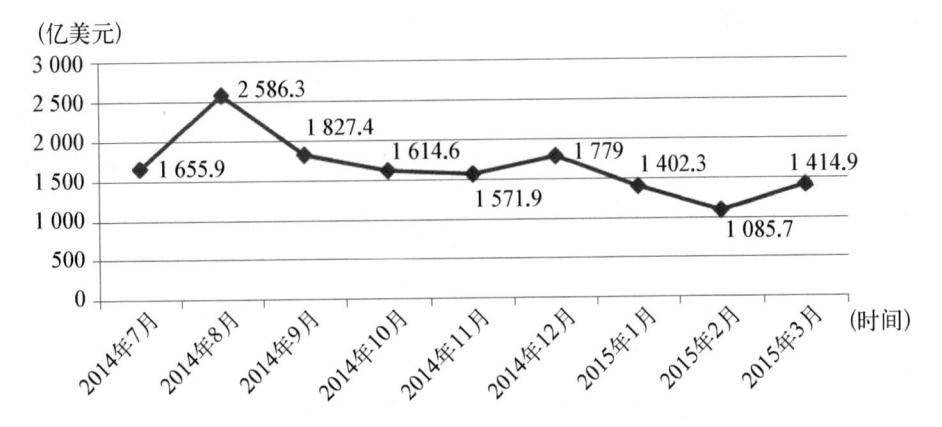

图1 2014年7月—2015年3月中国进口总额

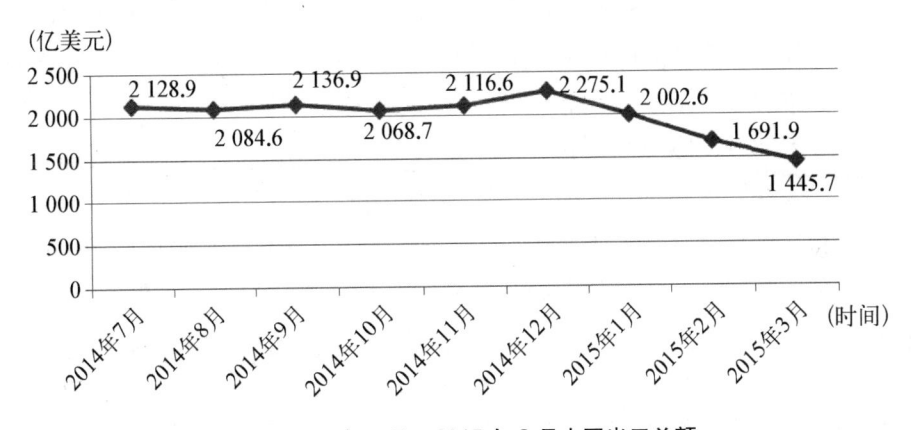

图2 2014年7月—2015年3月中国出口总额

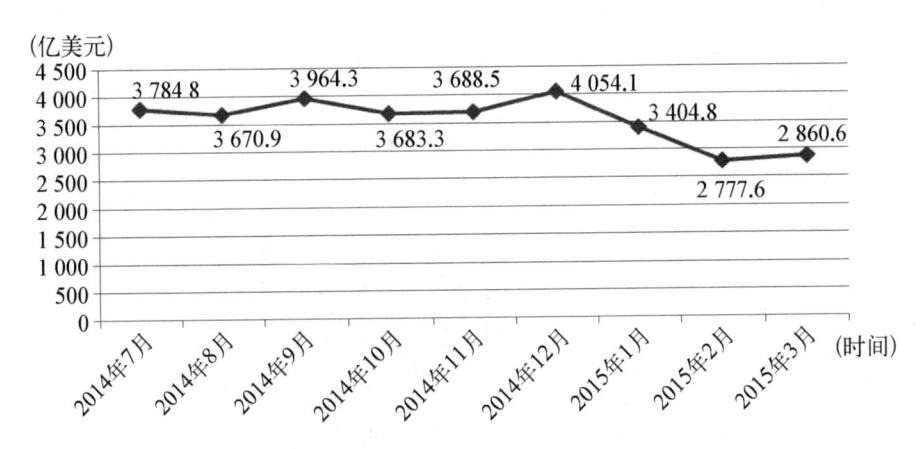

图3 2014年7月—2015年3月中国进出口总额

业实行统一所得税，劳动力、资金等要素成本上升，以及反垄断等因素，外资利用出现了不稳定现象，一部分外资向境外转移。因此，应防止出现各个部门分别出台各自政策，对外资产生叠加效应，改变外资的预期。同时，利用上海自贸区扩容，广东、天津、福建进行自贸区试验的机遇，通过扩大开放加快引进外资，对外资引进实行负面清单方式，还要不断优化外资利用。

三是建议创造制度红利，稳定外贸增长。对外，充分利用金砖银行、亚洲基础设施投资银行、丝路基金、"一带一路"倡议等，探索建立我国对外贸易的发展平台和关键工程。对内，建议一次性把汇率调整到位，缓解外贸下行压力。同时，加快外贸体制改革，切实减轻外贸企业负担，实行出口和进口并重，"引进来"与"走出去"并重。此外，扩大原油和大宗商品储备。由于黄金、石油、大宗商品价格在历史低位徘徊，可以考虑继续减持美国债券，扩大原油和大宗商品储备，提升这些商品的市场价格，应对国内经济通货紧缩的困境。

五、产业发展领域的"组合拳"

一是建议继续启动刚性需求，激活房地产市场。我们在 2014 年上半年经济形势报告中提出，应在对保障房和商品房实行"两分法"的基础上，加快启动房地产刚性需求市场，以后政府陆续出台了一些"房地产新政"，但这些政策出台延续了大半年时间，由于密集程度不够，因此政策效应太慢。目前，我们仍然认为，如果市场仍然不活跃，就应继续推出相关政策，重点是要在保障住房封闭管理和保住民生底线的基础上，进一步降低一套自住商品住房购买或置换门槛，降低贷款成本、交易成本与持有成本，推动刚性需求成为现实需求。在必要时，还可以继续放开多套房数量限购政策，但必须全额付款，保留一定的高端需求市场。

二是建议加快制订"互联网+"计划，推动产业创新发展。"互联网+"是创新 2.0 下的互联网与传统行业融合发展的新形态、新业态，因此要加快对"互联网+"发展的政策、法律研究，营造推动"互联网+"快速发展的社会经济环境。尤其要高度重视互联网经济的战略地位和发展前景，宽容互联网经济创新，确立"先发展、后管理、在发展中逐步规范"的原则，对已经出台的相关政策进行必要的梳理。要积极扶持小微企业成长，在电子商务平台上，99%都是小微企业，但互联网的小微企业"小而不弱"，充满创新和变革活力，应在工商、税收、市场监管等方面采取"放水养鱼"态度，扶持小微企业做大做强。要制定国家云计算、大数据发展战略，要打破原有的利益格局，普及云计算服务和大数据应用、减少资源浪费、促进效率的提升。

三是建议完善政府采购，推动新能源汽车扩大量产。目前，由于配套设施不完备、相关政策不到位等因素的影响，使得新能源汽车的市场推广慢、接受程度低、个人购买数量十分有限，也使得汽车厂商生产的新能源汽车产量低、成本高、规模不经济。怎么办？应该从政府采购环节入手，推动新能源汽车扩大量产。应该说，我国庞大的政府采购规模，可以直接转化为扩大新能源汽车使用最大的制度优势。因此，对于新增或更新的公交、公务、物流、环卫车辆等，都可以通过完善政府采购制度，扩大使用新能源汽车，进而推动新能源汽车产量上一个新的台阶。

六、反腐败与激励机制形成"组合拳"

近年来，我国反腐败取得了显著的效果，中央八项规定的贯彻落实，"老虎"和"苍蝇"一起打，"关键少数人"的制度建设，使得党风、政风、行风、民风、家风等都有了根本性的改善，得到了全国上下的广泛拥护，为我国深化改革和扩大开放创造了更加良好的经济社会环境，并且明显提升了我国在国际社会的整体形象。

从我国经济社会未来发展的角度来讲，反腐败仍然需要继续推进，绝不能松懈。同时，在反腐败深入推进的过程中，要紧密结合改革深化的实践，建立健全一系列的激励机制，使得反腐败与激励机制能够形成互动。当前来看，有三个方面的改革需要抓紧谋划，积极推进。一是加快公务员薪酬制度改革，合理确定公务员的收入水平和结构；二是加快国资国企改革，推进混合所有制经济发展，合理构建经营者薪酬制度和激励机制；三是改革科研经费管理制度，有效解决目前科研经费分配、使用与监管中的诸多薄弱环节。

（张兆安等，2015 年 4 月 25 日）

2015 年上半年我国宏观经济形势分析与建议

——积极化解五个方面的"叠加效应"

在 2014 年上、下半年，2015 年一季度的经济形势报告中，我们都对影响我国宏观经济运行的 20 项国内外经济变量进行了分析，分别提出要把控房地产、融资平台、产能过剩"三碰头"风险；要把控外资外贸"双下行"风险；要在财政货币政策、微观经济、消费增长、外资外贸、产业发展、反腐败与激励机制六个方面推出"组合拳"，并且提出了具有针对性、操作性的对策建议。2015 年上半年，这些国内外经济变量又出现了一些新的变化。

从国内经济变量看：有喜有忧，政策频频出台，但经济下行压力依然严峻。

一是房地产市场开始活跃，成交量有所上升。由于持续推出新政，2015 年 5 月，30 个典型城市新建商品住宅成交面积环比增长 15.5%，同比增长 34.9%，创下 6 年同期新高。二是多措并举减轻企业负担，支持实体经济发展。4 月决定清理规范涉企收费、下调燃煤发电上网电价和工商业用电价格、依法适当降低铁矿石资源税征收比例，6 月决定降低工伤和生育保险费率。三是加快改革创新，释放制度红利。推进"三证合一"登记制度改革，推出大众创业万众创新政策措施，支持农民工等人员返乡创业等。四是抓紧债务置换，保持平稳过渡。6 月正式放开城投债借新还旧，使用比例不超过 40%，进一步放松企业债发行。五是优化投融资结构，促进投资增长。各部委和各地推出一批符合条件的 PPP 推介项目，鼓励各类社会资本参与建设及运营。六是培育新增长点，推动新经济发展。5 月推出《大力发展电子商务意见》和《中国制造 2025》的通知，7 月发布积极推进"互联网+"行动的指导意见。七是降息并定向降准，降低社会融资成本。6 月央行宣布"双降"，商业银行放贷取消法定上限，存贷比 75% 的限制正式松绑。继海南之后，北京、上海 7 月起执行离境退税，退税率 11%。八是对外贸易不稳。出口不振，进口下降过快，造成顺差上升，人民币升值压力加大。九是制造业替代发展进程艰难，当前尤其要注意汽车行业整体步入了最低谷。2015年上半年，轿车累销量494万辆，同比降低4.11%，创下历史新低；客车和货车销量分别为17.99万辆和91.84万辆，同比分别下降20.47%和40.46%。十是股市呈现"一地鸡毛"景象，上涨或下跌，"疯牛"毕现，令人大跌眼镜。

从国外经济变量看：总体低迷，局部呈现复苏，但整体复苏力度偏弱。

一是中韩和中澳自贸协定尘埃落定。6月中韩、中澳自贸协定分别正式签署，即将进入实施阶段。二是亚投行顺利推进。6月《亚洲基础设施投资银行协定》在北京签署，此举有助于促进国际货币体系改革，有助于提高亚洲资本的利用效率和对全球经济发展的贡献水平，也有利于助推"一带一路"建设。三是日本经济出现向好迹象。6月5日美元兑日元创下13年高点。由于油价下跌和日元贬值形成对冲，日本商品出口扩大，企业盈利改善，国内旅游和消费增加，经济活力提升。四是美国经济复苏缓慢。美国经济一季度负增长（-0.2%），二季度提速（预计二季度美国经济按年增长2.5%，低于2014年同期4.6%的增速），下半年又面临加息考验，而强势美元又会拖累经济。美联储近期预测将2015年经济增长从2.3%—2.7%大幅下调至1.8%—2%。五是俄罗斯经济"雪上加霜"。继2014年经济负增长后，2015年1—5月份，俄罗斯GDP同比下降3.2%，外贸总额同比下降32.6%。6月，欧盟又宣布对俄罗斯经济制裁延长半年。六是欧洲量化宽松效果有限。欧洲央行从3月9日开始启动量化宽松（QE），欧版QE旨在复制美版QE的成功，让欧元区摆脱通缩风险，但实际效果有限。七是希腊债务危机愈演愈烈。希腊进入"违约"状态，尽管对我国直接影响有限，但可能导致欧盟减少对我国产品的需求，以及恶化我国外部融资环境。八是大宗商品市场持续低迷。农产品、能源化工、金属等大宗商品价格在低位震荡，尽管可以减少我国进口成本，但也说明全球经济仍然处于低增长状态。九是油价趋稳但冲高动力不足。继2014年油价跌幅达50%之后，2015年上半年呈现震荡上行后趋稳的走势，但布伦特在5月上旬最高时也未突破68美元/桶。十是全球经济依然低迷。无论是发达经济体，还是新兴经济体，绝大多数国家仍然处在低迷状态。

综合外部经济变量分析，最要引起警觉的是：日本在越南、泰国、缅甸等国频频出招，有可能出现游离于中国的"日本下订单，东南亚国家制造，出口到美欧"的格局，形成日本、东南亚国家的"增长板块"；而中国、中西亚、俄罗斯等进入"下降板块"。因此,"一带一路"倡议不仅应该提速,而且应该体现对大区域经济增长的带动作用。

我们认为,影响我国宏观经济运行的内外部经济变量,既存在着有利因素,也存在着不利条件。总体看:有利因素相对较多,但不利条件的杀伤力很大;内部经济变量的有利因素较多,而外部经济变量的不利条件也较多。

我们判断,2015年上半年我国宏观经济运行仍然保持在可接受的合理增长区间,也有一些企稳迹象。但是,不确定因素依然很多,经济下行压力依然严峻,经济增长趋稳基础依然不牢固。下半年,如果内外部经济变量不出现重大的突变,如果各项宏观调控政策措施得当,不仅可以确保完成全年7%的经济增长目标,而且结构调整也会取得一定成效。

我们建议,当前最为关键的是要发挥好宏观调控政策对稳增长、调结构、惠民生的作用。从以往经验教训来看,由于缺少顶层设计和统筹协调,部门之间又各行其是,各类政策出现"碎片化",进而引发了"叠加效应"。因此,在宏观调控政策适当增加力度、密度、频度的基础上,梳理和化解各类"叠加效应",应该成为下半年宏观经济运行的当务之急。

第一,化解资本市场发展方面的"叠加效应",让股市回归理性发展轨道。从资本市场发展角度来看,"叠加效应"集中体现在:一是广泛的融资杠杆。杠杆融资普遍,几乎形成"全民杠杆"。除了券商、基金等机构外,银行、信托也参与其中,杠杆比例一般为2—3倍,但有些场外配资超过5倍甚至10倍。二是股指期货交易的投机。此次股市暴跌,股指期货交易起到明显的拉动现货市场下行的作用。尽管有机构投资者的被动对冲,但投机成分居多,利用市场缺陷大肆做空,从中牟利。

从"叠加效应"的结果来看,由于融资杠杆、股指期货交易投机等因素,股市一路高歌猛进,但6月15日之后急转直下,下跌幅度与暴跌周期均已超出海内外股市的纪录。由于政策和市场因素的叠加,再加上监管不力、毫无章法。股市上行基本上没有监管,股市暴跌又缺乏部门之间的协调,以及及时的应对和处置举措。此种景象,政策市特征毕露,分寸把握又不到位,可谓是"大起大落,惊心动魄"。如果金融不稳定,就会引起经济社会不稳定,全面深化改革也会受阻。

我们建议,为了化解资本市场发展方面的"叠加效应",除了"疾风骤雨"的"救市"举措之外，还应该从长计议。一是加强宏观协调。改革调整现行金融监管体系，成立国家金融委员会，统一履行"一行三会"的监管职能。二是加强监管引导。对杠杆融资、做空等市场交易机制，应该进行严格监管和专业指引。三是加强规范上市公司及大股东行为。由于上市公司很少有为投资者创造收益的意愿，个人或机构投资者只有博取差价，才能获取收益，如此股市必然会有大风险。四是加强投资者风险教育。充分利用此次"股灾"鲜活的事例教训，开展宣传教育，避免重蹈覆辙。

第二，化解地方经济发展方面的"叠加效应"，让地方政府有必要的回旋空间。从地方发展角度来看，"叠加效应"集中体现在：一是招商引资优惠政策取消，缺少必要的过渡期。2014年12月9日发布《国务院关于清理规范税收等优惠政策的通知》（62号文），严肃财政纪律。长期以来，各地为了招商引资，都在税收、非税等收入和财政支出等方面实施了一些优惠政策，一定程度上促进了投资增长和产业集聚，但也有不少弊端，因而要"严肃财经纪律，加快建设统一开放、竞争有序的市场体系"。2015年5月11日又发布《国务院关于税收等优惠政策相关事项的通知》（25号文），暂停清理地方税收优惠。从"急刹车"到"翻烧饼"，短短5个月。二是严格控制地方融资平台，缺少必要的对冲机制。严格控制地方融资规模一直是宏观调控的重点之一。国务院2014年9月21日发布了《关于加强地方政府性债务管理的意见》（43号文）；2015年5月11日，国务院办公厅转发财政部人民银行银监会《关于妥善解决地方政府融资平台公司在建项目后续融资问题意见》（国办发〔2015〕40号文）。地方各级政府和银行业金融机构要按照总量控制、区别对待的原则，支持融资平台公司在建项目的存量融资需求，确保在建项目有序推进。可以看出，也是"一紧一松"。

从"叠加效应"的结果来看，由于缺少以往优惠政策的抓手，一些地方的招商引资受到一定程度的影响，再加上经济下行压力、房地产市场低迷，以及一些行业的不景气，造成一些地方财税收入下降过快。由于财税收入下降，一些地方对融资平台的依赖程度就会上升。因此，一些地方就可能陷入"失速"的境地，地方经济循环出现了瓶颈。

我们建议，为了化解地方经济发展方面的"叠加效应"，应该因地制宜、因时制宜地采取"三管齐下"的措施。一是根据2015年25号文件的精神，继续在一段时期内保持优惠政策的取向，不搞急刹车，稳定优惠政策的预期。

二是在贯彻落实国务院办公厅40号文的基础上，适当再增加地方政府发债的规模，对于超过20万亿元的地方融资规模，用1.5万亿元发债的规模去对冲，显然小了。三是信贷政策和货币政策应给予地方政府一定喘息时间，增强和扩大地方政府调控经济的能力和空间。可以在"稳健"的大基调下，给予地方政府一定的定向宽松政策，保证地方经济发展融资畅通。

第三，化解产业发展方面的"叠加效应"，让市场发挥配置资源的主导作用。从产业发展角度来看，"叠加效应"集中体现在：一是政府审批制度改革不彻底，尽管审批事项减少，审批权限下放，但依赖行政力量主导产业发展的惯性仍然很强，造成一定程度上的产业资源错配，进而引发更加严重的产能过剩。二是在经济下行的压力下，政府更容易试图通过出台各类产业振兴规划，来解决产业发展碰到的问题，并且给予特别的支持。应该讲，这种做法的出发点不错，但实际效果并不佳，有时候还会走向反面。例如，以前搞过的十大产业振兴规划，有的产业不仅没有振兴，而是走上了下坡路。

从"叠加效应"的结果来看，由于习惯于依靠行政力量主导产业发展，有可能向社会释放了错误的市场信号，也可能给企业发送了误导的信息，资源错配问题比较突出。由于市场配置资源的作用得不到充分发挥，造成了产业发展"一窝蜂"上和"一批批"倒的景象，可谓是"一荣俱荣，一损俱损"。如前几年的光伏产业，最后还是受到了市场的惩罚。

我们建议，为了化解产业发展方面的"叠加效应"，应该做两个方面的思路调整。一是对产业发展进行分类指导，对于公共服务类、公益事业类的产业，政府当然应该做好必要的发展规划和统筹安排；对于市场竞争类的产业，应该让市场起到配置资源的决定性作用，政府可以少做甚至不做发展规划，更不要释放倾向性的引导信息。二是对市场竞争类的产业发展，要彻底转变观念和思路，不妨引入"负面清单"模式，来一点逆向思维。也就是说，政府只规划什么产业是限制发展的，什么产业是禁止发展的，其余发展什么？让市场去决定，让企业自己去做选择。

第四，化解企业发展方面的"叠加效应"，让企业发展增强动力和充满活力。从企业发展角度来看，"叠加效应"集中体现在：一是各类政策很多，但能够落地的不多，进而为广大企业中小企业所诟病。二是《劳动合同法》过分的刚性约束，使得企业员工"能进不能出"，或者"出"的成本高昂。三是社会保障成本高企，缴费的费率比较高，缴费的基数也在逐年提高，再加上各种税费负担，企业反映难以承受。四是近期股市呈现"疯牛"状态，财富效应对实体经济起到了反向的引导。五是国有企业深化改革、优化结构、薪酬制度调整等，对国有企业的长期健康运营有好处，但短期内对企业经营产生了一定压力。

从"叠加效应"的结果来看，由于受到内外部经济变量的综合影响，企业目前碰到的最大困难是"需求萎缩，成本上升"，使得一部分企业的盈利能力几乎全部丧失，一些实体经济企业经营陷入了困境。由于一些政策出现了"走过头""不接地气""财富效应"的情况，进而在一些实体经济企业经营发展中就产生了"叠加效应"，使得企业发展的动力、活力、能力、潜力都受到一定程度的影响。

我们建议，为了化解企业发展方面的"叠加效应"，当前要把握好三个关键点。一是严格把握好实体经济与虚拟经济发展的关系，防止实体经济"失血"过多，"失望"过甚。二是严格把握各项调控政策出台的准则和门槛，近期来讲，凡是可能增加企业经营成本的政策不能出台，凡是能够降低企业经营成本的政策要抓紧出台。三是严格把握多渠道、多方式降低企业经营成本的速度和频度，不能慢慢来。在财税环节，进一步提高小微企业减免税额度；在社保环节，进一步降低企业社保缴费费率；在服务环节，进一步清理各类服务收费或者成本过高的不合理因素，如电信资费等。

第五，化解外资外贸发展方面的"叠加效应"，让外向型经济得到稳定发展。从外资外贸角度来看，"叠加效应"集中体现在：一是利用外资不稳定。由于我国劳动力、资金、环境等要素成本上升，市场趋于饱和，人口红利逐渐丧失，再加上逐步取消外资"超国民待遇"优惠政策，内外资企业实行统一所得税，外资三法合一，以及反垄断等因素的叠加，曾经出现了利用外资不稳定、一部分外资向境外转移的迹象。二是对外贸易不稳定。全球经济不景气和国际贸易争端频发，使得我国对外贸易出现了大幅波动的情况，出口大起大落且回落幅度过大，进口连续出现负增长的情况，说明外贸在经过长时期的高速增长之后，出现了一些新情况、新问题，如果应对不力，很有可能对我国宏观经济运行产生严重影响。（见图1、图2）

从"叠加效应"的结果来看，由于利用外资方面的一系列举措，单独来看，每一项政策都是正确的，但连贯起来有可能产生"叠加效应"，不仅给外

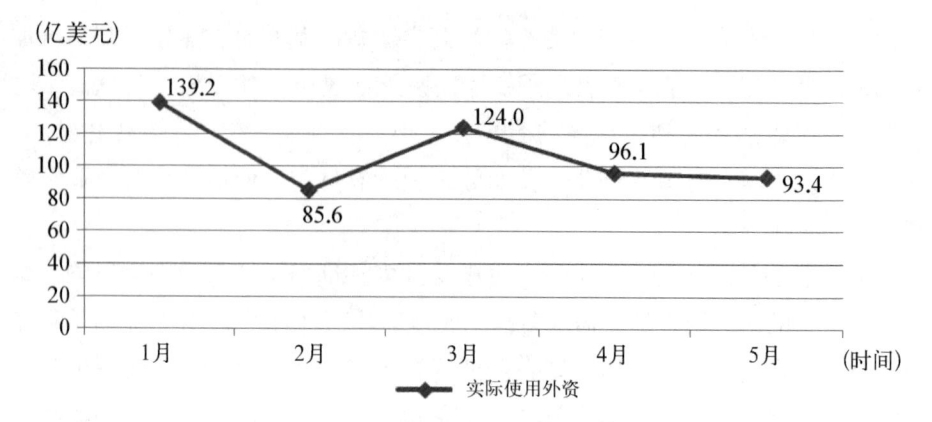

图1　2015年1—5月我国实际使用外资金额

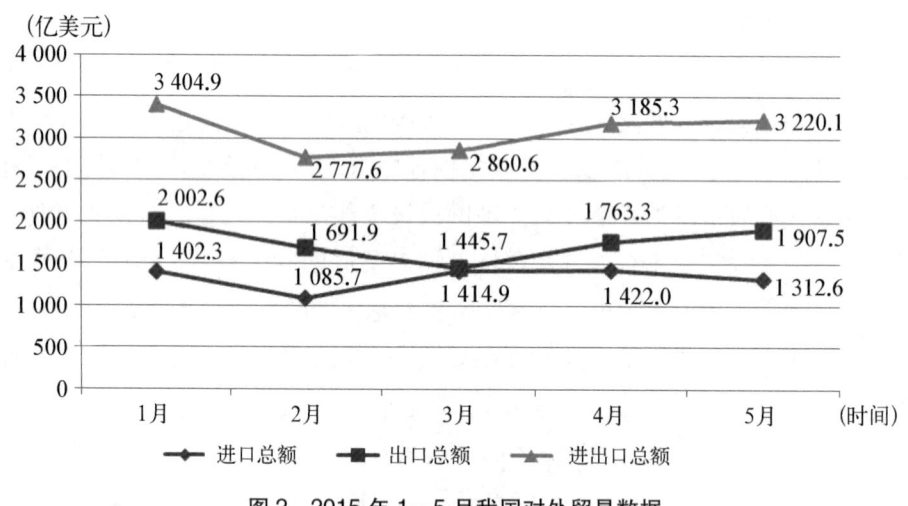

图2　2015年1—5月我国对外贸易数据

界造成一些误解，而且可能改变外资的预期，甚至导致外资利用出现拐点。由于国内外经济形势复杂多变，如果外贸政策措施应对滞后或缺乏必要的力度，必然会出现"过山车"景象。

我们建议，为了化解外资外贸方面的"叠加效应"，关键是要打好三套"组合拳"。一是统一思想，步调一致。国务院或商务部应在适当时间召开外资外贸工作会议，重申外资外贸工作的重要性，研究部署新常态下我国外资外贸工作的方向、目标、模式、结构等重大问题。二是提高认识，顶层设计。对利用外资的重大政策，由各个政府部门联合出台文件为好，避免从部门角度出发，改变外资利用预期。当然，对外资可以实行负面清单方式，优化外资利用结构。三是积极应对，内外结合。在 2014 年推出稳定外贸政策的基础上，如果外贸继续下行，应及时推出进一步的刺激和支持政策。同时，提高通关效率和降低企业成本、出口和进口、"引进来"和"走出去"、自贸区建设和国际贸易谈判，应该做到"四个并重"。

（张兆安等，2015 年 7 月 20 日）

2015年下半年度我国宏观经济形势分析与建议

——对准微观经济层面"需求萎缩，成本上升"发力

在2014年上、下半年，2015年一季度、上半年的经济形势报告中，我们对影响宏观经济运行的20余项国内外经济变量进行了分析，分别提出要把控房地产、产能过剩、融资平台"三碰头"风险；要把控外资外贸"双下行"风险；要打好财政货币、微观经济、消费增长、外资外贸、产业发展、反腐败与激励机制六个"组合拳"；要化解资本市场、地方经济、产业层面、企业经营、外资外贸五个方面的"叠加效应"。2015年9月，我们又从经济形势、战略思路、政策建议三个方面形成《当前我国经济运行态势及应对之策》的分析报告。在这些系列报告中，均提出了一些具有前瞻性、针对性、操作性的对策建议。

一、宏观经济总体判断："下行压力"中的"结构性筑底"

我们认为，下半年以来，影响我国宏观经济运行的20余项国内外经济变量又出现了一些新变化，有的成了有利条件，有的产生了不利影响。尽管经济运行存在着下行迹象，但总体上判断，仍然呈现出"下行压力"中"结构性筑底"企稳的态势。

（一）"下行压力"：增速趋缓，需求不旺，全球经济复苏艰难

一是经济增长趋缓。前两季度经济增长速度保持在7%，第三季度下滑至6.9%，为2009年第二季度以来首次破7%，表明增长动力仍然不够。

二是工业增长减速。2015年以来增速基本维持在6%左右；从6月以后工业增加值同比增速下降，与过去两年相比，平均低3个百分点。

三是投资增速回落。1—9月份，全国固定资产投资同比增长10.3%，增速比1—8月份回落0.6个百分点，创2000年6月以来新低，比第一季度、上半年分别下降了3.2和1.1个百分点，而且分部门的投资增速都在下降（见图1）。

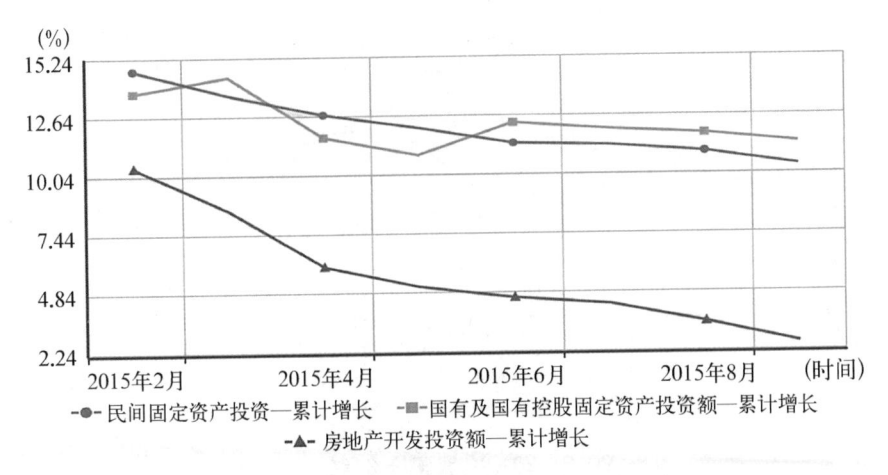

图1　2015年全国分部门固定资产投资增速

四是商业活动乏力。1—9月，无论是制造业PMI还是非制造业商务活动指数均处于低迷状态，如果从一个更长的时间维度看，非制造业商务活动指数直逼2008年金融危机前后的水平（见图2）。

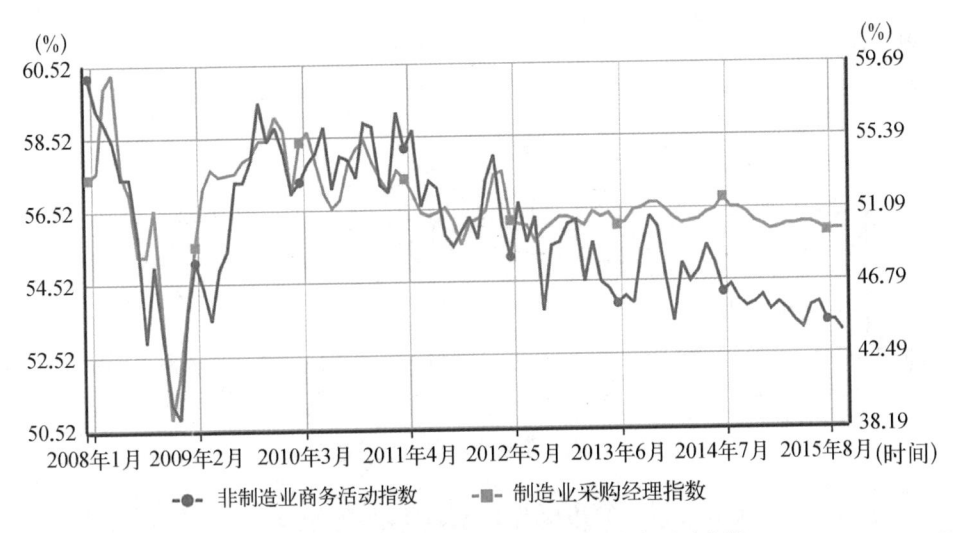

图2　2008—2015年PMI和非制造业商务活动指数

五是价格指数下行。受产能过剩和国际市场影响，价格指数呈现整体下行态势，包括固定资产投资价格、人工费价格，以及钢铁、水泥价格指数呈现长周期向下弯曲（见图3）。

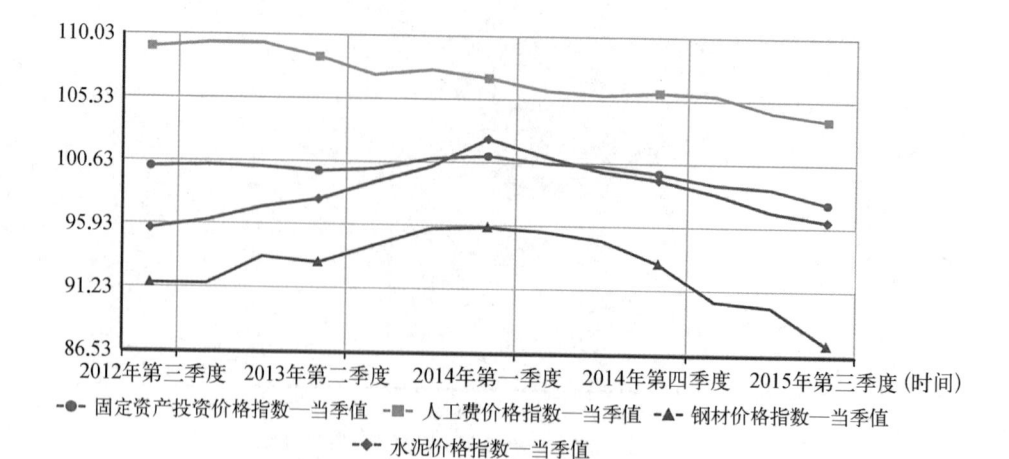

图3 2012—2015年我国价格指数变动情况

六是外贸持续负增长。2015年以来，进出口都呈现出负增长态势，进口增速同比下降得更快。尽管9月份出口同比降幅较上月收窄，但进口则继续下行，同比增速从上个月的-14.3%下降至-17.7%（见图4）。

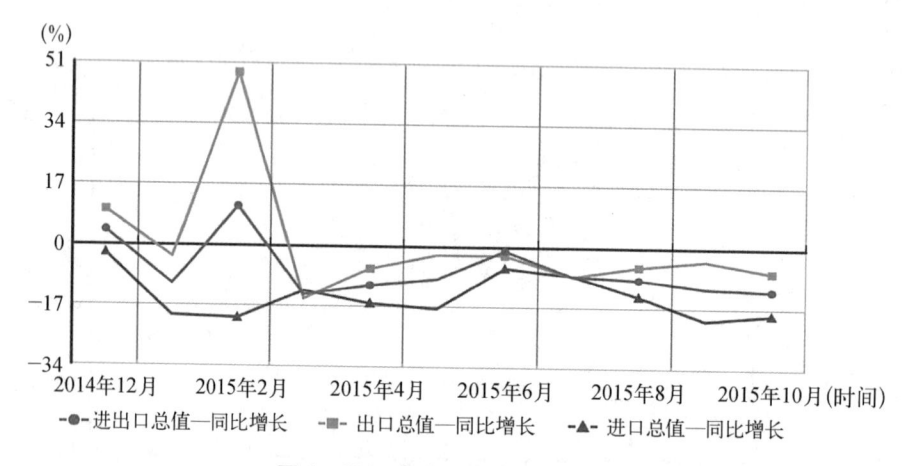

图4 2015年我国进出口增速态势

七是货币政策效应减弱。2015年以来，M2增速明显提高，但并未带来工业生产的回暖，说明实体经济依然低迷（见图5）。

八是全球两大经济体复苏缓慢。日本和美国的失业率自2014年以来一直在下降（见图6）。

九是全球其他经济体困难重重。欧洲财政政策不统一，产生了新矛盾，陷入债务危机泥潭难以自拔。拉丁美洲国家、原材料出口国家如巴西、俄罗

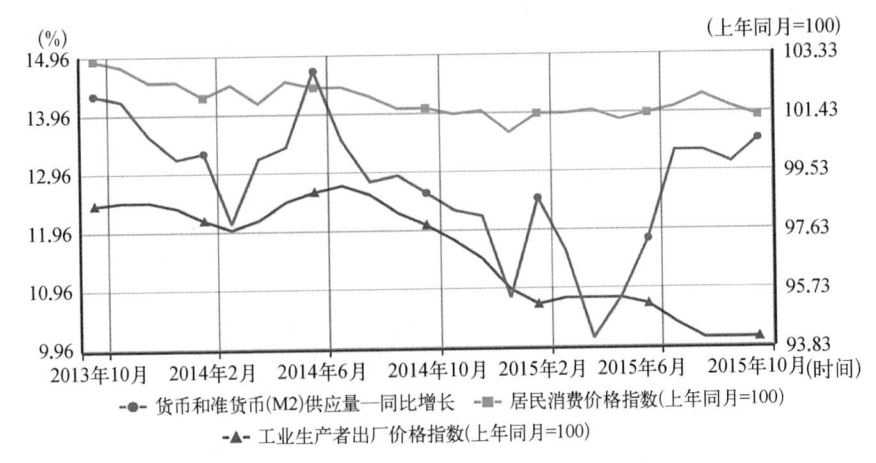

图5 2015年我国货币投放与CPI、PPI态势

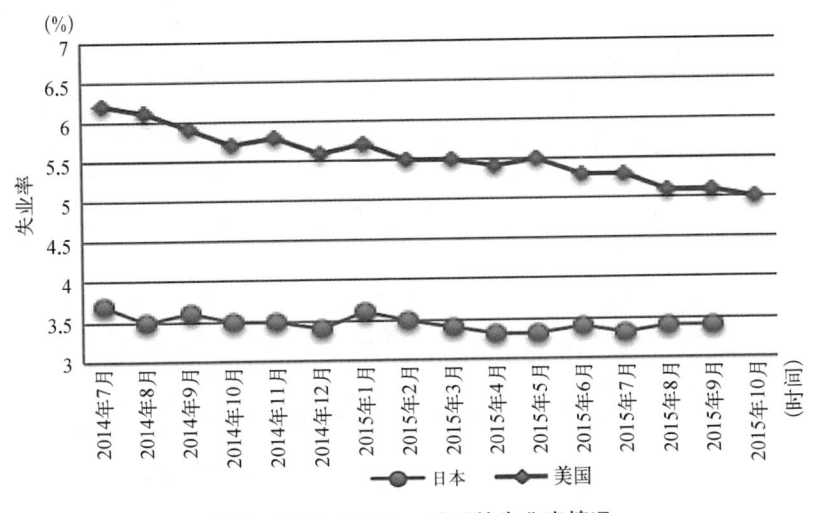

图6 2015年日本、美国的失业率情况

斯等面临着周期性问题的挑战。

十是全球大宗商品价格不稳定。尽管国际市场能源价格指数一改抛物线下降趋势，呈现回升的迹象；但国际市场非能源价格指数和农产品价格指数依旧处于下降通道（见图7）。

（二）"结构性筑底"：结构优化，动能增强，趋势出现向好迹象

一是第二、三产业增加值稳步上升。第三产业增加值不受季节性影响直线上升（见图8），GDP环比增速在2015年第一季度下降到低点后，在第二、第三季度开始回升（见图9）。

2015年下半年度我国宏观经济形势分析与建议 | 97

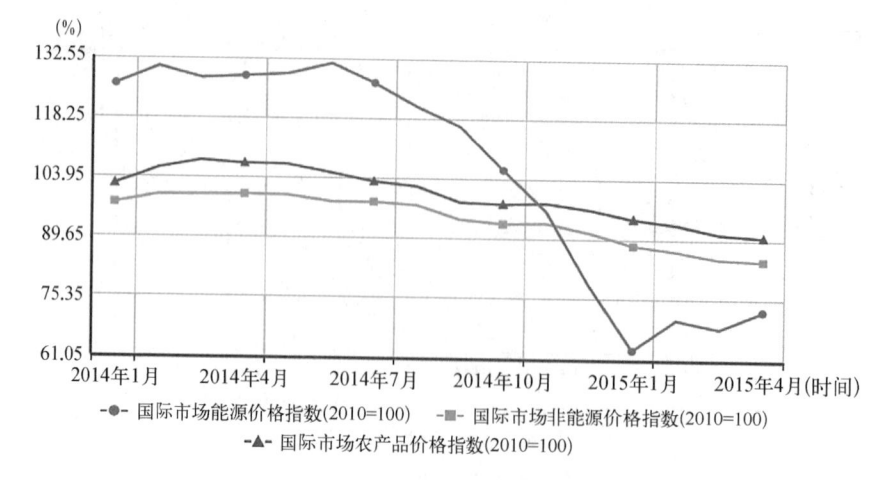

图7 2015年国际大宗商品价格指数

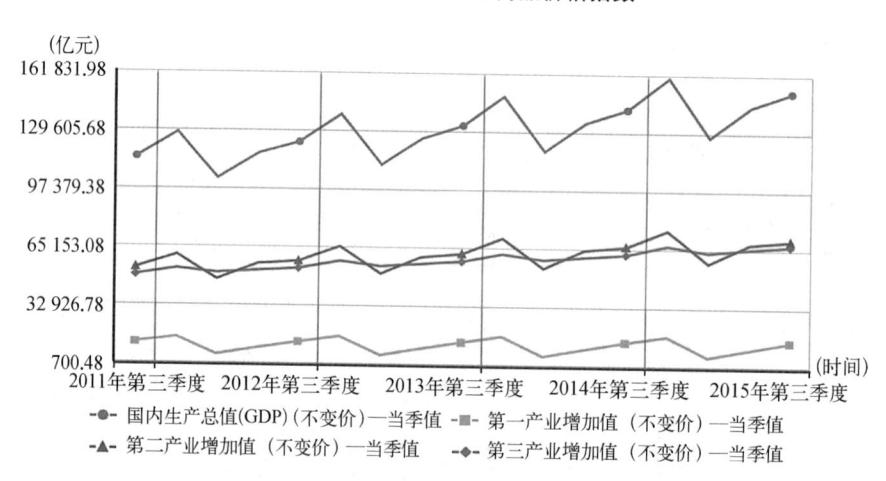

图8 2011—2015年我国GDP和三次产业增加值增长态势

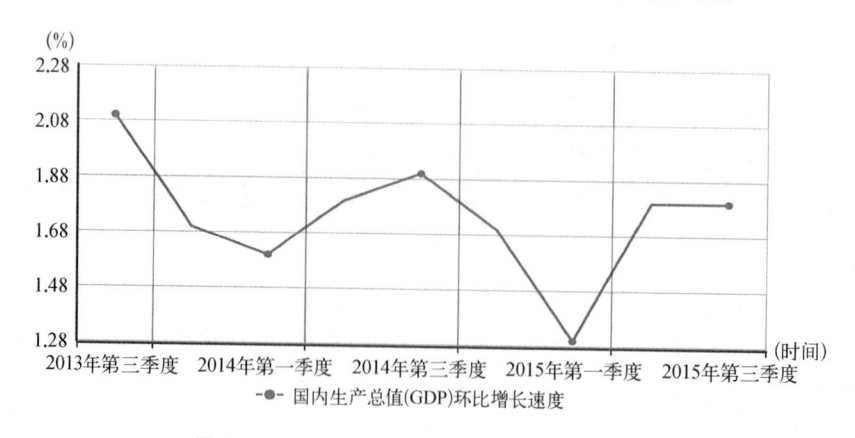

图9 2013—2015年我国GDP环比增速态势

二是经济结构调整成效凸显。前三季度，第三产业占GDP比重达到51.4%，比上半年的49.5%高出近两个百分点，产业结构由工业主导向服务业主导转变的趋势更加明显。

三是消费增长呈现强劲态势。无论从当期额，还是从同比增长速度来看，消费都呈现强劲增长态势（见图10）。1—8月网上商品零售额同比增长35.6%，快递量2015年春节过后一直处于稳步增长，到6月份恢复到45%的水平（见图11）。

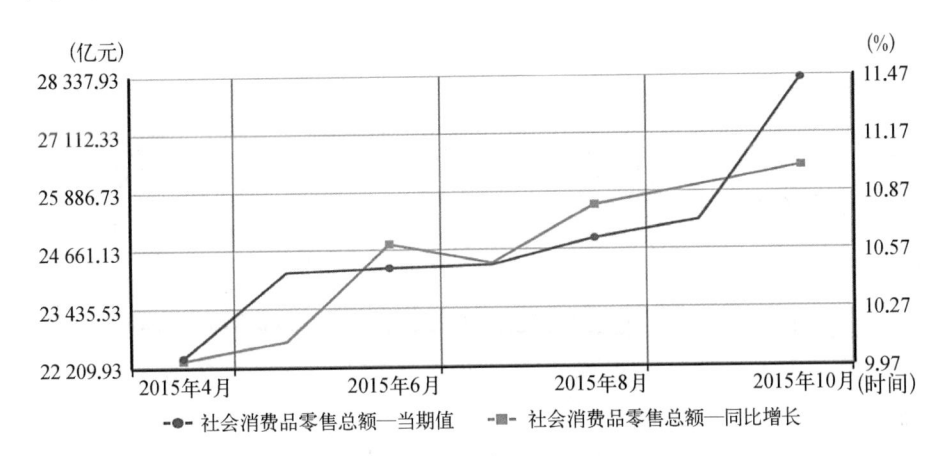

图10 2015年我国社会消费品零售总额和增速

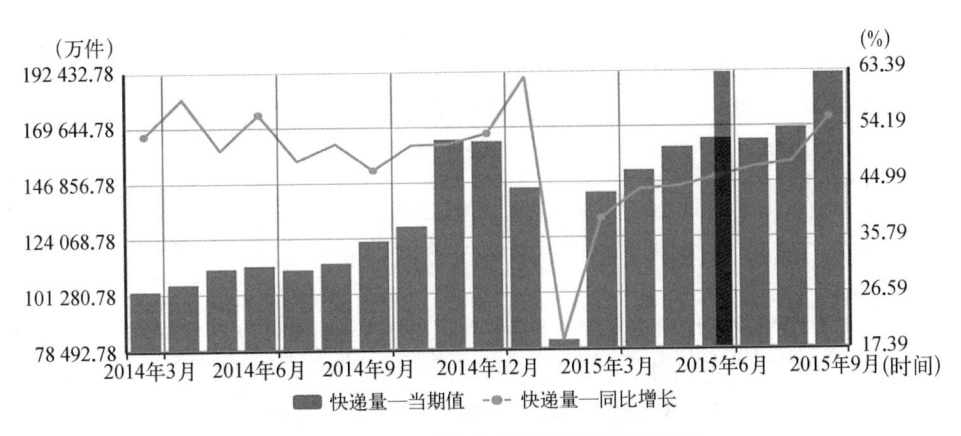

图11 2014—2015年我国快递量增长态势

四是新的增长动能正在形成。1—8月，战略性新兴产业27个重点行业规上企业实现收入和利润分别增长9.2%和13.2%；10个重点领域完成固定资产投资同比增长16.6%，高于全社会固定资产投资增速。

五是房地产市场持续好转。由于推出了信贷和购房税费优惠等新政，尽管房地产投资增长率持续下降，但投资规模逐月增加，尤其是一季度以后商品房销售面积和销售额由负增长转变为正，呈现平稳增长态势（见图12）。

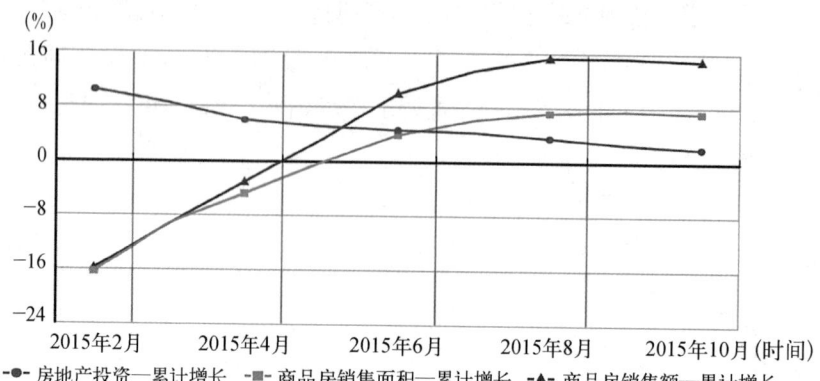

图12　2015年我国房地产市场主要指标

六是外商直接投资出现企稳迹象。外商直接投资合同数从2014年5月份由负增长变为正增长；在2014年底到2015年初有过一个迅猛增长后，基本上保持在9%左右（见图13）。

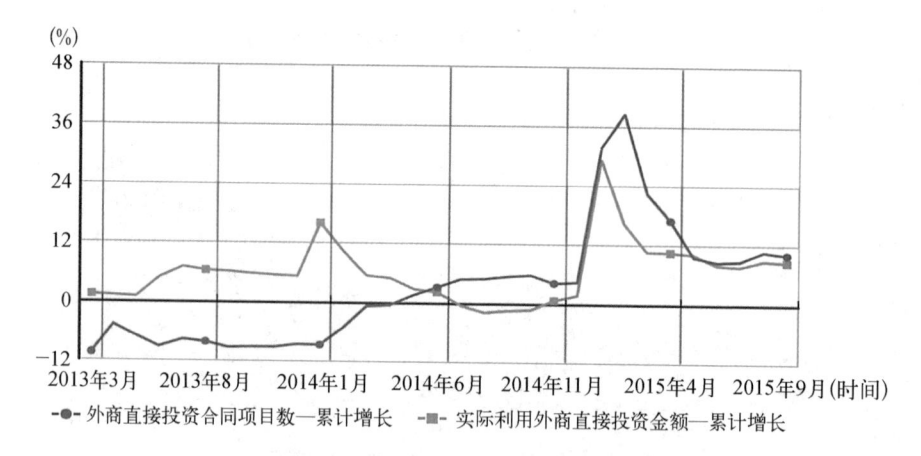

图13　2013—2015年我国外商投资主要指标

七是私营企业表现相对稳定。2015年下半年以来工业增加值增长维持在6%以上，但企业之间出现分化：私营工业企业利润增加值基本稳定；外商及港澳台投资和国有工业企业利润总额在持续下降，且后者连续10个月负增长（见图14）。

-●- 国有工业企业利润总额—累计增长 -■- 外商及港澳台投资工业企业利润总额—累计增长
-▲- 私营工业企业利润总额—累计增长

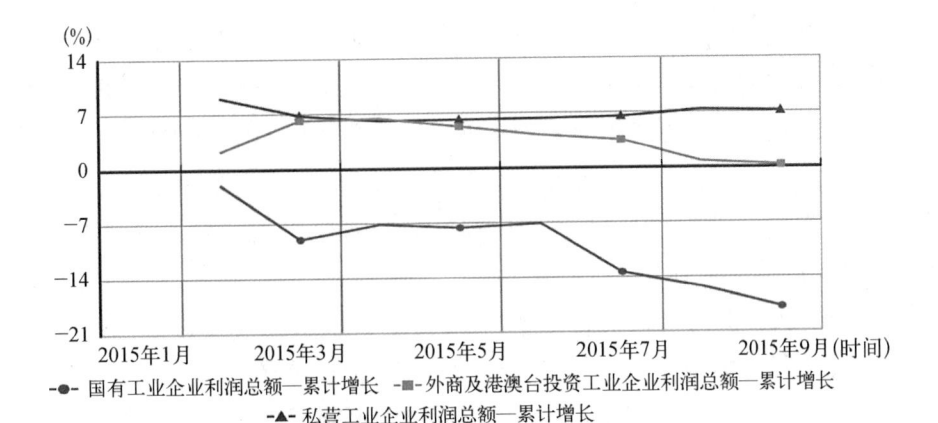

图 14　2015 年我国分部门工业企业利润增长态势

八是财政收入增长趋于稳定。2015 年初财政收入进入低谷，第二季度以后开始上升，同时，财政支出和收入比较匹配，基本上保持同步增长（见图 15）。

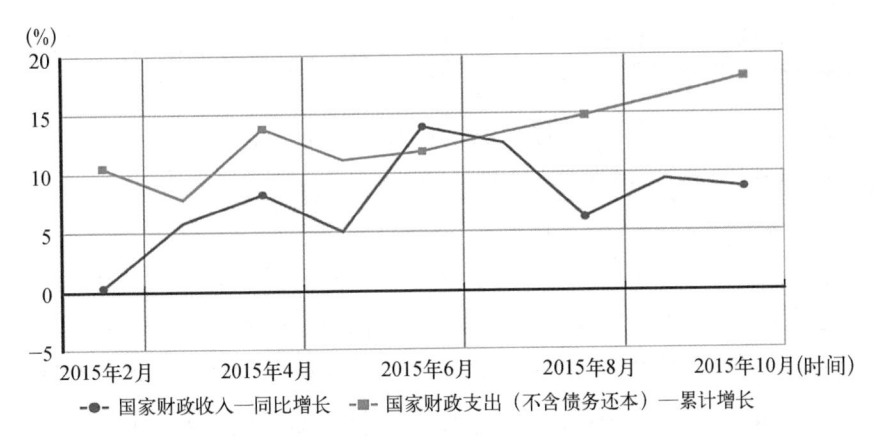

-●- 国家财政收入—同比增长　-■- 国家财政支出（不含债务还本）—累计增长

图 15　2015 年我国财政收支情况

二、经济运行突出问题："需求萎缩，成本上升"以及对策

我们判断，一是 2015 年下半年我国宏观经济运行仍然保持在可接受的合理增长区间，没有突破 6.5% 的底线，也出现了一些趋好迹象。二是全球经济长期低迷状态没有根本改变，短期内出现好转的可能性较小，一些不利因素的杀伤力很大，需要密切关注。三是国内经济运行中的不确定因素依然很多，稳定增长的支撑因素没有全面形成，如果应对不力，经济增长仍有可能进一步下降。四是面对如此态势，必须采取积极措施，保持必要的增长动力，才能确保经济稳定增长。

我们建议，即将到来的2016年，不仅是"十三五"开局之年，更是党的十九大召开的前一年。在这个大前提下，除了要进一步发挥好宏观调控政策对稳增长、调结构、惠民生的重要作用之外，建议紧紧围绕党的十八届五中全会明确提出"优化企业发展环境"的具体要求，把解决微观经济企业层面上"需求萎缩，成本上升"的突出困扰，作为推进经济稳定增长的当务之急。

（一）让调控政策"准"起来

目前，为了应对经济下行压力，中央各个部门出台了一系列调控政策，确实对稳定经济增长起到了重要的推动作用，但在"准"字上仍需下功夫，建议解决四个方面的突出问题：一是过于聚焦宏观政策，忽视微观政策。如连续的"双降"政策并没有使实体经济回暖，企业困境依然。二是采取"急刹车"方式，缺少过渡期。例如，2014年12月出台62号文到2015年5月发布25号文，从"急刹车"到"翻烧饼"短短5个月；再如，地方融资平台"急刹车"处理，缺乏对冲机制。三是依赖行政力量主导产业发展，忽视市场作用。例如，试图通过出台各类产业振兴规划来解决产业发展问题，这种做法的出发点不错，但实际效果并不佳，有时候还会走向反面。四是各个部门各行其是，政策"碎片化"比较严重，政策不协调、不配套，甚至"互相打架"，使得基层政府和企业无所适从。

（二）让微观政策"活"起来

目前，企业最大的困难是"需求萎缩，成本上升"，导致一部分企业丧失了盈利能力，一些实体经济企业经营陷入了困境。应该说，一些涉及企业的微观政策确实起到了很好的作用，但也有一些政策为企业所诟病。主要表现为："不接地气""不能落地""干货不多""不够解渴"，使得企业发展的动力、活力、能力、潜力，以及企业家精神等受到了很大影响。为此建议：一是凡没有实质性内容和具体措施的微观政策，还是不出台为好，出多了反而影响政府形象。二是凡能够化解企业生存发展压力的政策应该"快快出"，千万不能"慢慢来"，防止实体经济"失血"过多，"失望"过甚。三是凡可能增加企业经营成本的政策绝不能出台，凡是能够降低企业经营成本的政策要抓紧出台。

（三）把企业税负"降"下来

目前，企业普遍反映税负太重，尽管这种说法有些偏颇，但确实也表明了企业希望减税的呼吁。当然，是否减税牵涉到税制改革大局，但对企业困境也不能等闲视之,哪怕出台临时性的应急措施也好。为此建议:一是在月销售额 3 万元以下小微企业已免征营业税和增值税的基础上,进一步把免征起点提高到月销售额 5 万元甚至 10 万元以下。二是把享受减半征收企业所得税优惠政策的小微企业范围,从 30 万元以内(含)再适当提高,从而对小微企业形成强大的激励作用。三是适时调整 17% 增值税一刀切的"红线",采取"一升一降"的办法,对涉及"大众创业,万众创新"的新经济、新产业、新技术、新模式以及节能减排的企业和产品,可以适当调低增值税率。

(四)把社保成本"降"下来

目前,企业的劳动力成本增长非常快,工资增速超过 GDP 增速,而要降低劳动力成本,降低社保缴费率是一个可行办法。2015 年,国务院先后决定下调了失业、工伤和生育保险费率,但企业社保负担并没有相应减轻,反而随着社会平均工资的提高而提高。可以说,社保成本的不断上涨,有可能成为压倒骆驼的最后一根稻草。为此建议:一是社保费率应该与经济形势挂钩。如新加坡在 20 世纪 80 年代中期遇到了最为严重的经济衰退,于是在 1986—1987 年把公积金缴费率从 50% 下降至 35%,其中雇主从 25% 下降至 10%,此后随着经济稳定又逐步调高公积金缴费率。二是调整企业和个人的承担比例,适当调低企业缴费比例,相应调高个人缴费比例。三是在降低社保缴费率的同时,用国有资产的划拨和国有企业的分红支持社保。

(五)把市场门槛"拆"下来

目前,市场经济越深入发展,越会遇到各类阻碍,使得市场配置资源的决定性作用受到影响。实际上,越是面临经济下行,越要降低甚至取消各类门槛。为此建议:一是抓紧清理整顿,全面取消不合理的各类证照。如 2015 年 10 月推行的"三证合一,一照一码",明显提高了市场准入效率。还有林林总总的评比、评级、上岗证,都需要清理。二是借鉴自贸区经验,全面推进负面清单管理。例如,99% 的电商都是小微企业,充满创新和变革活力,应该确立"先发展、后管理、在发展中逐步规范"的原则,应在工商、税收、市场监管等方面采取"放水养鱼"态度,扶持小微企业做大做强。三是配合创业创新,全面推动深化开放。向谁开放?民资和外资。凡是不涉及国计民生的重要领域,都应该加快开放,如服务业中的民营银行,以及教育、医疗、文化传媒等,应优先向民间资本开放,同时还要分领域逐步减少、放宽、放松对外资的限制。

（六）把供给侧改革"提"上去

目前，"内需外流"成为一道亮丽的风景线，也折射出中国产业的困境。中国人海淘对象从高档家电转向指甲刀、牙刷牙膏等家庭必需品，跨境消费年超万亿元，生活必需品成为"标配"。这充分说明，我国在需求侧乏力的情况下，供给侧又面临着更加严峻的挑战。为此建议：一是供给侧结构性改革应该"长、中、近"相结合，"制度建设，消化产能，激励机制"相配套。二是从长远看，供给侧结构性改革需要推动一系列的制度创新，以及体制机制重构，因此可以结合政府职能转变稳步推进。三是从中期看，必须切实解决产业发展中的瓶颈问题，尤其应以清理消化产能过剩为重点，推进工业结构性调整。四是从近期看，一方面是针对房地产市场的高库存，推出更加积极有效的措施去库存，如结合新型城镇化建设、户籍制度改革、农民工市民化等，通过放松限购、降低交易税费、扩大公积金使用、政府购买等措施，进一步激活房地产市场；另一方面是针对企业生存发展的困境，提振企业家信心，重振企业家精神，创造良好的创业创新的基础性动力和活力。

（张兆安等，2015 年 11 月 30 日）

2015年：中国宏观经济运行及未来应对之策

一、影响中国宏观经济运行的国内外经济变量

在2015年，影响国内外经济运行的变量共有20余个。从总体上看，这些经济变量不断发展变化，有的经济变量成为推动经济增长的有利条件，有的经济变量对经济增长产生了不利影响。

（一）外部经济变量：总体低迷，局部呈现复苏，但整体复苏力度偏弱

一是国际贸易谈判取得进展，中韩和中澳自贸协定尘埃落定。在当前美国主导的TPP和TTIP谈判加快的背景下，稳定我国对外贸易的外部环境，加快我国与各国之间的各类贸易谈判进程，显得尤为重要和迫切，尤其是各类自贸协定的谈判需取得突破。6月份，中韩、中澳之间的自贸协定已经分别正式签署，并且将要进入正式实施阶段。

二是亚投行组建顺利推进，金砖银行正式开业。6月份，亚投行的57个意向创始成员国代表，在北京签署了《亚洲基础设施投资银行协定》，此举有助于促进国际货币体系改革，有助于提高亚洲资本的利用效率和对全球经济发展的贡献水平，也有利于进一步助推"一带一路"倡议的实施。7月份，由中国、俄罗斯、巴西、印度、南非五个国家发起成立的金砖国家新开发银行，在上海浦东新区正式开业。

三是日本经济出现向好迹象，经济活力有所提升。6月5日，美元兑日元创下了13年的高点。应该看到，由于国际油价持续下跌，再加上日元开始贬值，进而形成了对冲状态，使得日本商品出口有所扩大，一些企业的盈利状况有所改善，国内旅游和消费也有所增加，使得整个经济活力得到一定程度的提升。上半年开始，日本的消费和投资有所复苏，企业活力和就业形势有所好转，价格以及金融市场温和提升。

四是美国经济复苏缓慢，美联储年底前还可能加息。根据美国商务部公布的初步数据显示，第三季度美国经济的增长速度大幅放缓，实际国内生产

总值（GDP）年化季率初值增长1.5%，增幅低于市场预期；而第二季度的增长速度为3.9%，也低于2014年同期4.6%的增速。在年底之前，美联储可能进一步加息，使得美国经济又将面临加息考验，而强势美元又会拖累经济。如果美联储再次加息，对全球经济还会产生重大影响。

五是欧洲启动量化宽松政策，但实际效果十分有限。为了应对欧洲经济持续处于低迷的状况，欧洲央行从3月9日开始，正式启动了量化宽松（QE）。应该说，欧版QE旨在通过复制美版QE的成功，让欧元区能够尽快摆脱通缩的风险，但目前看，实际效果十分有限。

六是俄罗斯经济"雪上加霜"，短期内似乎难以好转。俄罗斯经济发展继2014年负增长之后，2015年1—5月份，俄罗斯GDP增长同比下降3.2%，外贸总额同比下降32.6%。6月份，欧盟又宣布对俄罗斯的经济制裁延长半年，再加上能源价格下跌，这对俄罗斯经济是沉重的打击。

七是全球其他经济体困难重重，低迷状态难以改变。从全球来看，除了发达经济体之外，由于经济全球化的影响，一些新兴经济体同样面临着很多增长压力。例如，拉丁美洲国家、原材料出口国家（如巴西）等都面临着周期性问题的挑战。这充分表明，全球绝大多数国家仍然还处在比较低迷的状态。

八是大宗商品市场持续低迷，商品价格持续低位震荡。从全球大宗商品市场来看，农产品、能源、化工、金属等大宗商品的价格，一直处在低位状态震荡，短期内这种状态可能很难扭转。这种情况说明，全球经济仍然处于低增长状态。

九是国际油价有所趋稳，但冲高动力明显不足。国际油价继2014年跌幅达50%之后，2015年上半年呈现震荡上行后趋稳的走势，但布伦特原油在5月上旬最高时也未突破68美元/桶。到了下半年，国际油价继续呈现下滑态势，冲高的动力明显不足。

十是全球经济依然处于低迷状态，全面复苏的转机尚未到来。目前，从全球经济发展的整体状态来看，无论是发达经济体，还是新兴经济体，乃至金砖国家，绝大多数国家经济增长的动力明显不足，仍然还处在比较低迷的状态。

（二）国内经济变量：有喜有忧，政策频频出台，但经济下行压力依然严峻

一是房地产市场开始活跃，成交量有所上升。从2014年9月开始，一直

延续到2015年，房地产开始持续推出新政，如出台首套房认定新标准出台，取消公积金贷款保险、公证、新房评估和强制性机构担保等收费项目，公积金贷款利率调整等，明显激活了房地产市场人气，刺激了对房地产的刚性需求，但政策效应仍然有待放大。由于持续推出新政，2015年全国商品房销售面积和销售额都出现了回升。（见表1）

表1　2015年中国房地产增长情况

月　份	商品房销售面积累计增长（%）	商品房销售额累计增长（%）
2	-16.3	-15.8
3	-9.2	-9.3
4	-4.8	-3.1
5	-0.2	3.1
6	3.9	10.0
7	6.1	13.4
8	7.2	15.3
9	7.5	15.3
10	7.2	14.9

资料来源：国家统计局网站。

二是多措并举减轻企业负担，支持实体经济发展。在税费方面，继一部分小微企业开始享受免税政策之后，4月份，国务院决定清理规范涉企收费、下调燃煤发电上网电价和工商业用电价格、依法适当降低铁矿石资源税征收比例。在社保方面，3月1日起，失业保险费率从3%降至2%；6月份，又决定降低工伤和生育保险费率，进一步降低了企业社保成本。

三是加快推进改革创新，进一步释放制度红利。6月份，国务院发布《关于大力推进大众创业万众创新若干政策措施的意见》，国务院办公厅发布《关于支持农民工等人员返乡创业的意见》。此举，就是要通过推出新的政策措施，鼓励支持大众创业、万众创新，鼓励支持农民工等人员返乡创业等。10月1日开始，"三证合一，一照一码"登记制度改革又在全国推行，工商营业执照、税务登记证、机构代码证"三证"合为一证,提高了市场准入效率。

四是抓紧进行地方债务置换,保持平稳过渡。6月份,为了解决地方融资平台问题,使得地方融资能够平稳衔接,除了进一步扩大地方债发行规模之外,正式放开了城投债借新还旧,使用比例不超40%,同时,还进一步放松了企业债发行。这些举措的纷纷出台,使得地方融资平台能够增加一定程度的回旋空间。

五是优化投融资结构,积极促进投资稳定增长。面对投资下行和投资不振的迹象,2015年以来,从中央各个部委,一直到各级政府,纷纷推出了一大批符合条件的PPP推介项目。其主要目的就是要通过投融资体制改革和扩大开放,积极鼓励各类社会资本参与建设及运营。

六是培育新的增长点,积极推动新经济发展。5月7日,国务院印发了《关于大力发展电子商务加快培育经济新动力的意见》;5月19日,国务院《关于印发〈中国制造2025〉的通知》出台;7月4日,国务院《关于积极推进"互联网+"行动的指导意见》正式颁布。这些文件的出台,对我国培育新的经济增长点,积极推动新经济发展将会起到重要的作用。

七是连续推出降准降息"双降"措施降低社会融资成本,离境退税政策扩大试点省市。至10月底,在2015年内,央行已经第五次推出降准降息的"双降"措施,为进一步降低社会融资成本提供了条件。在6月份,央行还取消了商业银行放贷法定上限,存贷比75%的限制正式松绑。同时,继海南省之后,自7月起,北京和上海两个城市开始执行离境退税政策,退税率11%。

八是对外贸易不稳定,进出口形势不容乐观。近年来,由于全球经济处在低迷状态,使得我国的对外贸易也出现了不稳定状态。从2015年发展情况来看,出口不振,进口下降过快,造成顺差上升,人民币升值压力加大。(见表2)

表2　2015年中国进出口增长实绩

月　份	进出口同比增长(%)	其　中	
		出口同比增长(%)	进口同比增长(%)
1	-10.9	-3.3	-19.9
2	10.8	48.3	-20.5

续 表

月 份	进出口同比增长（%）	其中	
		出口同比增长（%）	进口同比增长（%）
3	-13.8	-15.0	-12.7
4	-11.1	-6.4	-16.2
5	-9.3	-2.5	-17.5
6	-1.2	-2.5	6.1
7	-8.2	-8.3	-8.1
8	-9.1	-5.5	-13.8
9	-11.4	-3.7	-20.4
10	-12.1	-6.9	-18.8

资料来源：国家统计局网站。

九是制造业替代发展进程艰难，尤其是汽车行业步入了低谷。2015年，制造业仍然处于比较低的增长状态，工业企业利润下滑（见表3）。上半年，轿车累计销量494万辆，同比降低4.11%，创下历史新低；客车和货车销量分别为17.99万辆和91.84万辆，同比分别下降20.47%和40.46%。这说明，汽车产业在经过快速发展之后，增长速度开始回落。

表3　2015年中国工业增长情况

月 份	工业增加值同比增长（%）	工业企业利润总额累计增长（%）
2	—	-4.2
3	5.6	-2.7
4	5.9	-1.3
5	6.1	-0.8
6	6.8	-0.7
7	6.0	-1.0

续　表

月　份	工业增加值同比增长（%）	工业企业利润总额累计增长（%）
8	6.1	-1.9
9	5.7	-1.7
10	5.6	—

资料来源：国家统计局网站。

十是股市呈现"疯牛"景象，暴涨暴跌的"股灾"令人大跌眼镜。上半年，股票市场出现一路高歌猛进的态势，但是从6月15日之后，形势急转直下，大量股票频频跳水。到7月3日为止的14个交易日中，上证综指、深证成指、创业板指分别下跌了28.6%、32.3%、32.3%，下跌幅度与暴跌周期均已超出2007年"530"和2008年的大跌行情。这种景象，即使在海外牛市的中期调整中，也不曾有过，也可以称为"股灾"。之后，股市进入了震荡走稳、"疗伤休养"的通道。

（三）基本判断和主要结论

从2015年全球经济和中国宏观经济运行的实际情况来看，国际国内经济发展形势依然错综复杂，不确定因素仍然很多。其中，影响中国宏观经济运行的内外部经济变量，既存在着一些有利因素，也存在着一些不利条件，而且还在不断发展演变之中。

从总体上来看：在所有影响中国宏观经济运行的国内外经济变量中，有利因素相对比较多一些，但不利条件的杀伤力也很大；内部经济变量的有利因素相对比较多一些，而外部经济变量的不利条件也有不少，甚至超过有利因素。

具体表现在：一是影响我国宏观经济运行的内外部经济变量还在不断变化之中，需要密切关注，也需要积极应对；二是有利条件和不利因素正在不断转化，处于此消彼长的状态，有时候可以彼此抵消，有时候会此消彼长，不能掉以轻心；三是中国宏观经济运行的基本面没有根本改变，短时期内发生突变的可能性不大，因此需要增强发展信心；四是中国经济下行的压力依然十分严峻，必须在各个层面和各个领域保持一定的增长动力，切实防止经济增长滑出"底线"。

二、宏观经济总体情况:"下行压力"中的"基本稳定"

2015年以来,在国内外经济变量的深刻影响下,中国宏观经济运行,不仅面临着十分严峻的下行压力,而且经济增长也确实出现了一些下行迹象,但从总体上来判断,仍然呈现出了"下行压力"中"基本稳定"的整体态势。

（一）下行压力：依然严峻,需要化解

2015年,由于受到国内外经济变量的深刻影响,中国宏观经济运行仍然面临着比较严峻的下行压力,仍然需要密切关注,仍然需要通过努力得以化解。其主要表现在以下五个方面：

一是经济增长速度不稳,下行态势比较明显。2015年第一、二、三季度,我国经济增长速度分别为7%、7%和6.9%,前三季度经济增长速度为6.9%,为2009年第二季度以来首次破7%,呈现出一定的下行态势。这充分说明,中国经济增长的动力明显不够。

二是工业增长减速明显,制造业增长面临结构调整。10月份,工业增加值同比增长仅为5.6%,再次回落到了6%以下,而工业企业利润总额持续呈现负增长态势。这表明,在中国经济下行压力中,制造业发展遇到的挑战尤为严峻,已经成为经济下行的一个重要因素。

三是固定资产投资逐渐下降,房地产开发投资下降尤为明显。1—9月份,固定资产投资同比增长16.1%,比8月份回落了0.4个百分点,延续近两年以来稳步下行的趋势。同时,尽管房地产提出了新政,但房地产开发投资的增速仍然呈现下降态势,自3月份开始跌至一位数,并且出现逐月下降的迹象。（见表4）

表4　2015年中国固定资产投资以及房地产投资增长情况

月　份	固定资产投资完成额累计增长（%）	房地产开发投资额累计增长（%）
2	13.9	10.4
3	13.5	8.5
4	12.0	6.0
5	11.4	5.1

续 表

月 份	固定资产投资完成额累计增长（%）	房地产开发投资额累计增长（%）
6	11.4	4.6
7	11.2	4.3
8	10.9	3.5
9	10.3	2.6
10	10.2	2.0

资料来源：国家统计局网站。

四是新增贷款规模下降，实体经济贷款需求不旺。中国宏观经济下行的压力，也在银行贷款增长方面反映出来。根据央行11月发布的数据，10月，人民币贷款增加5 136亿元，尽管比上年同期增加480亿元，但比9月的1.05万亿元，减少了一半以上，创下了2014年以来的近两年新低，大大低于很多机构原来的预期。这从一个侧面说明，实体经济对贷款的需求不旺，实体经济发展比较低迷。

五是CPI处在低位运行，PPI和PMI表现乏力。10月份，CPI同比上涨1.3%，连续两个月涨幅收窄，保持在低位运行，明显缺乏上涨动力，全年涨幅可能在1.4%—1.5%，也将会低于2014年，说明通缩风险依然存在。PPI连续3个月同比增长-5.9%，处于2009年10月以来最低值，说明工业通缩情况还在持续。中采PMI为49.8%，低于市场预期且连续3个月低于临界值，表明国内经济持续疲弱。

（二）基本稳定：守住底线，结构向好

当前，对于中国宏观经济运行来讲，不仅面临着下行压力的严峻考验，而且经济增长速度也确实有所下降，尽管如此，中国宏观经济运行依然在下行压力中保持着基本稳定。其主要表现在以下五个方面。

一是经济增长仍然处在合理空间，没有突破增长底线。2015年第三季度以后，中国经济增长速度为6.9%，尽管出现了下行的迹象，仍然还存在着不小的下行压力，但是，经济增长速度仍然保持在7%左右。这说明，中国经济增长速度依然还处在合理的增长空间，并没有突破6.5%的经济增长底线。

二是二、三产业结构出现转折性优化，呈现出向好趋势。2015年前三季度,第二产业增长 6.0%,第三产业增长 8.4%,第三产业增长速度超过了第二产业;第三产业增加值占国内生产总值的比重为 51.4%,比上年同期提高 2.3 个百分点,高于第二产业 10.8 个百分点。同时,内需结构进一步改善,最终消费支出对国内生产总值增长的贡献率为 58.4%,比上年同期提高 9.3 个百分点。这说明,在经济增速总体下降和工业增速下降的前提下,服务业发展开始提速,结构调整和优化取得了一定效果。

三是商品销售稳中有增,呈现增长有所回升的迹象。2015 年前三季度,全国社会消费品零售总额同比名义增长 10.5%(扣除价格因素实际增长 10.5%),增速比上半年加快 0.1 个百分点。10 月份,社会消费品零售总额同比名义增长 11.0%,增速比上月提高 0.1 个百分点;扣除价格因素,实际增长 11.0%,增速比上月加快 0.2 个百分点。1—10 月份,名义增长 10.6%,增速比前三季度提高 0.1 个百分点;实际增长 10.6%,增速比前三季度提高 0.1 个百分点。同时,前三季度,全国网上零售额 25 914 亿元,同比增长 36.2%。其中,实物商品网上零售额 21 510 亿元,增长 34.7%,占社会消费品零售总额的比重为 10.0%;非实物商品网上零售额 4 404 亿元,增长 43.6%。

四是工业生产结构有所优化,战略性新兴产业和高新技术产业增速提升。截至 2015 年 10 月份,尽管工业生产增长仍然小幅回落,但是,装备制造业增速回升,增加值同比增长 6.8%,增速较 9 月份加快 0.9 个百分点;高技术产业继续保持较快增长,增加值同比增长 10.8%,增速比 9 月份加快 0.4 个百分点,高于整个工业 5.2 个百分点。其中,医药制造业增长 10%,航空、航天器及设备制造业增长 22.7%,电子及通信设备制造业增长 13.9%,信息化学品制造业增长 9.5%。这表明,制造业在下行过程中,结构得到了一定程度的优化。

五是城乡居民收入保持较快增长,人民生活水平继续提高。2015 年前三季度,全国居民人均可支配收入同比名义增长 9.2%,扣除价格因素实际增长 7.7%,比上半年提高 0.1 个百分点。按常住地分,城镇居民人均可支配收入同比名义增长 8.4%,扣除价格因素实际增长 6.8%;农村居民人均可支配收入同比名义增长 9.5%,扣除价格因素实际增长 8.1%。全国居民人均可支配收入中位数 14 460 元,同比名义增长 10.2%。第三季度,全国外出务工劳动力月均收入 3 052 元,同比增长 9.1%。这表明,尽管中国经济面临下行压力,但城乡居民收入没有受到明显影响。

（三）基本判断和主要结论

从 2015 年中国宏观经济运行的整体情况来看，一是宏观经济运行尽管有些起伏不定，但国民经济在新常态下运行仍然呈现总体平稳态势，并没有突破底线；二是"三期叠加"时期的矛盾和问题进一步凸显，仍然需要通过深化改革和经济发展方式转变予以化解；三是经济发展中的不确定因素依然很多，不可预见的因素依然不少，但经济发展亮点有所显现，经济、产业、需求、区域、收入分配等结构都有积极改善；四是经济增长的动力和要素出现变化，但经济发展的路径依赖有所转化，拼资源、拼环境、拼成本的方式有所转变，新经济、新产业、新行业、新技术、新模式等开始不断涌现；五是传统经济和传统产业发展面临不小的调整压力，但"大众创业，万众创新"的氛围正在逐渐形成。

对于 2015 年来讲：中国宏观经济运行仍然保持在可接受的合理增长区间，也出现了一些企稳和向好的迹象。但是，影响中国宏观经济运行的经济变量仍然在发展变化之中，国内外不确定因素依然还有很多，经济下行压力依然严峻，经济增长趋稳基础依然不牢固。

因此，在 2016 年"十三五"开局之年，如果国内外经济变量不出现重大的突变，在中国经济发展的基本面没有根本变化的前提下，如果各项宏观调控政策措施比较得当、比较及时、比较到位，就可以认为，不仅可以继续保持全年 7% 左右的经济增长目标，而且一系列结构调整也会取得一定成效。

三、应对经济下行压力：重点推出五个方面对策

应该清醒地认识到，在中国经济进入新常态之后，继续保持经济稳定增长，是中国推进全面深化改革和全面建成小康社会的必要前提和必然要求。新常态不是不要发展速度，而是需要在可持续发展基础上的速度。对于这一点，全国上下、各个层面、各行各业一定要有正确的认识，不能掉以轻心。

2016 年是"十三五"规划的开局之年，最为关键的是要发挥好宏观调控政策对稳增长、调结构、惠民生的作用。应该充分认识到，针对中国宏观经济运行的现实态势，必须采取一些关联效应大、短期见效快、影响比较持续的宏观调控政策，有效化解经济运行下行压力，切实推动宏观经济稳定增长。具体来讲，应该主要从以下五个方面着力。

（一）在宏观经济方面：调控政策要稳定，也要精准

一是适当调整宏观政策，放大调控政策效应。面对通缩的压力，应该对

以往的宏观紧缩政策进行必要的清理，积极推出适时、适当、适度的宏观调控政策，如此，才能应对通货紧缩的风险。面对当前严峻的经济下行压力，各项宏观调控政策的出台，需要增强一定的力度，也需要增加一定的密度和频度，否则，宏观调控政策的效应就难以显现出来，甚至还会出现政策滞后的情况，进而影响到经济的稳定增长。应该清醒地认识到，在经济新常态情况下，不是不要经济增速，发展仍然还是第一要务，关键是要形成有效需求、促进有效投资、提供有效供给，推动有效增长。

二是增强财政政策作用，发挥货币政策效应。一方面，在目前经济下行压力之下，除了央行积极采取"双降"以及适当宽松的货币政策之外，财政政策应该发挥更大、更有力的作用，尤其要在推动稳定投资增长、调整产业结构、消化产能过剩等方面起到特殊的推动作用。同时，还要通过财政政策的积极引导，鼓励并推动各类社会资本投资。另一方面，货币政策应该运用定向降准、降息、再贷款等操作工具提高存量货币信贷效率，加速资金周转，盘活存量，引导信贷进一步流入实体经济。尤其要降低企业贷款利率，可以通过贷款利率下降幅度大于存款利率的不对称降息，切实缓解中小微企业融资难问题，让利于实体经济。

三是促进股市稳定健康发展，培育"慢牛"市场。2015年上半年的股市回暖趋势是好的，但犹如疯牛、妖股频现的景况，再加上间接融资不到位，就会对实体经济发展产生一定的抑制作用。因此，总体上来讲，应该积极创造各种条件和完善证券市场制度，以培育"慢牛"市场为好。同时，要降低新三板门槛，让更多的企业能够直接进入新三板融资，还有加快研究新三板做市商制度，活跃新三板市场的交易。此外，应该适时推出战略性新兴产业板，可以通过在上海证券交易所设立战略性新兴产业板块，继续扩大直接融资的规模和渠道，适应创业创新企业发展要求和中国经济转型升级需要，从而成为弥补现有市场功能不足而设立的新市场。

四是适当扩大地方发债额度，加快投融资体制改革。应该充分认识到，目前存在的地方融资平台问题，是长期以来体制机制所形成的，不可能一夜之间得到彻底解决。在体制机制改革没有到位之前，融资平台需要形成对冲机制，发行地方债包括地方债置换是其中的一种方法。因此，可以在已经明确发行1.5万亿元地方债规模的基础上，进一步增加地方发债的额度，用于有效平衡和对冲地方融资平台的规模。同时，应该加快投融资体制改革，尤其要加快推动 PPP 模式融资规模。从中央政府一直到各级地方政府，都应该加快推动 PPP 融资方式，扩大 PPP 模式融资规模，可以通过进一步梳理和开放，将一些公共基础设施建设项目以及一些相关的投资项目向社会资本开放。这样做，不仅可以减轻财政压力，也可以填补融资平台剥离后的缺口。

五是中央和地方形成合力，给予地方一定的政策空间。总体上来讲，在严格执行中央制定的各类宏观调控政策前提下，宏观经济层面上的一些信贷政策和货币政策，应给予地方政府一定的喘息时间。应该认识到，在中国目前的财税体制下，由于中央和地方政府在财权和事权上的不匹配，因此在继续保持"稳健"的大基调下，可以给予地方政府一定的定向宽松政策，从而保证地方政府能够保持融资畅通，也会增加一定的回旋空间。

（二）在企业发展方面：微观政策要灵活，也要力度

一是在财税环节，进一步降低企业税费负担。目前，企业普遍反映税负太重，尽管这种说法有些偏颇，但确实也表明了企业希望减税的呼吁。当然，是否减税牵涉到税制改革大局，但对企业困境也不能等闲视之，哪怕出台临时性的应急措施也好。首先，可以进一步提高小微企业减免税额度。2014 年 10 月起，月销售额 3 万元以下小微企业，已经免征营业税和增值税，但由于起点不高，政策效应还是有限，当前来看，可以进一步把小微企业免征营业税和增值税的起点，提高到月销售额 5 万元甚至 10 万元以下。其次，把享受减半征收企业所得税优惠政策的小微企业范围，从 30 万元以内（含）再适当提高，从而对小微企业形成强大的激励作用。最后，适时调整 17% 增值税一刀切的"红线"，采取"一升一降"的办法，对涉及"大众创业，万众创新"的新经济、新产业、新技术、新模式以及节能减排的企业和产品，可以适当调低增值税率，切实降低企业税负。

二是在社保环节，进一步降低企业社保成本。在党的十八届三中全会的《决定》中，明确提出要"适时适当降低社会保障缴费的费率"。2015 年 2 月份，国务院决定把失业保险费率由 3% 统一降至 2%，接着工伤和生育保险费率也有下调，这对于企业社保环节的减税降费来讲，已经有了良好的开端，但企业社保负担并没有相应减轻，反而随着社会平均工资上升而提高。这是因为，企业的劳动力成本增长非常快，工资增长速度超过了 GDP 增速。目前，企业成本高企的一个重要因素，是劳动力成本比较高；劳动力成本比较高的一个重要因素，是社保成本比较高。而要降低劳动力成本，降低社保缴

费率是一个可行办法。从这个角度来看，应该积极创造条件，进一步降低企业的社保成本。实际上，社保费率应该与经济形势挂钩。如新加坡在20世纪80年代中期遇到了最为严重的经济衰退，于是在1986—1987年把公积金缴费率从50%下降到35%，其中雇主从25%下降到10%，此后随着经济稳定又逐步调高公积金缴费率。当然，在降低社保缴费率的同时，可以用国有资产的划拨和国有企业的分红支持社保。

三是在服务环节，进一步降低企业服务成本。目前来看，企业成本上升的不合理因素还有很多，必须予以清除。2015年4月份，国务院明确提出要清理涉企收费，下调工商电价，这对企业成本下降具有重要作用。因此，除了继续加快取消一些行政事业性"任性"收费之外，还应该进一步关注企业服务成本的高企问题。目前，在服务环节还存在着两个方面推高企业成本的因素，分别是：公共产品提供方面比较高的服务价格；由于垄断因素形成比较高的服务价格，例如，物流环节成本、电信网络成本、银行收费成本等。

四是在创业创新环节，不仅要降低成本，也要降低门槛。当前，尽管面临经济下行的严峻压力，但是，在我国宏观经济运行过程中，新经济、新产业、新行业、新模式、新企业、新项目、新服务等正在不断涌现，"大众创业，万众创新"的氛围正在逐渐形成。在这种态势和趋势下，各级政府要为"大众创业，万众创新"全面清障开路，抓紧清理整顿，全面取消不合理的各类证照。如2015年10月推行的"三证合一，一照一码"，明显提高了市场准入效率。还有林林总总的评比、评级、上岗证，都需要清理。因此，需要从制度设计、政策措施、体制机制、社会舆论等方面，为全民的创业创新活动创造基本条件和市场氛围。

（三）在扩大内需方面：消费政策要落地，也要激励

一是实施积极的鼓励消费政策，帮助消化过剩产能。应该看到，在近年来中国出口形势不容乐观的情况下，解决我国比较严重的产能过剩问题，除了积极调整产业结构和提升产业能级之外，推动国内的消费增长也是重要之策。因此，应根据经济结构和产业结构调整"有保有压"的原则，对一些重要产业领域，尤其是同老百姓生活直接相关的一些消费产品，可以出台一些促进消费的激励政策。比如，以前曾经实行过的家用电器"以旧换新""家电下乡"等政策，不仅实施效果比较明显，而且老百姓也得到了实惠。当前来看，这种比较显性的消费激励政策，能够比较快地产生效果，在一定程度上

也可以起到消化产能过剩的作用。

二是继续启动刚性需求，进一步活跃房地产市场。应该清醒地认识到，房地产市场不仅与老百姓生活密切相关，而且还与很多产业发展息息相关，因此，活跃房地产市场，对于化解产能过剩、缓解地方融资平台压力，都会起到一定的推动作用。目前来讲，针对我国房地产市场的高库存现状，应该推出更加积极有效的措施去库存，可以结合新型城镇化建设、户籍制度改革、农民工市民化等，重点是要在保障住房封闭管理和保住民生底线的基础上，通过进一步放松限购、进一步降低一套自住商品住房购买或置换门槛，进一步降低贷款成本、交易成本与持有成本，进一步扩大公积金使用，以及政府购买等措施，推动刚性需求成为现实需求。

三是降低进口商品税费，把流向境外的消费拉回国内。近年来，随着人们收入的增长和生活水平的提高，中国消费者购买力不断上升，使得"内需外流"成为一道亮丽的风景线，也折射出中国产业的困境。目前，中国人海淘对象已经从高档家电和奢侈品转向指甲刀、牙刷牙膏等家庭必需品，跨境消费年超万亿元，生活必需品已经成为"标配"。这充分说明，我国在需求侧乏力的情况下，供应侧又面临着更加严峻的挑战。例如，2014年中国人买走了全球46%的奢侈品，但由于国外品牌商品在境内外的价差非常大，使得中国消费者倾向于境外购物。一方面2014年中国内地奢侈品市场首次出现负增长，较2013年下降了1%；另一方面中国消费者在全球奢侈品市场的消费上涨9%，达到3 800亿元。因此，除了要积极推进供给侧结构性改革之外，还应尽快地降低进口商品的税费和价格，让消费者能够回归在国内消费，不仅有利于提升消费者福利，而且能够增加消费税收入，避免老百姓和政府双方面的福利损失。

四是加大宣传力度，扩大国外游客来华旅游规模。近年来，一方面是中国人出境旅游人数大幅增长，境外购物规模大幅增加，另一方面是境外游客来中国旅游有所减少，购物规模也比较小。尽管中国的海外游客减少有全球经济不景气、人民币升值等因素影响，但从未来发展趋势来看，海外游客的入境游仍然还有很大的增长空间和潜力。因此，应在大力提升国家整体形象的同时，进一步加大海外宣传，推动海外游客来华旅游签证便利化，进一步推动实施境外游客离境退税政策，扩大政策实施区域范围，提高离境退税额度规模，充分挖掘海南、北京、上海三个省市离境退税试点的优势，鼓励国外游客在中国购物消费。

（四）在外资外贸方面：**对外政策要稳定，也要完善**

一是整合各方力量，推进外资外贸稳定发展。中国改革开放以来，外资外贸历来是中国宏观经济运行发展中的重要支撑之一，面对近年来外资利用出现新态势和外贸呈现下行的新情况，目前最为关键的是要打好四个"稳定"的硬仗：稳定思想共识，重申外资外贸的重要性；稳定外资预期，防止外资利用出现拐点；稳定外贸增长，继续保持中速前行水平；稳定外部环境，加快各类贸易谈判进程。当前来看，针对外资外贸出现的新情况，应及时推出进一步的刺激和支持政策，保持外资外贸稳定发展。

二是积极利用外资，稳定外资预期。目前，由于全球经济不景气，中国又逐渐取消了一些外资"超国民待遇"的优惠政策，外资三法合一，内外资企业实行统一所得税，再加上劳动力、资金等要素成本上升等因素，外资利用出现了一些不太稳定的状态，还有一部分外资开始向境外转移。当然，这种现象并没有形成为不可逆转的趋势，但是，从利用外资稳定发展的角度来讲，还是应防止出现各个部门分别出台各自政策，对外资产生叠加效应，可能改变外资的预期。同时，应该充分利用上海自贸区进一步扩容，广东、天津、福建进行自贸区试验的机遇，通过扩大开放加快引进外资，对外资引进实行负面清单方式，还要不断优化外资利用的结构。

三是创造制度红利，稳定外贸增长。对外，要根据国际经济格局变化和全球经济治理重构的趋势，充分利用金砖银行、亚洲投行、丝路基金，"一带一路"等重大建设的实施，探索建立一批中国对外贸易的发展平台和关键工程，增强中国经济在国际经济舞台上的影响力和话语权。对内，在已经出台的前期货币政策和汇率政策基础上，不妨进一步把汇率调整到位，进而缓解中国外贸下行压力。同时，要加快外贸体制改革，切实减轻外贸企业负担，实行出口和进口并重，"引进来"与"走出去"并重。此外，可以扩大原油和大宗商品储备，由于黄金、石油、大宗商品价格在历史低位徘徊，可以考虑继续减持美国债券，扩大原油和大宗商品储备，提升这些商品的市场价格，应对国内经济通货紧缩的困境。

（五）在产业发展方面：**产业政策要调整，也要创新**

一是政府对产业发展政策作思路调整。从目前来看，尽管政府审批事项在减少，审批权限在下放，但依赖行政力量主导产业发展的惯性仍然很强，尤其在经济下行压力下，政府更加容易试图通过出台各类产业振兴规划，来解决产业发展碰到的问题。应该讲，这种做法的出发点不错，但实际效果并不佳，有时候还会走向反面。由于习惯于依靠行政力量主导产业发展，有可能向社会释放了错误的市场信号，也可能给企业发送了误导的信息，资源错配问题比较突出。由于市场配置资源的作用得不到充分发挥，造成了产业发展"一窝蜂"上和"一批批"倒的景象，可谓是"一荣俱荣，一损俱损"。因此，政府应该对产业发展政策做思路调整。总的原则应该是：对公共服务和公益事业类产业，政府应做好必要的发展规划和统筹安排；对市场竞争类产业，政府可以少做甚至不做发展规划，让市场起到配置资源的决定性作用，不妨引入"负面清单"模式，来一点逆向思维。也就是说，政府只规划什么产业是限制发展的，什么产业是禁止发展的，其余应该发展什么？还是让市场去决定，让企业自己去做选择。

二是加快推进产业替代发展的进程。目前，中国经济已经开始进入一个产业替代的发展转型时期。在这个发展转型过程中，尽管千头万绪，但总有轻重缓急，因此，既要谋划好未来的产业发展，还要兼顾好当前产业的生存。目前来讲，服务业和制造业的发展替代、战略性新兴产业和传统产业的发展替代、高新技术产业和劳动密集型产业的发展替代、新经济和传统经济的发展替代，以及新商业模式和传统商业模式的发展替代等，都处在一个非常重要的历史时期。因此，还是要做到"两手抓，两手硬"，把握好节奏，也就是讲，不仅需要把握好未来发展趋势，推动好"新"内涵的产业发展；也需要推进好"旧"内涵的产业转型升级。

三是加快实施"互联网+"计划，推动产业创新发展。"互联网+"是创新2.0下的互联网与传统行业融合发展的新形态、新业态，因此，要加快对"互联网+"发展的政策、法律研究，营造推动"互联网+"快速发展的社会经济环境。尤其要高度重视互联网经济的战略地位和发展前景，宽容互联网经济创新，确立"先发展、后管理、在发展中逐步规范"的原则，对已经出台的相关政策进行必要的梳理。要积极扶持小微企业成长，在电子商务平台上，99%都是小微企业，但互联网的小微企业"小而不弱"，充满创新和变革活力，应在工商、税收、市场监管等方面采取"放水养鱼"态度，扶持小微企业做大做强。要制定国家云计算、大数据发展战略，要打破原有的利益格局，为普及云计算服务和大数据应用、减少资源浪费、促进效率的提升。

四是完善政府采购制度，推动新能源汽车扩大产量。一方面，中国汽车产业经过快速发展之后，2015年上半年开始出现了低谷，因此，需要寻找新的突破口。另一方面，由于配套设施不完备、相关政策不到位等因素的影响，中国新能源汽车的市场推广慢、接受程度低，个人购买数量十分有限，也使得汽车厂商生产的新能源汽车产量低、成本高、规模不经济。怎么办？应该可以从政府采购环节入手，推动中国的新能源汽车扩大产量。应该充分认识到，中国庞大的政府采购规模，实际上可以直接转化成为扩大新能源汽车使用的最大的制度优势。从这个角度来看，对于全国新增或更新的公交、公务、物流、环卫车辆等，都可以通过完善政府采购制度，扩大使用新能源汽车，进而推动中国新能源汽车产量上一个新的台阶。

（张兆安，《上海经济研究》2015年第12期）

2016年

2016年上半年我国宏观经济形势分析

在2015年下半年度的经济形势报告中,我们对影响我国宏观经济运行的20余项国内外经济变量进行了分析,提出了宏观经济运行呈现"结构性筑底"的企稳态势,并且建议要围绕党的十八届五中全会提出"优化企业发展环境"的具体要求,把解决微观经济企业层面上"需求萎缩,成本上升"的突出困扰,作为推进经济稳定增长的当务之急。2016年上半年以来的经济走势,正在进一步确认这一判断。

宏观经济总体判断是在结构调整中寻求"支撑位"。

我们认为,"结构性筑底"的具体特征,不仅表现在一些经济变量延续了前期"水平整理"的迹象,更有一些新经济变量凸显出来。因此,尽管经济运行仍存在下行压力,但总体上正在结构性调整中寻求"支撑位"。

一、寻求支撑:结构优化,增长替代,亮点初现

一是结构继续优化,工业生产趋稳。一季度第三产业比重提高至56.1%,增速保持在8%以上。5月规模以上工业增加值增长6%,与4月持平;制造业增加值增长7.2%,与工业用电量分别比4月回升0.3个百分点,工业生产总体稳定。

二是消费持续增长,网络消费更佳。2016年以来,社会消费品零售总额增长基本维持在10%以上。1—5月,全国实物商品网上零售额同比增长25.9%,增速比1—4月加快0.3个百分点,高于社会消费品零售总额增速15.9个百分点。

三是外贸延续反弹,进口尤其抢眼。5月,我国进出口同比增长2.8%,一举扭转了连续负增长的颓势。其中,出口同比增长1.2%,比4月4.4%的增幅明显收窄;但进口同比增长5.1%,而4月则是下降5.7%。

四是企业盈利增加,高新技术领先。2016年以来,工业企业利润改变了

2015年下降局面。1—5月，规模以上工业企业利润同比增长6.4%。1—4月，高技术制造业利润同比增长21.6%，增速明显高于全部规模以上工业企业利润增长。

五是物价指数回升，生产指数收窄。从CPI看，2016年2、3、4月同比增长稳定在2.3%，5月下降到2%，但基本回升在2%以上。从PPI看，2015年为-6.1%，到2016年4月、5月分别为-3.4%和-2.8%，尽管仍然下降，但降幅有所收敛。

六是产业替代加快，呈现一些亮点。从税收角度看，新兴服务业增幅大，如租赁和商务服务、互联网和相关服务、软件和信息技术服务业均在20%以上；制造业中高新技术和装备工业呈现亮点，如电气机械和器材制造业增长7.8%。

二、下行压力：增速趋缓，投资下降，动力不足

一是经济增长趋缓。2015年三季度经济增速下滑至6.9%，为2009年二季度以来首次破7，四季度下降至6.8%。2016年一季度下降到6.7%，表明增长动力不足。（见图1）

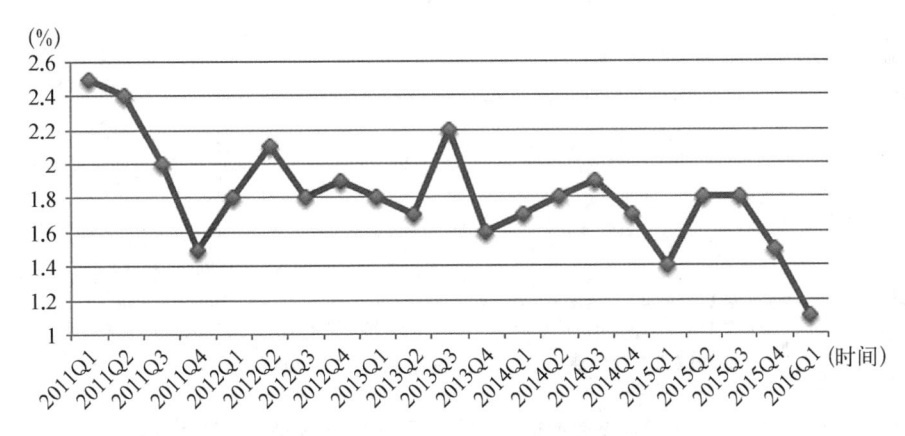

图1　2011年1月—2016年1月国内生产总值季度环比增长速度

二是民间投资骤降。1—5月，民间投资同比增长3.9%，创下新低。尽管民间投资在全社会投资占比中已超过60%，但由于受"需求萎缩、成本高企"等因素影响迅速回落。（见图2）

三是商业活动乏力。无论是制造业PMI还是非制造业商务活动指数均处于低迷状态，但总体上非制造业PMI震荡收敛，制造业PMI在2016年最近3个月都在50%以上，一改之前连续7个月在枯荣线以下的状况。（见图3）

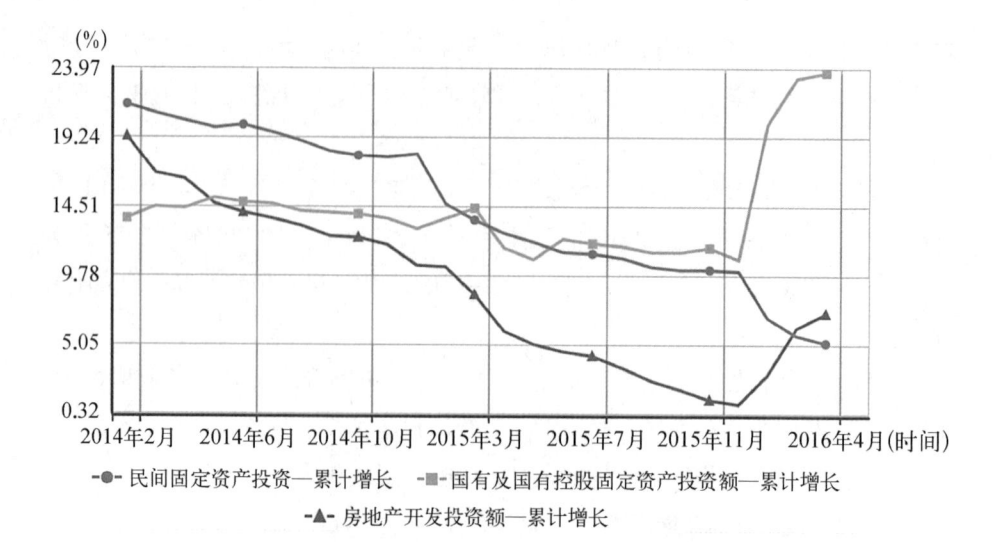

图 2　2014 年 2 月—2016 年 4 月固定资产投资增速

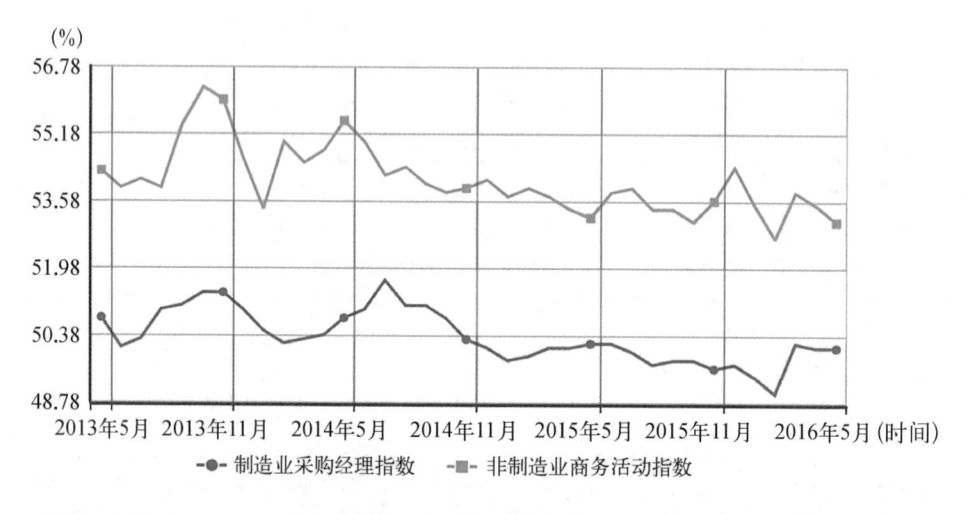

图 3　2013 年 5 月—2016 年 5 月制造业采购经理指数与非制造业商务活动指数变化趋势

四是货币政策松动。2016 年以来，为确保经济增长保持在 6.5% 以上，M2 增长幅度在 13% 左右，尽管增速不高，但由于基数已经很大，实际上货币政策有所松动，短期内流动性比较充裕，但也要承受货币超发的压力，更要关注资金的流向和流速，并且控制好虚拟经济可能产生的泡沫。

五是汇率预期波动。受国际舆论和英国脱欧的影响，6 月 30 日离岸人民币兑美元汇率一度跌至 6.7，创 1 月以来的新低。这些因素，客观上助长了一些市场投机力量做空人民币，影响了外汇市场的正常运行，也对市场预期稳定带来了一定的难度。

六是"万科大战"发酵。2015年以来,"万宝之争"不断发酵,近期愈演愈烈,再加上中国平安入股"汽车之家"等,在资本市场、企业界引起了轩然大波。这对资本市场规范、企业法人治理结构、中小股东权益保护,以及大企业尤其是央企发展导向和国资国企改革,都将带来很大的影响。

七是全球经济低迷。发达经济体增长势头减弱,新兴市场和发展中国家面临增长阻力。IMF连续调低各经济体经济增速,将美国增长预期由2.6%下调至2.4%,与上年持平;日本经济增速预期调至0.5%。新兴市场和发展中经济体预计增速4.1%,较上一期预测值下调了0.2个百分点。

八是英国脱欧影响。6月24日,英国公投脱欧成功,不仅意味着全球政治经济格局将会发生重大变化,而且在短期内将对全球经济、金融产生比较大的负面效应,并且增加了全球经济发展的不确定因素。对我国经济来讲,有积极影响,也会有消极影响,需要进一步观察。

我们判断:首先,尽管上半年我国宏观经济运行面临着下行压力,但仍然没有突破6.5%的底线。其次,全球经济长期低迷状态没有根本改变,外部经济环境依然不容乐观。再次,国内经济缺乏全面的动力支撑,不确定因素还在出现,稳定增长仍面临着严峻考验。最后,下半年经济形势依然不容乐观,必须有力应对,才能确保经济企稳回升。

(张兆安、邱俊鹏,2016年7月5日)

当前我国宏观经济运行态势与建议

——针对"四个板块分化"和"五个传导机制"施策

我们对当前宏观经济的总体判断是：在"结构性调整筑底"中寻求"支撑位"。具体特征表现在：一些经济变量延续了前期"水平整理"的迹象，更有一些新经济变量开始"显山露水"。例如，结构改善、工业趋稳、投资回升、消费稳定、外贸反弹、效益向好。因此，尽管经济运行仍存在下行压力，但总体上正在结构性调整中寻求"支撑位"。

我们对近期宏观经济的基本认识是：一是尽管我国宏观经济运行面临着诸多困难，但仍然没有突破6.5%的底线。二是全球经济长期低迷状态没有根本改变，外部经济环境依然不容乐观。三是国内经济缺乏全面的动力支撑，不确定因素还在出现，经济增长仍面临着严峻考验，必须有力应对，才能确保经济企稳回升。

我们认为：在"三期叠加"背景下，我国宏观经济运行的突出问题和主要矛盾，集中表现在全国31个省、自治区、直辖市（统称省份）出现了"四个板块分化"，经济运行出现了"五个传导机制"，建议在即将召开的中央经济工作会议上予以高度的关注，进行充分的讨论，结合供给侧结构性改革，紧紧围绕"四个板块分化"和"五个传导机制"发力。

一、"四个板块分化"：不同特征，需要分类指导

在实施"创新驱动发展战略"过程中，全国31个省份出现了一些"板块分化"的迹象。我们根据各地资源禀赋、地理位置、经济发展、投资增长、产业结构、研发投入、资本结构，以及主要城市创新发展等大量的数据整理、个案佐证，以及综合分析，大致可以划分为四种类型（表1，具体材料参见附件）。

我们建议：中央应该根据四个区域板块发展分化的现实和趋势，梳理归类，分而置之，不搞"一刀切"。

（一）创新驱动发展型：示范引导，试点推广

一是建议中央密切关注这些省份的创新经验，发挥标杆作用。在这些省

份中，有东部也有西部地区的，有先发也有后发地区的，有发达也有欠发达地区的，因此就具有了普遍意义和标杆作用。实际上，全国"创新驱动发展战略"的实施，就是需要各地在"五大发展理念"的指引下杀出一条血路，并且得到中央必要的支持。

表1 全国31个省份分类情况

类型及主要特征	省 份
第一种：创新驱动发展型 增长高速或平稳，注重创新	北京、上海、广东（深圳）、 浙江（杭州）、重庆、贵州（贵阳）
第二种：结构调整完善型 速度有高有低，结构向好	天津、江苏、山东、四川（成都）、 陕西
第三种：投资拉动转化型 速度有快有慢，结构传统	福建、安徽、湖南、湖北、河南、河北、江西、广西、 云南、海南、新疆、青海、甘肃、宁夏、内蒙古、西藏
第四种：局部呈现塌陷型 速度比较迟缓，结构堪忧	辽宁、吉林、黑龙江、山西

注：括号内的城市为该种类型的典型代表。

二是建议中央在2016年的经济工作会议上，总结提炼这些省份可复制、可推广的主要经验，在全国引领示范。例如，深圳的创新企业集聚、北京的自主科技研发、杭州的新经济发展模式、重庆的弯道超车战略、贵阳的大数据异军突起等，都是全国共性和地方特色的有机结合，对全国其他省份都有十分重要的借鉴作用。

三是建议中央在这些省市中，实行新的产业保护政策试点。例如，针对目前创新成果刚出笼，"山寨"立马满天飞，谁创新，谁吃亏的景象，除了执行严格的知识产权保护政策之外，还可以试点推行必要的产业保护政策，对自主创新的技术、产品、服务等，明确2—3年的产业保护期，既能起到必要的激励作用，又能孵化培育新产业。

（二）结构调整完善型：持之以恒，并驾齐驱

一是建议中央密切关注这些省份的发展质量，增强经济后劲。由于这些省份在全国经济发展中权重比较大，又主要集中在东部或西部的先发地区，在结构调整过程中可能会造成经济增长速度下降，关键是要持之以恒，因此，

中央不以增速论英雄，给以必要的调整时期。例如，2010年以后上海连续几年经济增速低于全国增速，但结构调整优化之后，最近两年全国增速下降了，上海增速上来了。

二是建议中央在指导这些省份经济工作中，突出强调服务业和制造业发展的"并驾齐驱"。目前来看，一些地区服务业和制造业存在着"一头重、一头轻""一头热、一头冷"的倾向，实际上，这些省份的新型工业化才刚刚起步。可以设想，如果没有制造业的全面支撑，服务业的"独角戏"恐怕也是唱不下去的。

（三）投资拉动转化型：补好短板，发展转型

一是建议中央密切关注这些省份的增长模式，凸显后发优势。这些省份一般都处在中西部地区，由于改变面貌的心情比较迫切，赶超的意愿也比较强烈，如果把握不好、不准，很容易陷入传统的发展模式中去，因此，中央在指导这些省份的经济工作中，可以给予经常性的提醒，必要时甚至可以明确制止。

二是建议中央对处在赶超阶段的这些省份，要引导好发展和转型的"两手硬"。应该说，这些省份通过扩大投资、推进工业化和城市化来发展经济，当然无可厚非，但在目前供给侧结构性改革"三去一降一补"的大背景下，要防止出现投资效率低、产能过剩加剧，以及一些三、四线城市"空城化"现象，要把握好投资的方向、结构、节奏，尤其要解决好"产城融合"的大问题。

（四）局部呈现塌陷型：调整方式，沉着应对

一是建议中央密切关注这些省市的演变走势，开创崭新局面。这些省份之所以走到今天，一定与历史的、现实的、传统的综合因素紧密相关，也可以说是积重难返，因此，需要增强应对定力，抓住主要矛盾，控制下滑态势。目前，东北出现了大量人口游离的现实，其背后的"潜台词"是资本、技术、人才的流失，更重要的是"信心"的丧失，如何守住东北的"势"，至关重要。

二是建议中央以"塌陷式"的办法解决塌陷型的问题，稳住局势。在这些省份中，很多历史遗留问题远超预期，仅靠市场力量不可能得到彻底解决，而要发展新兴产业又会遇到市场竞争的"门槛"，那种"左右为难"的状况在短期内恐怕难以彻底扭转，因此，中央对这些省份进行充分评估的基础上，可以改变考核导向，放弃对GDP评价和考核，先要稳住局势。

三是建议中央抓好中央与地方的两个结合，形成合力。从中央来看，"振兴东北"战略实施了十几年，多次制定出台支持东北发展的政策措施，但进入新常态以来，一些体制性、结构性问题再次严重困扰东北经济发展，因此，政策支持应做相应调整，重点支持体制机制改革和经济权限下放，减少资金和项目为主的支持，考虑地方利益和实际，取消地方配套资金的做法，变"输血"为"造血"。从地方来看，关键是加快政府职能转变，加快体制机制转换，尤其要建立健全"责任清单"，完善各级地方政府的激励。

二、"五个传导机制"：出现偏差，需要予以纠正

在我国"三期叠加"特殊的转型时期，从中央到地方纷纷出台了一系列稳增长、调结构、惠民生的政策，起到了很好的作用，但也出现了"五个传导机制"的偏差，进而影响了经济稳定增长。

第一个：政策传导机制，走样打折

党的十八大以来，中央出台了一系列深化改革和扩大开放的好政策，方向明确、目标清晰、措施到位，但在层层传导过程中出现了偏差。一是政策本身不能落地，如一些政策仅仅表达了"姿态"，没有实质性内容。二是政策引起地方震荡，如2014年62号文的"急刹车"做法，使得地方无所适从。三是政策缺少激励，如一些简政放权措施，有的落不下去，有的下面接不住。四是政策解读走样，如一些政策传导使得基层和企业产生了"宁左毋右"的认识误区，政策效应大打折扣。

第二个：金融传导机制，脱实向虚

金融发展和实体经济，本是同根生、共命运，但恰恰变成了"两张皮"。一是M2/GDP数值从1999年的99%增长到2014年的191%，大量流动性释放，资金是充裕了，但"融资难、融资贵"仍然不绝于耳。二是资金走向"脱实向虚"一浪高过一浪，近年来，影子银行、股市杠杆、"万宝之争"、一线城市房价飞涨、地王频现，可谓"加杠杆"波浪式起伏，对实体经济起到了反向引导。三是连续的"双降"措施，并没有使实体经济回暖，企业困境依然，现在很多专家都在讲中国有这个、那个风险，实际上企业家不愿意搞实体经济，才是中国最大的风险。

第三个：央企传导机制，扭曲变形

实际上，中央对央企赋予了双重要求，使得央企不得不"左右逢源，

上下开弓"。一是由于央企"关乎"国计民生和经济命脉,政府往往把央企作为一种政策工具,必须听从行政命令,承担一定的政治、经济、社会责任,如果处理不好,要么扭曲政企关系和形成市场垄断,要么影响央企的资源配置和市场开拓。二是由于央企的企业属性,必定追求投资回报和利益最大化,于是,在股市、地王,以及万宝之争中,央企身影频频出现,导向作用发生了偏差,助推了虚拟经济的"泡沫"。三是由于双重要求、双重角色,使得央企确实"左右为难",弄得不好还"里外不是人","两头不讨好"。

第四个:民企传导机制,政策脱节

一些涉及企业的政策起到了很好作用,但也有一些确实为企业所诟病,民企发展的困难,并没有因为出台了诸多政策而得到根本性改善。一是"不接地气""不能落地",使得企业发展的动力、活力、能力、潜力,以及企业家精神等受到了很大影响。二是"干货不多""不够解渴",如最早出台的小微企业月销售额2万元以下免征营业税和增值税,即使目前提高到了3万元也是不解渴的。三是"准备不够""衔接不力",如一些民企反映"营改增"税收不降反增。什么原因?以往一些民企的定额税、包税制,还有大量的"地下经济"都翻了上来,税负就增加了。

第五个:上下传导机制,缺乏合力

近年来,中央从严治党、反腐败取得了显著效果,得到了广泛拥护,政府职能转变也取得了一定成效,但确实需要得到完善。一是"接不上"。由于激励机制建设滞后、公务员离职、面临换届,再加上地方上财权事权不匹配、政策回旋空间不大,以及中央部委大量的审批事项,这些因素的"叠加",使得上下传导机制出现"脱臼"现象。二是"接不住"。由于一些地方政府职能转变不到位,主动性、能动性、积极性没有得到充分发挥,再加上懒政现象出现,在简政放权之后,上下之间的"接力棒"产生脱节现象。

我们建议:中央应该依据"五个传导机制"产生的根源,抓住重要环节,加快对症下药,破解发展瓶颈。

第一,政策传导:思路调整,综合施策。应对经济下行,关键在于政策的精准、到位、传导、效应。一要调准内涵。凡没有实质性内容的政策,不准许出台;凡降低成本的政策要尽快出台,凡提高成本的不能出台。二要调好方式。针对政策"碎片化"的政出多门现象,凡各部门出台重大调控政策之前，由中央财经领导小组做综合评估，并进行部门协调。三要调大力度。面对严峻经济形势，"小打小闹"恐怕无济于事，必须加大"三去一降一补"的政策力度。四要调快速度。各项政策要有预见性、前瞻性、可操作性，更不能"慢慢来"。

第二，金融传导：把握方向，助推发展。金融加强为实体经济服务，应成为金融深化改革的基本方向。一是管控好信贷资金的流向。从源头上保证信贷资金能够进入实体经济，扭转资金"避实就虚"的倾向。二是完善好银行贷款结构。作为应急性措施，建议适当规定贷款比例关系，提高实体经济尤其是中小企业的贷款比重，着力解决融资难、融资贵难题。三是分类发展好民营银行。与其他商业银行一样，目前的民营银行不能解决民企的融资问题，建议发展一批准政策性银行性质的民营银行，其贷款只能提供给民营中小企业，考虑到贷款的风险和成本较高，可相应提高贷款利率。

第三，央企传导：准确定位，分类指导。对于中央企业发展政策方面，应该做两个方面的思路调整。一是对产业发展进行分类指导，对于公共服务类、公益事业类的产业，政府当然应该做好必要的发展规划和统筹安排；对于市场竞争类的产业，应该让市场起到配置资源的决定性作用，政府可以少做甚至不做发展规划，更不要释放倾向性的引导信息。二是对市场竞争类的产业发展，要彻底转变观念和思路，不妨引入"负面清单"模式，来一点逆向思维。政府只规划什么产业是限制发展的，什么产业是禁止发展的，其余发展什么让市场去决定，让企业自己去做选择。

第四，民企传导：营造环境，释放动力。更要引导和推动民间投资增长，应该成为当务之急。一是开展民间投资政策评估。对不能落地的，要抓紧清理；对没有落实的，要抓紧落地；对需要配套政策的，要抓紧出台。二是加快政府职能转变。继续减少审批事项，缩短审批时间，统一审批标准，加强基层部门窗口建设。三是为民间投资开启大门。尤其是一些垄断领域成了民间投资"死角"，必须打破利益格局，去除各种潜规则，让民间资本进入。四是切实解决企业困难。不少企业存在着土地和房租贵、税费和人力成本高，以及融资、用工、转型难等问题，使得民间投资望而却步。五是提增民营企业家信心。重塑新型政商关系，保障企业家权利，包括知识产权、财产安全，使其能全心创业、安心发展、恒心安居。六是重点解决"营改增"衔接问题。对"营改增"之后增加的实际税负，予以切实解决。

第五,上下传导:中央统领,地方创造。中央统领全局和地方创新创造,构成了地方的发展活力和动力机制。一是发挥好地方改革创新的能动性。扩大地方改革开放的先行先试空间,充分发挥地方的能动性和创造性,如自贸区改革开放试验。二是构建好地方权利义务的匹配性。尤其在"营改增"以及简政放权事权下沉之后,解决好地方财权与事权的匹配性,如进一步合理调整央地财权划分。三是重视好地方转移支付的必要性。尽管地方债融资渠道已扩大,但短期仍有缺口,建议适当增加中央财政转移支付力度,增强地方财政的保障能力。四是调整好地方经济调控的灵活性。信贷政策和货币政策应给予地方政府一定的定向宽松政策,保证地方政府融资畅通。五是加快公务员薪酬制度改革。合理确定公务员的收入水平和结构,形成一定的激励机制。六是加快国企改革。分类推动国资国企改革,尤其要推进混合所有制经济发展。

附件一:2014年全国31个省份主要指标排名一览表

省份	工业占比(%)	GDP增速(%)	人均GDP增速(%)	固定资产投资增速(%)	专利申请数(项)	研发投入(%)	公有制占比(%)
北京	31	25	30	29	5	13	13
天津	12	4	25	23	9	2	20
河北	8	27	27	24	19	17	26
山西	11	31	31	27	22	14	9
内蒙古	7	22	20	1	27	23	18
辽宁	10	29	28	30	16	12	14
吉林	4	28	24	26	25	24	8
黑龙江	27	30	29	31	18	22	4
上海	29	26	26	28	8	6	22
江苏	17	15	12	22	1	1	31
浙江	16	24	21	16	3	5	30

续表

省份	工业占比(%)	GDP增速(%)	人均GDP增速(%)	固定资产投资增速(%)	专利申请数(项)	研发投入(%)	公有制占比(%)
安徽	3	11	11	14	6	7	16
福建	6	6	6	10	12	9	29
江西	5	7	5	15	20	18	21
山东	15	16	15	18	4	4	27
河南	9	14	8	11	10	15	24
湖北	18	9	4	9	11	8	10
湖南	21	10	9	8	15	11	19
广东	20	23	22	12	2	3	28
广西	19	19	17	17	17	25	17
海南	30	18	19	20	29	30	25
重庆	22	1	2	13	14	10	11
四川	13	17	16	25	7	19	23
贵州	25	3	1	2	21	26	6
云南	26	20	18	21	23	28	7
西藏	28	2	7	4	31	31	15
陕西	1	8	3	19	13	16	5
甘肃	23	13	10	6	24	20	1
青海	2	12	14	5	30	27	3
宁夏	14	21	23	7	28	21	12
新疆	24	5	13	3	26	29	2

注：排名顺序根据各项指标的数值大小，指标值越大，排名越前。工业占比为各地区工业增加值占该地区GDP的比重；研发投入为各地区R&D支出占该地区当年的GDP比重；公有制占比为各地区规模以上工业企业的国有（控股）企业产值占该地区所有规模以上工业企业产值的比重。

附件二：2014年全国31各省份经济发展指标一览表

地区/指标	工业占比（%）	GDP增速（%）	人均GDP增速（%）	全社会固定资产投资增速（%）	国内专利申请受理数（项）	研发投入（%）	所有制结构（%）
全国	42.72	7.30	6.73	14.72	2 186 486	2.05	30
北京	21.31	7.30	5.20	1.13	138 111	1.09	46
天津	49.16	10.04	6.22	15.20	63 422	2.05	38
河北	51.03	6.50	5.80	14.99	30 000	0.89	31
山西	49.32	4.90	4.40	11.99	15 687	0.98	52
内蒙古	51.32	7.80	7.48	23.73	6 359	0.61	40
辽宁	50.25	5.80	5.70	-1.50	37 860	1.13	44
吉林	52.79	6.50	6.40	13.63	11 933	0.57	56
黑龙江	36.87	5.61	5.62	-14.18	31 856	0.64	73
上海	34.66	7.00	6.00	6.53	81 664	1.91	36
江苏	47.40	8.70	8.40	15.30	421 907	2.11	12
浙江	47.73	7.62	7.32	16.75	261 435	1.91	13
安徽	53.13	9.20	8.40	17.47	99 160	1.37	43
福建	52.03	9.90	9.10	18.60	58 075	1.31	15
江西	52.49	9.70	9.20	17.35	25 594	0.82	38
山东	48.44	8.70	8.12	15.51	158 619	1.98	21
河南	50.99	8.86	8.69	18.00	62 434	0.97	33
湖北	46.94	9.68	9.30	18.69	59 050	1.33	49
湖南	46.17	9.47	8.67	19.07	44 194	1.15	40
广东	46.34	7.76	7.11	17.87	278 358	2.03	16
广西	46.74	8.50	7.68	16.25	32 298	0.54	41
海南	25.02	8.50	7.50	15.36	2 416	0.32	32
重庆	45.78	10.90	10.00	17.73	55 298	1.17	49

续表

地区/指标	工业占比（%）	GDP增速（%）	人均GDP增速（%）	全社会固定资产投资增速（%）	国内专利申请受理数（项）	研发投入（%）	所有制结构（%）
四川	48.93	8.50	8.10	14.72	91 167	0.69	35
贵州	41.63	10.80	10.40	22.41	22 467	0.44	64
云南	41.22	8.10	7.50	15.35	13 343	0.40	61
西藏	36.58	10.80	9.05	22.06	248	0.03	44
陕西	54.14	9.70	9.40	15.50	56 235	0.91	70
甘肃	42.80	8.89	8.61	20.78	12 020	0.68	80
青海	53.59	9.20	8.20	21.18	1 534	0.40	74
宁夏	48.74	8.00	6.80	19.71	3 532	0.68	48
新疆	42.58	10.00	8.40	22.19	10 210	0.39	80

注：工业占比为各地区工业增加值占该地区 GDP 的比重；研发投入为各地区 R&D 支出占该地区当年的 GDP 比重；所有制结构为各地区规模以上工业企业的国有（控股）企业产值占该地区所有规模以上工业企业产值的比重。

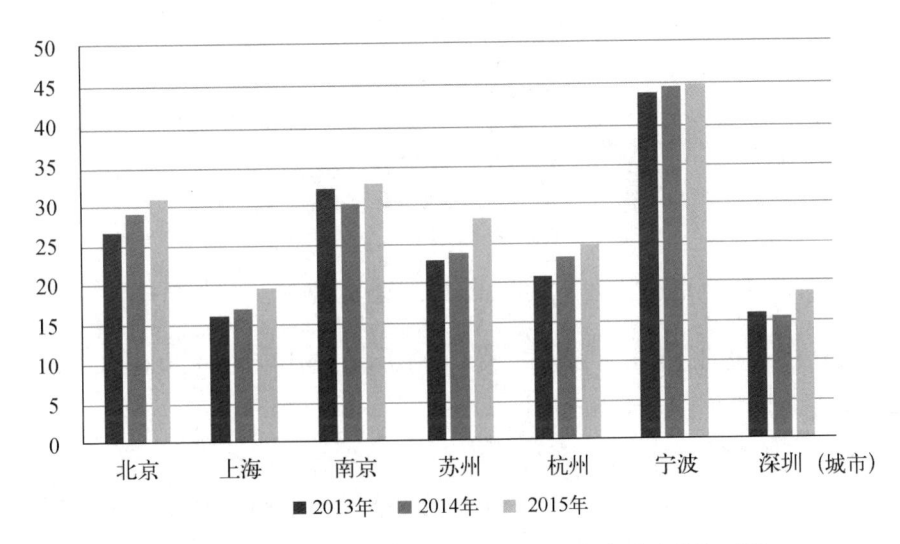

附件三：代表性城市有 R&D 活动的企业所占比重（单位：%）

当前我国宏观经济运行态势与建议 | 135

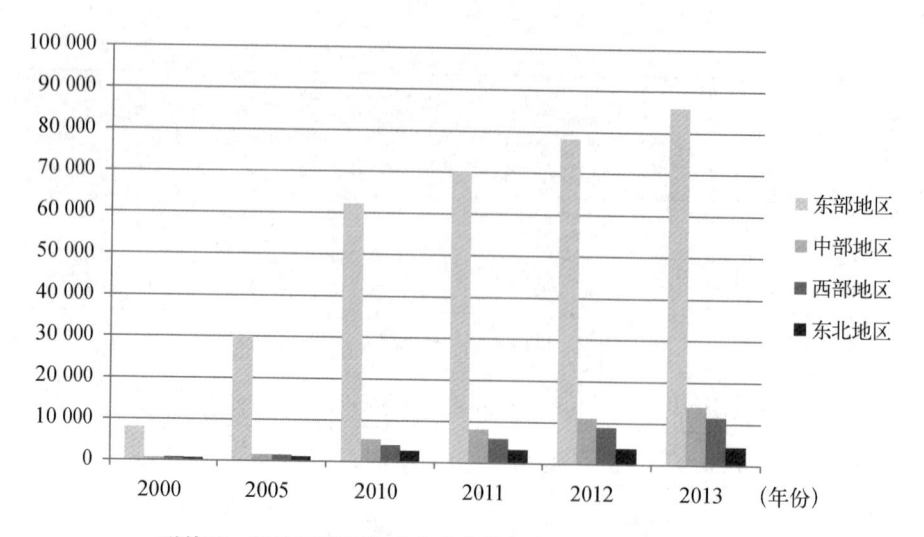

附件四：各地区高新技术产业主营业务收入（单位：亿元）

东部地区高新技术产业遥遥领先，而且从 2000 以来这种差距在逐渐加大。

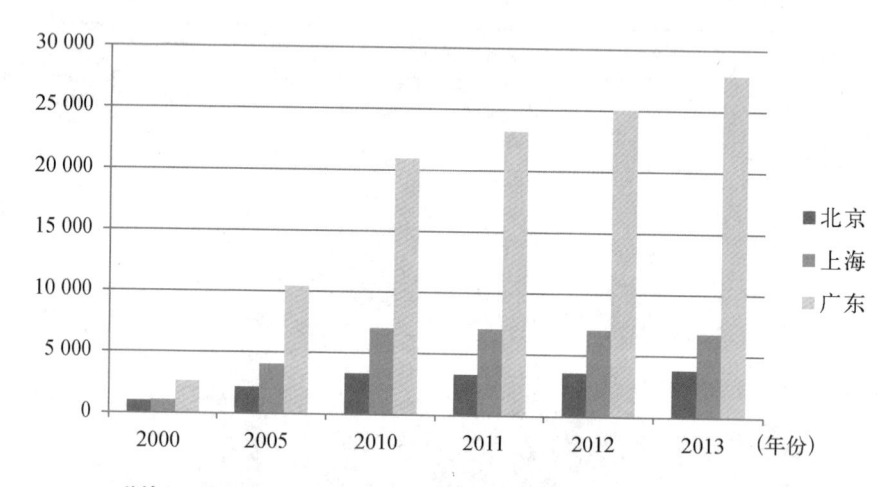

附件五：北上广历年的高新技术产业主营业务收入（单位：亿元）

北京和上海的高新技术产业主营业务收入在 2010 年以后，进入平台期；而广东则仍然以年均 10% 的速度增长。

（张兆安、邱俊鹏，2016 年 9 月 20 日）

警惕经济运行隐含"滞胀"风险

在经济学中,滞胀是对经济停滞、失业和通货膨胀持续高涨的经济现象的一种表述。传统的经济学理论(凯恩斯主义)认为高通货膨胀率、高失业率和经济不景气不会并存。这是因为:在通常情况下,经济萧条阶段失业增加,物价下跌;经济繁荣阶段失业减少,物价上涨。但是,在1973—1975年世界性经济危机中,西方国家在生产大量缩减、失业猛增的同时,通货膨胀率仍普遍高于10%,这就充分证明了"滞胀"的存在,也使得国家在干预经济时顾此失彼,进退维谷,无所适从。

在我国经济进入了新常态之后,人们普遍关注的是"通缩"风险,而不认为有"滞胀"问题。实际上,过去往往根据一些统计数据来分析形势,这很重要,但我国现行的统计口径与国际上还存在着很大差异,也就很容易导致对形势的误判。从这个角度来看,我们已经遇到了与西方国家相似又不尽相同的情况,或者说是出现了中国特色"滞胀"迹象,必须高度警惕,采取措施化解。

一、表面上:中国没有出现"滞胀"问题

先看增长,尽管2011年开始结束了两位数增长,步入下行通道,2015年三季度下滑至6.9%,为2009年二季度以来首次破7%,四季度又下降至6.8%,2016年进一步降为6.7%。从图1的环比数据也能看出类似的趋势。

再看就业,据国家统计局数据显示,从2012年初开始至今,城镇失业人口仅增加约80万,登记失业率一直维持在4%—4.3%,每年解决就业人数也超过了预定目标,说明就业形势相当不错(见图2)。

还看通胀,近年来,物价水平似乎呈现出了基本稳定的态势,CPI一直处在波澜不惊的状态,曲线相当平滑,因此,通货膨胀可能离我们相当遥远(见图5)。

通过上述数据,很容易得出一个比较简单的、貌似的结论,我国宏观经济运行不存在"滞胀"的状况,最要防止出现的是"通缩"的风险。

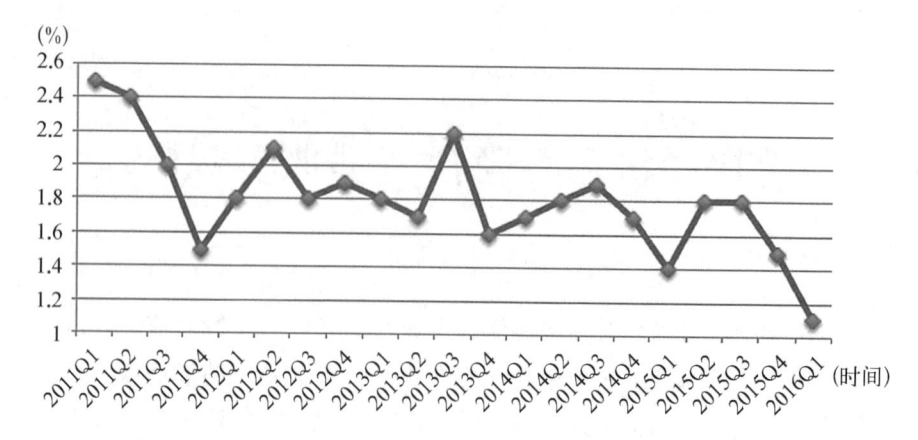

图1 2011年1月—2016年1月国内生产总值季度环比增长速度

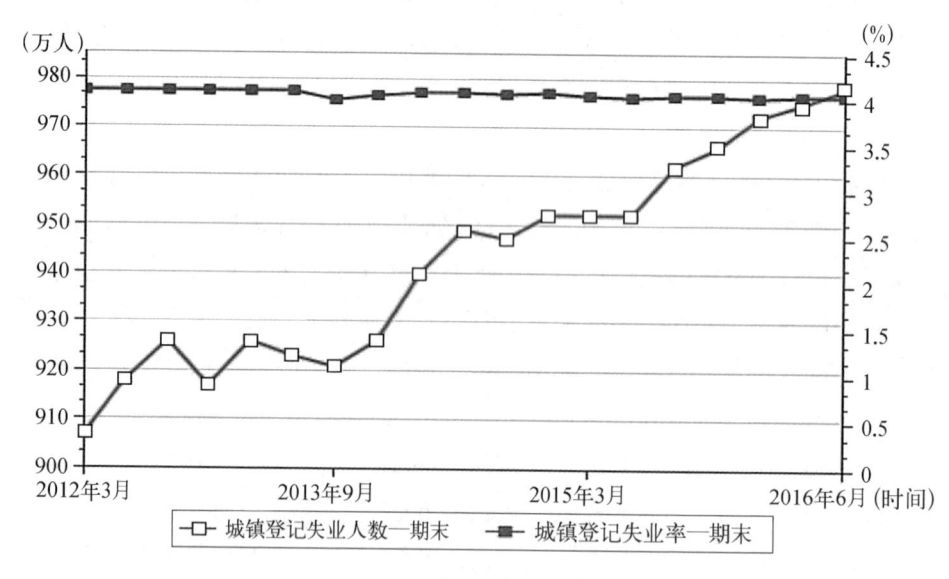

图2 2012—2016年失业人数和失业率

二、实际上：中国特色"滞涨"初现端倪

（一）经济下行压力依然存在

其表现在：民间投资骤降和商业活动缺乏活力。从投资看，占全社会投资超过60%的民间投资一蹶不振，创四年来历史新低，增速从2013年底的23%一路下滑至2016年8月份的2.1%。尽管国有投资年初以3倍于民间投资的增速高歌猛进，但不能替代民间投资（见图3）。从商业活动看，制造业PMI自2011年底以来，一直在枯荣线附近徘徊，尽管非制造业PMI高于枯荣线，但两者均在金融危机之后都在缓慢下行（见图4）。

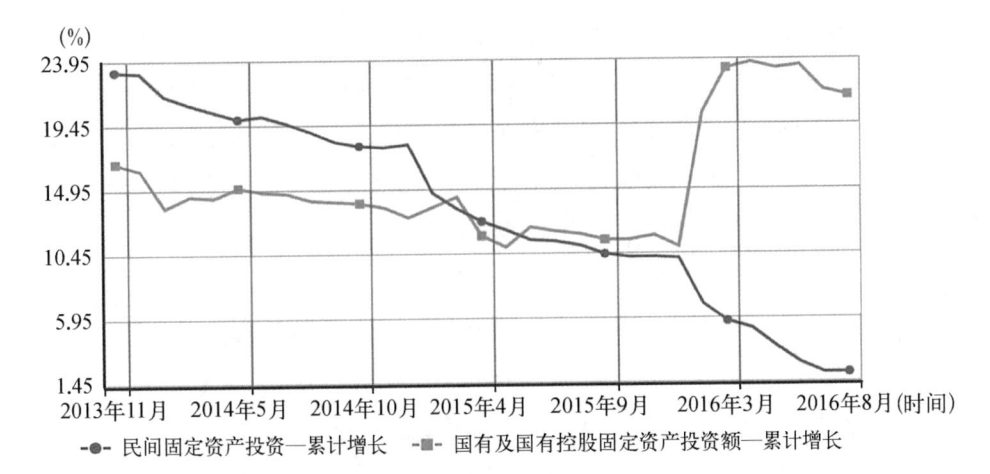

图3 2013年11月—2016年8月固定资产投资增速

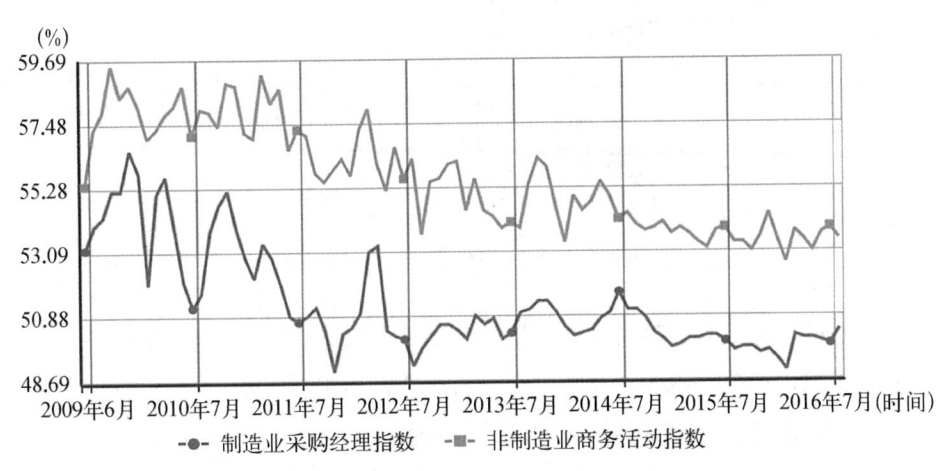

图4 2009年6月—2016年7月制造业采购经理指数和
非制造业商务活动指数变化趋势

（二）统计往往忽略隐性失业

由于失业统计仅仅是劳动和社会保障部门登记在册的失业人数，而没有正式登记的就没有算入失业率之内，因此，登记失业率的数据并不能充分反映我国真实的失业状况。目前，由于实体经济困难重重，一批农民工失去了就业岗位，一些"宅男""宅女"窝在家里"啃老"而不选择就业，还有一些低效企业存在着隐蔽性失业，实际上都不在统计范围之内。

（三）物价指数结构出现畸形

过去两年CPI总体上保持平稳，但占比最高的食品类（34%）中的猪肉

警惕经济运行隐含"滞胀"风险 | 139

和鲜菜（权重约3%）则在2015年分别上涨了近40%（见图5）。再加上2015年以来众所周知的一、二线城市房价猛涨（我国CPI中不计入房价，而一些欧美国家是计入的，如美国统计CPI的一篮子物品与劳务项目中，权重最高的居住占了43%），19个城市已经出台以限购限贷为主要的楼市调控政策，因此，仅仅依赖中国特色的"CPI"数据做判断，很容易陷入误区。

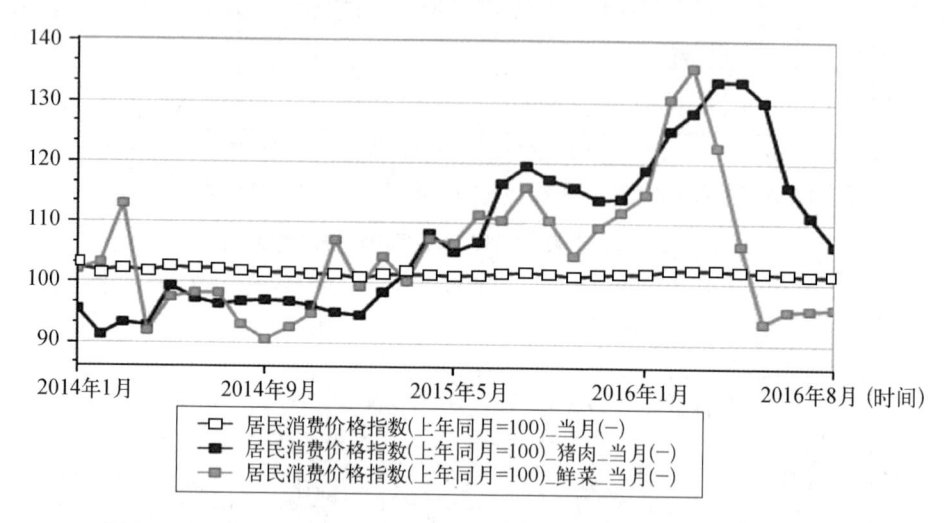

图5　2014年1月—2016年8月CPI及主要食品价格指数月度同比变化

综上可以看出，宏观经济运行确实存在着具有中国特色的"滞胀"迹象，任何的忽视、轻视、蔑视，都有可能产生严重的后果。

三、新认识：中国特色"滞胀"的风险

风险之一：人们收入逐年提高，没有推动现实消费

从2003年以来，我国制造业工人平均工资以年均增幅20%逐年上升（见图6），近年来城镇老人养老金年平均提高10%，再加上社会保障水平逐年完善，按道理来讲，收入增加和保障加强，将会直接推动消费增长，但社会消费仍然波澜不惊，近年甚至出现了下降态势。

风险之二：居民生活压力增大，社会消费受到抑制

日常支出，面临猪肉、蔬菜价格奇高；长期支出，高房价"大山"压顶。于是，即期消费受到影响，如2010年至2015年，社会消费品零售总额扣除价格因素分别增长14.8%、11.6%、12.1%、13.1%、10.9%和10.6%。可以看出，社会消费品零售总额增长与物价、房价的上升呈负相关。

风险之三：生产成本上升过快，企业发展遭遇寒冬

由于工资、社保、税费等成本上升，再加上产能过剩严重，一些企业为了竞争陷入"价格战"泥潭，PPI从2011年以来一路下行（见图6），表明上游原材料和劳动力成本的上升，不能向下游消费品转嫁。2015年，我国亏损工业企业数量增速由年初的0.6%骤升至年底的31.3%。在这种情况下，企业要么死撑，要么选择倒闭。

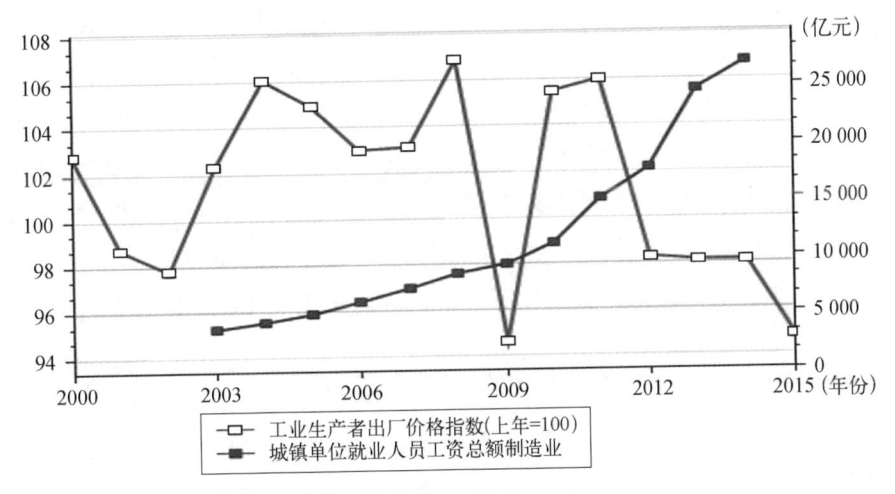

图6 2000—2015年工业生产者出厂价格指数与制造业就业

风险之四：脱实向虚逐渐蔓延，实体经济全面下滑

连续的"双降"措施，并没有使实体经济回暖，企业困境依然。近年来，影子银行、股市杠杆、"万宝之争"以及一、二线城市房价飞涨、地王频现，"加杠杆"轮番推进，对实体经济起到了反向引导。产业资本、民间资本、个人资金，一律向虚拟经济冲杀而去，都围绕着一个"炒"字。

四、新思考：有效化解中国特色"滞胀"

（一）加强政策预判，如果错判，不仅会贻误时机，而且容易事与愿违

例如，2015年房地产新政陆续出台，所有举措朝着一个方向去，那就是降低购买商品房的"门槛"，但是，由于一开始没有采取"因城施策"来应对全国房地产分化格局，而是用调控总需求去解决结构性问题，再加上全国政策"一刀切"，使得一、二线城市房价轮番上冲，而三、四线城市的资金也汹涌而去，使得这些三、四线城市的房地产"去库存"更加艰巨。这就告诉我们，政策预判是如此重要，如此迫切。

(二) 控制货币发行，如果失当，不仅推高资产价格，还会产生反向流动

例如，很多增量资金本意是进入实体经济，但大量的资金兜了一个圈子，还是挤进了资本市场。事实上，多年以来旺盛的货币供应量，反而不断推高资产价格和无风险市场收益，使得经济热点越来越向房地产等资产配置转移，不断吸引流动性进入。这就提醒我们，除了控制货币发行规模之外，还应该监控资金的流向、流速。

(三) 抑制过度投机，如果放任，不仅会增加泡沫风险，而且会影响长远发展

例如，炒股、炒房、炒地、炒农产品、炒概念、炒明星、炒收藏品等，明星助长了投机行为和短期利益，心态浮躁，急功近利，价值观严重扭曲。过度投机与泡沫盛行的经济环境，也使民营企业热衷于投机，缺乏长远的战略目标与眼光，难以做大做强实体经济。这就警示我们，抑制过度投机不能停留在道德谴责上，而是需要出台一些实实在在的制度和措施。

(四) 重振实体经济，如果失策，不仅会影响企业生存，而且会损伤企业家精神

例如，根据企业普遍反映成本太高的问题，中央推出了"降成本"行动，并且成为供给侧结构性改革中一个重要措施，但企业反映的是力度不够，速度太慢，再加上"营改增"之后一些民企的税收不降反增。实际上，过去一些民企实行的是定额税、包税制，还有大量的"地下经济"，"营改增"后税负就翻了上来。这也可以反证，为什么除了房地产转暖因素之外，一些地区税收大幅增长而民间投资骤降。这就告诫我们，所有的政策落地，需要对症下药，也需要传导时间。

(五) 激活民间投资，如果不力，不仅会影响投资增长，而且会固化所有制结构

例如，针对民间投资下降态势，加大加快国有投资，短期内有助于稳定投资增长，但从长期看，由于"一头重，一头轻"，也可能导致所有制结构失衡，进而挤压民企的生存发展空间，因此，还是要花大力气激活民间投资。这就要求我们，短期需求管理和长期结构调整目标要相结合，还要综合施策，不能顾此失彼。

(六) 推动最终消费，如果不重视，不仅会影响有效供给，而且会导致需求继续萎缩

例如，近年来，中国人的海内外旅游呈现"井喷式"增长态势，尤其是

"黄金周"时期更是波澜壮阔，尽管还存在一些不尽如人意的地方，但毕竟这股潮流是不可遏止的。如果引导有方，供给跟上，措施得力，不失为一个推动全国最终消费的重要抓手。当然，要着重宣传推介国内旅游，国外旅游推介要适度、适当，更不要盲目。这就需要我们很好地认清趋势，制定相应政策，为我国旅游业大发展保驾护航。

（张兆安、邵晓翀，2016年10月7日）

当务之急是扭转"脱实向虚"态势

2008年,美国次贷引发的国际金融危机,不仅还在影响着全球经济,而且对虚拟经济过度发展敲响了警钟。但近年来,中国经济却呈现"脱实向虚"态势,影子银行、股市杠杆、"万宝之争"以及一、二线城市房价飞涨、地王频现,可谓"加杠杆"轮番推进,对实体经济起到了反向引导。如果任其继续蔓延,实体经济将会受到重大冲击,进而影响到经济稳定增长。

一、"脱实向虚"的种种表象

(一)制造业和民间投资"双双下滑"

2016年1—7月,制造业投资同比增3.0%,是2004年以来历史最低;民间投资同比仅增2.1%,为2012年首次发布以来的最低值。到8月还在继续下降。(见图1)

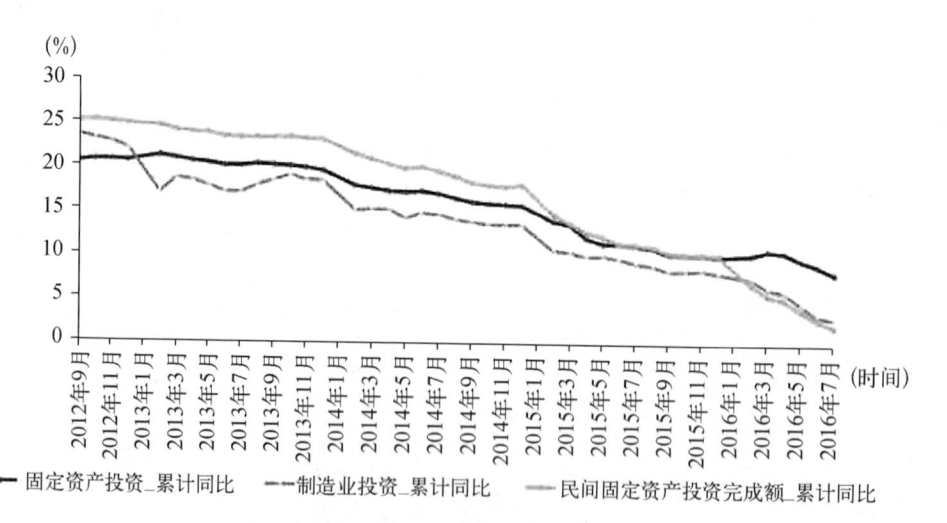

图1 2012—2016年固定资产投资增速

(二)M1增速超过M2且持币观望

在M1构成中,企业活期存款不仅占了42%,而且增速超过30%。但是,企业活期资金增加并非因为经营扩张,而是持币观望,谨慎投资。(见图2)

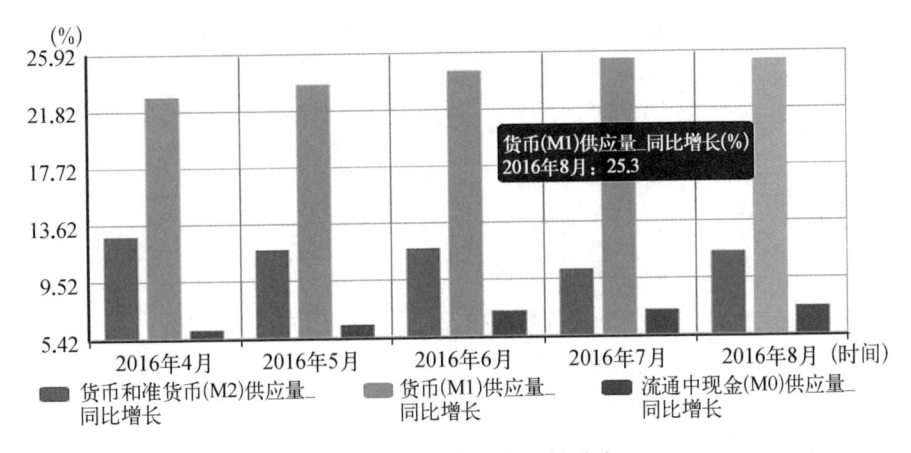

图2 2016年货币供应量增速

（三）房贷撑起全部新增贷款

在新增贷款中，过去企业贷款是大头，房贷比重一般在25%—30%，2016年8月却达到了71.2%，7月更是接近98%。与此同时，8月企业新增贷款-1 252亿元，同比减少2 758亿元。这表明，实体企业缺乏发展动力。

（四）一线城市房价迅速攀升

房价增速大幅脱离M2增速，在M2疾速前行的过程中，一般来说房价会紧跟M2增长的步伐，而自2016年以来住宅成交均价增幅远超M2。

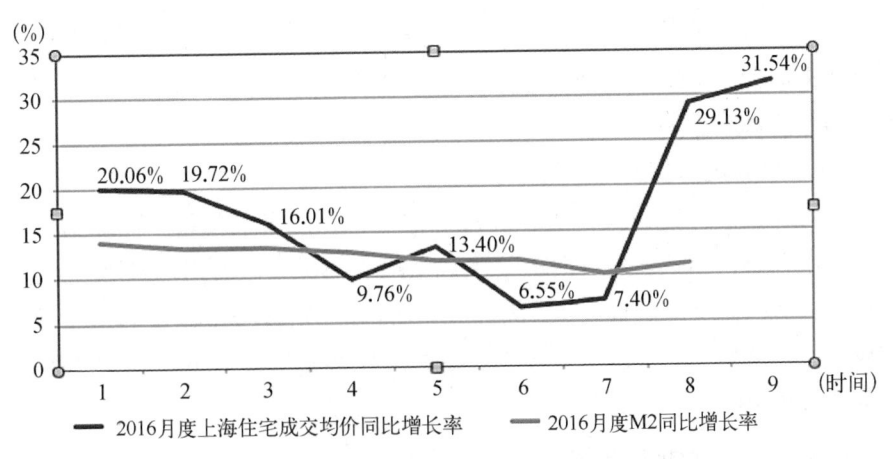

图3 2016年月度上海住宅成交均价、M2同比增长率

（五）实体企业纷纷向"虚"转

受"需求萎缩，成本上升"双重挤压，加上PPI连续54个月同比负增

长，2015年底我国亏损工业企业数量达到31.3%，实体企业辛苦一年不如炒房，于是出现了关停经营、收拢现金的景象。许多上市公司卖房套现以增厚业绩，有的公司全年主营业务收入甚至不如卖房所得。

（六）保险资金大举进入房地产

2016年前7个月，1.7万亿元险资入市，以"万宝之争"为代表，险资通过资本市场高杠杆鲸吞上市房企，以冒险激进策略在资本市场攻城略地，实现资产迅速膨胀，偏离保险保障的主业，蜕变成了人皆侧目的"野蛮人"。

（七）买地不如买公司形成气候

8月，恒大入股万科、中海并购中信，以及融创、绿地等大型房企都将2016年视为并购之年，通过并购获得土地储备，在资本运作中放大市值，"买地建房不如炒地皮搞并购"蔚然成风。

二、"脱实向虚"引发的问题

（一）影响人民币国际化进程

人民币加入SDR之后，贬值呼声不断，做空人民币势力抬头，汇率保卫战轮番上演。维持人民币汇率稳定，维护人民币强势货币的地位，维持世界对人民币的信心，都亟须一个健康强势的实体经济。

（二）严重压制社会消费增长

居民收入逐年提高，却没有推动现实消费。日常支出面临猪肉、蔬菜价格上涨，长期支出面临高房价压顶，严重影响了消费增长。即使2003年以来制造业工人平均工资年均增幅20%、近年来城镇老人养老金年均提高10%，但社会消费仍然波澜不惊。

（三）实体经济依然是融资难

由于金融机构把钱投向实体经济等同于低回报和高风险，因而与险资、地产资本合谋，参与"脱实向虚"中以获取高回报率。因此，即使央行为市场注入再多的流动性，商业银行也会千方百计地把钱贷给国企和地方政府，不仅造成实体经济融资难没有改变，也使得一些实体经济企业停工提现，也涌入资本投机大潮。

（四）民营企业依旧是融资贵

中国财科院2016年对广东、浙江、江苏三省企业融资成本研究中指出，小微企业银行贷款利率通常需上浮30个百分点以上，如果没有可变现的抵押物和担保，贷款利率可上浮200%，达到基准利率的3倍以上。若是民间借贷，则融资利率可达年均17.5%。

（五）提升房地产的泡沫风险

一路高歌的房价，也积累了风险。一旦房价暴跌，城市工薪阶层担负数百万元债务无力偿还，而在政府层面至2015年底，84个重点城市处于抵押状态的土地面积为49.08万公顷，抵押贷款总额11.33万亿元，如此规模的抵押资产，如果贬值，后果将难以想象。

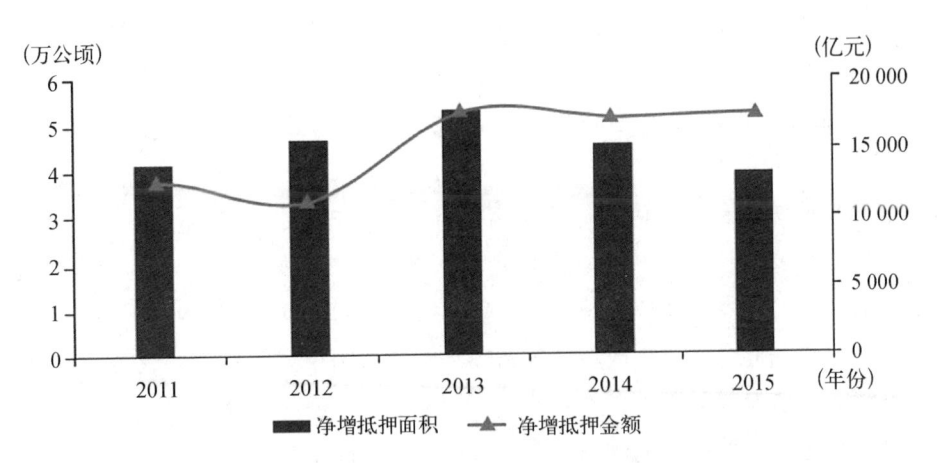

图4 2011—2015年84个重点城市土地抵押变化情况

（六）加剧产业空心化和贫富分化

制造业仍然是国家竞争力的核心所在，"脱实向虚"不仅加大了房地产泡沫风险，而且对实体经济产生了致命打击。拥有不动产的居民，即使不劳动，财富也会自动增加；而没有拥有不动产的新移民，即使拼命工作，拥有不动产的机会也会越来越渺茫。

（七）供给与需求出现严重错配

人均GDP 1万美元以上的发达省份多集中在东部沿海，约占总人口的24%，由于国内商品不能满足，只能通过海淘、代购在境外购买商品；而约七成的人口需要更充裕更廉价的消费品，但也得不到满足。在一、二线大城市，由于供给不足，房价轮番上升，而在人口流出的三、四线城市，却兴建了大量的工业园和新城，结果造成了大量空置。

（八）社会思潮出现"冰火"两重天

在土地制度、财政分税制、产业政策、国资国企、新型城镇化等重大议题上，出现了完全相悖的观点，甚至走向极端，脱离了中国的现实。此外，由于一切围绕着一个"炒"字，大大助长了投机行为和短期利益，心态浮躁，急功近利，社会价值观严重扭曲。

三、扭转"脱实向虚"的对策建议

总的来说，应该结合供给侧结构性改革五大任务从两个方面着力：激发实体经济活力、抑制资本过度投机。

（一）降低企业成本，推进深化改革

一是加大降成本的力度。降成本行动受到了实体经济企业的普遍欢迎，但企业也反映力度不够、速度太慢，因此，建议对税费和社保费率作应急性降低处置，尤其要妥善处理"营改增"后有的企业实际税负不降反增的问题。

二是加快政府职能转变。减少审批事项、缩短审批时间，降低企业市场门槛，尤其要重塑政商关系，保障企业家知识产权、财产安全，让企业家能够安心、放心地发展实体经济。

三是推动混合所有制改革。民营经济发展与国企混合所有制改革相结合，一些潜在的能挣钱的部门领域，允许民企进入。引入"负面清单"模式，除却政府规定行业外，其他领域让企业和市场自己选择发展与否。

四是推进产业保护政策。配合"双创"良好发展势头，创新成果予以严格的知识产权保护，对于自主创新的技术、产品和服务，给予2—3年的产业保护期。

（二）抑制地产泡沫，推进金融改革

一是坚决抑制房价过快上涨。调控稳定一线城市房价，有效控制二线城市上涨趋势，重点启动三、四线城市市场。提升小户型商品房比重，明确规定土地溢价区间并防止地王推高房价。

二是发展多层次的资本市场。进一步扩大企业融资渠道，解决民营企业融资难、融资贵问题，通过市场化债转股的方式来逐步降低企业的杠杆率。

三是管控国有企业贷款流向。国企从商业银行能拿到更低的贷款利率，成立金融公司，将低成本资金投入影子银行、投入金融投机在逻辑上存在可能。因此，应清查国企贷款流向并加强对其主营业务考核，扭转避实就虚的倾向。

四是设立民营准政策性银行。探索让民营资本解决民营企业融资问题的新路径，建议设立一批只能贷款给民营中小企业的准政策性民营银行，考虑到风险和成本比较高的因素，作为一种抵冲方式，可以适当提高贷款利率作为风险贴水。

（张兆安、邵晓翀，2016年10月25日）

2016 年：非公经济发展的挑战和机遇

2016 年，是"十三五"开局之年。从全球经济来看，低迷状态没有根本改变，短期内出现好转的可能性较小，而一些不利因素对我国经济的影响很大；从国内经济来看，尽管经济下行压力仍然十分严峻，但经济运行仍然保持在合理增长区间，没有突破 6.5% 的底线，也出现了一些趋好迹象。在这个大背景下，非公经济发展如何积极应对严峻的挑战？各级政府如何支持推动非公经济转型发展？应该说，只有通过政府和企业的共同努力，才能促进非公经济更加健康稳定地发展。

一、从各级政府角度

从各级政府角度来看，应该进一步贯彻落实好党的十八届五中全会和中央经济工作会议的精神，综合施策，精准发力，帮助非公经济企业渡过难关，华丽转身。

第一，让微观政策"活"起来。目前，非公经济企业最大的困难是"需求萎缩，成本上升"，一些实体经济企业经营陷入了困境。应该说，一些涉及企业的微观政策确实起到了很好作用，但也有一些政策由于"不能落地"，使得企业发展的动力、活力、能力、潜力，以及企业家精神等受到了影响。为此建议：一是凡没有实质性内容和具体措施的微观政策，还是不出、少出为好。二是凡能够化解企业生存发展压力的政策，应该尽快出台。三是凡可能增加企业经营成本的政策，暂时不能出台。

第二，把企业税负"降"下来。目前，企业普遍反映税负太重，当然，是否减税牵涉到税制改革大局，但也应该有所作为。为此建议：一是在月销售额 3 万元以下小微企业已免征营业税和增值税的基础上，进一步提高免征起点。二是把享受减半征收企业所得税优惠政策的小微企业范围，从 30 万元以内（含）再适当提高。三是适时调整 17% 增值税，对涉及"大众创业，万众创新"，新经济、新产业、新技术、新模式以及节能减排的企业和产品，适当调低增值税率。

第三，把社保成本"降"下来。目前，通过降低社保成本来降低企业劳动力成本是一个可行办法，2015年国务院先后下调了失业、工伤和生育保险费率，但还有下降的空间。为此建议：一是社保费率应与经济形势挂钩。如新加坡在20世纪80年代中期遇到了最为严重的经济衰退，于是在1986—1987年把公积金缴费率从50%下降至35%，其中雇主从25%下降至10%，此后随着经济稳定又逐步调高公积金缴费率。二是在降低社保缴费率的同时，用国有资产的划拨和国有企业的分红支持社保。

第四，把市场门槛"拆"下来。越是面临经济下行，越要降低甚至取消各类门槛。为此建议：一是抓紧清理，全面取消不合理的各类证照，如2015年推行的"三证合一，一照一码"，明显提高了市场准入效率。还有很多评比、评级等都需要清理。二是借鉴自贸区经验，全面推进负面清单管理，如99%的电商都是小微企业，充满变革活力，应在工商、税收等方面扶持小微企业做大做强。三是配合创业创新，全面推动深化开放，如服务业中的民营银行、教育、医疗、文化传媒等，应优先向民间资本开放。

第五，把供给侧结构性改革"提"上去。目前，我国在需求侧乏力的情况下，供给侧又面临着更加严峻的挑战。为此建议：一是供给侧结构性改革应该"长、中、近"相结合，"制度建设，消化产能，激励机制"相配套。二是需要推动一系列的制度创新，可以结合政府职能转变稳步推进。三是应以清理消化产能过剩为重点，推进工业结构性调整。四是针对房地产高库存，推出更加积极有效的措施去库存；针对企业生存发展的困境，提振企业家信心，重振企业家精神，创造良好的创业创新的基础性动力和活力。

二、从非公经济企业角度

从非公经济企业角度来讲，应该加快适应经济进入新常态之后的发展环境，积极应对企业发展面临的挑战，走出一条提升能级、创新转型的新路。

第一，把握发展趋势。当前，国际经济形势复杂多变，国内经济正在发展转型，对于非公经济企业来讲，越来越会受到企业发展外部环境的影响。在这种情况下，非公经济企业也就需要更好地把握瞬息万变的市场经济发展环境，从过去的"低头拉车"转向"抬头看天"，进一步增强对国内外经济环境变化的预见能力和把握能力。

第二，加快能级提升。在我国经济进入新常态之后，传统的企业发展路径显然已经走不通了，以前那种"拼资源、拼环境、拼成本"的发展方式也已经难以为继。在这种大背景下,非公经济企业必须加快发展转型,尤其要不断提升企业的能级,包括技术能级、产品能级、品牌能级、管理能级等,关键是要形成企业的核心竞争力。应该清醒地认识到,唯有如此,才能在激烈的市场竞争中求生存、谋发展。

第三,主动调整结构。面对国际国内形势发展的需要,尤其是我国需求侧和供给侧出现了新情况的前提下,非公经济企业应该从被动应对转向主动调整。这种结构调整,包括产品结构、技术结构、市场结构、管理结构等;同时,还需要关注和投入新产业、新业态、新技术、新模式等"四新"经济发展的潮流中去,推动转型发展。

第四,加强开拓创新。实践证明,一个企业要保持长久的生命力,唯有不断地进行自主创新,才能使企业立于不败之地。因此,非公经济企业要通过创新来打造产品特色、服务优势;要通过创新产品,提升企业的竞争优势和利润率;要通过创新服务,寻找差异化特色,领先并服务于市场的需求;要通过创新管理,以更优化的内部流程机制参与市场竞争。

第五,努力拓展市场。面对外需下降和内需不旺的现实,非公经济企业应该进一步加强市场调研、市场分析,根据消费者需求的不同,积极制定最优的营销战略和策略,善于发现新的市场机会,开拓新的市场领域,占领新的市场高地。在拓展市场的过程中,还要注重市场的深化和细化,注重走专业化、定向化的道路。

(张兆安,《中国经济时报》2016年1月22日)

推进民间投资增长要综合施策

近日,国家统计局公布了2016年全国GDP同比增长6.7%,没有突破6.5%的底线,仍然保持在合理的增长空间,呈现宏观经济运行总体平稳、结构向好的基本态势。与此同时,市场人士也关注到了我国民间投资增速1—6月同比增长2.8%,比1—5月又回落了1.1个百分点。

为什么要关注民间投资?这是因为:一是面对我国宏观经济下行的压力,保持一定的投资增长速度,仍然是稳定经济增长的重要措施之一,投资增速下降过快,不利于经济稳定增长。二是在我国固定资产投资结构中,民间投资占比已经超过了60%以上,民间投资增长的回落,就会带动整个投资增长下降,进而影响经济增长。三是民间投资增长的回落,说明民间资本对未来经济发展仍然在观望等待。

为什么民间投资会出现回落?归纳起来:一是与全球经济持续低迷密切相关。由于发达经济体增长动力减弱,新兴市场和发展中国家面临增长阻力,使得我国经济增长的外部环境欠佳,尤其是出口形势比较严峻。二是与国内经济结构调整密切相关。在"三期叠加"的情况下,新旧动能转化仍在进行,产能过剩比较严重,市场空间相对有限,制约了民间投资增长。三是与民营企业发展状态密切相关。由于受到"需求萎缩,成本上升"的双重挤压,一些民营企业生产经营出现了困难,融资难、用工难、创新难、转型难、成本高、税负重等情况没有得到根本性改观,再加上"脱实向虚"的市场倾向,影响了民间投资的动力、能力、活力。

当前,我国经济下行的压力依然十分严峻,稳定经济增长仍然是第一要务。从短期来看,稳定经济增长需要保持投资的合理增长,但投资增长仅仅依靠财政和国资投入是远远不够的,因此,启动民间投资是必然的选择。从这个角度出发,关注民间投资,实际上就是关注经济增长。当然,推动民间投资增长还得"综合施策"。

一要"完善政策"。多年来,各级政府出台了一系列相关政策,也确实推动了民间投资的快速增长。但也应该看到，有些政策实际上并没有能够完全落地，其中有一些政策"不接地气"的原因，也有原来固有的利益格局很难打破的原因。因此，可以进行必要的评估，凡没有实质性内容和具体措施的、凡民间投资不能真正得到实惠的政策，还是少出或者不出为好。同时，也要打破一些固有的利益格局，否则民间投资的动力就会受到挫折。

二要"拆除门槛"。越是面临经济下行压力，越是要拆除影响民间投资的各种门槛。目前，尽管政府职能转变取得了一定的成效，但民间投资依然不时遇到"玻璃门""弹簧门""旋转门"等顽疾的阻碍，要么望而却步，要么转投国外。对此，不妨加快建立民间投资的市场准入"负面清单"制度，逐步消除各类显性或隐性的门槛，真正做到民间投资"法无禁止即可入"。

三要"打开大门"。俗话说，"冰冻三尺，非一日之寒"，大门不敞也是民间投资下降的一个因素，尤其在一些垄断领域，民间投资成了"死角"。应该说，垄断领域长期以来利益格局坚固，在此情况下，即使政策有所放宽，民间资本在短时间内恐怕也不敢贸然出手，除非政府给予民资更优惠的政策。放宽民间投资市场准入，放松民间投资的管制，不仅是必要的，而且也是十分迫切的。

四要"腾出空间"。应在宏观层面上对民间资本进入的空间进行必要的规划，并且让民间资本同国有资本进行公开、公正、公平的竞争。当前，可以推进PPP模式为抓手，激发起社会资本参与投资的热情。当然，各级地方政府可以根据中央总体精神，根据各地特点制定相应的实施细则或操作规则。

五要"营造环境"。首先，要针对民营企业生产经营的困难，结合供给侧结构性改革，切实降低实体经济成本，如降低社保成本、减轻税费负担、扩大小微企业税收优惠、加大职工培训补贴等。其次，要在全国范围内允许民资兴办银行和各类金融机构，不仅可以为民间投资开辟新领域，而且有利于解决民营企业融资难问题。最后，要构建有利于民间投资的服务体系和服务平台。

六要"增强信心"。民间投资增长与否，关键在于民营企业家的决心；有没有投资决心，关键在于有没有发展信心。从这个角度看问题，如何增强民营企业家的发展信心，对于推动民间投资显得尤为重要。为此，要抓好两个重要环节。其一，要重塑新型政商关系，在"亲"和"清"两个字上下好功夫，让企业家有发挥市场才能的充分空间，而不是去寻租套利。其二，要切实保障企业家的权利，包括知识产权、财产安全，使其能全心创业、安心发展、恒心安居。

(张兆安，《文汇报》2016年8月1日)

抓好供给侧改革关键环节

"十三五"开局之年,供给侧结构性改革成为重头戏之一。实际上,供给侧结构性改革是通过有效供给导向的改革与调控,释放市场活力、创造新供给、满足新需求,引领经济发展新常态的重要举措。也就是说,要突破现有宏观调控的短期需求刺激政策,注重有效的供给导向政策,同时与全面改革、长期发展战略的政策举措相衔接。因此,要按照"三去一降一补"要求,抓住关键环节予以推进。

一要降低成本,减轻企业经营压力。近年来,受"需求萎缩,成本上升"的双重挤压,很多企业难以为继,因此,要多渠道、多环节、多方式降低企业成本。在财税环节,提高小微企业减免税额度,调整固定资产投资税率,调整土地转型的税费,降低进口关税,调整增值税率等;在社保环节,降低社保缴费费率,提倡商业保险;在服务环节,清理各类服务收费或者成本过高的不合理因素。

二要降低门槛,释放市场动力、活力、潜力。要降低市场门槛,推动增量发展。如2014年全国商事制度改革,新登记注册企业增长45.9%,2015年的"三证合一,一照一码",形成了创业热潮,提高了市场准入效率。要对内放松行业管制,吸引民间投资。结合"大众创业,万众创新",让民间资本进入更多的发展领域。要对外扩大开放,继续吸引外商投资。对外资实行负面清单方式,推动引进外资上新台阶。

三要去产能与去库存并举,破解发展瓶颈。要切实清理消化过剩产能,国家层面以及各地区应该梳理一批产能过剩的"目录清单",推出一批"僵尸企业"的清单,以及拿出如何消化的具体方案。要切实化解房地产市场的高库存,可以结合新型城镇化建设、户籍制度改革、农民工市民化等,通过放松限购、降低交易税费、扩大公积金使用、政府购买等一系列政策措施,进一步稳定房地产市场。

四要理顺环境,增强企业家发展转型的信心。要重塑新型政商、政企关系，让企业家有发挥市场才能的充分空间，要切实保障企业的知识产权，尤其要让企业家能够全心创业、安心发展、恒心安居。同时，还要适当放开公共服务产品定价机制、放开混合所有制的控股权，保障社会资本参与投资的积极性。

五要强化长期性、战略性和新需求性投资。要加强重点区域基础设施投资，如长江经济带、京津冀一体化、"一带一路"倡议等。要加强新型城镇化的基础设施建设，包括城市群中的轨道交通、共同沟建设等。要加强人力资本投资，如职业教育可以培养城市第二代农民工成为高级蓝领，服务产业转型升级。要加强拉动消费的投资，如过去实行过的家电下乡、家电以旧换新等。

六要积极寻找新供给的发展突破口。要在资本市场尽快推出战略性新兴产业板，实质性支持创新型企业发展。要在新兴产业领域重点推进战略性科技产业发展，尤其是新能源汽车，可以利用我国政府采购量大的制度优势，率先形成量产能力。要在传统产业领域采取必要手段倒逼转型升级，切实稳定实体经济发展。

（张兆安，《上海企业》2016年第3期）

精准发力推进农业供给侧结构性改革

一、核心观点

推进农业供给侧结构性改革,提高农业综合效益和竞争力,是当前和今后一个时期我国农业政策改革和完善的主要方向。推进农业供给侧结构性改革,是"三农"领域的一场深刻变革,关系农业的长远发展,在方向性问题上不能出偏差,不能犯颠覆性的错误,必须守住确保粮食生产能力不降低、农民增收势头不逆转、农村稳定不出问题三条底线。

农业稳,天下安。刚刚闭幕的中央农村工作会议强调,以推进农业供给侧结构性改革为主线,加快培育农业农村发展新动能,开创农业现代化建设新局面。由此可见,推进农业供给侧结构性改革,提高农业综合效益和竞争力,是当前和今后一个时期我国农业政策改革和完善的主要方向。

二、矛盾主要体现在"六个并存"

在经济发展新常态下,我国农业主要矛盾由总量不足转变为结构性矛盾,突出表现为阶段性供过于求和供给不足并存,矛盾的主要方面在供给侧,并且主要是结构性、体制性的问题。笔者认为,这集中体现在六个"并存"上:

其一,农产品数量的供大于求和供给不足并存。每年,都会出现一些农产品过剩积压现象,而有些农产品则呈现供给不足态势。实际上,我国农产品在一定时间、一定范围、一定程度的供求失衡矛盾始终存在着。

其二,农产品质量的优质品种和低质产品并存。总体上,我国农产品供应越来越丰富,其中有很多优质的农产品,但仍然还有不少低质农产品面市。因此,既要看到我国农产品的质量在不断提高,也要认识到农产品质量还有很大的提升空间。

其三,农产品市场的稳定供应和上下波动并存。最典型的景象是"多了多了,少了少了",这种状况几乎每年都会在不同的农产品上重演,给广大农民带来"冰火两重天"的感受,甚至给农民造成无法挽回的经济损失。

其四,农产品价格的市场因素和竞争乏力并存。一方面,由于市场因素,

"豆你玩""蒜你狠""姜你军"等理性和非理性交织的价格现象屡次出现；另一方面，由于生产成本上升，再加上一些收储政策的因素，一些农产品的国内市场价格远远高于国际市场价格。

其五，农业劳动力是支撑不足和结构问题并存。由于大量青壮年农民尤其是第二代农民工离开农村，离开了农业生产经营第一线，涌向城市打工，因此，目前大量的农村地区仅仅剩下了一些留守老人、儿童，以及一部分妇女。

其六，农业组织形式是新型模式和"千家万户"并存。近年来，尽管农业组织化程度有所提高，农业公司、家庭农场、专业合作社等新型农业经营体系不断发展，但是，一家一户的分散经营方式仍然普遍存在，农业劳动生产率比较低下的状态仍然没有得到根本性改变。

三、守住三条底线做好"七个化"

破解制约农业发展的结构性矛盾这一"病根"，就要深入推进农业供给侧结构性改革，笔者建议从"七个化"方面下好功夫：

一是"现代化"。农业供给侧结构性改革的基本方向，应该是推动农业向着现代化方向迈进，推动传统农业能够真正向现代先进水平的农业转型。当然，农业现代化不是一句空话，需要通过农业科技化、信息化、产业化、组织化、高素质农业劳动力，以及农业基础设施建设等综合施策得以实现。

二是"科技化"。农业供给侧结构性改革的根本出路，在于推动农业技术进步和推进科技创新，进一步增加农业增长的技术含量，提高农产品产量和质量，提升农产品附加值和市场竞争力。目前来看，针对全国面广、量大、分散的农户，需要制定完善科技兴农、科教强农的政策体系，也需要增加农业科技投入和培养农业科技人才。

三是"信息化"。由于农产品生产周期比较长，受自然条件影响比较大，农业还不可能摆脱"靠天吃饭"景象，再加上千家万户农民直接面对大市场，难免会顾此失彼。因此，各级农业部门应该通过各种方式和渠道，向广大农民提供必要的、及时的、精准的农产品市场信息。

四是"市场化"。实践表明，在市场经济条件下尤其是经济全球化的大背景下，好的农业政策都应该以市场化为导向，尤其是农产品价格同样需要推进市场化进程。例如，2016年我国玉米收储制度改革，体现出了"市场定价、价补分离、保障农民合理收益"的基本原则和改革取向，把市场机制、补贴政策、农民利益三者很好地结合起来，有利于化解玉米困局。

五是"组织化"。农业组织化程度的提高，直接关系到我国农业生产经营的效率和效益，也直接关系到农业现代化的发展进程。农业组织化方式最为关键的是要因地制宜、因业制宜、因人制宜，更要尊重农民的意愿，发挥好农民的主体作用。

六是"社会化"。要更多地制定鼓励政策，形成必要的激励机制，充分发动社会力量、社会资本，构建起多层次、多形式、多服务的农业社会化服务组织，为农业组织化程度进一步提高创造条件和基础。

七是"职业化"。农业组织化的推进，需要培育一大批懂农业、有技术、善经营、能够适应农业现代化发展的未来新型农民，也就是目前所说的"职业农民"。要结合农村土地制度改革、农田流转等推进，做好顶层设计、搞好制度建设、加强职业培训，为农业发展提供人力资源支撑。

推进农业供给侧结构性改革，是"三农"领域的一场深刻变革，关系农业的长远发展，在方向性问题上不能出偏差，不能犯颠覆性的错误，必须守住确保粮食生产能力不降低、农民增收势头不逆转、农村稳定不出问题三条底线。让我们知难而进、迎难而上，在苦干实干中把党中央关于继续深化供给侧结构性改革的决策部署落到实处。

（张兆安，《文汇报》2016 年 12 月 23 日）

2017年

2017年上半年我国宏观经济形势分析与建议

——围绕"六个稳定"和"四个推进"综合施策

在近3年以来的我国经济形势报告中，我们一直对影响宏观经济运行的20余项国内外经济变量进行了跟踪分析，并在此基础上提出了相应的对策措施。2017年下半年，全国上下乃至全球都将聚焦党的十九大，因此，必须对上半年以来我国宏观经济运行中出现的一些"好变量"和"坏变量"予以高度关注和分析研究。

一、宏观经济整体运行：有利条件

上半年，我国宏观经济运行中一些新的经济变量开始凸显出来，而新的经济增长点也在逐步显现。

一是结构继续优化，动力得到转换。第一季度，第三产业增加值占GDP比重为56.5%，服务业对经济增长的贡献率为61.7%，分别比第二产业高17.8个百分点和25.6个百分点；5月份服务业生产指数同比增长8.1%，继续保持在较高水平。这说明，"营改增"对服务业的推动效应开始显现，也说明产业结构调整顺应了我国跨入中等收入之后，服务业成为拉动经济增长主动力的普遍规律。

二是消费持续增长，贡献不断上升。一季度，最终消费支出对经济增长的贡献率为77.2%，比上年同期提高2.2个百分点。1—5月份，全国社会消费品零售总额同比增长10.3%；其中网上零售额同比增长32.5%，比1—4月加快0.6个百分点。应该说，人们消费预期的向好，不仅提升了消费信心以及消费对经济增长的贡献，也预示着对在党的十九大之前经济稳定增长充满了信心。

三是外贸强劲反弹，态势继续向好。1—5月份，我国货物进出口回稳向好，进出口总额同比增长19.8%，其中进口、出口分别增长26.5%和14.8%。

其中对俄罗斯、印度、新加坡、印度尼西亚等国出口快速增长，增幅分别达到29.5%、24.7%、15.8%和16.9%。如此态势，说明我国汇率调整、"一带一路"倡议实施体现了成效，外贸环境的向好变化，成了党的十九大前经济增长十分重要的稳定因素。

四是企业盈利增加，高技术行业领先。1—4月份，全国规上工业企业实现利润总额同比增长24.4%，而制造业PMI连续8个月位于51.0%以上的扩张区间。5月份，高技术产业增加值同比增长11.3%，增速分别高于规上工业增速4.8个百分点。这表明，供给侧结构性改革在制造业转型发展中显现了效果，科技进步作用得到了体现，而创新驱动发展战略引领经济新常态也在逐步形成。

五是物价指数平稳，生产指数上涨。5月份，CPI同比上涨1.5%，涨幅比上月扩大0.3个百分点；剔除翘尾因素，新涨价因素约为0.5个百分点。PPI上涨5.5%，剔除翘尾因素，新涨价因素约为1.0个百分点。总体上，通胀压力不大，老百姓对物价水平比较满意，而企业生产经营开始显露向好迹象。

六是商业活动良好，增速开始加快。1—5月份，商务活动和服务业PMI指数基本上在53%和54%以上，同比分别增长1.15个百分点和0.9个百分点（参见图1）。财新中国服务业经济活动指数基本上保持在52%以上，战略性新兴产业PMI连续两个月超过60%。

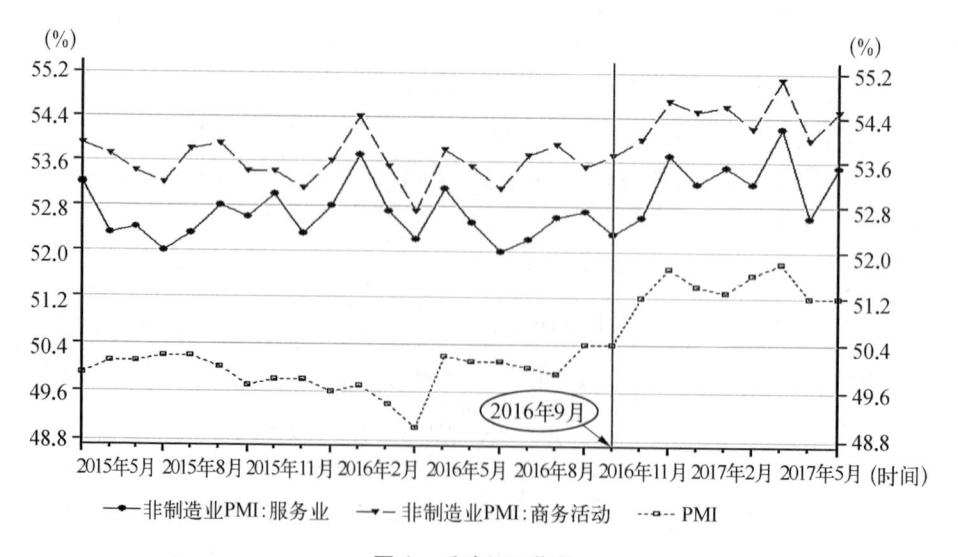

图1 采购经理指数

二、经济运行突出困扰：不利因素

尽管我国宏观经济基本面尚好，但一些内外部不利因素造成的风险正在显现。主要表现在以下六个方面：

一是美国加息缩表减税，可能产生叠加效应。近日，美联储实施了第二次加息，同时公布缩表计划，减少货币供应，再加上减税方案，不仅引起了全球巨大反响，也有可能对我国经济运行产生叠加影响。从防风险角度来看，可能诱发我国资本外流，在华美国企业利润汇回美国，人民币贬值压力上升，迫使我国提前采取紧缩性货币政策等，并且对BIT谈判增加变数。

二是全球经济低迷，复苏仍存在不确定性。发达经济体复苏仍然缓慢，新兴市场和发展中国家可能再次面临增长波动。美国5月Markit制造业PMI为52.5%，连续第四个月下滑；日本制造业5月PMI为52%，较4月下滑0.7百分点；欧元区制造业5月PMI为57%，连续9个月上升。最近，多个国家与卡塔尔断交，国际能源市场面临考验，还可能激起资本市场的不稳定性。

三是投资增速低位运行，民间投资缺乏动力。2017年以来投资略有提升，1—5月份同比增长8.6%，增速比1—4月份回落0.3个百分点；民间投资增速6.8%，比1—4月回落0.1个百分点，说明民间投资的动力仍然不足（见图2）。

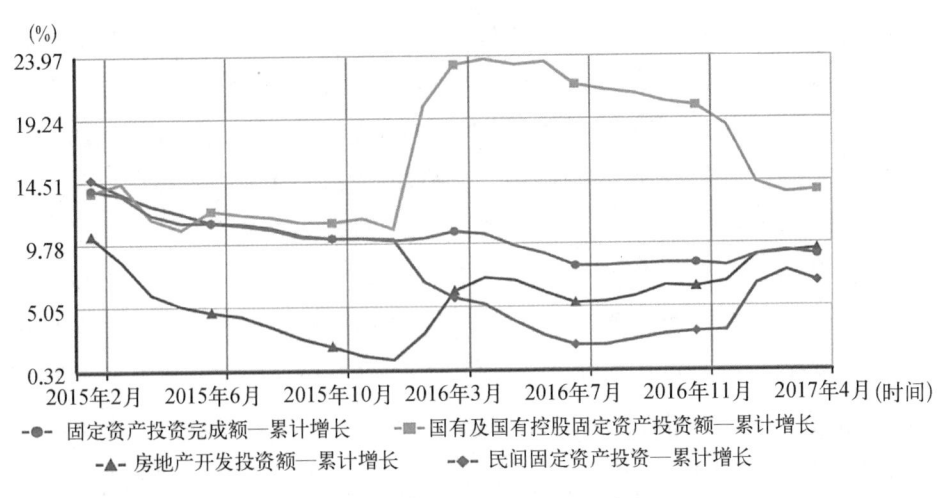

图2 固定资产投资累计增速

四是货币政策由稳健转向偏紧，流动性受抑。M2从2015年下半年开始到2016年，增速基本上保持在13%—14%，2017年前4个月回落到11%左右，5月份下降至9.6%，流动性受到一定的抑制（见图3）。总体判断，党的十九大前的主要风险点集中在金融和房地产领域,因此,金融政策以不能出现资金链断裂为准则,而房地产应该采取"中性"政策。

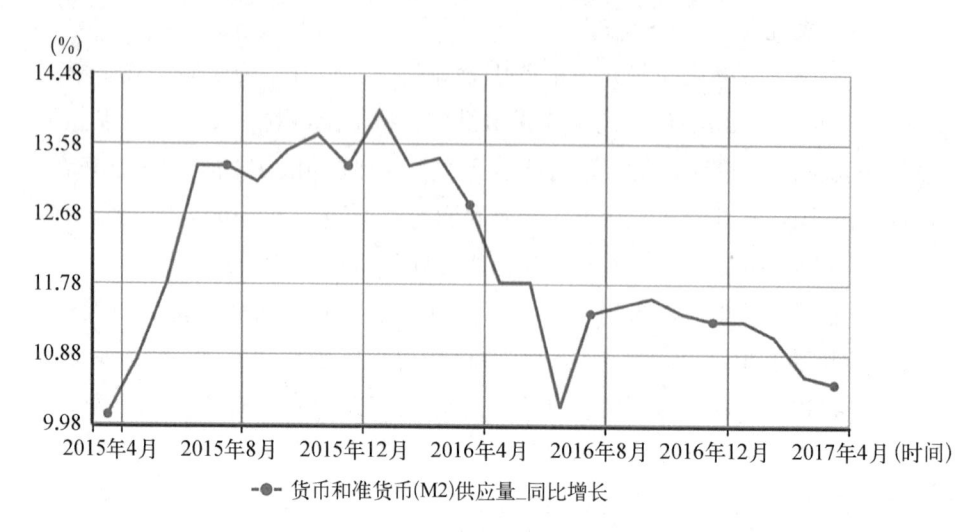

图3 M2供应量同比增速

五是实体经济仍陷困境,创业呈现虚拟化倾向。目前,大量中小企业仍然举步维艰,融资难、融资贵、坏账率高、成本压力依旧,不少企业家信心不足、精神不振。此外,创业出现虚拟化、金融化新现象,如共享单车初衷是解决"最后一公里"问题,但由于引导不力,又形成了庞大的"资金池",走向了"虚"的一面,还有共享雨伞、共享充电宝等"共享产品"纷纷涌现,而互联网+汽车、教育、金融、医疗、房产、婚庆等行业,都有一批死亡名单。

六是金融系统受到挑战,风险点在增加。例如,实体经济不景气造成金融体系不良资产上升、债券违约风险;金融体系涉及交叉性产品、影子银行、资金空转、非标资产和同业业务等叠加,可能引发系统性风险;一些地方中小银行的短存长贷和短存长投,可能形成资金链风险;数字普惠金融,跑路频繁,消费者的权益难保障,信息安全风险日益突出;还有不少小贷公司和担保公司的倒闭风险等。

总体来看:一是上半年我国宏观经济运行依然保持着稳定回升态势,没有突破6.5%的底线,但下行压力不容忽视,党的十九大召开前经济形势不能过于乐观。二是全球经济长期低迷状态没有根本改变,不利因素仍在增加,"黑天鹅"式的突变性因素仍然还存在着。三是国内经济增长的动力支撑没有全面形成，结构调整和能级提升的挑战不少，经济稳定增长仍面临着严峻考验。

三、抓住经济稳定基调：围绕党的十九大前后施策

我们建议：下半年即将召开的党的十九大，应该成为谋划当前和未来经济工作的最重要"考量"，因此，在党的十九大召开之前，必须坚持"稳"字当头，紧紧围绕"六个稳定"综合施策；党的十九大闭幕之后，必须强化"稳中求进"，紧紧围绕"四个推进"做好文章。

（一）稳定增长预期

建议把稳定增长预期作为当前宏观审慎管理的"重头戏"。其重点：一是稳定增长预期。6.5%增长率是一个"风向标"，如果这条底线突破会逆转国内外对我国经济发展的预期，进而产生连锁反应。二是稳定投资预期。当前，投资对稳定经济增长仍然是一个不可或缺的推动因素，其中民间投资的走势直接影响着未来的发展预期。三是稳定房地产预期。在房地产投资、成交量下降的前提下，要防止"大起大落"，房价"大起"得到了有效遏制，需要警惕的是"大落"。四是稳定实体经济预期。如果实体经济困难状态短期内不能有效化解，长期下去，实体经济企业的预期可能恶化。

（二）稳定政策措施

建议把控好政策措施因素可能导致预期的改变，进而把经济形势推向不利的方向。为此，一是不下"错药"。政策措施的推出，必须有助于经济发展预期向好的方向转变，有助于推动经济稳定增长，否则就不宜出台。二是不下"猛药"。政策措施的出台，不能引起市场层面、企业层面的动荡，以往有些政策的初衷很好，但效果却不尽如人意。三是不下"混药"。凡是不能落地、没有实质性内容、条块之间难以协调、可能引起歧义的政策措施，还是少出为好。四是不下"偏药"。目前针对房地产和金融领域的政策，由于涉及面广，影响力大，容易产生一系列连锁反应，需要特别审慎。

（三）稳定外部环境

建议调整相关财税政策，应对外部压力。如果美国减税政策落地，一是"因地"调整企业所得税政策。结合结构性减税的推进，选择在自贸试验区内实施15%企业所得税率试点，与美国减税政策持平。二是"因企"调整企业所得税政策。对国家重点支持的战略性新兴产业、高新技术产业、研发、环保、新材料、新能源、新服务等国内企业，适当放宽享受15%企业所得税率的范围。三是"因资"调整企业所得税政策。适当调整吸引外资的政策，如

对外资研发中心、技术支持中心、战略运筹中心、转口贸易或销售中心等性质的企业，给予15%的优惠税率或其他税收减免措施。四是"因时"调整资本管制政策。重点是加大资本流入的开放力度，加强对资本流出和外汇流出的监管。

（四）稳定实体经济

建议高度关注实体经济企业主动收缩生产经营，形成低水平增长下微观均衡的现实。为此，一是加快加大企业降本减负。加大减税力度，清理取消各类收费，优化社保收缴，降低公共服务价格。二是加快政府职能转变。减少审批事项，缩短审批时间，统一审批标准，破除各种潜规则，为民间投资打开大门。三是加快提增民营企业家信心。重塑新型政商关系，保障企业家权利，包括知识产权、财产安全，使其能全心创业、安心发展、恒心安居。四是加快实施产业保护政策。对自主创新的技术、产品、服务等，实施2—3年的产业保护期，消除"谁创新，谁吃亏"现象。

（五）稳定房地产业

建议把握好房地产调控的方向、分寸、节奏。为此：一是调控政策跟着"库存"走。由于全国各类城市房地产分化明显，必须坚持因城施策，把"去库存"政策重点聚焦在库存比较多的三、四线城市。二是土地指标跟着"人流"走。针对我国城镇化进程中"孔雀东南飞"和"人往高处走"的现实，对人口导入地区增加用地指标，对人口输出地区核减用地指标，解决各级城市房地产"冰火两重天"的状况。三是住房性质跟着"收入"走。针对不同收入群体，合理确定商品房和保障房的用地比重；合理确定商品房的房型结构，提高中小房型比重，减轻改善型居民的购房压力；还要租售并举，发展租赁市场。四是土地价格跟着"标准"走。土地溢价率屡创新高直接推动了房价上涨，对此，应该明确规定土地溢价率区间。五是资金跟着"刚需"走。凡满足刚性需求的投资、建设、按揭等，给予资金支持；凡助推投资、投机的，资金供给予以限制。

（六）稳定金融发展

建议重点处理好金融改革创新中的"破"和"立"的关系。为此，一是管控好信贷资金的流向。改变金融"脱实向虚"的倾向，支持实体经济尤其是中小企业的投融资需求。二是管控好影子银行等表外业务。由于实体经济困难，大量资金堆积在银行，如果表外业务把握不好，风险不小。三是管控好中小银行及非银行金融机构风险。重点防止中小城商行、村镇银行、小贷公司、担保公司等出现大面积风险爆发。四是管控好金融创新风险。既要鼓励金融改革创新，又要把监管重点放在建立新业务的制度规范和监管标准上，严格控制金融机构过度的交叉投资，突破金融分业监管模式，对资管平台和同业业务平台实行统一监管。

(七) 围绕"四个推进"做好文章

第一，推进"一带一路"倡议落实。4年多来，"一带一路"倡议得到了普遍认同，但成果支撑尚不显著。为此，一是建议按照"城市、园区、项目"的推进策略，在沿线各国打造一批境外的"深圳特区"和"浦东新区"，予以重点突破。二是建议推动各地与"一带一路"倡议的对接，如上海、香港应成为"一带一路"的支点城市和"桥头堡"，其他地区可以利用一大批的"友城"关系，发挥各自优势。

第二，推进改革开放不断深化。当前，改革开放进入了深水区，也到了决胜阶段。为此，一是建议中央统领，地方创造的机制下，发挥好地方改革创新的能动性，构建好地方权利义务的匹配性，调整好地方调控经济的灵活性，并加快国资国企改革。二是建议以"1+3+7"自贸区为扩大开放的压力试验平台，把更多的经验和做法复制推广到全国。

第三，推进区域空间结构优化。近年来，目前，全国区域发展出席了新态势，空间结构出现了新情况。为此，一是建议根据东部、西部、东北、中部等四个区域发展分化的现实，实行分类指导，不搞"一刀切"。二是建议总结全国各地可复制、可推广的经验，在全国引领示范，如近年来区域经济增长中出现的"西南现象"值得总结，又如近年来大量东北人口的流出，也需要引起特别的关注。

第四，推进产业协调融合发展。目前，"脱实向虚"引起的结构形态虚高现象依然存在。为此，一是建议正确处理好一、二、三产业的关系，不能顾此失彼，尤其是我国这样的发展中大国，没有制造业支撑是难以想象的。二是建议协调好三次产业的发展，过去是牺牲了农业搞工业，现在不能忽视了制造业搞服务业。这方面的教训是很多的，还是协调发展、融合发展为好。

(张兆安、邱俊鹏，2017年6月20日)

勇往直前坚决闯过这个关口

2016年是"十三五"开局之年,供给侧结构性改革已经成为我国经济转型升级发展的一个重要抓手。一年多来,按照中央用改革的办法深入推进"三去一降一补"的总体要求和具体部署,全国的供给侧结构性改革已经取得了初步成效,对化解经济下行压力和"三期叠加"的问题和矛盾起到了重要的推动作用。

供给侧结构性改革是一项内涵丰富、涉及面广、任务相当艰巨的重大系统工程,因此,仍然还需要继续进一步深入推进。李克强在政府工作报告中指出,坚持以推进供给侧结构性改革为主线,这是一个化蛹成蝶的转型升级过程,既充满希望又伴随阵痛,既非常紧迫又艰巨复杂。我们要勇往直前,坚决闯过这个关口。

一要继续清理消化去产能。目前,产能过剩是我国经济转型发展中的一个突出问题,能否得到有效化解,实际上也是供给侧结构性改革的一个关键环节。2016年以来,从中央到地方都采取了必要的措施,使得"去产能"有了一个良好的开端。例如,2016年全国钢铁去产能4 500万吨、煤炭去产能2.5万吨的年度任务提前超额完成。但是,"去产能"的具体任务仍然还比较艰巨,因此,建议从国家层面到各个地区应该继续梳理一批产能过剩的"目录清单",推出一批"僵尸企业"的清单,定下一些新的推进方案,在2017年继续得到有力、有效的化解。

二要继续因城施策去库存。针对全国房地产市场发展的分化格局,要坚持分类指导,因城、因地施策。要坚持市场化和保障型住房的"二分法",要租售并举,解决好老百姓的居住问题。对房地产市场,要进一步增加有效供给,规范市场发展,防止大起大落,除了目前一、二线城市房价有所稳定之外,还要着力于激活三、四线城市的市场。当然,三、四线城市的去库存,应结合新型城镇化建设、户籍制度改革、农民工市民化等,通过放松限制、降低交易税费、扩大公积金使用、政府购买等一系列政策措施,使得一些库存比较大的中小城市能够得到有效化解。

三要继续防范风险去杠杆。去杠杆的实质，就是要控制好各类债务风险，其中也包括金融风险等，一般来讲，杠杆率越高，风险就越大，反之亦然。而目前的债务风险主要涉及地方政府债务和企业债务两个方面。从全国范围来看，有的地方、有的企业确实存在着一些债务风险，例如，有的地方财力有限但债务很高，有的企业债务也越过了风险防控线，如此，就有可能发生债务问题，甚至传导出其他一系列的风险。怎么做到债务可控？通俗地说，就是"有多少偿债能力，就借多少的钱"。因此，既要运用好资金杠杆，又要防控好债务风险，总是不会错的。

四要继续减轻负担降成本。近年来，由于受到国际经济形势复杂多变的影响，以及国内经济转型升级的挑战，一些实体经济企业普遍面临着"需求萎缩，成本上升"的双重挤压，生产经营出现了一些困难，因此，"降成本"必然成为一个重要任务。在这种情况下，应该继续多渠道、多环节、多方式降低企业生产经营成本，尤其要进一步降低制度性因素成本。例如，在财税环节，可以提高小微企业减免税额度，调整固定资产投资税率，调整土地转型的税费，降低进口关税，调整增值税率等；在社保环节，可以调整社保缴费费率，提倡商业保险；在服务环节，可以清理各类服务收费或者成本过高的不合理因素。

五是继续瞄准方向补短板。对于我国经济社会发展来讲，补短板涉及的内容很多，领域很广。但从经济发展角度来看，确实也有很多短板需要补上。例如，经济发展中的国际、国内两个市场问题，实体经济和虚拟经济关系问题，区域经济互动发展问题；产业结构中的三次产业联动发展问题，制造业发展中的高新技术产业和战略性新兴产业发展问题；企业结构中的国企、民企、外企共同发展问题，尤其是民营中小企业稳定发展问题；产品结构中的附加值提升、品牌培育、产品质量提升问题，等等，都还大有文章可做。

六要继续推动政府职能转变。供给侧结构性改革与政府职能转变密切相关，政府职能转变越到位，越有利于推动改革的深化。尤其要围绕降低市场门槛，推动增量发展，释放市场动力、活力、潜力，如：2014年全国商事制度改革，新登记注册企业增长45.9%；2015年的"三证合一，一照一码"，形成了创业热潮，提高了市场准入效率；2016年又取消了一批审批事项和职业资格认定，产生了很好的效果。下一步，还应对内放松行业管制，结合

"大众创业，万众创新"，让民间资本进入更多的发展领域；还应对外扩大开放，实行负面清单方式，推动引进外资上新台阶。

七要继续增强企业家发展信心。在供给侧结构性改革中，一个重要的主体是企业家，企业家对于发展的信心，直接关系到企业发展的动力、活力、潜力。从这个角度出发，要进一步重塑新型的政商、政企关系，让企业家有发挥市场才能的充分空间，还要切实保障好企业的知识产权，尤其要让企业家能够全心创业、安心发展、恒心安居。同时，还要积极推动PPP模式的发展，适当放开公共服务产品定价机制，加快推进国有企业的混合所有制改革，通过有效保障社会资本参与投资的积极性，才能进一步激发民间投资的稳定增长。

八要继续积极创造新供给。实际上，供给侧结构性改革就是要通过有效供给导向的改革与调控，释放市场活力、创造新供给、满足新需求，引领经济发展新常态的重要举措。也就是说，要突破现有宏观调控的短期需求刺激政策，注重有效的供给导向政策，同时与全面改革、长期发展战略的政策举措相衔接。因此，增加新供给要围绕战略性新兴产业、高新技术产业、"四新"经济、创意产业、创新型企业、自主创新、自主品牌等方面来"转"。在传统产业领域，应该采取必要手段倒逼转型升级，当然，还要切实稳定实体经济发展。

（张兆安，《文汇报》2017年3月9日）

我国跨境电子商务如何转型与发展

近年来，中国经济增长由于受到外部性和周期性的影响面临下行压力。在这种背景下，我国跨境电子商务如何转型与发展面临着严峻的挑战。由于我国跨境电子商务产业法制体系现阶段尚不健全，各类跨境电子商务出口经营主体在拓展跨境贸易空间和延伸上下游产业链的过程中，极有可能遭遇一些法律风险和诉讼威胁，使经营主体蒙受巨大的损失。同时，跨境电子商务政策存在交易主体不明确、政策所涉范围过窄、出口退税难、新政可操作性较低等不足。为此，笔者提出以下三点建议：

首先，完善我国跨境电子商务法律框架。一是借鉴国际上相关的法律规范。纵观联合国国际贸易法委员会先后通过的《电子商务示范法》《电子签名示范法》和《电子合同公约》，美国、新加坡等均已实施的法律，构建跨境电子商务法律框架大体有两个要素，即：电子交易法律及保护网上消费者；保护数据和坚决打击网络犯罪的原则。二是加快我国《电子商务法》的立法。其中，要确立平等、不歧视与技术中立的原则，在有关跨境电子商务立法、执法、司法的进程中借鉴国际规则，将跨境电子商务的国内市场规则与国际市场规则进一步接轨。采用整体方法，将技术和金融体系的发展动态充分结合。三是逐步建立、丰富保护网上消费者原则体系。其中，包括对消费者予以不低于其他商业形式的透明和有效保护、公平的商业广告和市场营销做法、在网上清楚透明地公开信息等。四是逐步建立、丰富保护数据原则体系。其中，包括限制云计算服务供应商的经营范围、严格法律责任等。五是逐步建立、丰富坚决打击网络犯罪原则体系。其中，包括建立网络犯罪问题信息库、进一步加强国际合作、借鉴国际警察执法原则等。

其次，完善我国跨境电子商务监管。一是扩大中国人民银行的监管职能。由政策性银行、商业银行提供更加有力的消费者保护，从而加强跨境电子商务在订立合同、选择分供方、管理平台商家等日常经营业务中的谨慎义务。二是司法机关处理数据资料外泄事件时更加透明。但是，这并不意味着将隐私数据也全部公开，保护国家与商业秘密仍然是不可动摇的原则。三是海关可以考虑采用数据自动化系统方案，尤其要加强统计学方面的能力建设，使国际贸易更加便利。同时，积极开展面向海关从业人员的培训，制定培训方案。四是充分发挥消费者保护协会的作用。针对网上消费者群体，建议消费者保护协会制定单独的、有效的保护规则，维护消费者合法权益。

最后，完善跨境电子商务国内政策。一是健全对交易主体的监管。对平台要严格检查其在准入方面的控制工作是否到位，是否有完整的审议审核程序来甄别投递材料的可信度，以及对平台内企业是否有足够的监察力度。二是明确跨境电子商务交易的业务范围和开放顺序。建立跨境电子商务主体资格登记及支付机构结售汇市场准入制度，适时出台跨境电子商务及支付外汇管理办法；在业务操作层面，将跨境电子商务及支付主体纳入外汇主体监管体系，有效统计与监测跨境电子商务外汇收支数据，明确规范国际收支统计申报主体和申报方式，规范外汇备付金管理。三是建立健全信用评级机制。信息评级的权利授权给专业的信用服务企业主体，所有在跨境网络平台进行交易的交易者，自愿到信用服务机构进行注册登记，将网络平台上的交易数据与信用评级机构互通互联，作为信用评级的主要依据。四是制定更为多元化的政策，对跨境电子商务予以全方位规制。政策法规是约束跨境电子商务企业、消费者及其他市场参与者行为的有效保障，进而保证跨境电子商务物流市场的良性发展。海关、国税、检验检疫部门应采取配套措施，如：落实跨境电子商务零售出口货物退免税政策、对相关跨境电子商务物流企业实行一定的税收优惠政策，对货物的通关出口检验时间予以缩短，必要时可施以一定程度的返税等优惠、扶持政策措施，从而建造更为健全的跨境电子商务运营环境，鼓励和吸引更多物流企业加入跨境市场。

（张兆安，《中国社会科学报》2017年3月9日）

2018 年

中国经济怎样迈出高质量发展步伐

刚刚过去的 2017 年,中国经济仍然保持在合理的增长空间,体现出稳中有进、稳中向好的整体态势。2018 年是实施"十三五"规划承上启下的关键之年,也是贯彻落实党的十九大精神的开局之年。因此,继续推进中国经济健康稳定发展至关重要。

中国经济之所以取得良好进展,主要得益于深化改革和扩大开放,尤其是供给侧结构性改革的持续推进。一是经济增长平稳向上。2017 年前三季度国内生产总值(GDP)同比增长 6.9%,比上年提升 0.2 个百分点,并且连续 9 个季度运行在 6.7%—6.9% 的区间。二是经济结构持续优化。产业结构中,工业生产反弹且向中高端迈进,服务业主导作用增强;需求结构中,消费保持快速增长,2017 年前三季度最终消费支出对 GDP 的贡献率达到 64.5%,继续保持经济增长第一驱动力的作用。三是经济质量效益提升。2017 年 1—11 月,全国规模以上工业企业实现利润总额 68 750.1 亿元,同比增长 21.9%。四是外贸明显转好。2017 年 1—11 月,我国进出口增长 15.6%。其中,出口增长 11.6%、进口增长 20.9%。外贸新业态快速发展,跨境电商、生产采购等出口加快。五是新产业、新动能持续发展壮大。2017 年 1—11 月,高技术产业和装备制造业增加值同比分别增长 13.5% 和 11.4%,增速分别比规模以上工业快 6.9 和 4.8 个百分点。2017 年 1—11 月,战略性新兴服务业、生产性服务业和科技性服务业营业收入同比分别增长 17.5%、14.9% 和 14.6%,分别快于全部规模以上服务业 3.8、1.2 和 0.9 个百分点。2017 年 1—11 月,全国网上零售额 64 306 亿元,同比增长 32.4%,比上年同期加快 6.2 个百分点。六是物价保持平稳。2017 年 1—11 月,全国居民消费价格同比上涨 1.5%。七是区域经济齐头并进。东部地区新动能加快聚集,转型升级走在前列;中西部地区后发优势突出,经济增长全国领先;东北地区企稳向好,结构调整初现成效。

目前，尽管全球经济复苏初显，美国经济稳定回升，欧洲经济好于预期，新兴经济分化减小，但全球经济低迷状态没有根本改变。尤其是美国加息、减税、缩表带来了新的不确定性，国际经济形势依然复杂多变。同时，国内经济增长的动力转换尚未完成，结构调整任务繁重，能级提升的挑战不少，保持经济稳定增长仍面临着严峻考验。因此，在新的一年中，仍然需要围绕稳中求进工作总基调，推动高质量发展。

其一，经济预期要"稳"。在宏观经济稳中求进中，稳定经济预期应该作为当前宏观审慎管理的"重头戏"。其重点：一是稳定增长预期。保持合理的增长率是一个重要的"风向标"。如果这条底线突破，可能会逆转国内外对我国经济发展的预期，从而产生连锁反应。二是稳定投资预期。当前，投资对稳定经济增长仍然是一个不可或缺的推动因素。其中，民间投资的走势直接影响着未来的发展预期。三是稳定房地产预期。近期，房价"大起"得到了有效遏制，但在房地产投资、成交量有所下降的前提下要防止"大起大落"，还需要完善政策体系。四是稳定实体经济预期。实体经济直接关系中国经济的稳定增长，因此稳定实体经济企业的发展预期至关重要。

其二，政府职能要"转"。经济预期要稳定，离不开政府职能转变。这种转变的实质，就是要在充分发挥市场配置资源起决定性作用的同时，更好地发挥政府的作用。关键要抓好两头：一是深化推进"放管服"改革，突出制度供给，优化营商环境，充分激活市场主体、市场要素的动力活力潜力。二是继续拆除各类市场门槛。越是面对复杂多变的经济形势，越要发挥好市场配置资源的作用。因此，应继续拆除各类市场门槛，推进负面清单管理，清理取消不合理的各类证照，减少审批事项，缩短审批时间，统一审批标准，加强基层部门窗口建设。尤其是要为民营经济发展创造公开、公平、公正的市场环境。这方面，上海自贸区试验、"证照分离"改革等，可以为全国提供可复制、可推广的经验。

其三，调控政策要"准"。政府职能转变的成效，往往体现在政策的"准"字上。一是宏观调控要"稳"。为应对经济下行压力，各个政府部门出台一系列调控政策，确实对稳定经济增长起到了重要的推动作用，但在"稳"字上仍需下功夫。尤其是宏观政策应与微观政策相结合，更要充分发挥市场配置资源的决定性作用。二是微观政策要"实"。针对微观层面企业的各项政策,既要"实",也要"快"。近年来,由于受到全球市场需求萎缩以及企业成本上升等多重因素影响,一些企业的生存发展遇到了一些困难,各级政府出台了一系列政策措施,为企业化解矛盾和困难起到了重要作用。

其四,结构调整要"早"。推动经济高质量发展,必须调整结构。一方面,调整结构短期内会影响增速,也会带来阵痛和压力,但不调整就不会有未来。因此,要有壮士断腕的决心,也要尽早谋划。上海由于结构调整较早,前些年增速低于全国水平,这几年全国增速下降了,上海的增速提升和稳定了,说明早调整早得益。另一方面,要着力推动产业协调融合发展,正确处理好一、二、三产发展的关系。在大力发展服务业的同时,推动农业向现代农业方向发展,推动制造业向先进高端制造业方向迈进。例如,农业的"接二连三",制造业与信息化的融合发展,等等。

其五,创新驱动要"推"。在抓好重大创新项目、创新制度设计以及"双创"等重大事项之外,要对自主创新的技术、产品、服务等实行必要的产业保护政策和严格的知识产权保护政策,为创新活动和创新成果保驾护航。例如,可以探索实行2—3年的产业保护期政策,让吃"螃蟹者"能够得到应有的回报激励,走出"谁创新,谁吃亏"的困境。要做好创新示范的引领,可以全国自贸试验区作为深化改革和扩大开放的压力试验平台,把更多的经验和做法复制推广到全国。要推行务实的企业家创新激励机制。企业是否推动创新,创新成果能否转化为生产力,关键在于企业家的创新动力。因此,所有的政策都需要落脚在企业、企业家的创新动力上。

其六,实体经济要"护"。离开实体经济的全面支撑,经济稳定增长是难以想象的。一要处理好实体经济与虚拟经济的关系,化解"脱实向虚"倾向对实体经济带来的影响。在加快培育新的经济增长点、推进战略性新兴产业发展的同时,加快传统产业的结构调整和转型升级。二要继续推动企业"降成本"行动。目前,企业尤其是中小企业对"降成本"行动寄予期盼。近年来推出的降低制度性成本的举措,如减税减费、降低社保成本等,取得了积极效果,但还有降低空间。例如,对"双创"企业和产品给予税收激励,继续减少行政事业收费,降低公共产品服务价格,调整社保成本。三要加快提增民营企业家信心。重塑新型政商关系,保障企业家权利,包括知识产权、财产安全,使其能全心创业、安心发展、恒心安居。

其七,民间投资要"卜"。引导和推动民间投资稳定增长,应该成为当务之急。为此，一要开展民间投资的政策评估。对民间投资政策进行必要的梳理，对不能落地的要抓紧清理，对没有落实的要抓紧落地，对需要配套政策的要抓紧出台。二要为民间投资开启大门。尤其一些垄断领域和行业成为民间投资"死角"，应该逐渐打破利益格局，去除各种潜规则，向民间资本开放，使其能够公开、公平、公正地竞争。三要切实解决实体企业困难。土地和房租贵、税费和人力成本高以及融资、用工、转型难等，使得不少民间投资望而却步，需要采取精准措施予以应对。

其八，金融风险要"控"。为实体经济服务是金融发展的基本方向。为此，需要处理好金融改革创新中的"破"和"立"的关系。一要管控好信贷资金流向，从源头上保证资金进入实体经济，适当提高中小企业贷款的比重，着力解决好实体经济企业融资难、融资贵的难题。二要防范好各类金融风险，尤其是银行表外业务、中小银行以及非银行金融机构，如村镇银行、小贷公司、担保公司等运营中可能出现的风险。三要处理好金融改革创新的关系，既要鼓励金融改革创新，又要把监管重点放在建立新业务的制度规范和监管标准上。由于金融业是一个特殊的产业，有必要在源头上设置准入条件，进行严格监管，防止"一放就乱，一收就死"怪圈重现。

（张兆安，《解放日报》2018年1月9日）

2018年上半年我国宏观经济形势分析与建议

——围绕"五个着力"综合施策

在近三年以来对我国经济形势的分析报告中，我们一直对影响我国宏观经济运行的20余项国内外经济变量进行了长期的跟踪研究和分析，并在此基础上提出了相应的对策措施。2018年上半年以来，我国宏观经济运行中出现了一些"好变量"，同时也出现了一些"坏变量"，必须予以高度关注，采取必要措施予以化解。

一、宏观经济整体运行：有利条件

上半年，我国宏观经济运行中出现了一些企稳向好的迹象，一些新的经济变量开始凸显出来，结构调整优化和新旧动能转化也出现了一些新气象。

一是经济韧性增强，结构持续优化。一季度，GDP同比增长6.8%，二季度增长6.7%，上半年增长6.8%，连续12个季度保持在6.7%—6.9%的增长区间。其中，第三产业比重上升到54.3%，同比提高0.3个百分点；对经济增长的贡献率为60.5%，同比提高1.4个百分点；进出口中一般贸易的比重为59%，同比提高2.0个百分点。这充分说明，经济增长的稳定性进一步提高，结构优化升级的迹象逐渐显现。

二是技术进步显著，发展向高质量迈进。1—5月份，高技术制造业和装备制造业增加值同比分别增长12%和9.3%，增速分别比全部规模以上工业快5.1个百分点和2.4个百分点。1—4月份，战略性新兴服务业、科技服务业、高技术服务业营业收入同比分别增长18.2%、17.8%和16.0%，增速分别快于全部规模以上服务业4.4个百分点、4.0个百分点和2.2个百分点。这说明，新旧动能转换开始加快。

三是四新经济突出，为发展注入新动能。1—5月份，PCT国际专利申请受理量同比增长10.5%。一季度，工业战略性新兴产业增加值同比增长9.6%，增速比全部规模以上工业快2.8个百分点。1—5月份，新能源汽车产量同比增长85.8%，工业机器人增长33.7%，智能电视增长23.2%。"互联网+"与各行业各领域深入融合，1—4月份，规模以上互联网和相关服务企业信息服务收入同比增长23.8%。

四是消费持续增长，消费信心不断提振。1—5月份，社会消费品零售总额149 176亿元，同比增长9.5%。其中，21%为网上零售额，同比增长30.7%。5月份，消费者收入信心指数、就业信心指数和消费意愿指数分别为120.9、126.4和114.3，均处于历史较高水平，为消费持续稳定增长创造了良好的基础。上半年，消费对解决增长的贡献率达到了78.5%，同比提高了14.2个百分点。

五是商业活动良好，市场活跃度逐步提升。二季度，制造业PMI为51.6%，非制造业商务活动指数为54.9%，综合PMI产出指数为54.3%，分别比上年同期上升0.3个百分点、0.5个百分点和0.1个百分点（见图1）。从行业分类看，铁路运输业、航空运输业、邮政快递业、电信广播电视和卫星传输服务、互联网软件信息技术服务等行业商务活动指数均位于60.0%以上的高位景气区间。

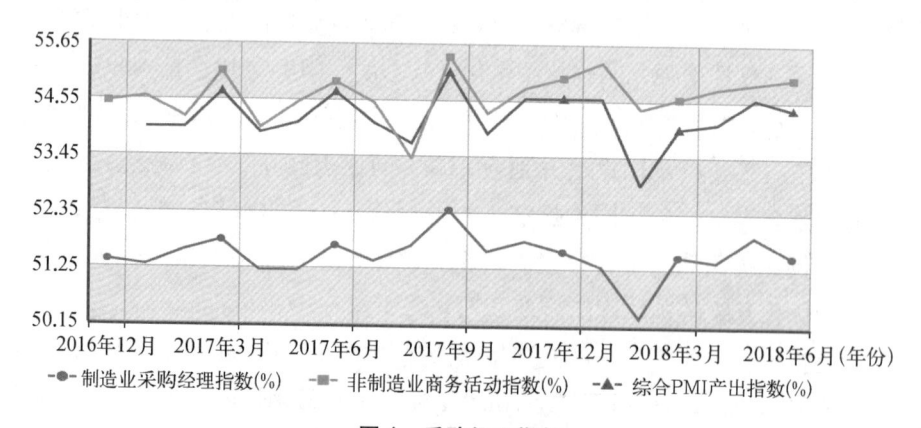

图1 采购经理指数

二、经济运行突出困扰：不利因素

从上半年来看，尽管我国宏观经济运行的基本面尚好，但一些内外部不利因素造成的风险正在显现。突出表现在以下五个方面：

一是美国发动贸易战，市场不确定性增大。2018年美国宣布对来自加拿大、欧盟以及墨西哥等地的部分商品征收高额关税以来，中国被迫加入中美贸易战。1—5月份数据显示，国际贸易态势良好，进出口总额同比增长

8.8%；其中，出口增长 5.5%，进口增长 12.6%。但是，当前国际贸易保护主义抬头，中国的出口贸易仍将面临严峻挑战。此外，贸易战还将增加我国股市、汇市和债市资产价格的波动风险。

二是投资增速回落，民间投资动力不足。1—5 月份，全国固定资产投资（不含农户）216 043 亿元，同比增长 6.1%，增速比 1—4 月份回落 0.9 个百分点。其中，民间投资 134 399 亿元，增长 8.1%，尽管比上年同期提高 1.3 个百分点，但比 1—4 月份回落 0.3 个百分点（见图 2）。

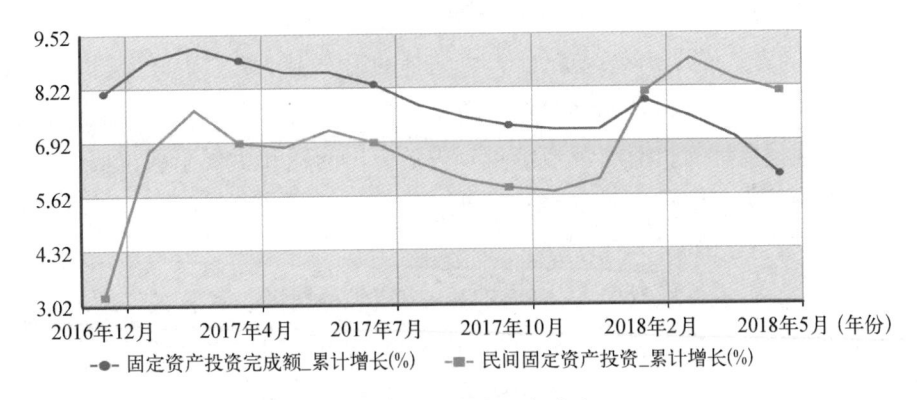

图 2　固定资产投资增速

三是货币流动性受抑，对实体经济支持不力。5 月末，广义货币（M2）余额 174.31 万亿元，同比增长 8.3%，增速与上月末持平，比上年同期低 0.8 个百分点。5 月份，社会融资规模增量为 7 608 亿元，比上年同期减少 3 023 亿元；金融机构对实体经济发放的本外币贷款为 1.12 万亿元，比上年同期少增了 513 亿元。尤其是金融政策收紧之后，一些中小企业感到融资更难了。

四是房价得到遏制，资金链条断裂风险增加。截至 6 月中旬，全国限售城市数量已近 70 个，限售年限在 2—5 年不等，再加上限价等措施，有效抑制了一、二线城市的房地产市场波动。但与此同时，也给房地产行业带来了诸多风险，如大批房企年内到期债务回款压力的增加，加之融资环境明显恶化，各种因素叠加会进一步加剧房企的偿债压力，又可能导致资金链条断裂。

五是实体经济仍陷困境，各种矛盾更加突出。目前，大量中小企业仍然举步维艰，融资难、融资贵、坏账率高，用地成本、租赁厂房成本、各类资源成本、劳动力用工成本，再加上环保、安全生产等因素，使得企业的成本压力依旧比较大，资金周转期明显拉长，企业员工的不稳定性也在增加，导致实体经济企业经营出现了一些新困难，发展空间越来越小。因此，不少企业家反映，目前对未来前景感到非常迷惘，信心不足，精神不振，缺乏动力。

总体来看，一是上半年我国宏观经济运行依然保持着稳定增长态势，经济增长的基本面没有根本改变，但下行压力仍然不容忽视。二是全球贸易保护主义抬头，国际贸易摩擦增多，中美贸易战仍然还有一些不确定性因素存在。三是国内经济增长的新旧动能转化还没有完成，金融、房地产和实体经济发展中仍然还存在着一些风险因素。

三、着力解决经济运行中的突出问题

2018年是全面贯彻落实党的十九大精神的第一年，是"十三五"规划承上启下的关键之年，也是国际政治经济形势最复杂多变的一年。在这个背景下，我们建议要针对目前宏观经济运行中的突出问题和主要矛盾，从以下五个方面着力解决问题。

（一）着力完善实体经济政策

目前，企业家不愿意搞实体经济是一个很大的风险，尽管各级政府的政策措施不少，确实也起到了很好的作用，但在实施过程中也受到了一些企业的诟病。为此，一是建议要解决好政策难以落地的问题。一直有很多企业反映，目前很多政策"不接地气""不能落地""干货不多""不够解渴"，使得企业发展的动力、活力、能力、潜力，以及企业家精神等受到了很大影响。以后，政府应多出台一些有实质性内容和具体措施的微观政策，从而提高政府的公信力。二是建议要解决好政策协调不力问题。在现实中，一些企业在落实产业促进政策或者享受相关政策时，往往会碰到政府内部扶持政策之间缺少协调的情况，由于政出多门，政策出台前缺乏协调，政策出台后牵头单位又难以协调同级部委的意见，结果只能在有限范围内推行支持政策。三是建议要严格把握各项调控政策出台的准则和门槛，近期来讲，凡是可能增加企业经营成本的政策决不能出台，凡是能够降低企业经营成本的政策要抓紧出台。

（二）着力推进营商环境优化

营商环境优化，可以释放制度红利，并且放大供给侧结构性改革的效应。为此，一是建议要紧密结合政府机构改革，提高各级政府的行政效能。重点是减少审批事项，缩短审批时间，统一审批标准，破除各种潜规则，尤其要解决好一些基层政府部门或工作人员不依法施政，以及不作为、乱作为、瞎

作为的问题。二是建议要加快证照分离改革。重点是梳理、取消照后的各类证，能减则减，能合则合，企业最需要看到的是政府尽快排出取消各类证的清单和时间表。三是建议要加大减税清费力度，尤其要清理取消各类收费，大幅降低企业的非税负担，继续阶段性降社保缴费比例，切实解决好企业成本高企问题。四是建议要降低公共服务和公共产品的价格，重点是水、电、气、通信等领域，尽管电价调整做了部署，流量漫游费已经取消，应该研究是否还有下降的空间，还有物流成本中的路桥费用等，都应该有所调整。五是建议要采取必要措施构建好新型政商关系。尤其要保障企业家权利，包括知识产权、财产安全，使其能全心创业、安心发展、恒心安居。

（三）着力稳定房地产业发展

我们在2017年上半年的经济形势分析报告中，曾经建议把握好房地产调控的方向、分寸、节奏，提出了调控政策跟着"库存"走、土地指标跟着"人流"走、住房性质跟着"收入"走、土地价格跟着"标准"走、资金支持跟着"刚需"走的政策建议。目前，在采取限价、限购、限售等行政措施下，房价上涨势头得到遏制，但也出现了一些新情况，一、二手房价格倒挂、一房难求、摇号购房，企业购房上升规避限购政策，开发商惜售，导致房价上涨预期仍然强烈，使得控房间、增供应、调政策、稳市场尤为重要。为此，一是建议要完善调控政策。例如，限价政策要考虑一手房、二手房的价格平衡，不能出现价格倒挂；个人限购和企业购房要考虑统筹平衡，避免出现投机空间。二是建议要增加市场供应。在一、二线城市，重点要引导开发商以价换量，及时推出商品住房销售，统筹安排不同价位的楼盘上市销售，增加市场供应量。三是建议要抑制投资投机行为。从政策完善角度，进一步抑制规避限购、避税、炒作资产等投机行为，治理类市场乱象。四是建议要推进租售并举。加快发展住房租赁市场，加快推进租赁住房土地供应，加快完善住房租赁公共服务平台建设。

（四）着力化解地方债务风险

长期以来，地方债务一直是防范风险的重要领域，但对风险源头关注不够。自1992年第一个国家级新区落户上海浦东之后，至今全国已成立了29个国家级新区，尤其是2011年以来国家级新区更是密集设立。应该说，这些新区成了推动地方经济发展的重要因素，但也应该看到，由于中西部地方政府财力有限而大量发债、银行因有政府背书而大量发放贷款、央企或地方国企因国家级新区而参与其中,再加上大规模引进外资时代已经过去和国内经济的减速转型,一些新设的新区大规模开发也带来了巨大的地方和企业的债务风险。为此,一是建议对全国所有的新区建设进行必要的发展评估,并且在此基础上实行必要的分类指导。二是建议对运行良好的新区,继续予以支持。这些新区,不仅对地方经济发展起到了重要的支撑作用,而且对全国经济发展也产生了一定的推动作用,因此,国家层面应该加大支持力度。三是建议对运行一般的新区,进行功能调整。一些新区,由于国内外经济形势发生了很大的变化,使得原来的一些功能难以实施或者实现,因此,应该根据形势变化进行必要的功能调整。四是建议对运行不佳的新区,适时调整规划。一些新区在运行过程中确实出现了一些困难,前景也不太明朗,因此,有必要进行规划调整。

(五)着力建设开放型经济新高地

当前,面对复杂多变的国际政治经济形势,以及国际贸易保护主义抬头和中美贸易摩擦的现实态势,通过扩大开放切实推动我国开放型经济上新台阶。为此,一是建议以"1+3+7"和海南省自由贸易试验区建设为扩大开放的压力试验平台,争取早日推进自由贸易港试验,宜快不宜慢。二是建议以11月在上海举办的2018年上海国际进口博览会为契机,全面谋划好扩大进口的规模、领域、商品等,作为扩大开放的重要平台。三是建议针对国内大量消费外流的现实,继续对一部分进口商品实行必要的减税政策,促进消费回流。四是建议推进"一带一路"倡议的全面落实。以"节点城市、产业园区、相关项目"为推进策略,予以重点突破,在国内各地自由贸易试验区建设若干个服务"一带一路"的"桥头堡"。同时,充分利用全国各地与国外建立的一大批的"友城",推进一些合作项目建设。

(张兆安、邱俊鹏,2018年7月15日)

推动人工智能与实体经济融合发展

召开在即的 2018 年世界人工智能大会在上海掀起了一股人工智能的旋风。确实，以互联网、大数据、人工智能为代表的新技术，正在不断地改变着生产方式、生活方式，正在深刻地改变着这个世界。其中，人工智能也将成为新一轮产业变革的核心驱动力，正因为如此，人工智能也就成了社会各界广泛关注的焦点。

党的十九大报告明确指出："加快建设制造强国，加快发展先进制造业，推动互联网、大数据、人工智能和实体经济深度融合，在中高端消费、创新引领、绿色低碳、共享经济、现代供应链、人力资本服务等领域培育新增长点、形成新动能。"这充分表明，尽管人工智能技术应用的领域十分广泛，前景非常广阔，但人工智能与实体经济的深度融合发展，更是人工智能技术发展的应有之义。

为什么这么说？其主要原因是：人工智能与实体经济密不可分，尤其是制造业更是人工智能技术应用最广泛的领域。实际上，人工智能技术创造的很多产品本身就是制造业产品，或者说，人工智能技术应用很多都是附着在制造业产品上的。例如，人工智能机器人的核心是人工智能技术，但人工智能机器人也是需要制造出来的，还有无人驾驶、智能交通、教育、医疗、金融、人脸识别等，都是需要通过一定的产品载体展示出来的，而这些产品载体的制造，实际上就是通常所讲的实体经济，其核心就是制造业。因此，人工智能离开了实体经济，它的蓬勃发展就会受到影响；而实体经济添上了人工智能的翅膀，就会大大提升产业发展能级。

目前，实体经济是我国国民经济发展的重要基石，推动人工智能与实体经济的深度融合发展，更是加快实体经济创新转型和提升能级的必然选择。应该说，人工智能与实体经济各个领域的融合发展特别是和制造业的深度融合发展，可以为制造业产业转型赋能，可以为实体经济创新转型助力。突出表现在两个方面：一是利用人工智能技术推动智能制造，是制造业高质量发展的必然趋势。通过实施制造业的智能制造工程，不仅可以改造和提升传统制造业，而且可以优先培育和发展一批战略性新兴产业集群，形成实体经济新的产业推动力和制造业新的经济增长点。二是利用人工智能技术推动智能制造，可以大大提高生产效率。由于作为一种全新的生产要素，人工智能技术可以进一步改变生产方式，甚至带来生产和组织模式的颠覆性变革，产生巨大的生产和组织效率的裂变。例如，通过运用人工智能技术，可以实现制造业企业的设计过程、制造过程和制造装备的全面智能化，进而降低生产成本，提高生产运行效率。因此，人工智能技术的有效推进，将不断赋予制造业新的能量，赋予制造业更高的效率。

人工智能来了，我们准备好了吗？从未来发展角度来看，人工智能技术的推广应用是一个必然的发展趋势。在这个大背景下，作一些必要的思考是比较关键的。

第一，是要制定好发展规划。目前，国务院已经印发了《新一代人工智能发展规划》，标志着人工智能的发展已经上升为了国家战略，因此，各级政府和相关部门应该根据各地的资源禀赋和比较优势，积极推动人工智能与实体经济深度融合发展。

第二，要谋划好重点领域。例如，这次世界人工智能大会所展示的AI+交通、健康、教育、零售、服务、智造、金融等七大"AI+"主题式体验，都是人工智能应用的领域，但还需要进一步拓展更多的"AI+"。

第三，要集聚好人才队伍。应该清醒地认识到，人工智能领域的竞争，主要还是人才之争。与发达国家相比，我国人工智能领域的人才，包括理论、学术、技术、研发、运用等人才还比较缺乏，需要大量培育。

第四，要推进好企业应用。人工智能技术最后的落脚点还是企业，因此，广大企业如何很好地认识、应用人工智能，还大有文章可做。例如，人工智能技术知识的介绍、成功经验的传播、相关企业的培训、技术人才的培养等，都是当务之急。

（张兆安，《文汇报》2018年9月16日）

我国对口帮扶工作立法研究

我国的对口帮扶工作是一项长期性、全面性的重大系统工程，自中华人民共和国成立以来一直延续至今，所取得的成就举世瞩目，不仅对全国经济社会统筹协调发展起到了重要的作用，而且凸显了中国特色社会主义的制度优势。特别是新时期"打赢脱贫攻坚战"的伟大实践，使得对口帮扶工作的体系更加健全、经验更加丰富、工作更具成效，各地的经验和方法很多，出台过各种地方性、专业性的条例、规章、制度、办法等，但在国家层面上仍然没有形成一部相应的法律，因此，为了促进我国对口帮扶工作更加持久、有效地开展下去，很有必要对我国对口帮扶工作进行立法研究。

一、我国对口帮扶工作的现状、经验、问题及困难

由于全国各地发展阶段不同，帮扶内涵不同，地区情况各异，因而就需要统筹协调、因地制宜，酌情安排。与此同时，我国的对口帮扶工作已经取得了巨大的成绩，形成了一系列很好的工作理念、制度、方法，也存在着一些需要进一步解决的问题和困难。对此，我们可以从以下九个方面进行归纳梳理。

（一）干部队伍帮扶方面

1. 现状和经验

（1）援助干部扎根受援地无私奉献。运用工作新理念和新方法，对当地干部的带动影响很大。同时，在精神状态上"5+2"、白加黑的连续作战是常态化，使命感与责任感并重。（2）援助干部选拔及管理办法行之有效。一大批政治素质好、有较强的工作能力和较丰富的实践经验、作风扎实，不怕吃苦，甘于奉献、身体健康的优秀干部扎根一线。（3）提升带动受援地干部队伍素质。对口帮扶双方根据地区发展和干部队伍建设需要，积极开展受援地干部培训，并建立"师傅带徒弟"定向培养关系，提升了受援地干部的各项能力。（4）锻炼了一批过硬的人才队伍。在对口帮扶工作中，各级党政机关对援助干部，组织上充分信任、工作上大力支持，并且明确分工、承压重担，

大胆开展工作,使得对口帮扶成为各类干部难得的人生历练机会,主动作为,积极贡献。

2. 困难和问题

(1) 干部休息时间得不到保障。例如,新疆与上海两个小时的"时差"使得需要经常对接上海情况的援疆干部来说,工作小时无形中每天会延长许多。在规定的45天探亲假中,回到上海的援疆干部仍须用前后两周时间对接工作,无形中也缩短了休息时间。同时,目前探亲假又缩短到两周,无疑彻底压缩了探亲时间,有干部大年初七就从家乡回到工作岗位。如果无私奉献之余情绪得不到舒缓,有可能会挫伤干部的积极性。(2) 由于管理条线上规定,按照干部管理权限,由派出单位与受援地共同管理,以受援地各级党委(党组)管理为主。曾有一名援助干部工作关系在受援地某单位,实际工作在援助方某单位,边疆工作待遇因部门协同不畅长时间无法落实,影响了干部的积极性。(3) 制度不确定性影响了干部预期。根据规定,期满返回的干部和人才,按照"从哪里来回哪里去"的原则,由派出单位负责安排。在原工作单位担任领导职务的,返回后一般不安排同级别非领导职务;表现优秀、符合任职条件的,同等条件下优先考虑提拔使用。实际情况是,对口帮扶结束后能否得到合理安排缺乏稳定的预期,回来之后提不提也不清楚,由此可能产生不稳定的心理预期,担心"回不去""没位置"的想法也会影响干部的积极性。

(二)专业人才帮扶方面

1. 现状和经验

(1) 医疗组团式援助效果明显。例如,上海医疗组团式援疆模式以医院包科室、专家带骨干有效破解群众看病难看病贵的问题,白玉兰远程医疗系统发挥重要作用,全面加强了受援医院重点学科建设和骨干人才培养,得到了中组部和卫健委的推广;又如,教育组团式对口支援模式,对促进国语教育、职业教育、加强师资建设、深化课程改革、提高教育水平有立竿见影的效果。(2) 推出柔性人才新模式。在对口帮扶中,向受援地推出短期定向帮助服务,送教下乡、结对认亲,加大交流互动。同时,针对受援地重点行业和人才需求,采取招商引才、项目引才、以才引才。

2. 问题和困难

(1) 人才管理激励机制不健全。受援地对人才特别是柔性引进人才有激励政策，但援派方缺少激励政策。例如，一些专业人才服务到期后，能否鼓励有意愿的专业对口人才延长服务期限，给予人才一定时限内保留其原派出地任职的资格，能否预留3—5年的待遇和工作岗位，解决人才的后顾之忧；现有激励体制考虑1—3年短期服务的较多，考虑5—10年长期服务的较少，而医疗、教育都是需要久久为功的领域，时间太短会影响效果，但需要相应的激励政策。(2)各类人才培养缺乏长效机制。总体上来看，当地基层干部能力素养不够比较突出，实用性人才服务民生的人才欠缺，因此，迫切需要建立长效机制进行持续帮助。(3)基层医院基础设施差、业务能力低，亟待后方进一步加大力度输血。受援地如新疆、青海、西藏等，大多人口密度低、点多面广线长，医务人员业务能力较弱，亟待后方进一步加大支持力度。(4)社会力量的参与和投入力度不够，成效不明显。一些受援地缺乏人才招录培养平台，难以引进一批重点领域高层次人才和紧缺人才，重点解决教育、卫生、公安、司法、园区管理等行业人才问题，因此，必须鼓励社会力量和民间组织与受援地结对，增强交流。

（三）产业发展帮扶方面

1. 现状和经验

(1)多形式支持受援地产业发展。例如，新疆喀什地区已有上海援疆企业232家，对于促进精准就业，推进两地企业合作发挥了很好的作用，2017年累计就业已达到1.8万人。(2)招商引资推动劳动密集型产业落地。推动产业建设，扩建产业园筑巢引凤，推动各类重点企业落地，促进了当地的就近就业。(3)组织农产品销售，提升旅游能级。农业领域开展新品种培育、提质增效等工作。例如，新疆喀什地区探索"龙头企业+卫星工厂+合作社或农户家庭"新型产业链。青海果洛州实施生态养殖、发展一批肉乳制品加工扶贫龙头企业，进一步优化农牧业体系，引导贫困户将草场、牲畜等生产要素折股入社。定期组织农产品联展。抓好旅游规划、宣传营销、创建精品景区、完善旅游设施、加强人才培育。(4)创新就近就业模式。以产业促进就业，一批卫星工厂顺利建成吸收就业。村民就业不出村，中午能回家吃饭，厂内设有育儿区域，汉语动画片推动早教发展。(5)国家级电子商务进农村，引入物流，线上线下双平台，以合作社模式带动全村脱贫。(6)金融保险帮扶，支持金融创新。试点农产品目标价格保险，支持银行针对小微企业发放贷款，推动地方企业挂牌上市。

2. 问题和困难

（1）产业扶贫是短板，民间参与力度很弱。最大原因是营商环境的不完善，如缺乏基本素质的产业工人、缺乏基础设施的前期准备。同时，由于信息不对称和政府引导不够，产业帮扶还有不少难点。（2）农产品企业起步晚、数量少、规模小、工业化程度低、加工能力弱。西部地区有丰富的自然资源，也很有特色，但还普遍存在着产品加工粗放、工艺落后、规模效应不够，以及缺乏品牌的问题。（3）有好产品却打不开市场销路。一些农副产品的原料特别好，但是加工出来后对接难度很大，产品销不出去。西部地区的部分特色瓜果蔬菜长途运输无法保证口感，成本也没有竞争力，很难进入东部市场。（4）受援地产品线过多，品牌能级过小。尽管一些受援地已经出现了不少打出产品品牌的成功案例，然则仅仅是一种商品的知名度，品牌能级过低，消费者只知产品好，不知原产地的其他产品也好。（5）工业园区招商力量不强，企业生产投入和效益产出有待提升。同时，庭院经济处于"自发式、跟风式、随意性"发展状态，存在粗放经济、被动经营。（6）受援地一些群众不愿意离开家乡，有的年轻人也不愿意去东部工作，对离开熟人社会有担忧情绪，比较安于现状。因此，转移就业只能就近吸纳，东部转移就业规模上不去。（7）受援地没有形成现代市场经济体系。各地政府仍需要切实打造自身营商环境和市场环境，调动要素资源，融入全国整体市场体系。因此，在"输血"与"造血"的中间地带，还需要一个漫长的市场培育时期。

（四）安居富民帮扶方面

1. 现状和经验

（1）安居工程建设成效显著。例如，截至 2018 年，新疆喀什地区安居富民房共建 32 万套，帮助喀什地区 100 万人住进安居房。同时，农村卫星工厂和市政配套建设使得住房安全有保障，群众就业增加，收入增加。（2）打通了"最后一公里"。各地安排专项资金支持道路建设、美丽乡村建设、天然气管道建设等基础设施和公共服务配套项目。（3）支持发展庭院经济。补助贫困户发展小果园、小藤架、小菜园、小农舍、小禽舍、小棚圈"六小"致富项目，改变生活方式，增加收入。（4）规划专家进行远期规划。各个受援地区都制定了一些总体规划以及专业规划，如棚户区改造、安居富民、易地搬迁项目、重点产业项目等。（5）"农、危、改"建设与易地搬迁。实行贫困人口易地搬迁，以及通过改造使得房屋质量达标，推进美丽新农村建设，生态宜居、乡风文明、生活富裕一直坚持做下去。（6）人才传帮带。受援地规划人员到支援地培训，管理服务水平显著提升。例如，上海帮助受援地规划设计单位规划资质提升，促进城市规划和城市建设发展。

2. 问题和困难

（1）需要加大帮扶力度。尤其是扶贫攻坚和重大项目工程，建房资金等及时拨付，并且适当加大力度。（2）需要加大受援地人才培训力度。目前，受援地现有人员规划专业的基础知识比较欠缺，需要加大培训力度。同时，也需要提高相应待遇留住人才。

（五）医疗卫生帮扶方面

1. 现状和经验

（1）推进基础设施建设。近年来，受援地的卫生基础设施和医疗能力提升最快、效果最显著、最易凝聚人心。（2）坚持医疗与预防相结合。组团式帮扶迅速提高受援地医疗水平。例如，上海集中力量推进地区、县乡互联和远程医疗，尤其在降低新生儿死亡率、孕产妇死亡率、传染病发病率，提高平均寿命方面成效显著。（3）打造医学高地。例如，上海在南疆设立首个院士专家工作站，实行三甲医院传帮带方式；28家三级医院对口帮扶云南28家医院，一对一帮扶效果最好。（4）运用白玉兰远程培训会诊系统，构建"上海三甲医院—地方综合医院—县级医院—乡镇卫生院—村卫生室"五层联动网络。实现小病不出村、常见病不出乡、大病不出县。

2. 问题和困难

（1）人才的选派问题。例如，上海对口支援新疆喀什二院探索的医疗人才援疆模式，中组部在西藏也进行推广。目前，对副高职称以上专家有比例要求，西藏一年一轮，其他地区一年半一轮。按照这个比例长期发展下去，后方医院人才逐渐捉襟见肘，可能会面临选派上的问题。（2）项目的延续性问题。从国家层面把对口帮扶的任务和计划目标明确下来，尽管"十三五"规划中期可以调整，但有时候因形势变化了需要变化，而一些项目中间是不宜轻易变动的，否则不利于工作的开展。（3）硬件和基础设施上还是填平补急，医疗资源覆盖难。一些对口帮扶地区山高路远，人口集聚度低，一线医技人员需要覆盖的范围很大，因此，发现疾病难度增加，发现疾病时间太长。（4）基层最大的问题是人才问题。对口帮扶地区和基层单位人才紧缺，尤其是深度贫困地区人才引进的政策和资金保障，国家层面应给予协调和帮助。

(5)教育机构和培训资源欠缺。对口帮扶地区、边远地区、民族地区高学历人才培养优惠政策、人才培养力度政策还是不够，需要进一步加强。

（六）教育对口帮扶方面

1. 现状和经验

（1）大力推进职业教育弥补薄弱领域。例如，上海14所中高职院校全覆盖对口喀什7所职业学校，新疆、青海、云南与上海成立职业教育联盟，开展订单式培养，重点打造精品专业，在联合招生、师资培养、干部交流、专业共建、实训基地援建、产教融合、校企合作方面开展工作。（2）组团式长期开展教育教学效果显著，对提升受援地基础教育、职业教育水平有很大帮助。例如，上海援建青海果洛中学，打造示范性学校和现代教育示范基地；上海进才学校对口云南景洪办学，每年进行交流指导，对整个教育工作管理提升有很大帮助。（3）高层次人才培养与异地办学内高班制度。云南省与上海高校合作联合培养人才，多数人成为高校教师的中坚骨干。青海果洛州每年输送100名中职生进入上海职业学校以及每年输送200名初中毕业生进入上海高中就读。（4）利用对口资源机制平台，发挥科技教育人才管理资源优势，提高科学文化素质、劳动就业能力。（5）教育部援藏、援疆万名教师支教计划。丰富人才对口帮扶形式，提升当地教育水平，为地方长治久安提供保障。（6）白玉兰农民现代远程教育取得实效。沪滇合作建成404个农村远程教育网点，运用远程设备开展教育培训。

2. 问题和困难

（1）引进人才和留住人才困难，导致教育教学质量提升比较缓慢。（2）一些地区的基层双语教师培养培训跟不上需求，影响到基层学校国语教育的推进力度，目前很多少数民族群众还不能熟练掌握普通话。（3）双方人才交流需要加强。上海浦东新区和松江区每年都有专家学者、骨干教师到云南西双版纳"传经送宝"，云南也有骨干教师跟班学习。在这方面，国家还要加大工作力度，增加交流人数，而且专家队伍最好涵盖所有学科。同时，学前教育也要抓紧，特别是学前教育阶段的普通话推广工作。

（七）交通运输帮扶方面

1. 现状和经验

（1）交通状况大为改善。在云南西双版纳的边陲贫困村，过去泥泞山路没有四轮驱动都进不去村，雨季洪水都无法出村，现在村村通路并且都是20

厘米厚的水泥路，令人感到欣喜。（2）乡村振兴战略目标是到村、到组入户。由于交通基础设施建设较完善，不仅解决了当地群众出行难的问题，而且当地特色的农产业也逐步开始向外销售。

2. 问题和困难

（1）部分地区公路建设存在着资金困难。例如，一些地区距离国家振兴农村公路加快村级道路和入户道路的建设目标还有很大差距，但是，由于通村公路和入户道路没有列入交通运输部的投资项目，要自筹资金建设，当地财力不够。（2）管理人员和人才队伍也缺乏。由于长期以来建设比较滞后，专业人才队伍和管理人员不足，能力和水平提高也受到影响。

（八）文化领域帮扶方面

1. 现状和经验

（1）深入开展民族一家亲活动。例如，上海援疆干部和人才定期入户走访慰问结亲对象。（2）持续开展志愿服务。例如，上海的"银龄行动"组织退休老专家践行"传帮带教"志愿服务。同时，协调安排两地青少年交流活动。（3）建立支持公共文化基本设施机制、非遗传承保护机制，以及县文化馆、文艺队的编导和文艺骨干的培训，为受援方购置公共文化设备和数字图书馆设备。（4）推进两地文化交流，组织演出团队异地演出，打造文化精品。青海果洛州格萨尔文化内涵丰富，建立了上海大学驻果洛传统工艺工作站，组织格萨尔文化生态保护专家论坛等，重视团队建设、交流、保护。

2. 问题和困难

（1）文化事业星星点点。文化领域的对口帮扶主要问题是体量不够大、面不够广。这同文艺工作的性质和特点有关系，一个节目、一批交流工作量不小，但是参与的群体不多。（2）文化产业方兴未艾。文化需求永远存在，但是在经济发展尚未达到一定水平的阶段，文化产业的孕育和发展则会显得步履艰难。具有民族特色的文化产品推广和交流的载体建设尚不充分。

（九）生态环保帮扶方面

1. 现状和经验

（1）建立生态环保新机制。例如，在青海果洛推动生态扶贫，初步形成生态、生产、生活共赢；借助国家公园试点和生态治理恢复项目工程，推动贫困群众转岗就业；严格落实生态补偿机制，构建"生态管护+基层党建+精准脱贫+维护稳定+民族团结+精神文明"六位一体生态管护模式。（2）环境监测能力建设大幅度提高。环境监测、监察、科研等对口单位合作深入，上海市支持云南开展环境能力建设，援助资金及设备，并通过环境监测站远程教育、组织上海学习以及实地指导等方式提高监测水平。

2. 问题和困难

（1）受援地环境执法、检测、危险废物管理技术力量比较薄弱，存在有设备没人操作的情况，需要通过学习交流提升素质。（2）民生保障环境行业的资金和技术支持。例如，医疗机构的二级以下污水处理设施都非常简易，不符合环保要求，但因为是民生保障部门，无法处罚和关停，一旦出现事故环保部门仍旧需被问责。还有屠宰加工，原始状态都是手工或半手工，需要进行改造生产线和增加管理人员，但由于屠宰量很小，上生产线、管理设施后成本覆盖不了。（3）环境执法缺乏自由裁量权。过去量化细化管理细则，自由裁量权空间很大，能否考虑被帮扶地区的产业特点，环保上予以一定的自由裁量空间。（4）需要提供立法帮扶，帮助建立环保法律体系。

二、推进完善对口帮扶工作的思考建议

应该充分认识到，我国的对口帮扶工作经过几十年的发展实践已经取得了巨大的成绩，对于推动欠发达地区经济社会发展起到了重要作用，对于推动全国区域统筹协调发展奠定了重要基础。但是，按照"中央要求、受援方所需、援助方所能"的整体格局和发展趋势，我国对口帮扶工作仍然还需要进一步推进完善，尤其应该在以下十六个"注重"方面下功夫。

一是注重顶层设计和统筹协调。从战略角度和长远角度来考虑，对口帮扶的顶层设计和统筹协调需要进一步加强。如果在全国人大层面能够推动对口帮扶立法，对于避免部门利益冲突、减少部门间利益协调有非常大的好处，效果好、见效快。同时，如果能够在国家层面立法，也可以很好地解决对口帮扶由谁来执行、主体是谁等一系列相关问题，尤其是在2020年我国建成小康社会之后，更好地推动对口帮扶工作的开展。

二是注重工作机制建设与高层互访。对于对口帮扶工作，高效顺畅的工作机制十分重要。因此，除了援受双方高层互访之外，需要进一步建立完善指挥部、地区政府和县政府共同参与的项目推进联席会议工作机制；进一步完善项目前期、实施、资金拨付、审计四项工作流程；进一步实施月度通报制度，对项目审计全覆盖，结余资金统一管理使用，重点领域重点工作先调研后形成方案和计划。

三是注重制定完善各类制度规范。例如，上海对口援疆喀什地区建立了各项工作规章制度50多项，其中资金监管、重大专项制定制度14项，重点工作实地调研制度3项等。同时，双方高层多次召开联席会议，考察访问，确定相关事宜，有效地推进对口帮扶工作。从全国来看，一些已经形成的、行之有效的制度规范，应该在对口帮扶各地进行复制、推广。

四是注重对口帮扶规划先行。对于对口帮扶工作，不论是支援方，还是受援方，都非常重视，也非常投入，但毕竟牵涉到援受双方，因而需要规划先行。例如，2018年7月27日，新疆扶贫工作出台了《农村扶贫开发条例》，对扶贫开发工作更加规范。云南西双版纳同上海松江区前期召开了11次联席会议，签署了一系列扶贫协作协议、"十三五"扶贫工作规划、三年工作计划、扶贫工作要点等，促进有章可循、有规可依，并且不轻易变更。

五是注重对口帮扶精准为先。三年脱贫攻坚战形成的精准扶贫宝贵经验，就在于开展工作的精准和量化。例如，云南西双版纳州详细分析贫困成因，不是缺钱、缺土地、缺资源禀赋，而是27.6%为缺技术、14%为因病致贫、12.6%为自身动力不足，三项占了一半贫困人口以上。扶贫办通过各个系统大数据比对，以及一线扶贫干部反复核实调研掌握情况，建立一个精度极高的精准扶贫数据库，可以极大地提升工作效率。

六是注重民生项目资金投向。解决当前资金分散聚焦不够的问题，要坚持把人民群众对美好生活的向往作为落实项目资金的方向，在规划编制、项目筛选以及对口支援资金使用上坚持确保80%以上的资金用于县及以下基层，80%以上资金用于保障改善民生。直接用于脱贫攻坚资金不少于县级资金额度的50%。在规划落实上，要坚持改善基础设施条件，提升基层教育、医疗服务水平。在执行机构上，要争取一口管理。

七是注重推进智力对口帮扶。从受援方来讲，尽管造成当地经济欠发达的因素很多，但其中一个十分重要的原因，就是普遍地缺乏各类人才，缺少推动经济社会发展的智力支撑。因此，进一步推动援助方、受援方人才的双向交流、挂职锻炼，可以弥补受援方的人才短板。同时，还要进一步推进援助方和受援方的职教联盟建设，培养更多合格的技术人才和产业工人。

八是注重援受双方市场互动。援助方利用本地市场资源和优势，通过各类博览会、推荐会，建立飞地经济，培育当地特色品牌等，帮助受援地特色产品开拓援助方市场，促进经济发展。例如，上海建立以"富平"（扶贫谐音,取意富贵平安)为品牌的对口帮扶特色产品研发基地和实体展销窗口,将众多特色产品归入"富平"大平台中进行集团化推广,取得很好效果。同时,援助方还要与受援方一起,注重培养受援地的市场环境,促进受援地市场体系的形成,进一步改善受援地的营商环境,增强市场主体的动力和活力,充分挖掘市场潜力,形成"造血"机制。

九是注重补齐受援方产业短板。受援地区之所以经济欠发达,主要是因为产业发展方面还有很多短板。因此,援助方和受援方尤其是援助方,应该通过政策扶持、资金支持、机制平台建设等,把受援地区的产业发展起来,尤其要利用受援地区的资源禀赋和资源优势,进一步发展当地的特色产业。当然,也可以结合供给侧结构性改革,推动两地扩大合作范围和合作力度。例如,深化产业促进就业模式,引入龙头企业,筑巢引凤扩展劳动密集型产业,推动电商进农村建设等。

十是注重扩大社会力量参与。对口帮扶工作,除了政府发挥主导作用和予以强力推动之外,还应该充分发动社会力量的积极参与。这些社会力量,可以是广大的企业,可以是各类经济和社会组织,也可以是个人,关键是政府要进行必要的引导,制定一些相应的政策,促进各类社会资源主动到受援地开展工作、服务人民、创新创业。例如,可以依托各类平台,推进各类人才比较长期地扎根受援地,帮助受援地推进各项事业发展。

十一是注重机构改革解决"九龙治水"。要建立健全"部门负责纵向垂直管理,委员会、领导小组负责横向协调"的体制机制,改变由于"纵向实体化、横向虚化"容易造成的"碎片化"和"资源叠加"现状。要积极探索机构改革,解决政出多门,缺乏统筹协调难度大的问题。将分散于各个部门对口帮扶的资源集中于一处,在资金调集、项目拟定、对口帮扶规划上,起主要负责和领导作用。

十二是注重对口支援干部人才各类待遇。对口帮扶工作,援助干部人才功不可没,因此,需要关注他们的各类待遇。例如,收入待遇、公务员的级别待遇、社会地位与荣誉感的隐形待遇应该相结合。短期奖励与长期激励相配套,干部人才留3年可能看重收入、级别;留10年则看重社会地位和荣誉感、使命感;如果留一辈子,除了看重自身待遇外,家人后代的待遇也要慎重考虑。随着对口支援干部人才来源扩大化的趋势,市场化条件下人才引进有别于行政命令式的强调奉献牺牲,可能会把效益放在首位。

十三是注重保护支援方。对口帮扶最初的形式之一，就是"合作交流"，也就是对口帮扶双方利用各自的资源和优势，进行各类的经济合作和对口交流。对口帮扶内涵的不断丰富，外延的逐渐扩大，确实对受援地区经济社会发展起到了重要的推动作用。但是，从长期来看，还是要按照"中央要求，受援方所需，援助方所能"的整体格局，紧密结合"援助方所能"，推动援助方的对口帮扶工作。如果一旦援助方感到力不从心，对口帮扶的质量就会打折扣。

十四是注重促进受援方。对口帮扶如同人与人之间的结对，因此，赋能式帮扶需要强调助人自助的良性帮扶，进而有利于长期稳定对口帮扶合作关系。双方都能有一个良好的预期，有了良好的预期就会有积极的动力。受援方经过一代人的艰苦奋斗，经过援助方的输血帮扶和造血机制建立，就能不断地促进受援方的发展成长。如果受援方主观上希望长期停留在被输血阶段，依赖养懒汉式的帮扶工作，那么，就有可能导致对口帮扶原动力的丧失。

十五是注重移风易俗、教育兴边。回顾历史，一些边疆地区的少数民族过去由于生产力限制且地广人稀，无法人口定居编户齐民，进行大规模治理，只能以小部落为单位行动，依靠熟人关系完成管理。现如今，很多边疆地区兴修铁路、公路，四通八达，完全有条件完成定居化、市民化、农耕化。因此，在保留特性的情况下，推进生活习惯的转变，大兴教育，移风易俗，可以为边疆地区的长治久安和社会发展打下真正的基础。

十六是注重构建以就业为导向的产业体系。伴随着城乡一体化的推进，在可预见的未来，无论是产业工人抑或农民都只是一种社会分工的职业。在对口帮扶工作中，就业会成为考量产业发展的核心指标，当地居民就业的领域、就业的模式、就业数量是经济发展和社会发展的风向标。例如，对口帮扶体系中以就业为导向的工作方式，应该成为精准考量工作成效的重要指标。

三、对口帮扶工作需要探索立法

从总体上来讲，我国的对口帮扶工作已经取得了巨大成绩，并且充分体现了我国社会主义制度的优越性。下一步，还可以在国家层面上探索对口帮扶工作的立法研究。应该说，以法制形式保障对口帮扶工作，是对口帮扶工作发展的必然结果，更是对口帮扶工作持续发展的客观要求和重要保障。通过立法，可以更好地推动各地区的统筹协调发展，保障贫困地区的均衡发展，促进全国各地共同发展和共同进步。

（一）对口帮扶工作的特点需要立法

1. 对口帮扶的统筹性和协调性

当前，我国的对口帮扶工作在体系上主要包含扶贫协作和对口支援两大板块。即由国家发展和改革委员会牵头的对口支援工作，重点是援疆、援藏、援青、对口支援革命老区脱贫攻坚、对口支援东北老工业基地振兴、对口支援三峡库区、南水北调、对口支援地震灾区等；由国务院扶贫开发办公室牵头，从1996年起至今的东部和西部之间的扶贫协作。除却两个牵头部门，几乎所有的政府职能部门实际上都参与了方方面面的工作，因此，需要国家从法律层面予以统筹协调。

2. 对口帮扶的全面性和长期性

帮扶是好对差、强对弱的帮助工作，也是好与差、强与弱的计划调节，更是以全体人民共享改革发展成果，全面建成小康社会为出发点进行的资源配置。因此，对口帮扶是全方位宽领域的系统工程，而非某个特定领域。实践证明，结对帮扶是促进落后地区发展的重要举措，并且只要有差别的存在，帮扶工作永无止境。由于对口帮扶工作的全面性和长期性，应该通过法律的形式得以固化。

3. 对口帮扶层次丰富

对口帮扶工作，从国家、省（自治区、直辖市）、市（自治州、区）、县（自治县）、乡（镇），一直到村乃至村民小组，可谓是全方位、各层面的对接参与。目前，尽管国家相关部门、有关省份已经出台了各个层级的一系列的相关条例、规定、意见，在实践中确实也发挥了很好的作用，但由于对口帮扶工作几乎涉及了我国所有的行政层级，在层与层的上下之间以及横向之间都需要统筹、需要协调，更需要国家层面进行立法规范。

4. 对口帮扶条线众多

仅每年开展一次的东西协作扶贫考核，就需要会同中央组织部、中央统战部、国家发改委、教育部、国家民委、财政部、人力资源社会保障部、国家卫生健康委员会、全国工商联等参与。在地方工作上，产业条线上的发改委、经信委、环保局，社会条线上的人社局、民政局，教育条线上的教育局、学校，安全条线上的公安，卫生条线上的卫生计生委、医院，建设条线上的住建局、交通运输局，文化条线上的文广局等，如此等等，实际上都应该通过法律层面予以必要的规范。

5. 对口帮扶形式多样

主要表现为：一是产业合作，尤其是支援地帮助受援地发展各类产业，推动当地经济发展，改变落后面貌。二是劳务协作，建立和完善劳务输出精准对接机制，提高受援地劳务输出组织化程度。三是人才支援，选派优秀的干部双向挂职锻炼，促进观念、思路、技术、作风交流。四是资金支持，列入年度预算，逐年增加扶贫协作和对口支援财政投入。五是社会动员，组织社会组织、民营企业、公民个人积极参与对口帮扶。总之，这些形式多样的对口帮扶工作，有必要通过法律形式进行规范。

6. 对口帮扶差异巨大

这些差别主要表现在：一是地区差别。例如，新疆的南疆需要在维稳基础上推动经济发展，青海的果洛州需要生态环境和地区发展兼顾，云南的西双版纳需要促进资源利用和工业化。二是人的差别。例如，群众的理念差别很大，特别是"直过民族"需要"扶贫先扶智，治贫先治愚"，游牧文明转向农耕文明、移风易俗、劝教农桑。同时，工作人员理念的差别、能力的差别也很明显。三是文化教育医疗卫生的差别，可以说千差万别，文化内涵不同、教育水平不同、医疗卫生能力不同等，都会在各地体现出来。因此，如何认识这些差异性，找出一些共性问题加以解决，也需通过法律形式进行规范。

(二) 对口帮扶立法工作的必要性和紧迫性

1. 社会主义事业的本质要求

《宪法》总纲中明确指出，把我国建设成为富强民主文明和谐美丽的社会主义现代化强国，实现中华民族伟大复兴；国家尽一切努力，促进全国各民族的共同繁荣；推动构建人类命运共同体，为维护世界和平和促进人类进步事业而努力。从这个高度出发，对口帮扶工作无论是对国内消除贫困、共享发展成果，还是对外贡献中国经验，都是最直接的中国特色社会主义伟大实践。因此，对口帮扶工作作为一项国家意志，需要通过法律形式予以固化和规范。

2. 国家发展战略的客观要求

我国到 2020 年全面建成小康社会，到 2035 年基本建成社会主义现代化国家，到本世纪中叶 2050 年建成富强民主文明和谐美丽的社会主义现代化强国。但新时代人民日益增长的美好生活需要和不平衡不充分发展之间的矛盾将会长期存在，这意味着对口帮扶工作在 2020 年脱贫攻坚战结束后依然还会长期存在，也更需要通过立法统一思想，统揽全局。

3. 更好发挥国家的制度优势

实践证明，对口帮扶工作只有在我国社会主义制度下才会有大面积的推动和执行，才会充分体现制度的优越性，才会取得如此大的成绩。只要地区不平衡存在一天，对口帮扶工作必将持续推进，制度优势也会进一步发挥。因此，把已经在我国实践几十年的伟大体系工程上升到国家法律层面，将制度优势法制化，有利于更好地凝聚共识推进工作。当然，我国对口帮扶中所积攒的扶贫经验，也可以为全人类贡献中国智慧和经验。

4. 对口帮扶工作经验需要固化

我国的对口帮扶工作开展了几十年，特别是东西帮扶协作开展22年来，全国上下在实践中已经形成了一系列很有效、很成熟的制度、经验和做法，并且发挥了很大的作用。应该说，这些实践的制度、经验和做法，是对口帮扶工作几十年积累起来的宝贵财富，很有针对性和操作性，如果通过立法的方式进行必要的固化，也必将对未来的对口帮扶工作起到重要的推动作用。

5. 完善对口帮扶工作顶层设计

国家发改委与国务院扶贫办各自牵头对口支援和扶贫协作，但还涉及很多部门。例如，财政方面涉及财政部，人才方面涉及中央组织部、人社部、科技部，金融方面涉及"一行两会"，生态方面涉及生态环境部、农业农村部，社会帮扶涉及全国工商联、民政部，健康方面涉及卫健委、残联，兜底保障涉及民政部，饮水安全涉及水利部，住房安全涉及住建部，教育扶贫涉及教育部，基础设施涉及交通运输部、能源局、工信部、农业农村部，土地方面涉及自然资源部。很多的组织、协调工作，如果用法律形式固定下来，将会起到更好的效果。

6. 解决对口帮扶工作持续问题

在实践中，有基层干部提出了"保护援助方，促进受援方"的想法。从援助方来看，在长期高强度工作压力下，容易出现勉力而行、竭泽而渔的现象；抽调合适干部可能成为一项并不容易完成的任务，放宽干部标准、增加干部来源成为趋势；过度单方面强调艰苦奋斗、无私奉献对干部精神和体力的消耗过大，也不利于保护干部成长。从受援方来看，可能还存在着目光不长远，养成依赖习惯和等靠要的现象；资源和投入项目的合法合规但效率不高、效果不显著；"被动的盲目输血"与"造血遥遥无期"影响援助方的积极性，也不利于受援方真正的发展。凡此种种，都应该通过立法进行规范。

7. 对口帮扶内涵外延需要规范

在对口帮扶工作中，一些地方也反映，有时候还存在着政策的随机性，小到对口帮扶人员的探亲假时间，大到支援地对口帮扶项目等。由于政策的多变化，随机性的状态往往会导致资源的分散，而且也会增加不确定性。特别是在基层的对口帮扶工作中，如果政策变化了，可能会造成一定的被动局面和工作失序。因此，在实际工作中需要更规范的制度安排，也需要把一些工作内容通过立法方式确定下来。

8. 凝聚对口帮扶共识实现共赢

目前，我国的对口帮扶工作主要是东部地区对口帮扶西部地区，也是涉及全国方方面面的系统性工作。只有对援助方和受援方都有好处，达到共赢，才能长期良性运作下去。因此，最好的办法是要有共同的规则。换言之，也就是国家层面上需要制定相关的法律；立法之后，可以进一步强化规定目标、规定动作、规定责任、规定效果，促进对口帮扶工作健康稳定持续地开展。

(三) 对口帮扶立法的基本原则和主要内容

1. 基本原则

一是强调建立健全长效机制。要立足长远，把对口帮扶的系统性和艰巨性充分体现，长期坚持，久久为功，推动政府和社会力量共同参与。

二是强调规划先行和统筹协调。要全国一盘棋，科学规划并且有效统筹资源整合力量，避免"九龙治水"。要"保护支援方，促进受援方"，立足受援所需，支援所能。各类规划要和各地规划相衔接，避免各自为政和资金项目不配套。

三是强调精准执行。对口帮扶政策从中央传导到地方，配套措施很关键。地方上要有针对性和时效性，对口帮扶地区所处的社会情况不同，要因地施策，精准帮扶。

四是强调帮扶主体责任。目前，国家发改委与国务院扶贫办，以及其他部门在工作上有契合，但需要进一步协调，因此，要从法律层面解决部门之间、央地之间、政府和社会、企业之间的主体责任和边界问题。

五是强调对口帮扶"不能包，只能帮"。授人以鱼不如授人以渔，要讲求"助人自助"，通过"扶上马、帮一程"的前期"输血"，赋予其自我"造血"的能力，进而迈上自我发展的快车道。这就需要通过立法的制度方式，将

"赋能"的性质确定下来，保护支援方，促进受援方，避免"养懒汉"。

2. 主要内容

尽管对口帮扶立法涉及面比较广，内容十分丰富，但主要内容还是要在立法中明确回答以下五个方面最核心的问题。

一是谁来帮扶的问题。东部发达地区对口帮扶西部相对不发达地区，仅仅是一个大概念，然则在东部地区的一些省份内部，由于一些地级市或者直辖市的一些区在客观上存在着经济实力的差异，因而造成了帮扶能力存在着差异。这就涉及在援助方内部如何选定帮扶主体的问题。同时，受援方在协调的过程中，还有很多矛盾和利益调整。

二是谁被帮扶的问题。精准扶贫的体系并非生而有之，是经过摸索以统一标准、统一程序、统一政策制作出一个庞大的数据库。为了确保精准性，建档立卡、不断回头看，整合税务、住房、金融部门、车管所、工商部门等各种信息大数据综合比对，同乡村的熟人社会、隐藏财产等形式进行了坚决斗争，明察暗访，处理了一批违纪干部才形成的精确数据。这套经验在后续确定帮扶主体对象的时候仍然是重要依据。随着扶贫阶段的提升，在地域上，也不仅仅是西部，也包含东北振兴、中部崛起甚至是东部的欠发达地区的相对贫困人口成为被帮扶主体。

三是帮扶目标与方法问题。一批批对口帮扶干部和人才，带着资源和自身的经验长期驻点开展工作。工作开展的原则和方向是什么，是输血还是造血，是疾风暴雨的运动式帮扶或者以5年、10年、20年的中长期规划，都要根据对口帮扶所要达到的目的因情况而论。同时，涉及国家安全、边疆稳定则需要雷霆万钧的运动式对口帮扶，涉及产业发展、盘活资源则需要长期规划，久久为功，不能因为时间到了就半途而废。

四是对口帮扶的标准问题。简单的经济指标一刀切虽然简单，但不切合实际。就如同无法用经济指标定义中产阶层、小康家庭。当前脱贫攻坚阶段的标准是"两不愁三保障"，即稳定实现农村相对贫困人口不愁吃、不愁穿，义务教育、基本医疗和住房安全有保障。在脱贫攻坚结束之后，新的标准又是什么？如果标准定得太高，则会出现"养懒汉"的现象，会把好事办成坏事。一个村里的人劳动的所得反而不如不劳动的，那就会严重损害对口帮扶在百姓心中的形象，且社会福利具有"不可逆"的特性，定得过高长远看也不可持续。

五是对口帮扶的效果问题。从效果来看，当前阶段以脱贫为成效，2020年全面建成小康社会，从脱贫转化为奔小康是题中应有之义。但是，目前的动态调整从标准、操作规范、要素采集都不够明晰规范。从考核评价指标上看，组织领导、人才支援、资金支持、劳务协作、携手奔小康等内容下的细分考核点也需要进一步优化。

（张兆安、邵晓翀，2018年9月）

2019 年

防范化解风险需要做到五个"着力"

2018年,面对复杂多变的国际政治经济形势和任务艰巨的国内经济发展转型,中国经济仍然保持在合理的增长空间,总体平稳,稳中有进。其中,全年国内生产总值增长6.6%,超出预期目标;第三产业比重达到52.2%,增速比第二产业快1.2个百分点;规模以上工业增加值增长6.2%,高技术制造业增长11.7%;社会消费品零售总额增长9%,消费对经济增长的贡献率将超过75%;货物进出口总额增长9.7%,一般公共预算增长6.2%,全国居民人均可支配收入实际增长6.5%。

2019年是中华人民共和国成立70周年以及全面建成小康社会的关键之年,确保经济稳定发展至关重要。当前,我国经济运行稳中有变、变中有忧,外部环境复杂多变,经济面临下行压力。但是,我国发展仍处于并将长期处于重要战略机遇期,经济发展的基本面没有根本改变,经济长期向好的态势不会改变。在这一大背景下,按照习近平总书记在省部级主要领导干部坚持底线思维着力防范化解重大风险专题研讨班开班式上的重要讲话精神以及中央经济工作会议的总体部署,有必要针对宏观经济运行中的突出问题和主要矛盾,继续在五个方面着力下好功夫。

一、着力推动实体经济发展

推出更多具有普惠性质的政策措施,增加企业受益面。

中国这么大,没有实体经济是难以想象的。着力推动实体经济发展,本质上是保持经济稳定增长。当前,关键在于各项政策措施的精准、及时、到位。

第一,根据党中央国务院的总体要求和具体部署,各地要相应出台一批有助于稳定实体经济发展的政策措施,形成全国上下的推进合力和整体氛围。尤其是要采取具体措施来提增实体经济企业发展的信心和决心。

第二,积极推进各项政策措施尽快落地。市场经济瞬息万变,一些好的政策尤其是"解渴"举措需要尽快"送上门"。

第三，强化部门协调。现实中，一些企业在享受相关政策时会碰到各类扶持政策之间缺少协调的情况。由于政出多门，一些政策出台前缺乏协调，政策出台后牵头单位又难以协调同级部门的意见，结果只能在有限范围内推行。因此，各类政策措施的统筹协调至关重要。

第四，强调政策措施的普惠性。除了一些特殊的支持政策之外，应该推出更多具有普惠性质的政策措施，进而增加企业受益面。这有利于化解实体经济企业发展中的一些共性问题。

二、着力推进营商环境优化

市场进入门槛很多都破除了，但事中、事后的监管任务变得更重。

实体经济发展与营商环境密切相关。推进营商环境优化，有助于进一步释放制度红利，放大供给侧结构性改革的效应。要结合审批制度改革，对各类审批事项进行系统梳理。凡是市场在资源配置中能够起决定性作用的经济活动，应加快取消审批制，改为备案制，全面实施市场准入的负面清单制度。

一要结合政府机构改革，提升行政效能和水平。当前，重点要解决好"证照分离"改革之后各类"证"的清理，以"只进一扇门"和"最多跑一次"为目标，深入推进"互联网+政务服务"，实现"一网通办"。

二要结合政府职能的系统集成，梳理和清理政府的各类规章制度。随着政府机构改革和政府职能转变，一些规章制度滞后于形势发展变化或者完成了历史使命，应当及时取消、抓紧取消或者认真修订、抓紧修订。

三要结合制度供给的完善，探索制定权力清单和责任清单。一方面，要正确界定各级政府的权力边界，把更多的职能交给市场、交给社会、交给各类社会中介组织；另一方面，要减少乃至杜绝政府在行政职能行使中出现的越位、移位、缺位等现象，明确各个部门的责任，加强部门之间的协调。

四要结合政府服务水平的提升，优化市场经济发展的整体环境。政府机构改革、政府职能转变尤其是政府审批制度改革之后，市场进入即"事前"的门槛很多都被破除了，但事中事后的监管任务变得更重，这必然要求政府的监管体系、方式、手段进一步调整和完善。

三、着力增强微观主体活力

公共服务和产品的价格是否有下降空间，应认真予以研究。

微观主体的生存发展直接影响宏观经济的稳定运行。营商环境优化的目的之一，就是要进一步增强和释放微观主体的活力、动力、潜力。

一要以习近平总书记在民营企业家座谈会上的重要讲话精神为指引，坚持两个"毫不动摇"，着力振奋企业家精神，尤其是中小微企业的创新精神。

二要加大减税降费力度，尤其要清理取消各类收费，大幅降低企业的非税负担，继续推进阶段性降社保缴费比例，以进一步化解企业成本问题。

三要降低公共服务和公共产品的价格。在电价调整、流量漫游费取消等基础上，还应研究更多公共服务和产品的价格是否有下降空间的问题。同时，长期困扰企业和社会的物流成本等，也应切实推出改进举措。

四要构建好新型政商关系，为各类企业创造更加公开、公平、公正的市场环境。要营造健康稳定的法治环境，保护好各类企业和企业家的合法权利，包括知识产权、财产安全等，助力让全心创业、安心发展、恒心安居。

四、着力开拓国内市场需求

家用电器"以旧换新"等政策撬动效果明显，值得借鉴和发扬。

中国的市场规模，不仅位居世界前列，而且潜力巨大。因此，积极开拓国内市场具有重要的现实意义。

一要创新市场结构，提振终端市场。创造和发展终端市场，是经济稳定运行的落脚点，也是确保经济增长的归宿点。因此，需要做好顶层设计，统筹国内市场发展，有效化解影响终端市场需求释放的各种瓶颈。

二要推动产业转型，创造新的供给，引导新的需求。可结合供给侧结构性改革，着力推动产业转型、技术研发、产品和服务的创新，形成新的消费热点。

三要实施消费激励政策，促进国内消费增长。例如，以前实行过的家用电器"以旧换新"和"家电下乡"等政策，撬动效果比较明显，老百姓也得到了实惠，值得借鉴和发扬。又如，通过加大海外宣传，推动来华旅游签证便利化，扩大实施境外游客离境退税政策，提高离境退税额度规模等，吸引和鼓励国外游客来中国购物消费。

四要积极促进有效投资，发挥投资带动作用。在一定时期内，全国范围内重大基础设施建设的投资、一系列解决民生问题的投资，不仅可以有针对性地解决一些发展短板问题，而且可以为经济稳定增长提供动力支撑。

五、着力建设开放型经济新高地

以进口博览会为重要平台，谋划好扩大进口的规模、领域、商品。

当前，面对复杂多变的国际政治经济形势以及国际贸易保护主义抬头等现实态势，有必要通过继续扩大开放，推动开放型经济迈上新台阶。

一要以中央经济工作会议提出的"六个稳"为目标，在稳外贸、稳外资方面推出有效措施，包括对外资放宽市场准入、全面实施准入前国民待遇加负面清单管理制度。在这方面，2018年上海推出的扩大开放"100条"，起到了很好的效果。

二要以"1+3+7+1"自由贸易试验区建设为重要抓手，继续进行扩大开放的"压力试验"，尤其要在促进制度型开放方面探索先行先试。

三要以中国国际进口博览会为重要平台，全面谋划好扩大进口的规模、领域、商品。同时，积极调整完善出口贸易的市场结构和产品结构。

四要推进"一带一路"倡议全面落实。应以"节点城市、产业园区、相关项目"为重点突破，在各地自由贸易试验区建设若干个服务"一带一路"的"桥头堡"。同时，充分利用"国际友城"关系，推进合作项目建设。

（张兆安，《解放日报》2019年2月12日）

2019年上半年我国宏观经济形势分析与建议

——精准施力稳预期，谨防经济"脱常"运行

当前至"十四五"是我国改革开放以来，国外形势最为复杂、国内发展最为关键的时期。推动国内供给侧结构性改革发展与应对国外大国贸易摩擦双重任务压力交汇，经济运行稳中有变的不确定性预期增强。近阶段政策迫切需要精准施力稳定预期，做好稳定经济"压舱石"工作，确保新常态底线不破，完成2020年小康目标，迎接2021年建党百年与2022年党的二十大召开。

一、形势判断：经济运行出现"脱常"走势

2019年上半年经济走势总体"平稳探低，结构分化，压力加大"。从经济增速来看，第一季度的GDP增速为6.4%，第二季度为6.2%，处于2014年以来的最低点（见图1），低于实现2020年小康目标的新常态平均增速6.5%均线，经济运行正在脱离新常态的运行轨道，需要引起重视。

图1 2014年第四季度—2018年第四季度国内生产总值指数

对于经济运行"脱常"走势,我们要做具体分析。考虑我国所处的经济发展阶段、人口规模与结构、区域发展纵深以及技术进步因素,中国在未来5年仍可以具备6%—6.5%(部分地区可以更高些)的经济潜在增长率。当前实际增长率有低于潜在增长率的倾向性趋势,在掌控外部变量的情形下,也需要及时分析国内成因与应对之策。

(一)政策落地效应不明显,制造业增长新动力还不稳定

近几年,降成本等政策落地形式主义化,企业得不到实惠,作为价值创造主体的制造业部门增长日趋乏力,第二产业自2018年第三季度创下近20年新低以来,底部"脱常"问题开始显现。通过2018年底的调控举措,包括年初采取更大力度的减税措施,下游企业在3月份扩大进项,导致3月份工业增加值增速提高至8.5%,高于前值5.14个百分点。4月份税率调整效应消退后,工业增加值增速下降至5.4%、5月份继续下降至5%。1—6月,工业增加值累计同比增长5.8%。虽6月份有所复苏至6.3%,但是减税效应是否到位,还要继续观察。

各地区制造业增长出现分化,忧多喜少。受国际形势影响,最早开放发展的沿海城市普遍进入调整期,南方城市调整早、力度大,广州、深圳等城市增长新动力初步形成,加上粤港澳大湾区政策,1—5月规上工业制造业增长分别在3.4%、6.9%。长三角地区由于经济结构、区域结构的差异,转型速度不一,开放度略小的杭州、南京、合肥城市增速可保持在4%—6%区间;上海、苏州等城市增长转型的新动力还在形成过程中,并面临国内外形势进一步变化的压力。从1—5月份数据看,上海、苏州工业制造业增长下滑"有忧",规上工业企业增加值增长分别仅为-4.8%、0.3%,远低于全国6%左右的增速。工业制造业下滑,既有行业生命周期性因素(如汽车制造业),也有贸易结构调整中的产业转移因素。北方重点城市,除北京外大部分还处在调整期。从全国看,西南、中部城市的增长逐步抬头,譬如武汉、郑州、成都、长沙、西安等重点城市增速较好。

(二)股市亏损、债务高企等因素,导致国内消费需求动力下降

投资、出口与消费三驾马车中,投资增速在2018年的调控下,出现企稳回升,其中主要是国有投资的明显回升,房地产投资也出现回升,但是民间投资增速还在下降,占比也在降低。外贸方面,受贸易摩擦及国内需求的影响,2019年上半年我国进出口总额,按美元计价出现5个月的负增长;按人

民币计价（考虑人民币上半年贬值因素），则同比累计增长 3.9%。2018 年以来，我国经济增长的政策重点逐渐转向以内需为重点。但是，2019 年上半年，国内消费需求出现增速下滑，1—6 月，社会消费品零售总额增速降至 7.2%—8.6%。从衣食住行四方面的零售增速来看，对总体消费增速拖累程度最大的是汽车类消费。值得注意的是，除食品零售增速表现为震荡收敛外，服装类和家具类消费均呈现出震荡向下的趋势。此外，此前呈现出高速增长的网上零售也开始出现明显下滑，1—4 月网上零售额累计增速为 22.2%，比 2018 年 1—12 月累计增速下降 3.2 个百分点。

我们分析认为，出现这种现象的主要原因有两个方面：一是 2018 年两次股市大跌近 25%，市值蒸发超 14 万亿元，造成财富缩水，降低了社会消费能力。二是以家庭债务/家庭可支配收入测算，中国家庭部分杠杆率高达 110.9%，已经超越美国，近年中国居民储蓄率也开始出现下降的拐点。这些都制约了消费需求的持续扩张。

（三）第三产业活力未充分释放，增长乏力创下新低

第三产业增速自 2018 年第三季度开始持续下滑，第一季度增速降至 7%，创下近 20 年来新低。以服务业为代表的第三产业符合社会升级转型的需要，正在持续释放需求，吸纳就业能力较强。比如 2019 年上海青年就业状况报告，八成青年就业从事第三产业。现在，城市、农村出现各类新型产业，大部分属于第三产业。针对当前第三产业出现的增长乏力情形，需要我们引起足够的重视，其对就业的影响会比制造业转移的冲击更大。

一方面，第三产业的发展受到制造业发展及社会消费需求能力的总量约束；另一方面，我国也还存在着诸多制约服务业发展的瓶颈问题需要克服，譬如商务成本问题、人口户籍问题、服务业发展的开放准入问题、农村服务业发展的基础设施布局问题等。在经济总量一定的情况下，我们还有进一步挖掘第三产业发展的潜力。

（四）有效供给仍不足，结构性"滞胀"风险开始显现

总体看，2019 年上半年 PPI 和 CPI 均呈现出回升态势，分别为 0.3% 和 2.2%。但仍存在结构性"价格回升，增速下滑"的滞胀苗头。譬如 4 月、5 月工业品 PPI 达到 0.9%、0.6%，呈现小幅上升势头。其中，4 月生产资料 PPI 达到 0.9%，比前值提高 0.6 个百分点。4 月、5 月 CPI 同比增长 2.5%、2.7%，较 1—2 月反弹较为显著，尤其是与百姓生活相关的食品价格指数上涨

4.7%，涨幅相对较大，鲜瓜果、鲜菜、畜肉价格分别上涨16.1%、9.2%和6.6%。在剔除受季节因素影响较大的食品和能源后，整体价格指数较为稳定，但是潜在通胀问题不容忽视。目前的经济结构性"滞胀"苗头，主要不是货币政策现象，2019年1—5月，M2增速有小幅提升的态势，但总体上看仍然维持在8.5%上下。而同期社会融资规模波动较大，1月份社会融资规模达到46 071.22亿元，而2月份迅速回落到7 097.22亿元，3月份反弹，4月份又再次回落。

我们认为，诱发"滞胀"的原因主要还是在于供给侧问题，没有形成满足居民消费需求升级的有效供给体系。居民对于高质量消费品的需求持续上升，目前优质价高消费品的需求，不体现在价格指数中，也成为一种"隐性通胀"。

二、精准施力，稳定经济运行八个"预期"

2019年是中华人民共和国成立70周年，也是国际政治经济形势最复杂多变的一年。我们认为，在这个大背景下，稳定"预期"应该成为稳定经济运行的主要考量，也应该把稳定"预期"作为当前宏观审慎管理的"重头戏"。特别要聚焦在以下八个方面：

（一）稳定增长预期

中国经济增长率不仅是国内，也是国际上一个重要的"风向标"，因此，必须保持合理的增长空间，考虑到2019年的不确定因素，增长率力争不破6.3%，经过半年的化解调整，2020年回到6.5%线上。如果这条底线突破会逆转国内外对我国经济发展的预期，进而产生连锁反应。为此，一是要采取必要措施，争取在下半年保证经济增长企稳，防止出现进一步下滑。二是采取必要措施，争取中美贸易摩擦的影响控制在一定范围，防止加工贸易企业转移的影响扩散到整个企业心理层面。

（二）稳定投资预期

当前，投资对稳定经济增长仍然是一个不可或缺的推动因素，其中民间投资的走势直接影响着未来的发展预期。由于受到国际贸易保护主义和国内产能过剩的影响，民间投资增长势头上升的趋势出现下滑。为此，一是制定出台鼓励民间投资的政策，尤其在产业投资的融资、财政政策支持方面予以适当倾斜。二是保持一定的投资速度，在一定时期内，全国范围内一些重大的基础设施建设投资、一系列解决民生问题的投资，不仅可以解决一些需求的短板问题，也能为保持经济稳定增长提供动力支撑。三是扶持一批新兴技术应用的基础设施投资，比如 5G 的商用投资、新能源汽车、智慧城市、农业现代化等领域的下一代基础设施布局，具有促进国内创新应用投资、升级营商环境、满足消费升级等多重效应。四是进一步扩大开放，吸引外资。当前外商投资具有结构性调整特征，一部分外商在成本影响下在全球调整布局，我们要跟踪掌握调整的节奏，另有一部分新兴产业产品的外资，正积极布局中国市场，譬如 1—5 月份上海在外商直接投资方面，无论是外商直接投资合同金额，还是实际到位金额，增长均超过 20%。

（三）稳定股市预期

受到全球外部因素动荡的影响，年初以来出现的股市上升行情受到了一定的抑制，并且有可能引发股市不稳定。为此，一是以科创板建设为契机，为稳定发展股市增加可持续的新动力、新活力。科创板将会给股市带来科技创新的结构性行情，既为科技企业与风险投资引入市场资金，也会带来一部分财富效应，促进消费。但在建设初期，要警惕出现过度炒作问题，21 世纪初的 NASDAQ 市场崩盘是前车之鉴，注册制并不能解决股票市场的羊群效应和非理性泡沫问题，要有风险预案。二是如果外部环境进一步趋紧的话，需要采取必要措施保持国内股市的基本稳定，准备与导入长期资金，防止出现较大幅度的下跌。

（四）稳定房地产预期

近两年房地产政策，虽未解决根本性问题，但从市场调控角度是有效的。第一季度，房地产市场出现回暖。开发投资增速加快、土地拍卖市场升温、贷款投向楼市明显，房价出现普涨，之后，不同城市出现了一些分化。为此，一是要在推动住房成交量上升的基础上，防止出现房价再一次快速上升。二是积极引导房地产投资预期，防止出现房地产升温后再一次对实体经济资金产生挤出效应。三是特别注意对不同城市的分类指导和因城施策。重视核心城市都市圈城乡结合部的城市化潜力。随着特大城市走向都市圈化，可以利用轨道交通连接形成网络化的跨国公司总部小镇、科技创新小镇、中小企业集聚区等多种"产城"融合的新中心，同时可缓解城市商务成本难题。

（五）稳定实体经济预期

目前，我国经济运行中最大的隐患是实体经济面临的困难，如果这种状况短期内不能有效化解，长期下去，一批实体经济企业的预期可能进一步恶化。为此，一是建议对 4 月开始出台的一系列减税降费举措进行必要的评估，根据实施情况，决定是否需要进行必要的调整。二是针对实体经济中民营企业占大多数的现状，建议国家金融主管部门联合出台金融加强服务民企的措施，切实加强民营企业的金融支持和服务。三是在实体经济发展中，打造一批"根植型的产业链"，实现可持续的本地化发展。产业转移中有部分产业环节、企业是可以留下来的，实现长期本地化，如服装产业。主动对接长三角周边，实现资源共享，形成产业链发展共享。在将产业转移与升级过程结合，留下根植型产业，对这批产业予以挖潜与创新，见效会较明显。

（六）稳定就业预期

从改革开放以后大规模吸纳就业的主渠道来看，20 世纪 80 年代农村工业化及乡镇企业兴起，吸纳了大量农村剩余劳动力；90 年代大量代工企业和民营经济创造了大量就业；21 世纪以来，新经济尤其是互联网经济崛起，如快递行业，吸纳了大量年轻人就业。在未来短期内，就业问题将会进一步凸显。为此，一是未来大规模吸纳就业的主渠道在哪里需要尽早谋划。同时，建议把失业率作为是否刺激经济的重要指标。二是大力开拓城乡就业的新渠道、新载体、新模式。在城市，针对灵活性就业出台扶持政策，为其提供所需要的社会保障等配套福利政策；在农村，结合全国井喷式的旅游业发展，可以采取优惠政策，鼓励年轻人在广大农村发展民宿经济，对于农村自营经济，扩大免税优惠政策。

（七）稳定物价预期

近年来，尽管宏观经济面临下行压力，但物价仍然保持着稳定态势。2019 年第一季度，居民消费价格同比上升 2.3%，5 月上升到了 2.7%，增速明显加快，除了猪肉价格上涨之外，非食品的服务业产品价格上升也是一个重要因素。为此，一是要控制好物价上升速度，解除人们对日常生活、消费支出等短期前景产生的忧虑。二是要密切关注和防止宏观经济运行出现滞胀。目前来看，宏观经济运行确实存在着具有中国特色的"滞胀"迹象，任何的忽视、轻视、蔑视，都有可能产生严重的后果。

（八）稳定居民消费预期

从短期来看，壮大国内市场应该成为稳定经济发展的重要选择，而国内市场发展壮大与城乡居民的消费密切相关。目前，传统消费和网络消费均出现了下降迹象，需要高度关注。为此，一是要把握公共支出中对于投资带动与消费带动的平衡。要把关注民生问题放在更加重要的位置，让老百姓敢于消费、乐于消费。二是大力推进旅游业发展，针对近年来我国旅游市场的井喷景象，应该采取相应的政策措施释放消费潜力。

（张兆安、邱俊鹏，2019 年 7 月 20 日）

从两个"万亿级"看中国消费新变化

春节过后，媒体上透露出的两个信息，确实有令人振奋之处。第一，春节"黄金周"期间，全国零售和餐饮企业实现销售额首破万亿元，银联网络交易总金额也首次突破"万亿级"。第二，国家发改委等十部门联合发布《进一步优化供给推动消费平稳增长促进形成强大国内市场的实施方案（2019年）》。

两个"万亿级"展示了我国消费实力，而要使消费增长潜力的释放与政府促进消费的政策措施"一拍即合"，关键是，要针对广大人民群众消费变化的现实和趋势，精准发力。

一是消费热点变了，需要聚焦重点领域，形成带动效应。春节假期，旅行社、大型景区售票、宾馆住宿等与旅行相关消费金额同比增长超过九成。国内游和出境游，已经成为人们假期休闲的首选之一，而每年增长的旅游人数也叹为观止。因此，如何构建完善好国内旅游大市场，促进旅游业大发展，带动相关产业大发展，应该成为壮大国内市场的重要战略之一。

二是消费内涵变了，需要积极拓展思路，满足新型需求。春节期间，全国参观博物馆、美术馆、图书馆和科技馆、历史文化街区的游客比例分别达40.5%、44.2%、40.6%和18.4%，观看各类文化演出的游客达到34.8%；全国电影票房达58.4亿元，创同期历史新高。这表明，除了物质消费需要"提质"之外，精神消费还需要有更多的"增量"，提供更多的文化娱乐的场所、产品和服务。

三是消费方式变了，需要紧跟发展潮流，采取应变对策。比如，每年的"双11"成了购物的狂欢节，销售额也屡创新高。又如，2019年全国网上零售额达到9万亿元，同比增长25%，电子商务交易额29.2万亿元。因此，应该根据新的变化情况，除了网上购物替代一部分实体购物功能之外，还应该把网上购物打造成为人们增量消费的新增长点。

四是消费支付方式变了，需要不断推陈出新，助推消费增长。2019年春节期间，银联移动支付业务交易笔数和交易金额，较 2018 年同期分别增长 2.5 倍和 4.4 倍。针对这种变化趋势，就应该把创新新兴支付方式与推动消费增长更好地紧密结合起来，把推动金融创新与推进消费增长更好地联动起来，进而能够更好地服务国内市场的发展壮大。

五是消费追求变了，需要根据不同需求，提供不同供给。春节期间的滑雪、健身等运动受到越来越多的消费者喜爱，运动类消费金额较 2018 年同期增长了 1.2 倍。又如，由于个性化需求的逐渐增加，消费领域的各类定制化的产品和服务层出不穷。这说明，消费市场越来越细分，市场空间随之也会越来越广阔，关键是新的供给，不仅能够适应新的需求，而且应该创造新的需求。

六是消费因子变了，需要增强融合意识，倡导融合发展。实际上，任何一次消费行为，往往不是由于单因素形成的，更多是由各种因子促成的。例如，购物消费往往是同其他消费行为结合在一起的，因此，应推动"购物+"的深度融合发展，将购物与旅游、会展、文化、体育等产业紧密结合，就会产生放大效应，才能相得益彰。

亮眼的消费数据印证了近 14 亿人口大市场，以及超 4 亿中等收入群体"买买买"的巨大潜力，也再次表明，中国经济健康稳定发展的基本面没有改变，支持高质量发展的生产要素条件没有改变，长期稳中向好的总体势头没有改变。与此同时，促进我国消费增长也是一项综合性的系统工程，需要政府、企业、个人的共同努力。

（张兆安，《文汇报》2019 年 2 月 25 日）

市场由大到强：
中国经济发展的不竭动力

　　市场规模是大国经济的重要优势。2019年第一季度全国社会消费品零售总额达到9.78万亿元，消费支出对经济增长的贡献率达到65.1%，对经济增长的基础性作用进一步巩固。

　　我国是一个发展中大国，具有"大国经济"的主要特征，巨大的国内市场规模和潜力便是特征之一。大在哪里？拥有近14亿人口的大市场，超4亿中等收入群体的消费能力，以及广大城乡居民不断提高的收入水平和生活水平，都有助于进一步释放国内市场的潜力。例如，2018年全国居民人均消费支出19 853元，城镇居民人均消费支出26 112元，农村居民人均消费支出12 124元，如果农村居民消费水平往全国居民消费水平靠一靠，那又是何等的增长景象。这，不是天方夜谭，而是中国国内市场可以预见的未来。

　　因此，我们不难理解2019年《政府工作报告》强调"促进形成强大国内市场，持续释放内需潜力"。目前，我国的市场规模已位居世界前列，而且潜力巨大。未来要促进国内市场从"大"到"强"，形成强大的国内市场。

　　一要在稳定国外市场的基础上，把推动国内市场作为重要的着力点。打好壮大国内市场"组合拳"，需要增加收入而激发消费、增加消费，需要推出鼓励消费的政策措施，需要开拓新的消费热点和载体而创造消费。

　　二要在推动城市市场的基础上，把壮大农村市场作为重要的增长点。过去，农村市场开发不够，但农村市场又潜力巨大，曾经的家电、汽车下乡等，都取得了明显成效。因此，应切实加强农村市场体系建设，继续制定相应的消费政策和财政补贴政策。

　　三要在积极创新市场结构的基础上，把创造新的供给作为重要的培育点。市场需求不足，还与供给密切相关。因此，应结合供给侧结构性改革，着力推动产业转型、技术研发以及产品、服务模式的创新，使得新的供给能够创造新的需求。

四要在积极促进消费增长的基础上，把有效投资作为壮大国内市场的推动力。在一定时期内，全国范围内一些重大的基础设施建设投资、一系列解决民生问题的投资，不仅可以解决一些需求的短板问题，也能为保持经济稳定增长提供动力支撑。

现代经济学之父亚当·斯密指出，市场规模是技术进步与创新的源泉。今日之中国，在高铁、5G、刷脸支付、网购等一些产业和技术领域实现赶超，就得益于巨大消费市场孕育的技术应用场景及商业模式。未来，无论形势如何发展变化，坚持"促进形成强大国内市场"，我国经济发展就有不竭的内在动力。

（张兆安，《文汇报》2019 年 6 月 4 日）

抓住六个关键环节，
持续优化营商环境

当前，全国各地根据深化改革和扩大开放的总体部署，正在以深化"放管服"改革为主线，进一步转变政府职能，完善政府服务，推动营商环境的优化，充分释放制度改革的红利。应该说，经过多年的改革和调整，各地营商环境已经有了很大的改善和优化，但与我国经济社会发展新形势的新要求、与广大企业和基层的新期待相比，仍然还有一些距离。因此，持续优化营商环境还需要在以下六个关键环节下好功夫。

第一，结合审批制度改革，继续对现有政府审批事项进行全面的、系统的梳理，然后进行必要的取舍。取舍的主要标准：凡是市场在资源配置中能够起决定性作用的经济活动，政府相关的审批事项应该取消；凡是企业投资项目，除了涉及国家安全、生态安全等之外，政府要加快取消审批制，改为备案制，全面实施市场准入的负面清单制度。应该看到，近年来从中央到各级地方政府，已经取消了相当数量的审批事项，受到了广大企业的普遍欢迎。这说明，政府审批制度改革已经产生了积极的效果，但是，越到深水区，暗礁也越大，难度更不小，其中一些"含金量"比较高的审批事项可能依然存在，可能还舍不得放。实际上，这些审批事项恰恰最容易产生寻租，也最容易让市场发挥作用，因此，需要下大决心予以取消。

第二，结合各级政府权限划分，即使还需要审批的事项，应该继续层层下放各类行政审批权限。在政府审批制度改革过程中，当然还会存在着一些事项继续需要走审批程序，但是，也有必要层层下放审批权限。总体上来讲，应该按照中央政府以及各级地方政府各负其责的原则，对应该下放的各类审批事项，都必须下决心层层下放审批权。对此，一方面凡是不涉及全国性的经济活动以及一些基础设施、社会发展等一般项目，都应该在符合各地发展规划的前提下，把审批权下放到地方政府；另一方面，作为地方政府来讲，也应该根据各级地方政府的事权划分，层层下放审批权限，把审批权下放到基层，让基层发挥好作用。

第三，结合政府行政效能提升，进一步完善政府服务，继续提高行政工作的效率和水平。行政效率和水平，直接关系到营商环境的优化。应该看到，那种"慢吞吞"状况在一些地方确实还存在着，"朝南坐"的思想仍然还有不小的"市场"，也一直被一些企业和群众所诟病，并且直接影响到一个城市或地方的营商环境。目前来看，主要应该加快解决好"证照分离"改革之后，各类"证"的清理问题。同时，各级政府应该明晰"只进一扇门""最多跑一次"的营商环境优化的目标，还要深入推进"互联网+政务服务"，实现"一网通办"。尤其对一些确实还需要政府审批的事项，要通过减少审批环节和审批流程，再加上建立审批责任制，推动各项审批效率的提高。同时，政府的简政放权也应该插上信息化的翅膀，把"审批的章"变成"服务的键"，做到"简政"不减服务，"放权"不放责任。

第四，结合政府职能的系统集成，继续加快梳理和清理政府的各类规章制度。与政府职能转变，尤其是审批制度改革相适应，还要加快梳理和清理政府的各类规章制度，两者之间应该保持同步推进，才能取得更大的实效。长期以来，政府在行政过程中，形成了一系列的规章制度，并且发挥了应有的作用，但是，随着政府机构改革和政府职能转变，一些原来的规章制度，要么滞后于形势发展变化，要么已经完成了历史使命，必须予以清理。总的来说，应该取消的，要抓紧取消；应该修订的，要抓紧修订；应该新设的，要抓紧出台。归纳起来就是一句话：政府规章应该与经济社会发展的新形势相适应，与市场在资源配置中起决定性作用相适应。

第五，结合制度供给的完善，继续探索制定各级政府的权力清单和责任清单。营商环境的优化，还与各级政府的权力清单和责任清单的清晰密切相关，这也是政府服务水平提升的重要基础。为此，一方面要正确界定各级政府的权力边界，把更多的政府职能交给市场、交给社会、交给各类社会中介组织；另一方面，也要杜绝政府在行政职能行使中出现的越位、移位、缺位等现象，明确各个部门的责任，更要加强各个部门之间的协调。当前来讲，可以把制定和完善政府的权力清单、责任清单与政府机构改革紧密地结合起来。

第六，结合政府服务水平的提升，继续优化市场经济发展的整体环境。应该说，政府机构改革、政府职能转变，尤其是政府审批制度改革之后，市场进入即"事前"的门槛拆掉了,但事中、事后的监管任务就更加重了,这必然涉及各级政府监管体系、监管方式、监管手段的进一步调整和完善。因此,要为各类企业创造更加公开、公平、公正的市场环境,享受同等的待遇;要为企业营造好健康稳定发展的法治环境,完善好营商环境的法治体系;要保护好各类企业的合法权利不受侵犯,让各类企业家能够安心创业、恒心发展;要解决好各类企业尤其是中小企业发展过程中的主要矛盾和突出问题,充分释放各类企业的动力、活力和潜力。

(张兆安,《社会科学报》2019年1月17日)

开放创新，国家级经济技术开发区要先行一步

自1984年首批14家国家级经济技术开发区（简称经开区）设立以来，全国各个层面、各种类型的经开区陆续落地，不断发展，成为推动中国工业化和城镇化快速发展的重要模式和推手。

35年来，国家级经开区已经成为推动中国经济发展的重要增长极，开放型经济更是表现突出。根据相关统计数据，2018年全国219家国家级经开区实现地区生产总值10.2万亿元，同比增长13.9%，占全国的11.3%；进出口贸易、利用外资分别占20%左右。从未来发展的角度来看，国家级经开区仍具备产业发展能级高、企业聚集程度高、创新转型能力强、整体营商环境优等诸多优势，未来增长潜力依旧很大。

在此背景下，近期国务院专门出台文件，对国家级经开区对外开放、创新发展作出了新的总体部署。其主要目的就是以国家级经开区为重要载体，着力构建开放发展的新体制，发展更高层次的开放型经济，加快形成国际竞争新优势，进一步带动地区经济发展，打造改革开放的新高地。

应该说，这是中国进一步深化市场化改革、扩大高水平开放的又一重要举措，不仅是推进国家级经开区创新驱动和转型发展的现实需要，也是中国推动实现更高水平开放、构建开放型经济新体制、推动经济高质量发展的客观需要。

在已取得成绩的基础上，接下来国家级经开区还大有文章可做，具体体现在以下四个方面：

一是做好"率先示范"文章。当前，中国创新转型的任务很重，国家级经开区应该在开放创新、科技创新、体制机制创新和经济转型、产业转型、企业转型等方面率先一步，在推动高质量发展方面作出示范。

二是做好"动能转换"文章。面对复杂多变的国际经济形势和国内发展不平衡不充分问题，国家级经开区应该在产业能级提升、新动能培育、新空

间拓展等方面有新作为。

三是做好"深化改革"文章。结合政府职能转变和营商环境优化，国家级经开区应进一步改革优化管理体制，提高管理效率，释放发展活力和潜力。

四是做好"扩大开放"文章。长期以来，国家级经开区一直是中国对外开放的重要平台，未来也将是中国扩大开放和构建开放型经济新体制的重要载体。因此，国家级经开区需要进一步借鉴自由贸易试验区的好经验、好做法，贯彻落实好2019年通过的《外商投资法》，在引进外资、对外贸易、对外投资等方面推出新举措，创造新经验，推动外向型经济发展再上新台阶。

（张兆安，《人民日报（海外版）》2019年6月11日）

发挥社会组织力量，
进一步优化营商环境

2018年《政府工作报告》提出，优化营商环境就是解放生产力、提高竞争力。在2019世界银行营商环境报告中，中国总体排名比2018年跃升了32位，位列全球第46名。但对标最高标准、最高水平，从优化政务服务，打造国际一流营商环境的要求出发，还存在不小差距，譬如在社会组织作用的发挥方面。国务院办公厅2018年底发布的《关于聚焦企业关切进一步推动优化营商环境政策落实的通知》要求整治政府部门下属单位、行业协会商会、中介机构等乱收费行为，降低企业生产经营成本，优化企业赖以生存的营商环境。

1993年，党的十四大三中全会通过的《中共中央关于建立社会主义市场经济体制若干问题的决定》指出要发展市场中介组织，发挥其服务、沟通、公证、监督作用。这里所指的市场中介组织包括：会计师、审计师和律师事务所，公证和仲裁机构，计量和质量检验认证机构，信息咨询机构，资产和资信评估机构等。党的十五大报告中则强调"要培育和发展社会中介组织"。市场中介组织与市场运行直接相关，提供专业服务。社会组织则更多地指向社会治理的范畴，包括商会、行业协会、第三方机构，及非营利性组织等，是与经济主体（企业、个人）和政府部门相对的第三个领域，是具有某种有共同利益或共同诉求的社会群体。党的十九大报告中采用"社会组织"一词，注重其在民主协商和社会治理中的作用。

在经济学研究中，关于社会组织的研究多从信息不对称和交易成本的视角来分析政府与市场主体中的作用。从本质上讲，社会组织是一种制度安排，是社会分工专业化的产物。在改革开放初期的计划经济体制条件下，国家垄断了一切社会资源，国家集中配置资源，通过委、部、局、处的行政系统对不同行业的企业进行管理，企业基本没有自主权，也不存在真正意义上的社会组织。事实上，真正的社会组织商业中间组织对中国并不陌生，上海在开埠后其同业公会就在经济政策、金融改革等诸多方面，起到了游说国民政府影响政府决策的积极作用。不过在20世纪30年受世界经济危机和"统制经济思潮"的影响，政府将行业组织纳入国家体系，对其施行了全方位的监控。改革开放后，随着市场经济体制的发展，市场主体日益多样化，市场资源配置作用逐渐显现，社会组织的数量大增，然而大部分是由政府各部门和各级政府自上而下成立起来的，尤其是在1998年政府机构改革中承接了一部分政府转移的职能。这种组织形式，从一开始就带有行政色彩，依附于政府，自治性先天不足。当然，也出现了一部分由市场主体自发组织的社会组织。显然，在中国特色社会主义市场经济体制下发展起来的社会组织其治理模式，无论是与英美法系国家中的市场治理模式，还是与大陆法系国家中的合作模式，均有不同。

目前社会上出现问题比较多的是依附于政府的社会组织。这类社会组织未能发挥应有的作用，主要表现在：

一是需与政府脱钩的社会组织去行政化程度不够。随着行政审批制度改革和政府职能转变步伐加快，部分需与政府脱钩的社会组织履行原政府职能时，仍按照传统的行政审批方式开展工作，成为实质上的"二政府""红顶中介"。

二是第三方中介评估服务增加企业额外成本，徒增社会无谓损失。现阶段，政府部门监管很多采用"需出具第三方检验报告"的做法，但出具报告的中介机构往往由政府指定，垄断地位越来越强、收费越来越高，而且普遍存在行业自律意识不强、市场竞争机制缺失、服务效率不高、监管措施不到位等问题。如企业申请政府项目补贴，必须在政府指定目录中挑选第三方评估，否则无法获得补贴，但目录中评价机构开价完全一致，不存在议价空间。即便是初衷良好的补贴制度也会扰乱市场竞争。比如环保方面，企业市场价花10万元可以安一套装置；要是按照政府给的目录，要价25万元，其中可以得到政府补贴20万元，相当于企业只需出5万元。企业自然选择后者，这么做肥了谁、绿了谁一看便知。笔者在调研中还了解到，专业设计院所制作的工程图纸，也需要由第三方机构对其进行评估，不但其专业性和意图令人质疑，更是给企业带来了成本压力。

三是社会组织的自身能力不足。政府简权放权的力度愈大，社会组织承接的职能和权力理应愈多。但是　方面，政府职能的转变和向社会组织的合理转移依然有限；另一方面，许多行业协会缺乏高效的运行制度和有力的管理团队，难以在资质认定、企业评估、行业指导等方面发挥作用，从而使其难以实质性地威慑行业内企业的不良行为，导致社会组织的专业性、影响力和权威性仍然偏弱。

不难看出，这些社会组织存在的问题，归根结底是它们的"出身"问题，由此衍生出制度缺失、资金短缺、服务意识不足等。但伴随着社会分工发展、社会利益主体多元化、公民意识的觉醒，又离不开社会组织的积极参与。当下优化营商环境，进一步降低交易成本，提高政府和市场效率，亟待探索和完善社会组织建设，发挥多元化服务、监管作用。我们建议：

一是从根本上切断中介服务与政府部门的利益关联。抓紧梳理和清理包括各类技术审查、论证、评估、评价、检验、检测、鉴证、鉴定、证明、咨询、试验等在内的行政审批中介服务事项，推进中介机构脱钩改制，破除中介服务行业垄断，降低各类中介评估费用，加强中介服务收费监管。

二是培育和建立一批创新活力的市场中介组织，形成市场竞争，给企业自主选择的空间。支持中介服务组织运用市场化手段扩大经营规模，提升服务质量，加强行业自律。鼓励国外知名中介服务组织来华发展，加大对中介服务业奖励扶持力度，鼓励规模较大、业绩突出、具有一定知名度的会计评估、金融服务、产权交易、法律服务、专业技术服务和咨询服务等中介组织兼并重组。同时，也要加强对第三方组织自身的监管，杜绝行业垄断和与政府合谋。

三是在政策制定方面充分表达社会组织作为市场代表的诉求。从一开始制定监管政策，到政策调整，再到政策实施，都离不开社会组织协调作用。在出台涉及行业发展的重大政策措施前，主动听取和征求有关行业协会的意见和建议；将行业协会纳入产业政策制定的范畴，以发挥行业协会在企业与政府之间的桥梁和纽带作用。

四是充分凸显社会组织在监督管理中的作用。现代社会是利益多元化的社会，不同的社会群体会有不同的利益，而且它们的利益有时是相互矛盾的。各种各样社会群体的事务不可能都由政府来管，这就需要有第三领域的社群组织。诟病较多的"政策一刀切"问题，从中反映出来的一方面是政策不够细，另一方面是"非全能型政府"是无法了解到各个行业信息的。现在政府部门的监管基本上是冲在第一线，以后要转变思维：首先突出经营者主体责任，其次是相关行业协会社会组织的责任，最后才是政府监管。政府充当最后仲裁者的角色。

（邱俊鹏，部分观点发表在《解放日报》2019年3月12日）

2020 年

重头戏：稳定经济运行的八个预期

2020 年，是全面建成小康社会和"十三五"规划的收官之年，是实现第一个百年奋斗目标并为"十四五"发展、实现第二个百年奋斗目标打好基础的关键之年，也是国际政治经济形势复杂多变的一年。

为此，中央经济工作会议明确要求全面做好稳就业、稳金融、稳外贸、稳外资、稳投资、稳预期的"六稳"工作，坚持宏观政策要稳、微观政策要活、社会政策要托底的政策框架，提高宏观调控的前瞻性、针对性、有效性。

在"六稳"工作中，稳预期是宏观审慎管理的"重头戏"之一。具体来看，需要聚焦在以下八个方面：

一、稳定增长预期

中国经济的增长，是全球经济增长的重要"风向标"。新的一年，保持合理的增长空间是必要的，也是可行的。一方面，要继续确保经济运行在合理增长区间，不一味强调高增长率，不等于不需要合理的增长速度；另一方面，要采取综合性措施，争取经济增长进一步企稳向好，应对好下行压力。

同时，要采取必要的措施，争取把中美贸易摩擦的影响控制在一定范围。通过贸易市场结构调整等措施，稳定推进外贸增长。

二、稳定投资预期

当前，投资仍然是一个不可或缺的推动因素。特别是，民间投资的走势直接影响发展预期。为此，要继续完善出台鼓励民间投资的政策措施，尤其在产业投资的融资、财政政策支持方面给予民间投资适当的倾斜。

同时，要保持一定的投资速度。在一定时期内，全国范围内的重大基础设施建设投资、一系列解决民生问题的投资，不仅可以解决一些总需求的短板问题，也能为保持经济稳定增长提供动力支撑。

此外，要进一步扩大开放，持续吸引外资。事实上，外资的持续进入，不仅在于国际产业分工和中国的巨大市场，还在于全球资本看好中国的发展前景。

三、稳定就业预期

20 世纪 80 年代，农村工业化带来的乡镇企业及城乡联营企业的兴起，吸纳了大量农村剩余劳动力；90 年代开始，数量庞大的民营企业和外资企业创造了大量的就业；进入 21 世纪以来，新经济尤其是互联网经济崛起，推动了一系列新岗位。

下一阶段，大规模吸纳就业的主渠道在哪里呢？对此，有必要开展全国范围的专题研究、判断与谋划。同时，可以把失业率作为未来是否出台更多刺激政策的重要指标。

在此基础上，还有必要大力开拓城乡就业的新渠道、新载体、新模式。例如，针对城市中出现的一些灵活就业现象，可以出台专项扶持政策以及相应的社会保障等配套政策予以鼓励；又如，结合旅游业的新发展态势，可以采取更多优惠政策来鼓励年轻人发展民宿经济、自营经济等。

四、稳定实体经济预期

要继续推动营商环境的优化，创造更加完善的公开、公正、公平的市场环境，充分释放微观经济主体的动力、活力和潜力。为此，可对 2019 年 4 月出台的一系列减税降费举措进行必要评估。根据各地的实施情况，决定是否需要进行必要的调整完善。

针对实体经济中民营企业占大多数的现状，国家金融主管部门还可以联合出台进一步加强服务民企的措施，切实加强民营企业的金融支持和服务力度。

五、稳定资本市场预期

2019 年是资本市场改革的重要一年。设立科创板并试点注册制等多项重磅改革接续落地，取得了重要的阶段性成果，也引发接下来"怎么改"的期待。

为此，有必要深化金融体制改革，完善资本市场基础制度，提高上市公司质量，健全退出机制，尤其要稳步推进创业板和新三板改革。同时，要进一步凸显科创板建设的功能，不仅要为稳定发展股市增加可持续的新动力、新活力，也要推动更多的高新科技企业上市融资。在此基础上，进一步处理好金融创新和金融稳定的关系。

六、稳定房地产市场预期

近年来，房地产市场调控取得了初步的效果。下一步，要坚持房子是用来住的、不是用来炒的明确定位，完善好稳地价、稳房价、稳预期的长效管理调控机制。

要在推动住房成交量上升的基础上，防止出现房价再一次快速上升；要积极引导房地产投资预期，防止出现房地产市场升温后再一次对实体经济资金产生挤出效应；要全面落实"因城施策"，注重对不同城市的分类指导。

七、稳定市场物价预期

2019年11月，食品价格上涨超过10%，除了猪肉价格上涨之外，非食品的服务业产品价格上升也是一个重要因素。

一方面，要有效控制物价上升速度，缓解人们对日常生活、消费支出等短期前景产生忧虑。另一方面，要密切关注和防止宏观经济运行出现滞胀现象。目前来看，任何对宏观经济运行可能出现滞胀迹象的忽视、轻视，都有可能产生严重的后果。

八、稳定居民消费预期

从短中期来看，壮大国内市场应该成为稳定经济运行的重要选择。一般来说，国内市场发展壮大与城乡居民的消费密切相关。为此，要把握好公共支出中对投资带动与消费带动的平衡；要把关注民生问题放在更加重要的位置，解决好老百姓的后顾之忧，让老百姓敢于消费、乐于消费。

总之，面对国际环境的严峻挑战、国内创新发展的不小压力，中国经济保持了总体平稳、稳中有进的基本态势，结构调整优化和新旧动能转化出现了一些新气象，推动中国经济持续增长的基本面没有根本改变。

（张兆安，《解放日报》2020年1月7日）

2020 年上半年我国宏观经济形势分析与建议

——把握"四个关系",形成"四个合力"

在 2019 年上半年我国宏观经济形势分析报告中,我们曾经指出要谨防经济"脱常"运行,并且提出了要把稳定增长、投资、消费、就业、实体经济、资本市场、房地产、物价八个"预期"作为稳定经济运行的主要考量,作为宏观审慎管理的"重头戏"。

当前,我国经济社会秩序已经开始恢复正常,供需两侧出现同步向好态势,国际社会普遍看好中国经济。但是,突如其来的疫情给我国经济社会发展带来了巨大冲击,完成全年目标任务面临更多困难,再加上全球疫情蔓延,世界经济严重衰退,产业链供应链受阻,国际投资贸易萎缩,大宗商品市场动荡,使得我国经济发展面临前所未有的风险挑战,经济完全恢复尚需时日。

一、形势判断:经济运行出现"陡降、回升"态势

2020 年上半年,我国宏观经济走势呈现出"陡然下降,探底回升,压力增大"的整体态势。受新冠肺炎疫情冲击,2020 年第一季度 GDP 为 206 504 亿元,按不变价格计算,比上年同期下降 6.8%。其中,第一产业增加值 10 186 亿元,下降 3.2%;第二产业增加值 73 638 亿元,下降 9.6%;第三产业增加值 122 680 亿元,下降 5.2%。从环比看,经季节因素调整后,第一季度 GDP 环比下降 9.8%。这是 1992 年我国采用国民账户核算体系以来的首次负增长,说明宏观经济正在脱离正常运行轨道,需要引起高度警惕。

(一)有利方面:止跌企稳,逐步抬升

在经历疫情影响最严重的第一季度之后,我国宏观经济运行出现了一些向好的迹象,供给侧和消费端同步修复,市场信心逐步提升。这充分表明,我国疫情防控和经济发展做到了"两手抓"和"两手硬",取得了比较显著的成绩,也得到国际社会普遍认可。

一是工业生产持续回升。国家统计局对规模以上工业企业的抽样调查显示，截至 5 月底，67.4%的企业达到正常生产水平八成以上，较 4 月下旬上升 6.6 个百分点。1—5 月份，工业增加值同比下降 2.8%，降幅较 1—4 月份收窄 2.1 个百分点。分行业看，在 5 月份 41 个大类行业中，73.2%的行业增加值同比实现增长，增长的行业数较 4 月份增加 2 个。尤其是，装备制造行业增长继续加快，增加值同比增长 9.5%，增速较 4 月份加快 0.2 个百分点。分产品看，612 种列入统计的工业产品中，56.2%的产品产量实现增长。

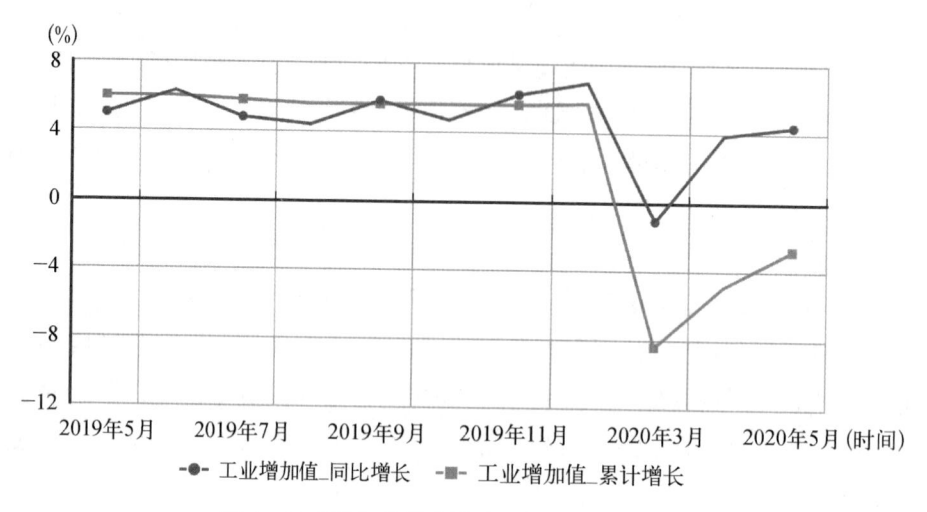

图 1 工业增加值同比增速和累计增速（月度）

二是消费市场持续改善。在扩大内需、促进消费等多项政策促进下，居民消费持续改善，市场销售降幅连续 3 个月收窄。5 月份，社会消费品零售总额同比名义下降 2.8%，降幅在 4 月份收窄 8.3 个百分点的基础上，再次收窄 4.7 个百分点。商品零售额同比下降 0.8%，降幅比 4 月份收窄 3.8 个百分点，基本接近 2019 年同月水平。尤其是网上消费加快增长，1—5 月份，全国实物商品网上零售额同比增长 11.5%，增速比 1—4 月份加快 2.9 个百分点；实物商品网上零售额占社会消费品零售总额比重为 24.3%，比上年同期提高 5.4 个百分点。国家邮政局数据也显示，5 月份快递业务量同比增长 41%，快递业务收入增长 25%。

三是投资信心逐步恢复。在一系列稳投资政策的作用下，投资项目建设持续加快，投资降幅连续 3 个月收窄。1—5 月份，全国固定资产投资同比下降 6.3%，降幅比 1—4 月份和第一季度分别收窄 4.0 和 9.8 个百分点。其中，基础设施投资降幅明显收窄，1—5 月份同比下降 6.3%，降幅比 1—4 月收

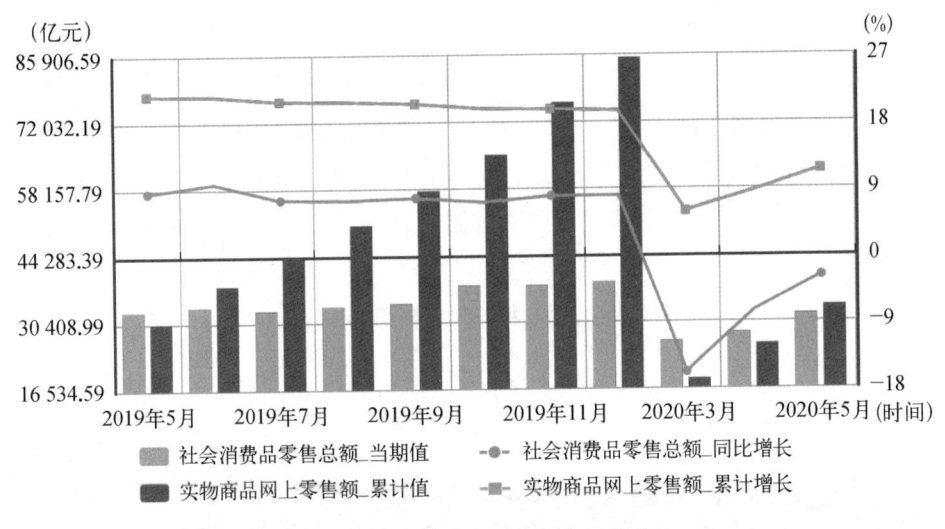

图 2 社会消费品和网上零售（月度）

窄 5.5 个百分点。民生领域投资实现较快增长，1—5 月份同比增长 3.6%，1—4 月份为下降 3.1%，其中，教育投资和卫生投资增长最快，增速分别为 10.4% 和 9.5%，增速分别加快 7.5 和 4.8 个百分点。高技术产业投资由降转增，1—5 月份同比增长 1.9%，1—4 月份为下降 3.0%。民间投资继续恢复，1—5 月份同比下降 9.6%，降幅比 1—4 月份收窄 3.7 个百分点。

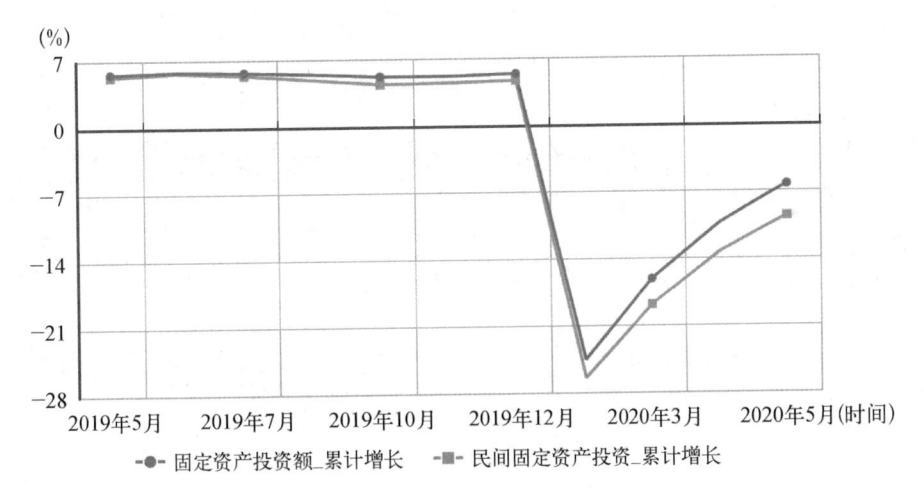

图 3 固定资产投资增速

四是国际社会对中国经济保持乐观。受新冠肺炎疫情影响，全球经济下滑态势加剧，大部分国家出现史无前例的负增长。6 月底国际货币基金组织

(IMF)发布最新的《世界经济展望报告》,预计2020年全球经济增长-4.9%,2021年全球经济增速将反弹至5.4%。同时,IMF预计美国经济将下降8%,日本经济下降5.8%,而中国2020年经济增速为1%,为全球主要经济体中唯一实现正增长的,而且预计2021年中国经济增速将回升到8.2%。此外,世界银行发布的全球经济预测数据,也预计2020年美国和日本经济将下降6.1%,而中国将实现1%的增长。这样的预期主要源于中国在疫情防控中取得的成就,以及中国蕴含的强大增长潜能。

表1 世界经济和各国经济增长预测

(实际GDP,年百分比变化)	2019年	2020年	2021年
世界产出	2.9	-4.9	5.4
发达经济体	1.7	-8.0	4.8
美国	2.3	-8.0	4.5
欧元区	1.3	-10.2	6.0
德国	0.6	-7.8	5.4
法国	1.5	-12.5	7.3
意大利	0.3	-12.8	6.3
西班牙	2.0	-12.8	6.3
日本	0.7	-5.8	2.4
英国	1.4	-10.2	6.3
加拿大	1.7	-8.4	4.9
其他发达经济体	1.7	-4.8	4.2
新兴市场和发展中经济体	3.7	-3.0	5.9
亚洲新兴市场和发展中经济体	5.5	-0.8	7.4
中国	6.1	1.0	8.2
印度	4.2	-4.5	6.0
东盟五国	4.9	-2.0	6.2
欧洲新兴市场和发展中经济体	2.1	-5.8	4.3
俄罗斯	1.3	-6.6	4.1

数据来源:IMF《世界经济展望报告》,2020年6月。

(二)不利方面:风险加大,困难叠加

从上半年来看,尽管我国宏观经济基本面开始持续向好,但一些内外部不利因素造成的风险正在逐渐加大,并且呈现各种困难互相叠加的不利态势。

主要表现在以下三个方面：

一是世界贸易萎缩危及全球产业布局。4月份世界进出口贸易数据显示，世界各大主要经济体进口、出口总量在疫情持续影响下明显下滑，月度总量下降幅度对比疫情冲击前的峰值在20%量级。这一量级的贸易萎缩与2008年次贷危机类似，但下跌速度更快。尽管我国经济最早反弹而且强势反弹，然而未来国内持续向好的态势必然会受到全球整体经济状况的影响，使得进出口仍然会比较艰难。同时，一些国家要切断同中国的关系，所谓制造业回归，加上企业迁移、减少对中国过度依赖等，使得"去中国化"现象可能增加。当然，全球产业链、供应链体系分工合作布局不是短时间任由国家意志所主导的，是长期发展演进的结果，有着内在逻辑和经济合理性。但是，不可否认，全球产业链、供应链体系重构将加快，跨国公司在中国与世界的产业布局会发生重要变化。

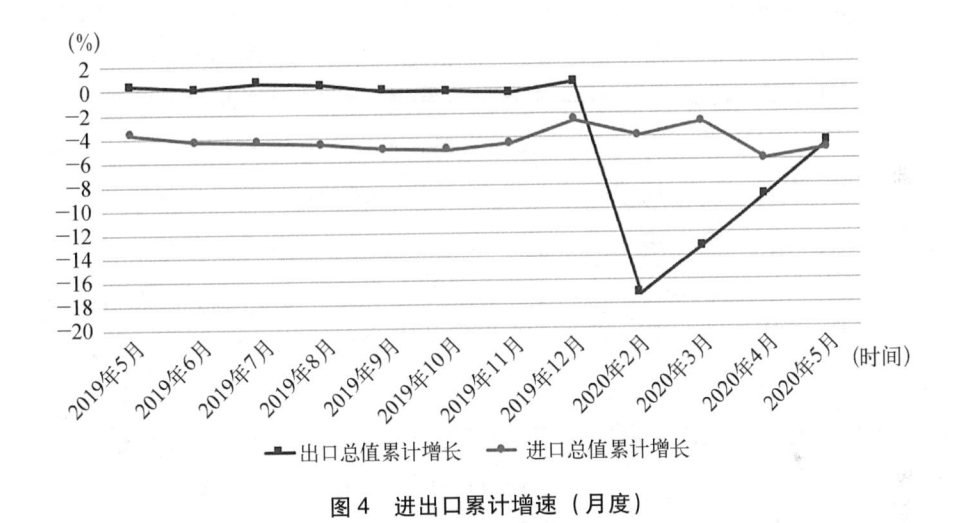

图4 进出口累计增速（月度）

二是企业盈利能力趋弱。受一季度疫情的严重影响，截至5月底，仍有近1/3的工业企业处于亏损状态。1—5月份，工业企业利润总额同比下降约20%，亏损总额同比增长约40%，尤其是小型企业仍面临着比较严峻的生产经营困难。6月份制造业PMI数据显示，从企业规模看，大中型企业PMI分别为52.1%和50.2%，比上月上升0.5个百分点和1.4个百分点；但小型企业生产经营困难较大，PMI为48.9%，比上月下降1.9个百分点，且反映订单不足的小型企业占比高于大中型企业。

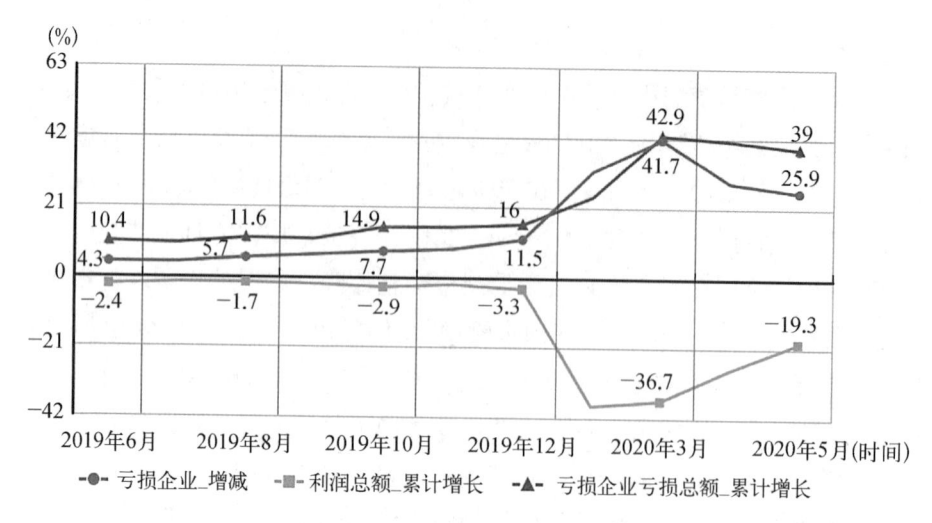

图 5 工业企业盈亏情况（月度）

三是稳定就业困难重重。尽管 3 月份以来经济持续修复，但全国城镇调查失业率居高不下，并无明显改善。5 月份全国城镇调查失业率为 5.9%，比 4 月份下降 0.1 个百分点，但 1—5 月份，全国城镇新增就业 460 万人，与上年同期相比少增 137 万人。而且，6 月份制造业就业指数和财新中国服务业就业指数继续下行，统计局服务业就业指数虽小幅上升，但仍处于较低水平。接下来的七八月是高校毕业生就业窗口期，调查失业率通常会季节性上升。此外，出口产业链上集中了大量劳动密集型企业，而出口产品转内销的效果仍待观察，疫情之下企业结构性调整将造成大量摩擦性失业。未来一段时间，促就业工作任务依然繁重。

总体来看：一是上半年我国宏观经济运行呈现反弹向好的增长态势，经济增长的基本面持续修复。二是全球疫情仍在继续蔓延，对全球经济的巨大冲击还在不断深化。三是逆全球化和全球贸易保护主义在疫情防控的外衣下将愈演愈烈，国际贸易摩擦和不确定性增多。四是国内经济增长持续向好的基础还不稳固，"六稳"和"六保"工作任务依然相当艰巨。

二、精准发力，把握"四个关系"，形成"四个合力"

在疫情防控常态化的前提下，必须加大"六稳"工作力度，并且把"六保"作为 2020 年"六稳"工作的着力点。从未来国内外经济形势发展演变的趋势来看，"在危机中育新机、于变局中开新局"把握好"四个关系""四个合力"。

(一)把握"四个关系"

第一,要把握好应对疫情与经济增长的关系。在我国新冠肺炎疫情"外防输入,内防反弹"和疫情防控常态化的背景下,要做到经济发展和疫情防控"两手抓""两手硬",促进经济增长要以疫情防控为前提,疫情防控要为促进经济增长保驾护航。关键是"三个结合":一是把推动复工复产复市同积极应对疫情影响紧密结合起来,尤其要控制好疫情信息对复工复产复市带来的"放大效应"。二是把解决眼前的困难同长远的发展转型紧密结合起来,各级政府出台的一系列政策措施需要兼顾"两头"。三是把化解局部的矛盾同全局的整体利益紧密结合起来,尤其要注意抓住主要矛盾"对症下药"。

第二,要把握好扩大内需和稳定外需的关系。中央提出要构建"以国内大循环为主体、国内国际双循环相互促进的新发展格局",实际上就是根据国内外形势发展的新变化、新趋势和新挑战的应对之策。为此,一要提高认识,形成共识。当前,既要改变以往一段时期外需强而内需弱的状态,也要高度重视一些地方、一些部门可能扩内需而忽视外需的偏向。二要面对挑战,明确对策。针对国际国内形势变化,在未来一段时期内要坚持促内需稳外需,不稳外需就会丧失机遇,不促内需就会丧失后劲。三要释放信息,提振信心。目前,外贸外资工作面临很大的挑战,建议中央以及地方党委、政府召开相关的座谈会,听取企业家的呼声,释放我国扩大开放的决心和信心。

第三,要把握好提升消费和有效投资的关系。受全球新冠肺炎疫情蔓延的影响,外需下降已成基本定势,也对我国实施扩大内需战略形成了倒逼机制。在我国疫情防控取得重大成果之后,启动消费是当务之急,通过扩大最终消费,带动中间需求,使得消费能够成为稳定和推动经济增长的主导力量,同时,也要高度重视有效投资对经济增长的拉动作用。为此,一要积极推动消费回升,通过各种传统的、新型的、线上和线下的乃至地摊经济等各种方式,千方百计地恢复并快速提升国内消费。二要针对国内消费现状,有效投资规模对经济增长显得至关重要,要千方百计地把有效投资推上去。三要紧紧围绕促消费惠民生和调结构增后劲,重点推动新基建、新型城镇化、重大工程建设"两新一重"建设,关键是要把握好有效投资的方向、规模、结构、效益。

第四,要把握好传统经济和新型经济的关系。在疫情影响期间,一系列在线新经济的迅猛发展,直播带货、云逛街、云展览、云旅游、云签约、在线教育、在线文娱、在线医疗、在线会议、新型移动出行等数字经济在加速走进人们的生产生活，展现了丰富多彩的应用场景。为此，一要充分挖掘新型经济对传统经济发展的赋能作用，进一步带动传统经济提升，使得两者之间能够相互促进和相互影响。二要特别注意保护已经复工复产复市的实体经济企业发展，尤其是最近出现股市启动上涨、房市出现回暖的迹象，如果把握不好节奏，有可能会对一些实体经济企业产生"挤出效应"，影响到复工复产复市的成效。

（二）形成"四个合力"

第一，要形成各级政府之间的合力。目前，我国仍然还处在疫情影响尚未完全消除的特殊时期，各级政府的任务仍然十分艰巨。为此，一是各级地方政府首先要坚决贯彻落实好党中央、国务院"六稳"和"六保"工作的方针政策和总体部署，同时，还要根据各地实际情况制定特殊的对策，抓住一些经济社会发展中的重点、焦点和难点问题，着力化解当地经济社会生活中的主要矛盾。二是由于受到疫情影响，加上一揽子减税降费政策的落地，一些本来财政脆弱的地方收支矛盾非常突出，尽管中央财政特意安排2万亿元新增财政资金直达市县基层，能够在一定程度上给地方解困，但更多是应急性的特事特办，并不足以解开地方财政困局。因此，建议要特别调整优化中央和地方的财政关系。

第二，要形成各个政府部门之间的合力。越是在面对严峻挑战的紧要当口，越是要形成各个政府部门的合力。为此，一是在各级政府不断频频推出各项政策措施的特殊时期，需要各个政府部门之间进一步加强沟通、加强协调、加强合作，形成全方位、各层面的合力，防止出现力量和作用的相互抵消。二是由一个政府部门出台的政策措施，不能与其他政府部门的政策措施"相互打架"；由几个政府部门联合出台的政策措施，应该分清责任，落实任务，便于督查。三是出台的各类政策措施应该"干货满满"，切忌以会议形式落实会议精神，以文件形式落实文件精神，克服文山会海的弊端。

第三，要形成政府和企业的合力。当前，从中央政府到各级地方政府推出了一系列推动企业复工复产复市的纾困计划，采取各种措施积极帮助企业走出困境，力度不可谓不大，速度不可谓不快，措施不可谓不实，为此也受到广大企业的赞誉。在这个前提下，作为市场主体的企业也要进一步坚定信心，迎接挑战，如加快发展转型，调整产品结构，推进技术创新，提高管理水平，把挑战转化为提升企业能级的机遇。为此，一是建议中央和地方主要领导人适当增加召开各类企业家座谈会的频次，提振企业家的信心。二是建议各级政府官员多到企业第一线调研，听取企业家对政府一系列政策措施落实的反映，及时调整优化政策措施。

第四，要形成企业和员工的合力。企业和员工历来是一枚硬币的"两面"，也是同呼吸、共命运的"共同体"。当前，面对新冠肺炎疫情影响带来的严峻形势，企业不仅需要积极应对生存发展的挑战，还需要担当起更现实、更重要的社会责任，努力稳定和开拓就业岗位，为全社会保就业提供基础性支撑。同时，企业员工也要想企业所想，急企业所急，更要与企业一起分担压力，抱团取暖，共度时艰。为此，一是由于疫情影响，企业用工纠纷可能会相应地增加，因此，建议各级政府应该帮助企业化解好一些用工矛盾。二是由于企业生产经营面临困难，可能带来企业员工薪酬的下降，因此，各级政府有关部门需要帮助处理好企业与员工的关系。三是各级党委宣传部门以及新闻媒体可以通过各种方式、各种途径，传播企业和员工同呼吸、共命运的典型案例，起到引导和示范作用。

（张兆安、邱俊鹏，2020年7月11日）

编制"五年规划"需要强化"五个意识"

编制和实施"五年规划",是我们党治国理政的重要方式。近日,习近平总书记对"十四五"规划编制工作作出重要指示强调,把加强顶层设计和坚持问计于民统一起来,鼓励广大人民群众和社会各界以各种方式为"十四五"规划建言献策,切实把社会期盼、群众智慧、专家意见、基层经验充分吸收到"十四五"规划编制中来,齐心协力把"十四五"规划编制好。当前,在编制"十四五"规划中需要进一步增强"五个意识"。

一是强化战略意识。当前和今后一个时期,由于世界处于"百年未有之大变局",我国发展面临风险挑战也前所未有,因而特别考验对未来趋势是否具有精准的把握能力,也决定着五年规划是否具有前瞻性。强化战略意识就是要让工作富有前瞻性和预见性,找出影响全局发展的主要因素、关键变量和薄弱环节,据此确定战略布局、主攻方向和工作的着力点,确保规划能够落地。

二是强化系统意识。"五年规划"是一项十分庞大的系统工程,可以说,层层有规划、行行有规划,条条块块、林林总总,因而特别需要用系统意识去统筹协调各类规划之间的有效衔接。这种有效衔接,强调的是用系统意识去编制规划,也特别需要在总体规划与专业规划、大区域规划与小区域规划、城市规划与农村规划、城市规划与产业规划、功能规划与形态规划、产业规划与布局规划等之间充分地显现出来。当然,各类规划之间的有效衔接,应该贯穿于规划的编制到执行的全过程。

三是强化开放意识。一个城市或区域的五年经济社会发展规划,是关系到上上下下、方方面面的大事。因此,关心者越多、参与者越广、研究越深入、讨论越充分、分析越到位,必然会产生规划编制越科学、实施越透明的效果。而这种规划就会越符合客观实际和发展趋势,就越不会出现规划同实际的脱节。有了这种开放意识,规划编制部门除了要充分依靠专业工作者之外，还可以广泛地听取全社会的各类意见，汇集全社会的各类智慧于规划中，尤其是一些经济社会发展的重要目标、重要项目、重要举措等，也可以向社会公示，进行广泛的评论和论证，以形成全社会的共识。

四是强化逆向意识。一般而言，人们往往比较容易形成固化的思维定式，也就是俗话所说的"习惯成自然"，编制规划同样如此。一直以来，我们的思维方式主要是热衷于去规划发展什么，很少去规划不发展什么。其结果，可能会"挂一漏万"，让原来不应该发展的也"搭上便车"发展起来了，以至于事后不得不被动调整。如果反其道而行之，尝试去规划不发展什么，这也许也是一种新的思维方式。

五是强化督查意识。如何让"一张蓝图画到底"，需要增强规划执行中的严肃性，克服规划执行中的随意性。如何克服？关键是抓住两头：首先，抓好规划执行过程中的监督，要建立起全面的监督体系和规划实施的问责制，切实防止规划的"走过场"；其次，抓好规划执行过程中的评议，要建立健全规划执行情况的年度报告制度，更要建立健全规划执行结果的评议和评估制度，让规划执行中的走样、走偏能够得到及时的、有效的矫正。

（张兆安，《文汇报》2020年9月2日）

稳住农业需唱好"两出戏"

越是面对风险挑战,越要稳住农业,越要确保粮食和重要副食品安全。当前,稳住农业关键在于两大"重头戏"。

第一个"重头戏"是抓好春耕生产,确保全年农业生产目标实现。

农业是国民经济的重要基础,农业生产具有鲜明的季节性特点。要在严格落实全国分区分级差异化防控措施的同时,采取积极有效的措施,迅速恢复农业生产秩序,保障农业生产能够全面展开。要像抓复工复产一样把春耕生产的各个环节抓牢、抓细、抓实,做到"五个确保":

一要确保春播面积的落实,全国各地"一盘棋",不管是主产区、产销平衡区,还是主销区,都不能因疫情影响而打折扣。

二要确保春耕生产目标的基本实现,以及后续各项农业生产目标的接续,这样,才能从生产规模上保障粮食和重要副食品安全。

三要确保春耕生产的各类农业生产资料供应充足和稳定,尤其要推动农资企业加快复工复产,打通农资供应堵点,推动各类为农服务机构复工。

四要确保满足春耕生产对农业劳动力需求,要打通农民下田堵点,保障春耕生产投入。

五要确保解决制约春耕生产可能还会出现的一些突出问题。为此,尤须动态掌握信息,及时化解问题。在重要副食品生产方面,要确保蔬菜、畜禽蛋奶(尤其是生猪)能够保质保量地完成生产目标,防止出现大起大落。

第二个"重头戏"是抓好农产品产销对接,维护粮食和重要副食品的市场供应稳定,保障城乡居民的生活需要。

在农产品供应稳定方面,要保持农产品供应量的基本稳定,尤其是各类"菜篮子"供应的基本稳定。同时,要保持重要农产品战略储备的基本稳定,储备物资动用了,应该及时补足。

此外,要保持农产品价格的基本稳定,2020年1月份和2月份,CPI同比上涨了5.4%和5.2%。要采取积极的调控措施,保障粮食和重要农产品价格的基本稳定。

在农产品产销对接方面，关键要在农产品流通的两个环节上用劲，即：畅通运输环节；完善销售环节。建议继续加强农商对接，减少中间环节，多渠道解决农产品产销对接。此外，继续依法打击哄抬菜价、肉价等行为，保障市场供给。

这两出"重头戏"唱得好，还得抓好农业支撑体系建设。为此，一要加大农业基础设施投入，加强高标准农田、农田水利、农业机械化等现代农业基础设施建设，进一步改变农业"靠天吃饭"的境况。二要加大农业科技注入，积极推动科技兴农，加快推广使用农业科技创新成果，提高农产品的产量和质量。三要加大农业组织化发展，充分发挥各类农业专业合作社、家庭农场、农业企业的龙头带动作用，同时培养新型农民和职业农民。四要加大为农服务组织建设，为农业组织化、社会化、现代化提供支撑。

（张兆安，《解放日报》2020年3月17日）

助力"六稳""六保"效果显现

在新冠肺炎疫情防控常态化的情况下，有必要把握好四个"着力"、四组"关系"、四大"合力"，努力在危机中育新机、于变局中开新局，助力"六稳""六保"效果显现。

一、四个"着力"

（一）着力于稳定和扩大就业

2020年，我国高校毕业生有874万人，全年城镇新增就业要达到900万人以上，城镇调查失业率、城镇登记失业率要分别保持在6%左右和5.5%左右，保就业成为"六保"之首。

为此，需要全面强化财政、货币、投资等聚力支持就业的优先政策，大力开拓城乡就业的新渠道、新载体、新模式，针对城市中出现的灵活就业现象，可出台专项扶持政策以及相应的社会保障等配套政策，全面清理取消对就业的不合理限制。

（二）着力于推动企业稳定发展

保就业的重要基础是保市场主体，新冠肺炎疫情对企业的生存与发展产生了重大影响，稳住全国上亿的市场主体，要继续完善复工复产复市的各项政策，要深化"放管服"改革，进一步激发市场主体的动力、活力和潜力。

同时，通过进一步减税降费、降低企业生产经营成本、强化金融支持实体经济等措施，帮助企业尤其是中小微企业渡过难关。

（三）着力于积极扩大内需

受新冠肺炎疫情在全球蔓延的影响，外需下降难以避免，这对我们实施扩大内需战略形成了倒逼机制。

要积极推动消费回升，通过各种传统的、新型的、线上和线下的方式，千方百计地把国内消费提振上去；要积极扩大有效投资，充分发挥投资对经济稳定增长的推动作用，紧紧围绕促消费惠民生和调结构增后劲，重点推动新基建、新型城镇化、重大工程建设"两新一重"建设。

（四）着力于保障和改善民生

经济社会发展遇到一定的困难，越要坚决兜牢基本民生的底线，这也是"六保"中一项重要任务。

当前，尤其要"坚持人民至上、紧紧依靠人民、不断造福人民、牢牢植根人民"，确保完成决战决胜脱贫攻坚目标任务，确保全面建成小康社会。同时，在公共卫生、基本医疗服务、教育、文化、住房、养老，以及社会保障等方面，全力保障和改善民生。

二、四组"关系"

（一）应对疫情与经济增长的关系

在新冠肺炎疫情"外防输入，内防反弹"和疫情防控常态化的背景下，要做到经济发展和疫情防控"两手抓""两手硬"，把推动复工复产复市同积极应对疫情影响紧密结合起来，把解决眼前的困难同长远的发展转型紧密结合起来，把化解局部的矛盾同全局的整体利益紧密结合起来。

（二）扩大内需和稳定外需的关系

改革开放以来，通过扩大开放推动了产业提升和经济发展，同时国内市场也得到了相应拓展。但在一段时期内，确实也存在着"外需强、内需弱"的状态。

应该认识到，只有内需真正起来了，经济增长才能稳定并可持续。当前，尤其要促内需、稳外需。不稳外需就会丧失机遇，不促内需就会丧失后劲。

中央提出要构建"以国内大循环为主体、国内国际双循环相互促进的新发展格局"的战略部署，实际上就是根据国内外形势发展的新变化、新趋势和新挑战的科学应对举措。

（三）提升消费和有效投资的关系

考虑到各方面因素，启动消费是当务之急。要通过扩大最终消费，带动中间需求，使消费成为稳定和推动经济增长的主导力量。同时，也要高度重视有效投资对经济增长的拉动作用，关键是把握好有效投资的方向、规模、结构、效益。

（四）把握好传统经济和新型经济的关系

当前，在线新经济迅猛发展，直播带货、云逛街、云展览、云旅游、云签约、在线教育、在线文娱、在线医疗、在线会议、新型移动出行等加速走进人们的生产生活之中，开辟了丰富多彩的应用场景。

同时，在线经济对传统经济发展也起到了赋能作用。应该认识到，两者之间不是完全排斥的，而是相互促进和相互影响的。从这个角度看，上海推出"在线新经济23条"，可谓顺应了传统经济和新型经济融合发展的大趋势。

三、四大"合力"

（一）各级政府之间的合力

在疫情影响尚未完全消除的情况下，各级政府要坚决贯彻落实好党中央、国务院"六稳"和"六保"工作的方针政策和总体部署。同时，应根据各地实际情况制定一些特殊的对策，抓住一些经济社会发展中的重点、焦点和难点问题，着力化解当地经济社会生活中的主要矛盾。

（二）各个政府部门之间的合力

越是紧要关口，越需要政府部门之间加强沟通、加强协调、加强合作，形成全方位、各层面的合力，从而制定好、运用好、发挥好各类政策措施的"组合拳"作用，避免出现"相互打架"的情况。

（三）政府和企业的合力

当前，从中央到地方，各级政府推出了一系列推动企业复工复产复市的政策，力度不可谓不大，速度不可谓不快，措施不可谓不实。作为市场主体的企业理应坚定信心、迎接挑战，通过加快发展转型、调整产品结构、推进技术创新、提高管理水平等，把挑战转化为提升企业能级的机遇。

（四）企业和员工的合力

企业和员工同呼吸、共命运。面对新冠肺炎疫情的影响，企业不仅需要积极应对生存发展的挑战，还应当肩负起社会责任，努力稳定和开拓就业岗位，为全社会保就业提供基础性支撑。同时，企业员工要想企业所想，急企业所急，与企业一起打拼。

（张兆安、邵晓翀，《解放日报》2020年6月30日）

外资看中的不仅仅是中国市场

2020年以来，受新冠肺炎疫情持续蔓延的影响，世界经济增长受到重挫，国际贸易和投资"双双下降"。对比来看，中国的疫情防控和经济复苏走在了全球前列，显现了中国经济的强大韧性和旺盛活力，也为推动世界经济发展增添了一抹亮色。

前三季度，中国经济增速转正，主要指标增速由负转正，尤其是第三季度增速稳定回升，国内生产总值增长4.9%，9月份主要指标更是明显改善。同时，外贸和外资增长好于预期。9月份，单月进出口值均创历史新高；全国实际使用外资990.3亿元，同比增长25.1%，连续6个月实现同比增长。

在严峻的世界经济形势之下，全球资本为什么继续看好中国，中国的吸引力主要体现在哪些方面？

一是与中国确定的基本国策密切相关。改革开放以来，中国打开国门搞建设。在此进程中，任凭世界风云变幻莫测，中国开放的大门始终是敞开的。吸引外资是推动中国对外开放这一基本国策的重要部分，从中央到各级地方政府都出台了一系列与时俱进的政策措施；2020年1月1日，《中华人民共和国外商投资法》开始施行……这一切，都为来自全球各国的外资创造了制度条件。

二是与中国持续优化的营商环境密切相关。良好的营商环境，不仅是一个国家和地区吸引外资的重要砝码，也是一个国家和地区综合竞争力的重要体现。长期以来，中国深化改革促进了开放，而扩大开放又倒逼了改革，尤其是近年来通过改革不断释放制度红利，大大优化了营商环境。根据世界银行发布的《全球营商环境报告2020》，中国营商环境全球排名继2018年从此前的第78位跃至第46位，2019年再度升至第31位，跻身全球前40位，实现了"二级跳"，营商环境改善幅度之大，令人惊叹，也引得外资纷至沓来。

三是与中国巨大的市场规模密切相关。市场规模大，是大国经济的一个重要优势，也是吸引外资的一个重要因素。中国是一个发展中大国，具有

"大国经济"的主要特征,巨大的市场规模和潜力便是特征之一。究竟有多大?仅从消费来讲,中国拥有14亿人口的大市场,超4亿中等收入群体的消费能力,加上广大城乡居民不断提高的收入水平和生活品质,都将进一步释放出市场潜力。如此巨大的市场,对外资的吸引力可想而知。例如,一些外资企业在中国的业务已经成为其全球业务的主要部分,也对外资产生了一定的示范作用。

四是与我国完备的产业体系密切相关。如今,中国制造业已经建立了门类齐全的现代工业体系,规模总量连续多年稳居世界第一,实力显著增强,已经跃升为世界第一制造大国。同时,近年来中国服务业发展势头良好,空间不断拓展,比重逐年提升。这一切,都对外资产生了很大的吸引力。事实也是如此,2020年1—9月,中国服务业实际使用外资5 596.8亿元,同比增长15%;高技术服务业同比增长26.4%,其中电子商务服务、专业技术服务、研发与设计服务、科技成果转化服务同比分别增长18.5%、92.5%、72.8%、31.2%。

由于全球经济形势仍然复杂严峻,影响外商投资的不确定性因素仍然较多,吸引外资工作丝毫不能松懈。当前,中国应继续抓好外资准入负面清单实施工作,并根据将要出台的《鼓励外商投资产业目录(2020年版)》,使更多领域的外商投资项目能够享受有关优惠政策。此外,还要结合自贸区建设,进一步抓好外商投资的便利化工作、外商投资项目的服务保障工作以及依法保护好外资权益。

(张兆安,《人民日报(海外版)》2020年10月27日)

新冠肺炎疫情冲击下的
中国经济与防控重点

新冠肺炎疫情对经济的影响到底有多大，经济社会究竟是靠什么得以运行的？疫情发展到现在，人们从最初对疫情传染本身的担忧，到现在普遍比较关注疫情对经济增长的影响。这也是符合认知规律的，毕竟生命最宝贵，只有活着才会考虑如何发展得更好。

一、国际社会预期乐观

近日，国际货币基金组织和世界银行纷纷表示对中国控制疫情有信心，认为疫情的影响是短期冲击，不会改变中国未来经济增长的趋势。更有一些独立研究机构给出了"超预期"的判断。比如 Now-Casting（是一个基于高频真实数据为世界主要经济体提供自动实时预报的系统）对中国 2020 年第一季度和第二季度的 GDP 增长率预测分别为 6.55% 和 6.96%，对 2 月份制造业和服务业采购经理指数的预报都在枯荣线以上。

然而现实情况不容乐观，交通运输部预计，受新冠肺炎疫情影响，春节期间，全国铁路、道路、水路、民航比 2019 年春运同期下降近 73%。当前企业延期复工、交通运输规模骤降、服务业经营惨淡，人们对于此次疫情给经济带来的影响总是担忧的。

二、"非典"经验：疫情结束后，市场快速反弹

一场疫情对经济的影响取决于两个方面：一是疫情的严重性和持续时间；二是经济结构，尤其是服务业。从 2003 年我国暴发的"非典"疫情来看，据世界卫生组织报告，"非典"的死亡率约为 10%。从发现首例到疫情基本结束历时约 7 个月。其间，2003 年 4 月 17 日中央政治局常务委员会召开会议全力以赴采取措施，4 月 26 日时任总理在重点疫区北京视察，6 月 15 日中国内地实现确诊病例、疑似病例、既往疑似转确诊病例数均为零的纪录，6 月 24 日 WHO 将中国大陆从疫区名单中剔除，意味着疫情结束。从中央高度重视到疫情得以控制历时 2 个月。

"非典"对经济的影响从时间上看主要集中在2003年第二季度，第二季度中国GDP同比较第一季度回落2个百分点，疫情点城市广州和北京GDP累计同比较第一季度下滑0.5个百分点和3.1个百分点。从行业来看，主要影响第三产业，其增加值较2002年同期跌落1个百分点，其中住宿和餐饮，交通运输、仓储和邮政所受影响较大，分别回落3个百分点和1.6个百分点。然而一旦疫情结束，前期受抑制的需求大量释放，在第三季度迅速反弹。

三、疫情对经济的主要影响集中在第一季度

与"非典"的影响相比，此次新冠肺炎疫情在两个方面有所不同：一是致死性低但传染性高。截至2月5日午时许，新冠肺炎病例全国确诊24 377例，死亡492例，死亡率2%，疫情最为严重的武汉其死亡率为4.3%。医学界对这次疫情的传染性判断不一，但多数认为代表性指标R0值高于"非典"。二是持续的时间应该在半年以内，甚至更短。

"非典"时期有两个时间节点非常重要：一个是当时的农历新年——2003年2月1日，一个是政府高度重视的时间——4月中旬。春运期间人员大范围的流动一般发生在春节前后半个月，也就是说从2002年12月确诊首例开始，病毒在2月中下旬已经基本扩散到位，再加上10天左右的潜伏期，病毒在三四月份全面暴发，根据病毒传染的Logistic曲线，可以说到这个时候患病人数已基本达到峰值。而政府高度重视和加以干预是在4月中旬，也就是说政府在病毒充分蔓延之后仍有能力将疫情控制在2个月内结束。

针对这次新冠肺炎疫情，武汉等几个重点城市在春节前后陆续实施防控措施，对春节后返程引起的病毒传播起到了抑制作用。而且面对这次疫情，中央政府的行动更及时、力度更大，早在1月25日召开了中央政治局常务委员会，研究讨论疫情的防控工作，此后各部委、各地政府上下齐力纷纷采取措施抗击疫情。可以预判，此次疫情对经济的影响主要集中在2020年第一季度。

四、新冠肺炎疫情对经济的影响主要来自人流和物流限制

新冠肺炎疫情对经济的影响，分两个层面：一是消费者和投资者对疫情的恐惧造成对需求端的冲击，表现为居民消费需求下降和投资者信心不足（包括外商投资）。具体指标反映在社会消费品零售总额、住宿和餐饮业增加值、经理人采购指数上。对于这一层面的影响，主要源自心理因素，或者说市场预期，预期又取决于对疫情的判断，因此一旦疫情得以控制，消费和投资信

心即可恢复。"非典"疫情过后这些指标在第三季度大多都出现了"补偿性"反弹。我们主要关注第二个层面，即为了防控疫情传播，政府管制措施对经济造成的影响。

人类面对病毒传染常用的方式就是隔离。目前采取的封城、关停部分行业经营活动、企业延期复工、学校延期开学、交通管制等措施，都是为了在病毒高发期限制人员流动，阻断病原传播路径，期待拐点早日到来。

对于一个经济体或者城市而言，正是人流、物流、资金流、信息流促使各要素资源得到有效利用和配置，进而提高经济的潜在产出水平。从当前采取的措施和思路来看，主要是限制人员流动，如关停活动、延迟复工等。主要对餐饮、住宿、交通、娱乐、旅行等服务性消费造成了严重影响。

为限制人流而采取的一些措施，还是不可避免地对物流产生了负面影响。一是物流人员复工未到位，造成从业人员短缺。二是各地基于本地区疫情防控考虑，进行封路、断路、对过往车辆交通运输"安检"均在一定程度上降低了物流速度。三是强制性延迟复工，造成生产链条断裂，生产供给不足，即便物流能力充足，也不能保证物资可以及时送达消费者手中。

值得欣慰的是，与"非典"时期相比，我国的数字经济、电子商务、信息化和电子支付水平已得到长足发展。"宅"在家里战"疫"的同时，也能实现消费，并参与到生产活动中。也就是说，我们可以通过加速物流、信息流和资金流，在一定程度上来弥补限制人流所造成的损失。

五、当务之急是保障物流、为企业"减负"、落实防控主体责任

生产、分配、交换、消费是社会生产和再生产的一个有机机体，它们相互影响，相互制约，缺一不可。只有保障生产供给，保障物流交换，才能完成社会再生产的有机循环。在疫情没有结束之前，想方设法保证物流畅通是降低疫情影响的重要途径。首先，保障大交通，即省级、城际、县域之间的互通互联。其次，最大限度地帮助企业复工不倒闭，保障供应链断裂。最后，要疏通物流毛细血管，确保物流配送系统及时高效。

当务之急是，应对需求下降对经营商户的影响，以及延迟开工对中小企业的影响。疫情对于整个社会来说是不可预期的外部性冲击，政府应该在力所能及的范围内为他们"减负"。一些地区施行了社保金减免、税收减免，同时增加公共支出，在一定程度上可以降低企业倒闭和人员失业的风险。

与此同时，随着各地企业单位陆续复工，防疫的重点逐步由社区转向

"社区+公共交通部门+企业和单位"。鉴于我国公共交通部门的性质，其防疫工作基本可以保障。防疫的重点应该放在企业和单位，要尽快落实以企业和单位作为防疫单元，进行报备、工作场所消毒、工作人员检疫等工作。特别强调的是，消毒、检疫和防护设备作为一种具有正外部性的公共物品，相关的经费和采购供给方面，政府部门应予以财政支持。此外，应密切关注面对面服务的群体，如个体户销售员、外卖送货员、护理人员、中介服务人员等，这些人员可能游离在组织之外，应尽早为此类人员提供防疫服务。

（邱俊鹏，《文汇报》2020年2月6日）

新冠肺炎疫情防控与经济发展两手抓

根据新冠肺炎疫情发展态势，现阶段除重点疫区仍以疫情防控为重点外，其他地区政府需要平衡疫情防控和复工生产的工作重心，坚持疫情防控和经济发展两手抓，两手都要硬。

一、彻底消杀抓防控

坚持疫情防控主体责任——谁开工，谁负责，加强开工企业防疫工作。社区和园区要对所辖区域内企业和单位的防控情况进行督查和帮扶，对消杀能力弱的企业和单位提供免费的消杀用品和器具。只要消杀彻底，避免感染，防控和生产并不矛盾。

二、全力畅通物流、资金流和信息流

疫情对经济增长的影响取决于两个方面：一是疫情持续影响的时间，二是经济结构。当前，应最大限度地畅通物流、资金流和信息流，来弥补因限制人流而造成的损失，最大限度地降低疫情对经济的影响，维护经济生产活动有序运行。

三、稳企业就是稳就业

积极推动企业复工复产，继续落实做细减免、降低社保缴费率等措施。兼顾企业和员工利益，落实员工带薪休假制度的同时，延长的假期及推迟开工的期间内按一定比例支付基本薪酬而非强制工资，减少企业因负担过重而在复工后加大裁员的现象。尽快落实简化农民工在城市办理居住证的有关政策，快速解决企业用工短缺问题。

四、建立"人力资本蓄水池"

一是提升劳动力技能水平，相关部分联合推出专业技能培训券，给再就业和待就业的劳动者、大学生提供人力资本投资补贴。二是实行大学生毕业季弹性制度。根据就业和实习情况，学生可选择三季：夏季（7月）、秋季（10月）、春季（次年3月）办理毕业手续。

五、确保供给充足

一是尽快恢复生猪、家禽类饲料的供应和物流系统。一方面防止食品类通货膨胀，另一方面避免生猪、禽类因饲料供应和销售受阻而大面积扑杀产生新的疫情。二是对疫情类相关紧俏商品生产的上下游企业，在用工、物流方面建立绿色通道。三是增加对外国医疗器械、新药特效药、专利服务等生物医药产品和服务的进口，简化药监和海关审批流程。

六、开辟新的消费增长点

一是完善用工单位休假制度，落实弹性休假制，平滑因疫情累积下来的消费需求。二是鼓励线上购物、线上教育培训、线上娱乐、线上办公等新消费蓬勃发展，确保信息流通道畅通而且健康。三是进一步放开医疗、教育等服务业市场准入，满足市场消费需求，培育新的经济增长点。

七、实行积极有效的财政政策

针对2020年的特殊情况，财政赤字可以突破不超过GDP 3%的限制，增发1万亿—2万亿元特别国债。增加国有企业制造业固定资产投资，对冲民企投资不足。设立全国企业技改投资基金，帮助企业淘汰落后产能，提高企业自动化智能化水平。加快推进新投资项目开工力度，积极推进在建重大项目，加大对医疗、健康、教育行业领域的基础设施投资建设。增加政府购买力度，对冲居民消费不足。

这次新冠肺炎疫情对宏观经济运行的影响是阶段性的外部冲击，不会改变中国经济稳中向好、长期向好的基本态势。只要我们在抗击疫情的同时，认清经济风险，积极主动应对，就能打赢脱贫攻坚战，确保全面建成小康社会。

（邱俊鹏，《文汇报》2020年2月18日）

当前民营经济面临的主要风险与应对

中国面对新冠肺炎疫情全球蔓延、贸易摩擦持续升级等外部环境风险以及艰巨的国内改革发展稳定任务,以习近平同志为核心的党中央适时提出"六稳""六保"工作要求,加快形成以国内大循环为主体、国内国际双循环相互促进的新发展格局,为实体经济尤其是民营经济持续复苏创造了重要支撑。然而,面对复杂多变的国际环境、国内舆论环境和脆弱的融资环境等多重局面,民营经济在未来仍充满很大的不确定性,这导致部分民营企业家预期不稳、信心不足、动力不够。当前亟待从舆论宣传和政策落地方面着手,真正给民营企业家"吃定心丸",让民营经济成为推动经济复苏的主力军。

一、当前民营经济发展面临的主要风险

（一）全球贸易保护主义叠加艰难的转型升级压力,全面压缩民营企业的生长空间

当前美国对华政策趋向于全面遏制,中美贸易摩擦中民营企业首当其冲。一是中小民营企业向美出口受阻,市场份额下降,订单减少,外向型民企面临倒闭潮,特别是沿海地区的民企出口依存度超过70%,需特别关注这些地区企业的转型问题。二是高科技民营企业特别是电子、通信类行业对美产品进出口及投资并购等受到诸多限制。华为和腾讯等多家企业近期面临的围堵可能只是序幕。三是中美贸易摩擦导致境内外投资者对中国资本市场形成不稳定预期,直接冲击主板、创业板以及中小板,阻碍民营企业的直接融资渠道。四是传统行业民营企业转型升级动力不足,市场空间不断萎缩。当前农副食品加工业、纺织业增加值、化学原料和化学制品制造业等行业仍处在负增长阶段,受产业结构重型化等因素影响的东北、华北等地区的北方民营经济表现尤为严重。

（二）民营经济退场论重现,民营企业家不敢投资,致使经济复苏步伐不及预期

为应对新冠肺炎疫情冲击,政府投资和消费成为拉动经济的重要抓手,

再次引发社会舆论对民营经济地位的担忧。国有经济投资增速在 6 月已转正，但民营经济固定资产投资当前仍是负增长，民营企业家投资信心仍然不足。疫情冲击之下，民营经济未来定位如何、未来政策会不会变等问题，仍然是困扰民营企业家的深层次问题。如果不能从根本上扭转对民营经济的负面认识，那么民营经济的舆论环境仍有可能面临时好时坏、反复曲折的局面，无法解除民营企业家的发展疑虑，影响企业家投资信心，进一步拖累经济复苏的步伐。

（三）融资痼疾尚未消除，抽贷断贷让民营企业处在生死边缘

新冠肺炎疫情下央行的货币政策趋向于结构性扩张，加剧了民营企业的融资难、融资贵问题。更为严重的是，金融部门面对流动性紧缺和严监管约束，施行"一刀切"政策，提前收回贷款资金，致使企业不仅面临贷不到的问题，更面临还不上贷款、企业倒闭，甚至企业家面临法律诉讼的困局。当前在各方努力下，民营企业面临的融资难题有所缓解，但仍有两方面问题需要引起重视：一是有投融资意愿的企业身陷"循环倒贷""套路贷"泥潭，面临企业倒闭和法律诉讼，企业家自身难保。二是在当前经济下行背景下，金融部门优先借钱给地方融资平台、国有企业是一种比较普遍躲避风险的选择，而对民营企业的融资动力更加不足，民营企业面临资金链断裂的风险，更谈不上增加创新研发投入。

二、应对建议

（一）将工作重心转到帮扶民营经济上，积极为民营经济拓宽发展空间

国有经济在疫情防控、复工复产、稳定供给和就业方面为国民经济快速复苏起到了重要支撑作用。随着疫情得到有效控制，民营经济的"五六七八九"（贡献了 50% 以上的税收、60% 以上的国内生产总值、70% 以上的技术创新成果，提供了 80% 以上的城镇劳动就业，拥有 90% 以上的企业数量）特征迫切需要相关部门的工作重心向民营经济转移。可以从以下几个方面着手：一是针对出口转内销的企业，加大资金、技术和用工方面的扶持力度。二是通过 RCEP 贸易协定，加强与日本、韩国在电子通信领域的合作，为民营企业提供技术交流和打通供应链创造有利条件。三是切实推行注册制，加快民营企业在创业板和中小板 IPO 步伐，为民营经济打通直接融资渠道。

（二）重申对民营经济的战略定位，为民营企业家吃定心丸

有必要再次强调习近平总书记有关民营经济的相关指示和国家有关政策，

扫除民营企业发展疑虑。一是围绕习近平总书记关于"民营企业和民营企业家是我们自己人""民营经济始终是国民经济的重要组成部分"等，强化民营经济在国民经济中的重要地位，使民营经济发展不被"教条"所限制。二是加强党的执政理论创新，将民营企业也作为党的执政基础。民营经济与党的执政、与社会主义制度是兼容的。三是将"民营企业和民营企业家是我们自己人"的表述上升为法律，使之成为民营经济未来长期持续健康发展以及做大做强的依据。

（三）金融服务供给上补短板，纾困部分重点民营企业

一是针对金融部门风险偏好特征，应着力加大构建中小银行服务体系，发展区域性的中小银行、社区银行、小微银行、民营银行等银行机构，限定服务区域，聚焦为所在区域内的民营企业，特别是小微企业提供服务。二是继续鼓励各类金融机构设立质押纾困专项基金，参与化解处置民营上市公司的股票质押风险，防范金融机构一刀切式"抽贷、断贷、压贷"行为导致的优质民营企业破产或重整现象，按照"一企一策"原则制定纾困或拯救方案，确保优质民营企业不因流动性枯竭而倒闭。

（邸俊鹏，2020 年 11 月 29 日）

2021 年

紧紧抓住高质量发展这个主题

"十四五"时期是我国全面建成小康社会、实现第一个百年奋斗目标之后,乘势而上开启全面建设社会主义现代化国家新征程、向第二个百年奋斗目标进军的第一个五年。习近平总书记在参加十三届全国人大四次会议青海代表团审议时强调:"高质量发展是'十四五'乃至更长时期我国经济社会发展的主题,关系我国社会主义现代化建设全局。高质量发展不只是一个经济要求,而是对经济社会发展方方面面的总要求;不是只对经济发达地区的要求,而是所有地区发展都必须贯彻的要求;不是一时一事的要求,而是必须长期坚持的要求。"2021年《政府工作报告》提出:"要准确把握新发展阶段,深入贯彻新发展理念,加快构建新发展格局,推动高质量发展,为全面建设社会主义现代化国家开好局起好步。"我们要准确理解高质量发展的内涵,紧紧抓住高质量发展这个主线,推动我国经济社会发展取得更加优异的成绩。

高质量发展是当前和今后一个时期我们确定发展思路、制定经济政策、实施宏观调控的根本要求。科技创新是推动经济高质量发展的重要支撑。要加快建设现代化经济体系,提升科技创新能力,强化科技自立自强,加强基础研究,加大研发投入,实现更多关键核心技术自主可控,进而提高全要素生产力;依靠创新推动实体经济高质量发展,深入实施制造强国战略,调整经济结构,提升产业能级,优化产业链、供应链,推动数字化转型。同时,坚持扩大内需这个战略支点,充分挖掘国内市场潜力,实行高水平对外开放,推动我国经济运行保持在合理区间。加强统筹协调,既要统筹一、二、三产业协调发展,深入实施区域重大战略、区域协调发展战略、主体功能区战略,又要健全城乡融合发展体制机制,推动巩固脱贫攻坚战胜利成果同乡村振兴有效衔接,优化对口帮扶工作。

推动高质量发展的目的是满足人民群众日益增长的美好生活需要。必须坚持以人民为中心，始终做到发展为了人民，发展依靠人民，发展成果由人民共享。坚决维护人民群众的根本利益，进一步在就业、教育、医疗、住房、基本民生保障和收入分配等众多领域促进社会公平，提高公共服务可及性和均等化水平。聚焦广大人民群众最关心的热点、难点问题，不断提高社会建设水平，持续不断地解民忧、纾民困，及时回应群众关切，做到想群众之所想、急群众之所急、解群众之所困。不断推动幼有所育、学有所教、劳有所得、病有所医、老有所养、住有所居、弱有所扶取得新进展，不断提高人民群众的生活水平和生活品质，使经济高质量发展和人民高品质生活有机结合，相得益彰。

高质量发展离不开制度支撑保障，必须加快完善社会主义市场经济体制。进一步深化改革，构建高水平社会主义市场经济体制，建立健全高标准市场体系，强化竞争政策基础性地位，充分激发市场主体的动力、活力、潜力。进一步转变政府职能，深化简政放权、明晰权责清单、推进依法行政、优化服务内涵，提高公共服务水平、提升治理效率。纵深推进"放管服"改革，深化推进"证照分离"改革，加快营造市场化、法制化、国际化营商环境。加强数字政府建设，创新经济管理和社会治理，大力推进更多政务服务事项和社会治理实现"一网通办""一网通管"，加快实现"跨省通办"。

（张兆安，《人民日报》2021年4月21日）

2021年上半年我国宏观经济形势分析与建议

——着力化解七个方面"风险压力"

在2020年我国宏观经济形势分析报告中,我们曾经提出要把握好应对疫情与经济增长、扩大内需和稳定外需、提升消费和有效投资、传统经济和新型经济等"四个关系",要形成各级政府之间、各个政府部门之间、政府和企业之间、企业和员工之间的"四个合力"。

2021年是"十四五"开局之年、建党100周年和党的"二十大"布局之年,是至关重要的一年。上半年,全国上下坚持稳中求进工作总基调,立足新发展阶段,贯彻新发展理念,构建新发展格局,疫情防控与经济社会发展成果持续显现。经济开局总体良好,呈现"持续恢复,稳中趋好"态势,主要经济指标大幅回升。但也应清醒地看到,我国经济恢复进展不平衡,外部环境依然复杂多变,持续回升向好的基础尚不稳固。

一、形势判断:经济运行"持续恢复,稳中趋好"

上半年,全国主要经济指标在经济、政策和基数因素的叠加作用下普遍呈现较大幅度增长,积极因素累积增多。从两年平均增速看,多数生产性指标持续回升,市场活力逐步提升,发展预期积极向好。

(一)有利方面:指标持续回升,市场活力提升

在2020年全面复工复产复市的基础上,上半年我国宏观经济运行继续呈现进一步向好迹象,供给侧和消费端同步得到修复,市场信心和市场活力逐步提升。这充分表明,我国疫情防控和经济发展做到了"两手抓"和"两手硬",取得了比较显著的成绩,也得到国际社会普遍认可。

一是工业生产持续回升,高端制造业扩张步伐加快。在供需两端带动下,工业生产积极修复,加之受2020年同期低基数影响,上半年工业增加值延续修复趋势。从环比数据看,5月全国规模以上工业增加值比4月份再度加快0.52%,与4月基本持平,工业生产持续修复。高端制造业扩张步伐延续较

快。5月份制造业同比增长9.0%,两年平均增长7.1%。其中,通用设备制造业增长13.8%,专用设备制造业增长5.9%。前5月制造业延续高速增长,尤其是高技术制造业,5月份高技术制造业增加值同比增长17.5%,两年平均增长13.1%,两年平均增速较4月份加快1.5个百分点。5月份高技术制造业PMI为55.2%,连续3个月上升,位于较高景气区间,表明高技术制造产业保持较快增长态势。

二是投资增长加快,尤其是制造业和基建投资。1—5月份,固定资产投资两年平均增长4.2%,比1—4月份加快0.3个百分点。其中,制造业、基建投资维持较高增速。在制造业方面,1—5月制造业投资同比增长20.4%,两年平均增速由1—4月份下降转为增长0.6%,其中计算机及办公设备制造业、医疗仪器设备及仪器仪表制造业投资同比分别增长48.3%、34.0%,两年平均分别增长28.9%、17.0%。在基建方面,1—5月份基础设施投资同比增速实现11.8%。5月份,中国制造业采购经理指数为51.0%,连续15个月高于临界点,说明市场预期持续向好。

三是新兴消费旺盛、市场活力稳步提升。5月份社会消费品零售总额两年平均增长4.5%,比上月加快0.2个百分点。尤其是新业态发展迅猛,平台经济、网上零售、在线教育持续活跃,1—5月份,实物商品网上零售额两年平均增长15.6%,明显快于社会消费品零售总额的增速。市场活力稳步提升。营商环境改善,减税降费显效,企业盈利和预期持续向好。企业利润大幅增长。1—4月份,规模以上工业企业利润同比增长1.06倍,两年平均增长22.3%;规模以上服务业利润同比增长3.3倍,超过了2019年同期水平。企业预期较好,5月份,制造业PMI达到51%,非制造业商务活动指数为55.2%,持续稳定在临界点以上。

(二)不利方面:恢复进展不平衡,回升基础不稳固

目前,我国宏观经济运行整体上已接近甚至超过疫情前水平,但经济恢复进展不平衡,持续回升基础不稳固,经济增长的内生动能还没有得到充分修复,生产和消费仍恢复缓慢。如果欧美疫情逐步缓解,出口替代效应将放缓,特别要警惕疫后"退潮"带来的风险。

一是生产端仍处于修复阶段,中下游企业复苏滞后。从出口生产方面看,出口替代效应对上游和下游的驱动有限,而主要集中在中游的设备和医药、汽车行业等个别行业,没有形成全面拉动作用。从生产性投资方面看,制

业固定资产投资增速受到下游行业拖累较大，部分中游装备制造行业有较大的投资修复空间。从企业库存看，下游产业普遍呈现高库存、低营收的格局，这对于投资信心非常不利。从企业利润看，2021年以来工业企业利润整体明显改善，但下游不少行业的两年平均增速甚至不及2020年水平。而且受经济节奏、环保政策、上游PPI价格暴涨的影响，会进一步侵蚀中下游行业的利润。

二是消费端复苏缓慢，内生制约因素长期存在。尽管第一季度居民收入进一步恢复增长，但消费复苏仍然显得步履维艰，居民储蓄倾向尚未有效回落。考虑到储蓄分流、老龄化、地产挤压等负面因素的影响，制约消费增长的长期因素仍然存在。5月份人民币存款增加2.56万亿元，同比多增2521亿元。其中，住户存款增加1072亿元、非金融企业存款减少1240亿元。居民人民币存款逆季节性抬升，表明当前居民的预防性储备加强。根据七普人口数据，中国老龄人口比例已达13.5%，很快就会进入14%的中度老龄化阶段，且未富先老特征鲜明。而老年人消费倾向较低，成为拖累中国消费增长的中长期因素。此外，在高企的房价面前，青年人的可选消费将让位于住房储蓄，中年人的可选消费也要让位于下一代的住房储蓄。

三是出口替代效应，可能随全球经济恢复而衰减。我国出口持续超预期，前5月我国对欧盟、美国等发达经济体出口维系较好表现，累计同比增速分别实现27.9%和38.9%。新兴市场方面，前5个月我国对东盟商品出口的累计同比增速为29.3%，东盟仍是我国当前第一大贸易伙伴。这主要得益于我国的出口结构恰好符合疫情防控期间的需求，而且由于疫情的不确定性，我国稳定的供应链仍具备较强优势，2020年净出口对我国GDP的贡献率达到28%，为20年来最高。但是，随着疫情在全球范围内得以控制，加之美国及盟友与我国的贸易摩擦，我国的出口替代效应将受到遏制。在进口方面，我国内需可能会边际放缓，叠加人民币汇率升值和大宗商品价格上涨也趋于放缓，进口动能将边际减弱。

总体来看：其一，上半年我国宏观经济运行呈现反弹向好的增长态势，经济增长的基本面持续得到修复。其二，全球疫情仍在蔓延，一些国家不仅死灰复燃，还受到变异毒株的困扰，使得全球经济复苏仍需时日。其三，逆全球化和贸易保护主义在疫情防控的外衣下愈演愈烈，国际贸易摩擦和不确定性增多。其四，经济恢复进展不平衡，国内经济增长持续向好的基础还不稳固，我国经济发展仍然面临着前所未有的风险和挑战。

二、精准施策：着力化解七个方面"风险压力"

综合研判，上半年主要经济指标在大幅高开之后，下半年将可能逐步回归常态化增长水平。因此，下半年必须继续加大"六稳"工作力度，全面落实"六保"任务，科学精准实施宏观政策，确保经济健康稳定增长，尤其要努力熨平由基数、政策效应逐步退出之后可能产生的经济波动。根据当前及未来国内外经济发展演变的趋势，要重点化解七个方面的风险压力。

（一）着力化解企业成本上升的风险压力

2021年以来，国际大宗商品价格出现快速上涨态势，带动了国内PPI加速上扬，5月份达到了9.0%，由于国内PPI上涨向CPI的传导能力较弱，钢材、有色金属等原材料价格大幅上涨将扩大上游行业利润空间，但进一步推高了中下游行业生产成本，再加上中小企业的原材料购进价格指数远超出厂价格指数，使得大多数中小企业由于议价能力较弱，利润空间遭受更严重的挤压，可能加速倒闭破产。为此，一要跟踪研判国际大宗商品价格走势，争取在更多的全球大宗商品方面拥有定价权。二要有效调控原材料供需矛盾，化解好因原材料价格上涨加剧行业之间、上下游之间效益"冰火两重天"的不平衡。三要消除非市场化因素造成的涨价因素，尽快消除原材料价格可能进一步上涨的预期。四要有效缓解中小企业经营风险，下半年的宏观政策应该进一步聚焦在中小企业的稳定发展上。

（二）着力化解市场价格波动的风险压力

6月份，全国居民消费价格同比上涨1.1%，1—5月份分别为-0.3%、-0.2%、0.4%、0.9%和1.3%，说明物价有所抬升，但总体可控，而一些生活资料价格则出现了波动。2021年以来国内猪肉价格连续22周回落，6月份第4周全国生猪均价为13.76元/公斤，累计跌幅达62%；全国猪肉价格为24.60元/公斤，累计跌幅达54.6%。6月底，全国猪价又开始"逆势"上涨，但能持续多久依旧是一个未知数。国际粮价已连涨10个月，我国的小麦、玉米等谷物价格也出现反弹。同时，冰箱、彩电等家电价格有较大幅度上涨，还有"药中茅台"片仔癀价格飞涨等。为此，一要防止大宗生活资料价格"过山车"的重演，进而引起供需关系波动，必要时可以进一步增加猪肉收储。二要防止增强生活资料价格上涨的预期，进而引起物价抬升。三要防止生活资料的价格炒作，重现2010年"蒜你狠""豆你玩""姜你军""苹什么"的景象，尤其要注意商品被披上投资的金融属性。四要加强市场价格监督管理，防止资本无序扩张，尤其是要防止恶意炒作商品市场价格。

（三）着力化解企业信心下降的风险压力

当前，由于受到国内外需求下降、消费全面回升困难、生产经营成本上升等突出问题的困扰，企业尤其中小企业的企业家信心受到了一定程度的影响，进而可能成为我国经济运行中最大的隐患。为此，一要在党中央、国务院总体要求和具体部署的基础上，进一步出台一批有助于稳定实体经济发展的政策措施，尤其是要采取具体措施来提增实体经济企业发展的信心和决心。二要在减税降费的基础上，进一步清理取消各类收费，减轻企业的非税负担，降低企业生产经营成本，强化金融支持实体经济等措施，降低融资成本，帮助企业尤其是中小微企业化解经营压力。三要在电价调整、流量漫游费取消等基础上，进一步研究更多公共服务和公共产品的价格是否还有下降的空间，而长期困扰企业的物流成本等也应下决心进一步推出改进举措。四要在优化营商环境的基础上，为各类企业创造更加公开、公平、公正的市场环境，健康稳定的法治环境，要推行务实的企业家创新激励机制，企业是否推动创新，创新成果能否转化为生产力，关键在于企业家的创新动力，因此，所有的政策都需要落脚在企业、企业家的创新动力上。

（四）着力化解金融体系面临的风险压力

在内部经济增长动力不足、外部环境不确定性仍强的背景下，金融体系内部风险仍在持续累积。当前，房地产企业、地方政府融资平台、影子银行、僵尸企业等金融风险防控仍任重道远，而城投平台、影子银行、僵尸企业、地产仍是现阶段我国金融风险的几大"灰犀牛"。以永煤违约为代表的信用债风险集中爆发并非偶然，一些僵尸企业债务风险已经难以掩盖。为此，一要继续将金融监管作为重要的宏观调控政策主线之一，把稳杠杆、防风险作为重要底线，防止发生系统性金融风险。二要在货币政策与宏观审慎管理双支柱体系下，货币政策保持一定的灵活性而不宜过快收紧，加强金融监管政策与流动性管理工具相互配合，健全金融风险预防、预警、处置、问责制度体系，维护金融安全。三要强化反垄断和防止资本无序扩张，将金融创新纳入审慎监管，合理控制杠杆，反对不正当竞争，加强用户隐私保护，推动平台经济商业模式调整。四要处理好金融改革创新的关系，既要鼓励金融改革创新，又要把监管重点放在建立新业务的制度规范和监管标准上。由于金融业是一个十分特殊的产业，有必要在源头上设置准入条件，进行严格监管，防止"一放就乱,一收就死"怪圈重演。

(五)着力化解地方政府债务的风险压力

当前,我国政府债务杠杆率偏高,宏观杠杆率约在270%,还本付息压力较大。2020年,我国债务利息支付额已达到名义GDP增量的两倍以上,政府债务占GDP比率已接近100%,突破了60%与90%两道国际警戒线。同时,我国财政能力分布不均衡,东部地区财政自给率较高,非税收入占比较低;而东北、中西部省份财政自给率较低,非税收入占比较高,说明财政压力大、政府债务风险压力大,再加上商业银行尤其是区域性商业银行持有地方政府债券的比例高达80%—90%,一旦地方政府债券出现违约,金融安全性将会受到冲击。为此,一要保持合理的经济增速,关键是增投资、增消费,增出口,稳定实体经济发展,通过做大分母的方式来降低债务压力。二要保持适当的货币供给和流动性,避免债务利率过快上升,加速债务恶化,因此,近期宏观政策不宜过度收紧。三要充分发挥中央政府与商业银行体系协同化解地方债务风险的作用,解决好地方政府债务腾挪的空间问题。四要对财政能力弱又没有还本付息能力的地区,由中央政府在一定限度内来帮助进行债务置换,与商业银行和地方政府成本分担,拉长期限与压低利率;对于不能置换的债务,进行债务重组,把偿债过程变得更加平缓。

(六)着力化解国际形势变化的风险压力

当前,面对国际形势不确定不稳定性较多,以及国际贸易保护主义抬头和中美贸易摩擦的现实态势,通过继续扩大开放,切实推动我国开放型经济上新台阶。为此,一要在稳外贸、稳外资方面推出更加积极有效的措施,包括对外资放宽市场准入,全面实施准入前国民待遇加负面清单管理制度,降低关税、放开行业投资限制、加强知识产权保护,调动外资积极性。二要以全国21个自由贸易试验区建设为重要抓手,继续进行扩大开放的"压力试验",尤其要在促进制度型开放方面探索先行先试,积极推动建立基于"零关税、零壁垒、零补贴"的自贸区。三要以上海国际进口博览会为重要平台,全面谋划好我国扩大进口的规模、领域、商品等,作为扩大开放的重要途径,同时要积极调整完善出口贸易的市场结构和产品结构。四要积极推进RCEP落实,全力推动中欧投资协定签署,并且在"一带一路"建设方面取得更多的成果。

(七)着力化解全球新冠肺炎疫情演变的风险压力

日前,欧美相继大规模接种新冠疫苗,预计在未来一段时间内将可能形成免疫屏障，疫情也因此有望得到一定程度的控制，并有可能开始通过"疫苗护照"等恢复国际人员交流。在这种情况下，我国将面临是否相应进行疫情"解封"的风险压力，而"外防输入，内防反弹"将会出现新的疫情防控形势。为此，一要进一步加快疫苗接种，尽快达到全国 80% 以上的群体免疫接种率；二要根据全球疫情发展变化的现实和趋势，主动出击，选择对我国友好且疫情防控做得比较好的国家，进行必要的人员交流。

（张兆安、邱俊鹏，2021 年 7 月 11 日）

2022 年

中国经济：爬坡过坎，砥砺前行

第十三届全国人大第五次会议于 2022 年 3 月 5 日开幕，在李克强总理所作的《政府工作报告》中，从八个方面对 2021 年政府工作做了总结和回顾，明确了 2022 年经济社会发展的主要预期目标，并且从九个方面做出了全面部署。总体上来说，目标清晰，政策到位，措施着力，有利于形成上下合力，继续推进我国经济社会稳定发展。

一、2021 年：中国实现了"十四五"良好开局

2021 年，是党和国家历史上具有里程碑意义的一年。隆重庆祝中国共产党成立 100 周年，胜利召开党的十九届六中全会，制定党的第三个历史决议，如期打赢脱贫攻坚战，如期全面建成小康社会，实现第一个百年奋斗目标，开启全面建设社会主义现代化国家，向第二个百年奋斗目标进军新征程。

2021 年，我国经济社会发展有力、有效地应对了复杂严峻的国内外形势和诸多风险挑战，统筹疫情防控和经济社会发展，较好地完成了全年经济社会发展的主要目标任务，实现了"十四五"良好开局，取得的重大成就确实来之不易。

为什么这么说？数据最能说明经济社会发展的实际情况。在此，将 2021 年确定的主要经济社会预期目标与这些主要目标实际完成结果的数据作一个对比，就可以得出这样的结论。

2021 年经济社会发展实际结果与预期目标对比：一是国内生产总值达到 114 万亿元，增长 8.1%，预期目标设定为 6% 以上；二是城镇新增就业 1 269 万人，城镇调查失业率平均为 5.1%，预期目标设定为城镇新增就业 1 100 万人以上，城镇调查失业率 5.5% 左右；三是居民消费价格上涨 0.9%，预期目标设定为居民消费价格涨幅 3% 左右；四是粮食产量 1.37 万亿斤，预期目标设定为粮食产量保持在 1.3 万亿斤以上；五是居民人均可支配收入实际增长

8.1%，预期目标设定为居民收入稳步增长；六是地级及以上城市细颗粒物（PM2.5）平均浓度下降9.1%，预期目标设定为生态环境质量进一步改善；等等。

当然，除了用数字来表达我国经济社会发展的一系列成绩之外，还有一些数据也可以"晒一下"。例如，全国财政收入突破20万亿元，增长10.7%；高技术制造业增加值增长18.2%；货物进出口总额增长21.4%；市场主体总量超过1.5亿户；新增减税降费超过1万亿元；银行业金融机构普惠小微企业贷款增长27.3%，大型商业银行普惠小微企业贷款增幅超过40%；制造业企业研发费用加计扣除比例提高到100%；对种粮农民一次性发放200亿元补贴；提高学生营养改善计划补助标准，3700多万学生受益；把更多常见病、慢性病等门诊费用纳入医保报销范围，住院费用跨省直接结算率达到60%；新冠疫苗全程接种覆盖率超过85%，等等。

这充分表明，尽管2021年我国经济社会尚处在突发疫情等严重冲击后的恢复发展过程中，而国内外形势又出现了一些新变化，但由于扎实做好了"六稳""六保"工作，注重宏观政策跨周期和逆周期调节，有效应对了各种风险挑战，使得我国经济运行持续保持在合理空间。

二、2022年：中国经济面临问题与挑战

2022年，由于国内外形势又出现了一些新动向、新变化，使得中国经济社会发展面临的风险挑战明显增多。对此，不仅必须予以清醒的认识和高度的重视，而且必须采取精准的、有力的、有效的政策措施予以化解。

从国际来看，全球形势不稳定性、不确定性仍然比较多，突出表现在三个方面：一是全球疫情仍在持续。截至2021年4月12日，全球累计确诊新冠肺炎病例5亿例，尽管一些国家开始放宽防疫限制，但由于奥密克戎变异毒株令全球感染率迅速攀升，使得整个世界仍然笼罩在新冠的阴影之下。二是世界经济复苏动力不足。目前，全球正面临新一轮疫情的冲击，加上供应链问题和通胀压力增加等，经济增势开始放缓，多重风险叠加对全球经济复苏形成了巨大阻力。联合国发布2022年《世界经济形势与展望》报告指出，继2021年经济增长5.5%后，2022年全球经济预计仅增长4.0%，2023年预计增长3.5%。三是大宗商品价格高位波动。随着乌克兰危机升级，全球大宗商品市场波动明显加剧，近期出现更多极端行情，除了镍和油气，其他基本金属、黄金、农产品等大宗商品价格也经历了大幅上涨，大宗商品价格上涨广泛推升了生产和生活成本，对全球经济复苏将形成重大风险。

从国内来看，面临需求收缩、供给冲击、预期转弱三重压力。突出表现在四个方面：一是局部时有发生新冠肺炎疫情，影响经济恢复增长。近期，多地多点发生本土新冠肺炎疫情，发生频次明显增加，波及范围不断扩大，而境外输入新冠肺炎疫情压力也在不断增大。二是消费和投资恢复迟缓，影响内需市场增长。在春节消费和冬奥因素带动下，消费增速出现回升，但需求疲弱表现仍较明显。投资增长比较快的是高技术产业投资、社会领域投资，但制造业投资恢复势头比较缓慢。三是能源原材料供应仍然偏紧，输入性通胀压力增大。由于全球形势和地缘政治的变化，受全球大宗商品价格影响比较明显，国内输入性通胀的压力可能会增加。四是中小微企业和个体工商户生产经营困难，稳就业任务更加艰巨。不少企业受到"需求萎缩，成本上升"的双重挤压，生产经营面临严重挑战，2022年高校毕业生将达到1 076万人，总量创历史新高，就业压力不小。

三、2022年：中国经济爬坡过坎，砥砺前行

2022年，中国经济社会发展将坚持"稳字当头、稳中有进"的工作总基调，统筹疫情防控和经济社会发展，统筹发展和安全，继续做好"六稳""六保"工作，着力稳定宏观经济大盘，推动经济增长爬坡过坎，砥砺前行。

一是推出各项政策"组合拳"。应该说，各类政策统筹协调了，才能产生整体效应。中央的政策基调十分清晰：宏观政策要稳健有效，微观政策要持续激发市场主体活力，结构政策要着力畅通国民经济循环，科技政策要扎实落地，改革开放政策要激活发展动力，区域政策要增强发展的平衡性协调性，社会政策要兜住兜牢民生底线。

二是经济增长保持在合理空间。2022年国内生产总值预期增长目标设定为5.5%左右，在充分考虑了2020年和2021年两年平均5.1%增速的基础上，还需要考虑高基数因素，更需要考虑稳定就业、保障民生、防范风险以及与"十四五"预期目标的平稳衔接等，因此，5.5%增长目标体现了保持经济运行在合理区间的要求，但要实现这个目标，仍然需要付出艰苦努力。

三是需要着力稳定市场主体。经济增长的微观基础是市场主体，这就需要拿出一些实招。首先减税降费，对小规模纳税人阶段性免征增值税，对小微企业年应纳税所得额100万—300万元部分再减半征收企业所得税，全年退税减税约2.5万亿元，其中留抵退税1.5万亿元资金全部直达企业，清理规

范各类收费，还要推动金融机构降低实际贷款利率，减少收费。

四是深入实施创新驱动发展。科技创新，直接关系到巩固壮大实体经济的根基。因此，除了要提高基础研究经费占全社会研发经费比重和加快科技体制改革之外，尤其要强化企业创新的主体地位，加大企业创新的激励力度。因而2022年将科技型中小企业加计扣除比例从75%提高到100%，并且对企业投入基础研究实行税收优惠，完善设备器具加速折旧、高新技术企业所得税优惠等政策。

五是持续深化改革和扩大开放。改革深入了，就会不断释放出制度红利，这就需要加快转变政府职能，持续推进"放管服"改革，扩大"跨省通办"范围，持续优化营商环境，促进多种所有制经济共同发展。通过扩大开放，可以倒逼改革，这就需要采取多种政策措施稳定外贸，积极利用外资，加快推进自贸试验区、海南自由贸易港建设，还要高质量共建"一带一路"，不断深化多双边经贸合作。

当然，2022年的经济社会发展任务还有很多，也很艰巨，需要攻坚克难，如期完成。例如，需要城镇新增就业1 100万人以上，城镇调查失业率全年控制在5.5%以内；需要继续稳定物价，把居民消费价格涨幅控制在3%左右；需要粮食产量保持在1.3万亿斤以上，装满"米袋子"、充实"菜篮子"；需要持续推动扩大内需战略，推进新型城镇化和区域协调发展；需要促进乡村全面振兴，促进农业丰收，农民增收；需要推动绿色低碳发展，持续改善生态环境；也需要切实保障和改善民生，加强和创新社会治理。

（张兆安，《上海企业》2022年第4期）

当前经济形势分析与应对

——在稳增长与财政可持续性之间寻求平衡

2022年前三季度，国内新冠防疫政策不断优化，物价温和可控为宏观政策操作提供了充足空间，出口支撑作用比较明显，使得中国经济延续了恢复态势。但受复杂、多变、严峻的国际形势，以及国内疫情不断反复、房地产市场收缩、实体经济预期转弱等诸多内外因素影响，内需恢复相对滞后，加上外部产业链"China+1"策略等，从总体上来看，中国经济恢复程度不及预期。

展望第四季度，中国出口或将走弱，国内疫情影响仍将持续，内需恢复有赖于稳增长政策持续发力以及防疫政策的持续优化。我们预计，第四季度GDP增长6%左右，2022年全年GDP增长率大概率在3.8%左右。因此，在未来一段时间，稳增长政策的重点在于稳内需、稳预期，要更加注重发挥投资的托底作用，改善居民预期和消费意愿；要增强货币政策的结构性功能，帮助困难行业和中小企业纾困；要加大力度保市场主体，提供更稳定、可预期的发展环境；要多举措并举平衡好稳增长和财政可持续性。

一、消费过度疲弱和财政可持续矛盾叠加

当前，我国宏观经济恢复运行中的突出矛盾之一，就是消费过度疲弱叠加了财政收支两端压力，影响了经济增长的快速恢复。

（一）内需疲弱成为制约经济恢复的主因

前三个季度，最终消费支出、资本形成总额、净出口对经济增长贡献率分别为41.3%、26.7%、32.0%，拉动GDP增长分别为1.2、0.8、1.1个百分点，消费需求成为经济恢复的主要拉动力。当前，尽管外国投资者采取在中国以外的市场备份产业链的"China+1"战略，可其对我国工业生产的扰动总体可控，中国经济供给端总体表现还是好于需求端，8月份、9月份当月的工业企业产销率为97.4%、96.9%，仍低于2020年、2021年同期水平。这充分表明，国内需求依然处于低迷状态。

一是消费场景相对缺失，消费市场恢复缓慢。前三个季度，社会消费品零售总额同比增长0.7%，9月份，社会消费品零售总额同比增长2.5%，但增速还是比8月份回落了2.9个百分点。与此同时，消费信心指数处在持续的低迷状态，短期内迅速提升的可能性不大。

二是消费出现降级趋势，消费能力有所下降。1—8月，服装鞋帽、体育娱乐用品、家用电器和音像器材、通信器材等非必需品消费占比分别较上年同期下降0.78、0.7、0.12、0.15个百分点。疫情以来，好特卖、小象生活等临期折扣店快速发展，表明人们对商品价格的敏感度上升。部分连锁商场超市、电商平台也纷纷布局折扣店业态。

三是服务性消费恢复进程多次被疫情打断，增加了不确定性。由于局部疫情时有发生，服务性消费恢复时断时续。前三季度，餐饮收入累计同比下降4.6%。上半年，国内旅游人次和收入分别同比下降22.2%和28.2%；47家文旅上市公司中有81%处于亏损状态。

（二）居民和企业预期转弱问题更加突出

面临疫情反复、成本抬升等多重冲击，不论是居民，还是企业，微观主体逐步进入"收入下降、预期不稳、信心转弱"的负反馈循环。

1. 居民方面：消费意愿减弱，储蓄意愿增强，对未来预期明显转弱

一是经济和就业形势不确定性增大，收入增长放缓。9月，全国城镇调查失业率和16—24岁人口调查失业率分别为5.5%和17.9%，仍处于往年同期高位。前三季度城镇新增就业人数1 001万，比2021年同期减少44万。同时，疫情冲击下服务业灵活就业者、个体经营户等群体减收明显，受疫情影响较大的行业员工薪资明显收缩。据交通运输部统计，有超过1/3的网约车司机在疫情冲击下收入下降。

二是疫情反复导致相关地区管控、经济活动收缩，消费行为更趋保守。疫情防控对于经济社会活动的抑制作用持续存在，消费者信心修复艰难。自3月以来消费者信心指数大幅回落，连续数月保持在90以下。无论是下行幅度还是持续时间均远超2020年疫情时期。同时，疫情冲击、预期改变，导致居民防风险意识和储蓄意愿不断增强，消费行为趋于保守。人民银行2022年第三季度城镇储户问卷调查报告显示，倾向于"更多储蓄"的居民占58.1%，而倾向于"更多消费"的居民仅占22.8%。前三季度住户人民币存款增加13.21万亿元，比上年同期多增4.7万亿元。

三是居民部门杠杆率增长放缓。一方面,在房地产市场低迷、金融市场波动、收入放缓等众多因素影响下,居民资产端存在着萎缩风险。另一方面,居民负债端加杠杆意愿趋弱,部分出现"提前还贷潮"。自2021年以来居民贷款余额增速持续放缓,2022年8月末进一步降至7.5%。1—8月居民新增中长期贷款同比大幅降低。

2. 企业方面:私营经济生产经营困难,融资和投资意愿不强,发展动力不足

一是中小微企业经营压力明显。在疫情反复下市场需求疲弱,中小企业抗风险能力较弱,对未来预期相对悲观。中小企业发展指数中的宏观经济感受指数经历6月短暂恢复后持续回落,8月为96.4,低于景气临界值。自4月以来私营工业企业利润总额同比持续下降,降幅还在扩大(4月为-0.6%,9月为-8.1%),远低于国有控股工业企业(4月为13.9%,9月为3.8%)。此外,第三季度以来私营企业投资增速也持续放缓,9月私营企业固定资产投资增速继续收窄至3.4%,低于上半年增速(5.3%)。

二是企业主动融资意愿不强。企业部门杠杆率从2021年的134.9%上升到2022年第二季度末的141.8%,这主要受政策支持力度较大、增加值增速相对放缓等原因影响。实际上,企业主动融资意愿有限,企业债务增速整体较为温和,上半年企业债务增速为11.8%,低于2020年的13.4%。同时,企业债务增长主要由票据融资拉动,2022年8月末票据融资余额同比增长37.6%,远高于短期贷款(7.8%)、中长期贷款(11.9%)。

(三)地方财政可持续问题持续显现

2022年以来,国内外形势错综复杂,疫情阴霾笼罩,房地产市场加速下行,叠加增值税留抵退税政策等影响,地方财政收支两端压力明显增加。

一是财政预算缺口加大,杠杆率上升。据统计,1—8月,地方广义财政预算缺口达到10.2万亿元,远高于中央广义财政预算缺口的6万亿元,较上年同期扩大65%。分区域来看,除山西、河南财政收支缺口分别缩窄15.9%、0.3%,上海财政盈余较上年同期减少79.2%外,其他各省份财政收支缺口均出现一定程度的扩大。其中,浙江、北京、广东三大经济强省份财政收支缺口扩大幅度最大,分别扩大1 619.2%、293.9%和102.7%。同时,与居民部门和企业部门主动加杠杆意愿不足相反,随着财政政策力度持续加大,地方政府专项债加快发行,政府部门的杠杆率明显上升,财政收支缺口持续拉大。

2022年第二季度，政府部门杠杆率升至49.5%。前三季度全国广义财政收支差额达到3.7万亿元，高于上年同期水平。

二是财政减收明显，地方财政收支矛盾突出。其主要原因，首先，疫情冲击超预期，财政收入端持续承压。3月以来，全国散点疫情相继暴发，无论是持续时间还是影响范围均超过2020年首轮疫情，经济供需两端均受到较大影响，下行压力明显增大，导致一般公共预算收入增速大幅放缓。收入端，留抵退税政策下财政明显减收。1—7月，全国累计办理退税2.06万亿元，相当于2021年全国增值税收入（执行数）的32%；支出端，防疫相关支出压力有所上升。1—8月，卫生健康支出占全国公共财政支出的比重保持在8%左右，高于历史同期。其次，土地市场低迷导致土地出让收入大幅下行。政府性基金收入是地方政府财政收入的重要来源，但是在经济下行压力加大、房地产市场持续走弱的背景下，地产销售持续走弱，开发商现金流不足，2022年以来地方政府土地出让收入大幅下降，1—7月地方政府性基金收入累计下降30%。

（四）财政可持续问题对实体经济产生影响

财政可持续问题，不仅体现在地方财政收支压力增大，而且对实体经济发展产生了一定的影响。

一是财政还本付息压力较大，违约风险上升。在债务规模扩大、财政收入收缩的情况下，财政还本付息压力逐渐增大。上半年，各省份有息城投债规模进一步扩大，绝大多数省份有息城投债规模环比和同比均继续增长，未来城投还本付息压力将进一步增大。

二是制约基建投资增长，削弱政府促进经济中长期发展的能力。短期来看，财政压力过大直接制约基建投资增速。中长期来看，财政压力过大将掣肘重大项目投资力度，影响战略性新兴产业及国民经济基础性产业等的前瞻性布局，不利于夯实经济中长期发展基础。

三是公共部门和经济社会发展面临阻碍。有的地方用于疫情防控的一些支出，仍然还没有支付到位；一些地区由于企业亏损、政府补贴不到位先后发生个别城市公交停运事件；多地公务员薪酬较前期有所下调、发放日期推迟。这表明，财政收支失衡下"三保"压力陡增。

二、多举措并举平衡好稳增长和财政可持续性

应该充分认识到，目前消费过度疲弱和财政可持续矛盾叠加的状况，将

会对全国宏观经济运行带来很大的影响，也将对新发展格局的构建带来不利的影响，因此，必须采取相应的对策予以化解。

（一）持续强化投资的托底作用

继续发挥好基建投资对经济的托底作用。加快推动新增 3 000 亿元政策性开发性金融工具、5 000 亿元专项债结存限额资金落地形成实物工作量。提前谋划拓展基建投资资金来源，加快优质项目储备，畅通资金及相关限额跨区域调配机制，实现资金跟着项目走，提高资金使用效率，保持基建投资稳定增长。近期，应特别强化财政政策对积极稳定增长的促进作用。

（二）改善居民预期和消费意愿

稳消费重在稳就业和稳预期。要规范零工市场，逐步建立灵活就业人员社会保障制度。要加大以工代赈力度，进一步扩大缓缴社保企业范围、延长缓缴期限。要对失业者和毕业生群体提供过渡性工作岗位、开展职业技能培训。除了继续推出一些促消费刺激政策之外，建议考虑再次提高个人所得税起征点，进一步让利于民，提高居民可支配收入和消费能力。

（三）强化结构性货币政策

货币政策在维持合意融资环境的同时，强化结构性货币政策工具的使用，加大对受疫情影响较大的行业和企业的支持力度。特别是，考虑到第四季度中外货币政策分化态势将进一步加剧，要做好内部稳增长和外部稳汇率之间的平衡。维持融资环境整体稳定，综合运用降准、公开市场操作等方式确保流动性合理充裕，稳定银行信贷投放规模，确保对实体经济的资金支持力度只增不减。

（四）助力困难行业渡过难关

货币政策要进一步聚焦在对困难行业和企业的支持力度上，未来应继续强化结构性货币政策工具的作用，综合使用专项再贷款、再贴现等方式支持困难行业和企业的资金周转，防止资金链断链风险，确保产业链、供应链正常运转。鼓励金融机构继续加大对普惠、绿色、高新技术等行业的支持力度，助力经济高质量发展。

（五）加大保市场主体力度

保持纾困解难政策的连续性，助力市场主体渡过难关。积极安排中小微企业和个体工商户纾困专项资金，加快执行 2022 年国有大型商业银行新增普惠型小微企业贷款 1.6 万亿元目标，开展防范和化解拖欠中小企业账款专项行动等 10 项措施，提高中小微企业享有的普惠小微贷款额度，延长缓缴社保费时间，扩展缓缴行业范围，增加贷款延期规模，缓解中小微企业资金流压力。

（六）营造可预期的发展环境

加强重大政策出台前与各类市场主体的有效沟通，尤其是对行业发展具有重大影响的各项政策，应该充分吸纳市场主体的意见建议，强化政策的针对性、及时性、可操作性。同时，还需要建立健全企业家参与的涉企政策制定的机制，以多元化共治为支撑，提升公正监管水平，保障市场主体公平竞争。

（七）多举措并举平衡好稳增长和财政可持续性问题

总体来讲，要根据经济形势变化提前谋划筹措资金，通过进一步使用跨年度预算调节资金、专项债地方结存限额、扩大政策性开发性金融工具规模、借助 REITs 和 PPP 等盘活存量资产等多种方式积极拓展财政资金来源，持续支持实体经济复苏。在积极开源的同时做好节流工作，各领域资金有保有压，有力保障民生等重点领域，政府继续过紧日子压减非必要支出。要重点关注财政资金可持续性问题，保持 2022 年、2023 年两年政策连续性，防止 2023 年出现"财政悬崖"。

与此同时，要进一步加强非税收收入的管理和利用，有效避免乱收费、乱罚款以及变卖资产行为的增加，否则会削弱减税降费等助企纾困政策的效果，也不利于营造良好的营商环境和稳定市场主体预期。此外，还要密切监测重点地区的地方债风险，以透明、有序的方式推动地方债务置换和债务重组。

（邱俊鹏、张兆安，2022 年 11 月 10 日）

2022年宏观经济面临的十大风险

2020—2021年中国经济增长经历了先爬坡、后"滑梯型"回落的态势，2022年将在"滑梯"底部稳步前行。宏观层面需要重视需求侧、收入侧和重点领域的十大风险。2022年是增长动力积蓄的一年，也是风险逐步释放和消化的一年，只要十个方面把控得当，经济社会能稳得住，"十四五"期间将有望实现"前低后高"的恢复性经济增长路径。

一、消费增长快速回落，短期内看不到扭转的趋势

尽管2021年消费市场已经走出2020年的负增长，但自2022年以来社会消费品零售总额同比增速持续下滑，回落了近30个百分点。即便第三季度有国庆假期和"双十一"消费热潮，但总量数据仍不及预期，10—11月份，同比增长也只是维持在4%左右。除了普遍关注的居民收入增速不及GDP增速、收入差距拉大，导致的边际消费倾向降低、消费能力和消费意愿不足之外，一些消费支撑结构表现也不足。一是消费中心城市和都市圈消费高地带动作用不够。占全国消费市场半壁江山的长三角、粤港澳大湾区、津京冀、成渝城市圈下滑的趋势明显。二是占限额以上消费品零售总额40%的汽车、家电和音响通信器材耐用品，是居民消费升级的重点，但增速持续垫底。三是政府、企事业单位等社会集团消费占社会消费品零售总额的30%，是稳定和提振消费的重要力量，但2021年以来的表现不及居民平均消费水平。

二、政策叠加预期转弱，投资下行压力增大

市场主体在预期不明或预期不好时，企业和家庭的理性选择是观望。一是受欧美国际市场新冠肺炎疫情反复和打压的影响，市场预期不明，我国关键零部件、元器件进口和产品出口的限制，部分高技术制造业和现代服务业投资增速下滑。二是地方政府"运动式"减碳，不顾当地实际和市场规律，简单粗暴地采取"油门"和"刹车"都踩死的做法，导致部分新兴产业领域企业投资失误和部分传统产业投资受损，影响投资意愿和投资能力。三是房地产调控、教育"双减"、平台反垄断等政策接踵而至，令市场主体猝不及

防，相关产业今声倒下，新的激励政策效果尚未显示时原先的产业快速瓦解，使得整个社会预期偏弱，社会投资触底，再生产链条受阻。

三、国内外市场环境收紧，贸易面临大幅回落的风险

2021年我国进出口贸易规模及其全球占比创历史峰值，但受疫情、国内需求不足、国际市场扰动的影响，后期增速将大幅回落。一是国内制造业景气度延续下行趋势，国内经济动能边际放缓，进口需求下降。二是海运运力受损，短期内得不到提升。受疫情影响，国际货品贸易需求增长，但海运通关时间延长、作业效率大幅下降，"一箱难求"供给不足的现象还将继续。三是全球产业链开始本地化布局，芯片等原材料短缺、进口成本上涨导致我国高技术产品的进出口持续下滑。四是随着欧美地区商品消费逐步转向服务消费，东南亚疫情管控解封及生产恢复，我国对东南亚出口的替代效应将减弱，未来出口增速将持续回落。

四、居民收入增速放缓，收入差距持续扩大

2021年前三季度，居民人均可支配收入增速较上半年放缓2.3个百分点，同时，居民可支配收入占GDP比重也在持续下降，收入的增长赶不上GDP的增长，导致社会总消费能力不足。初次分配和再分配格局不利于扩大中等收入群体，收入差距持续扩大。一是初次分配中劳动报酬占GDP的份额偏低，2020年我国是38%，与发达国家不低于50%相比还有一定差距。二是增加财产性收入是扩大中等收入群体的重要途径，但是目前在高债务结构下，中等收入居民新增收入，跑不赢新增利息，难以形成储蓄和财产性收入。三是社会群体之间教育、医疗、社会保障等基本公共服务不均等也是影响长期收入的重要因素，比如电力、石油、保险等部分垄断行业事项企业年金制度，行政事业单位基本养老保险总体水平是一般企业职工的2倍。

五、工业企业效益分化，中下游企业承压

2021年前三季度全国规上工业企业实现利润同比增长44%，两年平均增长18%，远高于疫情之前水平，但是数据背后的情况不容乐观。一是行业分化明显，原材料工业企业利润翻倍，建材行业负增长；电子通信行业增幅较大，汽车制造仅增长1.2%。二是中下游行业、中小企业利润率低，盈利空间小。原材料价格高企，价格向下传导不畅，PPI与CPI剪刀差进一步扩大，中下游行业盈利空间被挤压。三是轻工行业规下企业占全国企业数的84%，但创造的利润仅占全行业的16%，"二八现象"表明中小企业经营困难。

六、财政收入压力大，收支缺口扩大

2021年财政收入形势较好，但这是相对于2020年低基数而言的，实际上，2022年以来财政收入增速逐季递减，9月份一般公共预算收入甚至负增长，2023年财政收入将保持较低增长，收入压力较大，而政府刚性支出规模增加，收支缺口将继续扩大。一是受经济恢复不稳固、不均衡的影响，经济增速放缓，必将反映在税收收入增速放缓上。二是各类降费政策落实使得政策非税收入规模减小。三是受房地产调控的影响，下半年与房地产有关的税收逐季下降，甚至负增长。四是各项刚性支出有增无减。随着人口老龄化进程加快，财政补贴、社会保障基金的支出将进一步增加。此外，"双碳"目标、疫情防控、教育"双减"背景下公共支出还将逐步增加。

七、房地产内部风险集聚，波及面涉及多个市场

恒大违约使得原本就是中国最大"灰犀牛"的房地产风险进一步凸显和加剧。一是房地产头部企业存在过度多元化、大举加杠杆的无序资本扩张问题。恒大负债接近2万亿元，碧桂园、万科、绿地控股、保利发展等开发商的负债都超过1万亿元。二是房地产企业债券违约现象频发，商业银行开发贷的不良率也出现较快上升，引发资本市场投资者集体性恐慌情绪，整个地产股应声下跌。三是房地产风险不仅是流动性危机，还面临偿付能力危机。一些地产企业短期负债占比高达80%以上，在考虑表外负债的情况下，更是高达177%，一旦违约，可能引发金融市场风险传染，导致房地产企业和银行部门发生危机。四是房地产的非金融债务违约容易引发上下游连锁反应。房企的短期应付款项中，有很大一部分是欠上下游供应商的款项，其中包括大量的农民工工资。

八、地方债务的系统性风险不断积累，再融资风险上升

地方政府通过城投债、城投贷款、政府引导基金，以及政府购买服务等多种形式加杠杆，这些债务与银行尤其是城商行牵连较深，一旦违约将引发系统性风险。其中要特别关注专项债和城投债风险。一是专项债规模提速潜藏风险。一些省级政府将新增债务限额更多分配给债务率高、财务状况差、偿债能力弱的县市，高负债地区的债务负担不断加重；一些资产质量存在瑕疵的项目通过包装发债，导致专项债还款来源缺少保障，政府债务风险不断积累；通过"专项债+市场化融资"模式放大杠杆增加了新的隐性债务风险。二是城投债方面，随着城投政策边际收紧，要警惕债务负担重、主业不清晰、

金融资源匮乏的弱资质平台的再融资风险。

九、美国货币政策的外溢效应，扰动国内要素市场

为应对疫情的冲击，世界各国均推出力度空前的宽松货币政策。美国大规模的量化宽松政策，促使国际大宗商品价格和运输价格大幅上升。但与此同时，美国的货币政策提前转向紧缩的预期也在不断强化，未来将经历缩减资产购买、加息、缩表等阶段。美国货币政策转向以及主要国家的央行跟随操作，中美利差收窄，国际资本快速流出，加剧我国资本市场波动。历史上，美联储加息多次成为其他国家金融经济危机的诱因，我国也需要防范金融市场可能出现的同频共振风险。

十、中美两国的大年，民族主义情绪可能再度被点燃

疫情暴发以来，有关中西文化差异、制度优越性、社会治理能力的讨论，激发了民众对于民主政治、社会公平正义、中国特色社会主义市场经济的普遍关注。这对于国家之间增进了解和开启民智来说是有益的，但是让人担忧的是一些讨论过于极端化，中间夹杂着非理性的民族主义和民粹主义。2022年下半年中国将迎来中国共产党第二十次全国代表大会，美国也将在年底举行中期选举，届时两党之间的对立情绪或将通过前期的极端民族主义和民粹主义的形式转嫁到国内，有关民主政治、意识形态争论，将进一步加剧中美关系走向分歧，损害中西价值认同和经贸合作。

（邱俊鹏等，《上海社会科学院新智库专报》，2022年）

包容性创新带来包容性增长

数字经济场景下的包容性创新，更多取决于数字接入和数字能力水平。只要身处数字经济范围之内，无论是供给者还是需求者，均可不同程度获益，包容性创新的绩效评价标准也要发生变化。在个人方面，不仅考量收入水平，还考察接入数字经济网络和处理数据文本的能力；在企业方面，更多以用户量、流量等覆盖面作为标准；在政府方面，则有必要纳入服务覆盖面等指标。

在数字经济条件下，包容性创新正在发生新的变化，有必要重构包容性创新指标体系，为进一步实现包容性增长奠定基础。

一、传统创新的有益补充

世界银行发布的《中国包容性创新与可持续发展战略》报告，将包容性创新定义为一项能够为弱势群体提供支付得起的质优价廉的产品和服务的创新活动。特别是，在长期可持续发展的基础上和更大影响范围内，为更多人创造提高生活水平的机会。

由此，包容性创新具有四个特点：可获得性——支付得起；可持续性——遵循市场法则，而不是一味地依赖政府；服务于困难群体，尤其是平均每人每天生活费不足2美元的人；广泛的影响力——有助于扩大产品和服务的覆盖面。

包容性创新是传统创新的有益补充。传统创新是创新主体通过研究前沿技术、掌握新知识新方法获得市场竞争优势，攫取超额利润，其特点是技术先进、资本密集、收益更高、受众群体高端化。缺乏一定购买力和认知水平的群体，往往被排除在传统创新的过程或市场之外。包容性创新则将这部分群体纳入创新的主体和服务对象当中，从而与传统创新形成互补。

包容性创新是包容性增长的内在需要，包容性创新带来包容性增长。有学者将包容性创新定义为能够带来包容性增长的创新活动。包容性增长最早由亚洲开发银行于2007年提出，基本内涵是倡导机会平等的增长，最终目的是让普通民众最大限度享受经济发展带来的收益。换句话说，在经济增长的同时减少机会不均等，促进社会的公平和包容，使经济增长惠及更多的国家、地区和人群。

社会主义的本质，是解放生产力、发展生产力，消灭剥削、消除两极分化，最终达到共同富裕。从西方资本主义的发展规律来看，商品经济和市场竞争的结果必然是在经济增长的同时又面临两极分化。中国特色社会主义就是要在发展经济的同时，兼顾效率与公平，充分发挥市场"无形之手"和政府"有形之手"的作用，让经济增长惠及广大人民，最终实现共同富裕。

党的十八大以来，以习近平同志为核心的党中央坚持以人民为中心的发展思想，坚持发展成果由人民共享，坚定不移走共同富裕道路。我国脱贫攻坚战取得全面胜利，9 899 万农村贫困人口全部脱贫，完成了消除绝对贫困的艰巨任务，包容性创新在其间发挥了重要作用。

二、适应数字经济场景

从包容性创新的研究热度和分布来看，研究热潮集中于 2013—2015 年，此后渐渐成为小众领域；从文献轨迹来看，研究基本上是从 2007 年提出包容性增长开始的，到 2013 年世界银行报告发布而受到广泛关注，随后两年达到高峰。

不过，相关研究对于后续蓬勃发展的互联网经济、平台经济和数字经济关注较少。而这些数字经济的新模式、新业态恰恰在包容性创新中发挥着重要作用。同时，相关研究领域的专家学者以管理学专业为主、经济学专业较少，采用的方法一般以定性居多、定量较少。考虑到数字经济的有力驱动，包容性创新的内涵、主体、手段等都将发生变化，因而相关指标体系也应该做出相应调整。

过去的包容性创新研究，更多聚焦农村或者经济发展落后的地区。事实上，从包容性创新的本意出发，针对的是弱势群体。不论是农村还是城市，不论是发达地区还是欠发达地区，都可能存在弱势群体，故不能简单地以地域来界定，而应该从群体特征来区分。

新形势下，数字作为一种新的生产要素，不同于传统的物质资本、人力资本要素，而是以一种新的数字资本形式，通过数字接入和数字能力，对个体和地区产生影响。

由此，数字经济场景下的包容性创新，更多取决于数字接入和数字能力水平。包容性创新的目标群体不应局限于农村和欠发达地区，而应当增加基于数字资本维度来定义的群体。

在互联网、电子商务等迅猛发展的背景下，农村电商——如淘宝村的创业者，在数字接入和数字能力上已经不是弱势群体；反而，那些受教育水平低、认知读写表达能力较弱、社会关系网络缺乏的群体，才会被排除在外。包容性创新的目标应该是惠及更多的人群，提高受众的覆盖率。

事实上，数字经济背景下，数据作为一种生产要素参与社会生产和要素分配。唯"大"，才有价值。于是，不少企业的商业模式正在从传统利润模式转变为通过流量和注意力实现盈利。只要身处数字经济范围之内，无论是供给者还是需求者，均可以不同程度获益。从这个角度来说，包容性创新需要惠及更多的人群，如努力提高信息通信技术覆盖率、宽带覆盖率、5G 用户覆盖率等。

伴随这一进程，个体、企业和政府的角色定位以及发挥作用的机制也在发生变化。

在数字经济背景下，个体在包容性创新中的角色更容易多元化，既可以是创新产品和服务的提供者，也可以是需求者，或者兼得二者身份。

对于企业而言，包容性创新更多体现在其"平台型"角色上，提供了一个新的商业模式，如各类电商平台、短视频平台、直播平台等，而可以不再直接提供传统产品和服务。

以往的研究表明，政府主要是采用税收减免、财政补贴、政府采购等形式支持包容性创新。在数字经济背景下，政府利用大数据可以在教育、医疗卫生、政务服务方面，为包容性创新提供更多的支撑。

包容性创新的绩效评价标准也要发生变化。在个人方面，不仅考量收入水平，还考察接入数字经济网络和处理数据文本的能力，如移动设备使用、平台账号注册、网站浏览、网购频次等；在企业方面，更多以用户量、流量等覆盖面作为标准；在政府方面，则有必要纳入服务覆盖面等指标。

从社会总体的角度来看，除了考虑城乡收入差距、性别收入差距、基本生活质量，还应该包括数字资本存量水平等。

三、构建包容性创新评价体系

基于上述包容性创新的新内涵、新变化，可以从企业、政府和社会三个维度构建完善相关指标体系，以准确测量评估包容性创新的成效。

在企业层面，着重从用户规模（典型 App 数目、企业和个人公众号数目)、交易规模（平台企业交易额及其占总交易额的份额）、服务规模（平台活跃度）、用户分布（社交、旅游、网购、出行、金融、娱乐、教育、医疗重点平台上用户的分布）进行综合评价。

在政府层面，通过财政政策（政府采购规模、政府研发投入、财政补贴）、保障水平（各地最低工资/平均工资、登记失业率、新农合参保率）、市政服务（政府数据开放水平、12345 服务热线使用率）进行评价。

在社会层面，考量收入差距（总体收入差距、城乡收入差距、性别收入差距）、基本生活质量（社会必需品网购价格指数/平均收入水平）、数字接入（宽带覆盖率、移动设备持有率、数据流量）、数字能力等。

基于平台、政府和社会这三个维度，对我国总体和各地区包容性创新绩效进行测算，掌握总体发展变化的态势，对主要的包容性创新指标进行跟踪监测，分析其内在的原因，从而提出进一步提升包容性创新能力乃至推进包容性发展的政策建议。同时，通过横向和纵向比较各地在包容性创新方面的成效，总结数字经济背景下我国包容性创新的发展模式。

从社会主义本质和国家战略高度出发，还可以提炼科学评价数字经济背景下包容性创新发展指数，探索可复制、可推广的包容性创新发展实现路径。这对展现社会主义制度优越性、帮助广大发展中国家发展数字经济以及在全世界范围内实现包容性增长，具有重要意义。

（邸俊鹏，《解放日报》2022 年 7 月 19 日）

数字经济如何赋能实体经济

从世界范围内来看,数字经济发展主要面临数字鸿沟、与制造业融合相对滞后、法律法规不适方面的挑战。数字经济赋能实体经济高质量发展亟待在实践、理论、立法多个层面积极作为。

数字化转型离不开数据要素支撑,中央深改委第二十六次会议审议通过《关于构建数据基础制度更好发挥数据要素作用的意见》,为促进数据要素高效合规流通使用,赋能实体经济发展提供了指引。近日,为加强统筹协调,不断做强做优做大我国数字经济,国务院同意建立数字经济发展部际联席会议(简称联席会议)制度。

一、赋能的潜力

数字经济涉及马克思社会再生产过程:生产—交换—分配—消费的各个环节,是提升生产力水平、提高分配和交换效率、扩大总消费,实现社会再生产顺利高效完成的重要载体。具体来看,数字经济从推动转型升级、扩大总供给、创造新需求多个维度为实体经济高质量增长注入坚实动能。

数字经济作为一种融合性经济,具有巨大的赋能效应,不仅可以实现自身的快速发展,还有助于传统农业、工业、服务业内部的资源优化配置、产业间的结构升级调整,实现产业的转型升级。比如制造业,新一代信息技术正在加速与传统制造业的全方位融合,不断强化制造业的网络化、数字化和智能化水平,提高制造业企业的生产率,提升产品和服务质量,改进生产流程,提高管理效率,促进新产业、新业态、新模式持续发展。

数字经济以"新基建"扩大新供给,同时创造新需求。撬动内需是形成以国内大循环为主体、国内国际双循环相互促进的新发展格局的关键。5G网络、大数据中心、人工智能、工业互联网、物联网这些新基建不仅为市场提供新产品、新服务,还有效促进消费新业态、新模式、新场景的普及与应用,进而推动整个经济体系的新供给和新需求在更高水平上实现动态平衡。

二、面临的挑战

从世界范围内来看，数字经济发展主要面临数字鸿沟、与制造业融合相对滞后、法律法规不适方面的挑战。

数字鸿沟体现在三个维度：一是数字化基础设施鸿沟。从全球层面看，至今全球仍有40亿人不能上网，未能接入互联网，不能享受数字经济带来的红利；二是数据质量鸿沟。由于数据质量较低、数据采集标准不统一，以至于地区之间、政府之间、企业之间有效的数字互通互联率不高。三是数字资本鸿沟。数字资本（digital capital）类似于人力资本，具有可积累、可投资的特征，可以从两个维度来定义数字资本存量的水平：数字接入能力和数字处理能力。显然，在数字经济时代，每个人作为数据的生产者或消费者，信息的获取、输出、整合、交流等能力因人而异。

当前，我国数字经济主要集中在消费领域，是人—人之间、人—平台—产商之间的联络，依靠网络规模效益、去平台化等手段获益，这些相对来说都是"低垂的果实"。当用户量达到瓶颈，消费者基本的服务需求得以满足时，消费型数字经济将面临低增长。另一方面，产业领域的数字经济需要人—物、物—物之间的互联。

数字经济存在索罗所谓的"生产率悖论"，即我们身处数字信息的包围之中，深受数字信息的影响，而这些影响无法被统计到。比如，数字经济当中的精神性服务型消费、数字信息的分享和溢出，是不在国民经济核算体系内的。再如，数字经济中时间是一个重要的考量维度，如何核算时间的价值和成本？当人们在刷微信、看短视频的时候，付出的是"时间"这个货币，未来有可能像电影《时间规划局》（In time）里那样，时间成为一种流通货币，这或许不亚于马克思在《资本论》中提到从商品到货币那"惊险的一跳"。

数据作为一种生产要素，参与要素收入的分配，而数据的产权、使用权还有待明晰，而且数据垄断也不利于行业竞争。此外，数字化知识的产权保护与一般的知识的产权还存在差异，如何在数据的共享与保护之间达到平衡，从而更好地建立数字信任，也是一大挑战。

三、三个发力点

数字经济赋能实体经济高质量发展亟待在实践、理论、立法多个层面积极作为。

一是加大"数字资本"投资，缩小"数字鸿沟"。在宏观经济层面，应加强互联网投资力度，推进数字中国建设，特别是通过加快 5G 商用、大数据模式构建和人工智能应用，进一步巩固信息技术为高质量发展带来的红利优势。要重视共用技术基础设施投资，扩大技术改造支持范围，帮助实体经济部门突破物联网技术的研发和使用瓶颈，实现传统制造业的智能化升级转型。在地区层面上，应通过加大各地区新型基础设施建设的协调力度，缩小地区间数据接入能力方面的鸿沟，充分释放其对经济高质量发展的空间贡献能力。在个体层面，应从数字接入和数字能力两个维度加大对个体的"数字资本"投资，提升全社会的数字资本存量水平。对于数字弱势群体，要通过政府公共部门和社区力量提供必要的帮扶，满足基本的数字化生活需求，建立数字包容型社会。

二是加强数字经济测度和评价的理论研究。探索既国际可比又能体现中国特色、符合中国实际的理论框架和测度思路。建议构建跨部门、跨层级的指数研究、调查和评估工作组织，跟踪采集一手数据、核心数据，系统构建关键指标统计调查框架，尽早建立数据生产部门、数据服务部门的国民生产总值核算体系。在数据质量和来源可控的前提下，创新数据来源，在国家统计部门各条线以外，增加更加灵活的反映市场活力的行业数据和网络抓取的互联网大数据渠道。

三是推进数字基础立法，规范数字经济治理。要建立数据产权制度，推进公共数据、企业数据、个人数据分类分级确权授权使用，建立数据资源持有权、数据加工使用权、数据产品经营权等分置的产权运行机制，健全数据要素权益保护制度。建立合规高效的数据要素流通和交易制度，完善数据全流程合规和监管规则体系，建设规范的数据交易市场。健全市场准入制度、公平竞争审查制度、公平竞争监管制度，实现事前事中事后全链条全领域监管，明确多元共治的格局和目标，建立完善政府、平台、企业、行业组织和社会公众多元参与、有效协同的数字经济治理新格局。

（邱俊鹏，《文汇报》2022 年 8 月 11 日）

坚持元宇宙服务实体经济，
持续推进科技创新

一、如何认识"元宇宙"

"元宇宙"一词由前缀"Meta"（意为超越）和词干"Verse"（"宇宙"的后缀）组成；该术语通常用于描述互联网未来迭代的概念，从当前简单的信息连接到可被感知的虚拟世界过渡。我们认为，元宇宙是一个基于数字化技术的全新社会架构。是当前数字信息领域尖端技术的集大成，具有鲜明的"系统综合、集成创新"特性，某种意义上，元宇宙是一种理念、是一个社区、是一类场景、是一类生态，而非一个产业。目前"元宇宙"概念几经演进，已进入雏形落地的探索期，通过融合人工智能、云原生、区块链、5G、扩展现实、数字孪生等多种前沿技术，构建沉浸式的新型数字空间，带来虚实融合的数字新体验。本文旨在从元宇宙产业生态建设的角度进行一些探讨。

一是从"落后就要挨打"的高度看待元宇宙。元宇宙作为数字技术集大成的前沿应用，是一个国家数字信息产业综合实力的体现，是国家战略科技力量的必争之地。2021年，Facebook重磅推出元宇宙概念并改名META引起世界关注，指出"你几乎可以做任何你能想象到的事情"，是"社交技术的终极梦想"，目标在10年之内，连接10亿人，托管数千亿美元电子商务，为上百万创作者提供就业。值得注意的是，扎克伯格公开信中明确指出"链接人"的职责使命没有变。表面上看，元宇宙在META公司仅属于增强信息传递技术的手段。实际上，元宇宙在产业发展上，是WEB1.0、2.0时代之后的必然发展趋势，带动终端销售的背后是百亿级的金融蓝图。历史的经验告诉我们，伴随WEB1.0、2.0技术的全球传递，美国也将其意识形态、金融资本传递到了全世界，主导了第二次世界大战后的世界秩序。由此我们可以推论：元宇宙是美国基于其互联网、人工智能领先地位构建的，依据价值观、政策导向和国家利益塑造的新一轮全球变革，是维护美国政治经济利益的重要战略选择。在百年未有之大变局之际，避免一步落后步步落后的历史教训，保持斗争精神，在具有规模优势的数字信息引领未来，具有一定的重要性和紧迫性。当前，元宇宙最终理想实现的基础，就是各类数字信息领域尖端技术的系统集成，突破现有格局的技术创新、协同创新，这也是政府积极推动数字化转型、在线新经济、元宇宙的内在动因之一。

二是从"服务实体经济"的深度认识元宇宙。目前"元宇宙"概念几经演进，已进入雏形落地的探索期，毫无疑问的是元宇宙一定可以创造价值，但值得注意的是：元宇宙不仅是技术之争、标准之争，更是路线之争。最终元宇宙将带领我们走向的是电影《头号玩家》的精彩虚拟世界与破败肮脏的现实世界；还是物质繁荣、精神丰富的理想生活？更深层次的探讨是科技向善还是向恶？所以，在讨论元宇宙的同时，势必需要重新探讨、警惕"脱实向虚"的问题。在美国进一步元宇宙"向虚"的道路上，我们应该进一步强调元宇宙"向实"、金融服务实体，元宇宙更要服务实体经济，才是元宇宙应该选择的战略取向。元宇宙在中国的落地路径，也会诞生有别于META"社交元宇宙""游戏元宇宙"的技术路线，结合数字化转型战略，出现中国特色的"产业元宇宙"，让企业"长"在产业元宇宙里，绘就数字孪生无处不在、生命体征无所不知、智能监管无时不有、精准服务无处不享的产业元宇宙新蓝图。总体而言，当我们讨论、促进、开展元宇宙产业生态建设工作时候，要做到"三个坚持"：始终坚持元宇宙服务实体经济运行，作为促进"流量经济"的重要平台；始终坚持元宇宙服务实体经济增长，创新"消费产品"的重要路径；始终坚持元宇宙服务实体经济的进步，推动"技术进步"的重要抓手。其中，技术进步是元宇宙生态建设的关键核心，也是串起元宇宙同其他产业联动的关键主线。

三是从"引领各大产业集群建设"的广度理解元宇宙。国家与国家之间的经济竞争，本质上是产业集群的竞争。2020年，习近平总书记在浦东开发开放30周年庆祝大会上的重要讲话中指出："全力做强创新引擎，打造自主创新新高地。加快在集成电路、生物医药、人工智能等领域打造世界级产业集群。"目前，集成电路、生物医药、人工智能在全国范围内也是各个地方政府、开发区所重视的高科技产业，通过元宇宙生态的营建能够对于地方原有产业进行很好的催动。元宇宙生态鲜明的"系统综合、集成创新"特性，是能够将集成电路、生物医药、人工智能等高科技产业进行系统综合、集成创新的"场景"。当前，依靠某一个产业、某一家龙头企业进行拉动产业、经济发展的时代已经过去，需要用"系统工程"的思维，集成政府、园区、企业、高校、资本共同进行创新。当此之时，元宇宙无疑是目前能够凝聚产业共识、聚焦科技前沿领域，进行协同攻关、集成创新的共识性场景，具有鲜明的"引领性"。通过元宇宙生态的营建、场景的建设，引领发展方向，体现经济发展的引领、改革开放的引领、综合水平的引领。换言之，在当前集成电路、生物医药、数字信息产业营建过程中，所面临的"缺芯少魂""缺器少料""缺数少算"等基础性、结构性、长期性的"卡脖子"问题，也能通过元宇宙的场景进行强链补链、强基固本，更能通过元宇宙社区进行系统集成、交叉创新，实现高原造峰，真正打造具有全球竞争力的产业集群。

二、如何营建"元宇宙"

元宇宙生态的营建，最宏观的纲领是"做强国家战略科技力量，营建世界级产业集群"；最直接的目的就是"培育发展新动能，抢占产业发展新赛道"，最微观的举措就是"梳理生态赛道，攻关前沿技术，落地重点项目"。故而，在战略上要深刻认识元宇宙的是数字化转型背景下，下一个10年的战略必争高地；战术上要警惕元宇宙作为美国主导话题的热度退坡，更要警惕以元宇宙虚拟币、元宇宙游戏为手段的跨境金融犯罪。经过研究分析，更合适的是将元宇宙定位为场景级的主题而非又一个新兴产业，从而确保"进退有序"。元宇宙生态可以在战略上服务于数字化转型战略、双碳战略，战术上作为集成电路、生物医药、人工智能等高科技产业集群的"集成创新场"，打造元宇宙"场景首发地"成为催动产业增长，吸引产业流量的关键入口之一。对于生态营建者而言，仔细甄选技术路线，并针对性就其技术路线的发展、产品更迭的市场反响进行动态跟踪，并且提供其应用场景和展示场景是目前最直接、最有效的生态运营方法。

"十四五"规划中把科技自立自强作为国家发展的战略支撑，元宇宙生态的营建毫无疑问也要紧紧抓牢"科技创新"的主线。目前来看，在元宇宙生态建设是一个系统工程，需要纵向上政府、企业、科研、资本、原始创新的系统性构建，同时也需要横向上不同赛道之间进行交叉创新，通过大兵团协同攻关，以揭榜挂帅的形式，突破行业技术壁垒，为全人类提供技术进步的红利。在国内企业领域，百度作为具有昆仑AI芯片、飞桨深度学习框架、文心预训练模型、希壤元宇宙平台的生态级企业，一定意义上拥有牵引、整合元宇宙生态的能力，具有能够成为元宇宙社区"意见领袖"的潜质。在技术创新的机制方面，上海科技大学成果转化工作在元宇宙赛道也有亮眼表现，其孵化培育的叠镜数字、影眸科技、域动数字，其独家的光场技术被计算机图形学的顶级期刊接收，立足多学科人工现实工作室（MARS）和虚拟现实视觉计算实验室（VRVC），研发出人工智能三维重建、轻量级动作捕捉等技术，为所有人构建虚拟化身系统与沉浸式互动平台。

三、推进元宇宙生态建设若干建议

人民科学家钱学森在1990年就将虚拟现实翻译为"灵境"技术，在1994年阐述灵境技术与大成智慧的关系时指出："灵境技术是计算机技术革命的又一项技术革命，将引发一系列震撼世界的变革，是人类历史中的大事，新的历史时代要开始了。"在产业生态建设上，针对推进元宇宙生态，可以从以下几个方面着手：

一是元宇宙应该着力关注从0—1的源头创新。元宇宙核心在"元"，发力点在"宇宙"。"元"是万象之始，原创科研成果是转移转化的基础，因此科技创新要聚焦原创。中国的数字信息产业过去依赖于开源，元宇宙生态的核心也是"开元"，相关即产业赛道的原始创新。利用好元宇宙场景的平台，系统集成、协同攻关、交叉创新，催动集成电路、生物医药、人工智能三大世界级产业集群的源头创新。可以组建元宇宙主题的早期创新投资基金，积极扶持科技成果转化，针对具有市场前景的技术积累，推动其市场化、产业化。催动产业集聚、人才集聚和要素集聚。

二是用系统工程理念为元宇宙打造制度环境。元宇宙关键在"宇宙"，新机制胜过新基金更胜过新机构，为元宇宙生态中的企业、元宇宙社区中的"居民"，提供新的机制，催动新的动能。集中力量、扶持源头，系统打造具有引领性的、中国特色的"产业元宇宙"，让企业"长"在产业元宇宙里。例如，可以为具有原创性科技创新、源头创新属性的初创团队，提供免费的办公空间、展示空间，提供切实降低用人成本的税收政策。远期可研究组建专门主题的科技银行，将科技服务、科技金融、科技创新融为一体，为科技创新企业提供元宇宙式的生态环境。

三是用生态环境理念为元宇宙提供应用场景，率先打造场景友好型城区。广泛地、永久地开放应用场景，推动元宇宙赋能百业。例如，社交场景、娱乐场景、教育场景、会议场景、智能制造场景、公共服务场景、智慧城市场景、数字化转型场景。规划建设具有引领性的元宇宙生态社区和创新特区。

通过实体空间、算力空间、产业政策，推动产学研协同创新。同时，率先打造场景友好型城区、打造元宇宙首发社区，建设满足年轻人学习、生活、娱乐的元宇宙社区，在场景中由政府优先采购、国企优先采购，支持场景的建设，推动场景的开放，同时为企业提供应用展示空间，向社会开放推广元宇宙生态的愿景和理想。

四是用总体设计理念为元宇宙提供算力供给，率先打造元宇宙数据要素市场。算力是信息基础设施的重要组成部分，正成为支撑元宇宙向纵深发展的新动能，得到世界诸多国家的高度重视，新型算力中心是计算速度、计算方法、通信能力、存储能力、云计算服务能力的集大成者，是元宇宙社区的关键基础设施。

综上，元宇宙主题已经成为数字信息产业的热门话题，在讨论元宇宙时，面对一个共同的数字时代美好愿景，不仅要看到前景的光明，更要明白道路的曲折。始终坚持元宇宙服务实体经济，持续推进科技创新，才是我们应该坚持的一切工作开展的主线核心。

（邵晓翀，《上海企业》2022年第4期）

国潮新消费新趋势

近年来国潮上升为一股主流的消费风尚，报告显示，"90后""00后"在国潮消费中贡献超过七成，而这个数字在得物App高达87%。对此如何解读？

"90后""00后"逐渐成为国货、国潮的主力军，主要得益于这两代人物质生活水平的大幅提升，以及由此引致的消费升级。党的十八大以来，居民收入快速增长、人们消费水平不断提高，精神生活也日益丰富。在父辈收入和财富积累的基础上，年轻一代已经摆脱物资匮乏的处境，开始追求品质、文化、价值和潮流等多元化的效用满足。其次，国货、国潮产品作为一种价值符号和载体，之所以如此受年轻人欢迎，除了这些年产品质量稳定提升之外，更得益于国潮品牌所蕴含的文化自信和民族自豪感，这些在年轻一代的消费者中形成共鸣，是价值认同的外在表达方式。

具体到得物App，"90后""00后"买国货、晒国货在得物成为一种潮流，体现了年轻人强烈的民族自豪感。当然，得物首创的"先鉴别，后发货"网购流程，以及严格的选品机制等举措，共同保障了用户的品质消费体验，也是年轻一代愿意聚集在得物App上的一个重要原因。

在国潮品牌方面，近年来老字号焕新、新品牌崛起，很大一个原因都是抓住了年轻人的消费习惯和消费偏好。那么国潮品牌应当如何更好地拥抱年轻人？

多样化的年轻消费为老字号注入了新活力，打开了新增量。如何打通老字号和年轻人的供需障碍是关键，首先，要理解年轻一代追求的精神共鸣和情感认同，进而去改善产品和服务的质量；反过来，年轻人的新需求和主张从消费端推动国潮品牌不断创新，形成需求牵引供给、供给创造需求的更高水平动态平衡。其次，要重视社区建设。社区是供需互动、需求发现和需求培育的重要场所。得物App正是因为能够通过潮流生活社区帮老字号、新国潮理解年轻人，拉近了与年轻人的心理距离。因此，国潮品牌可以借助新电商平台首发多样化新品作为沟通契机，融入年轻人的日常生活，释放特有的文化价值，进一步让国潮品牌焕发生机。

2020全年，得物上入驻的国潮品牌数同比翻一番、发售的国潮新品数量增长近8倍，越来越多的品牌入驻似乎形成了一种"虹吸效应"，不仅让更多品牌聚集，也催生更多符合年轻人喜好的新产品。在新经济企业对首发经济的推动方面该怎么做？

国潮品牌和新电商平台的密切互动，可以说是国潮成为国潮的一个主要原因，一些品牌正是利用了新平台的流量、注意力经济和网络效应，形成了消费热潮和新风尚。新经济企业如果能在消费者洞察和文化价值注入方面助力首发经济，那么将会催生出更大的叠加效应与品牌集聚效应，这对于进一步提升上海国际消费中心城市的吸引力和竞争力也具有重要意义。

（邱俊鹏，部分观点发表于《人民日报（海外版）》2023年1月9日）

解读 2022 年底中央经济工作会议精神

2022 年 12 月 15—16 日，中央经济工作会议在北京举行。作为对中国经济发展作出年度部署的重要会议，引发各界关注和热议，会议传递出怎样的信号？2022 年经济大账如何算？当前经济形势怎么看？2023 年经济工作怎么干？

一、整体来看，2022 年中央经济工作会议传递哪些信号

中央经济工作会议传递了积极的信号，会议要求，2023 年要坚持稳字当头、稳中求进，把稳增长放在首要位置。在经历了疫情反复的三年，经济社会受到一定程度的冲击，三年平均经济增速低于潜在增长率，尤其是 2022 年。2023 年稳增长是第一要务，也是社会普遍所期待的。预计 2023 年经济会明显好转。

二、具体来看，2022 年中央经济工作会议在表述上有什么特点

2022 年的中央经济工作会议直面问题挑战，回应社会关切。比如，针对经济下行压力，会议指出稳增长要从改善社会心理预期、提振发展信心入手。改善预期，一是强调要切实落实"两个毫不动摇"，毫不动摇鼓励、支持、引导非公有制经济发展，"从政策和舆论上鼓励支持民营经济和民营企业发展壮大"这一条主要是回应社会担心的国进民退问题。二是"提升常态化监管水平，支持平台企业在引领发展、创造就业、国际竞争中大显身手"，以此来改善平台企业发展的预期。三是关于新冠肺炎疫情，指出要"顺利度过流行期，确保平稳转段和社会秩序稳定"。这为后续坚定地走出疫情提供了稳定的预期。

三、2023 年具体怎么干，哪些领域、哪些行业被重点提及

针对需求收缩、供给冲击、预期不稳三重压力，以及突发的疫情和世界变局，会议提出要把实施扩大内需战略同供给侧结构性改革有机结合起来，把战略支点放在扩大内需上。重点强调扩大内需，把恢复和扩大消费摆在优先位置，从增加消费能力、改善消费条件、创造消费场景三个方面来扩大消费。增加居民收入，支持住房、汽车中高端消费和健康养老服务型消费，改

善民生强化公共服务均等化，消除制约消费的不利因素。内需除了消费需求还有投资需求，要通过政府投资和政策激励有效带动全社会投资，加快实施"十四五"重大项目靠前启动。在净出口方面，主要强调进口，积极扩大进口技术、重要设备、能源资源等产品。

会议重点提及房地产行业。在"防范化解重大经济金融风险"部分，把房地产风险、金融风险和地方债务风险放在一起，并占有较大篇幅来加以强调。对于房地产仍是坚持"房住不炒"的主基调，从供给侧，强调"保交楼、保民生、保稳定"，满足房企合理融资需求，改善行业资产负债状况，引导市场预期和信心回暖；从需求侧，强调因城施策支持刚性和改善性住房需求。从供需两侧齐发力，推动房地产业向新发展模式平稳过渡。由此可见，虽然房地产调控在边际上放松，但整体上仍是一个谨慎和渐进的过程。

四、关注两点具体的提法

一是在中央经济会议上提及，要抓住全球产业结构和布局调整过程中孕育的新机遇，勇于开辟新领域、制胜新赛道。如何理解这"三新"，"三新"将带来哪些新机会？

"新机遇、新领域、新赛道"是在"加快建设现代化产业体系"部分中指出的。"十四五"规划指出，我国要构建实体经济、科技创新、现代金融、人力资源协同发展的现代产业体系。党的二十大报告进一步指出，要建设质量强国、航天强国、交通强国、网络强国、数字中国。我国在这些方面具有良好的基础，有一定的优势。比如数字中国方面，我国具有独特的优势，面临难得的历史机遇。我国网民规模超过10亿，拥有世界上最完备的产业体系，制造业规模、货物出口规模均居世界前列。海量用户、超大规模市场、丰富的应用场景、先进的网络基础设施体系等，为数字经济发展提供了非常有利的条件。世界经济加速向数字经济转变，数字经济正在成为重组全球要素资源、重塑全球经济结构、改变全球竞争格局的关键力量。所谓的"三新"很大程度上体现在数字经济领域，在推动数字经济和实体经济融合，推动数字产业化和产业数字化，赋能传统产业转型升级中抓住新机遇、开辟新领域、制胜新赛道。除此之外，"三新"也存在于战略性新兴产业和现代服务业中，比如在新一代信息技术、人工智能、生物技术、新能源、新材料、高端装备、绿色环保等领域上，在设计、品牌、物流、法律、金融等现代服务业领域。

二是在中央经济会议上提及支持平台企业在引领发展、创造就业、国际竞争中大显身手。互联网平台企业在过去两年经历了"加强监管"和"增长放缓"的低谷。2022年4月，政策对于平台经济的监管已经开始缓和，随着中央这次的定调，是否意味着国内对平台经济的监管出现了放松和转向？

近年来我国平台经济快速发展，到2021年，我国市场价值10亿美元以上的数字平台企业约197家。平台经济在经济社会发展全局中的地位和作用日益凸显。这一点会议中也提到：平台经济能够创造新的商业模式，能创造就业，在国际竞争中具备优势。总体上，平台经济发展的态势是好的、作用是积极的，但同时也存在一些突出问题，比如平台之间的不正当竞争，平台对用户利益的侵害，平台上劳动者的合法权益保障等，这些方面仍需要加强监管。不过，我国平台经济监管尚处于起步期，在监管手段和监管模式上还需要创新，将来会更加重视鼓励创新的同时进行有效监管，从而推动平台经济规范健康持续发展。

五、综合判断，您对于2023年中国经济的恢复，持怎样的观点

2023年政策的总基调是，积极的财政政策加力提效，稳健的货币政策精准有力，预计会在刺激消费、带动民间投资、激活市场主体方面发挥重要作用。从经济增长的数据看，前半年高后半年低，尤其是第二季度，这是因为基数效应。从经济恢复的实际情况来看则恰好相反，前半年由于疫情影响的"烙印"需要逐渐消退，经济恢复得慢，下半年则在前期恢复积累的情况下，加速复苏。全年来看，经济增速大概率会保持在5%以上。

（邱俊鹏，第一财经"财经午间道"2022年12月19日）

中 第 二 编

上海经济形势研判与建议
（2010—2023 年）

2010 年

"十二五":上海经济发展的两个梳理

"十一五"将要收官。过去的5年,面对国际金融危机等多重考验,上海坚持把结构调整作为转变发展方式的主攻方向,在调整中谋发展、在创新中促转型,基本全面完成了经济社会发展的规划目标,并成功举办了有史以来规模最大的世博会。

"十二五"即将开局。在这个重要时刻,有两个问题需要进行理性的思考。上海经济发展的机遇与挑战在哪里?上海经济发展方式转变的内涵是什么?对此,很有必要进行全面的梳理和解读。

一、上海经济发展机遇与挑战的梳理

"十二五"时期,上海所面临的国内外经济环境仍然复杂多变,不确定因素依然存在。为此,科学梳理和充分认清经济发展的机遇与挑战,有利于经济增长朝着又好又快的方向迈进。从这个角度出发,可以把这些机遇与挑战归纳成以下五个方面。

(一)一条城市发展主线

"十五"时期,上海的发展主线为提升城市的综合竞争力,到了"十一五"时期深化为提升城市的国际竞争力,"十二五"时期仍将延续下去。为什么?一是基于国际经济竞争激烈的环境,作为正在建设"四个中心"和现代化国际大都市的上海来说,随着国际化程度的不断提高和国际经贸关系的不断扩展,应当以更高的目标在国际大舞台上比拼高低。二是基于国内经济合作与竞争的环境,随着全国城市化进程的加快,全国已有150余个城市把提升综合竞争力作为发展主线,上海理应在更高层面、更宽视野、更广舞台上谋划发展大计。

提升城市国际竞争力的实质,就是要形成国际比较优势,而这些国际比较优势又是可以衡量的。换句话说,国际竞争力是可以用国际上认同的指标体系来评价的,这就意味着是要把上海推向国际舞台上去打擂台的。用如此标准去衡量,上海应该着力于从经济实力、产业体系、创新体系、基础设施、城市管理、社会文化、市民素质及都市圈体系等八个城市国际竞争力内涵方面加速培育国际比较优势,进而全面提升城市国际竞争力。

(二)两个优先发展产业方针

自20世纪90年代以来,上海的产业发展方针经历了"一个长期坚持"(长期坚持三、二、一产业发展方针)和"两个长期坚持"(长期坚持三、二、一产业发展方针;长期坚持二、三并举,共同推动经济增长的发展方针)的历史发展时期,到"十一五"时期,又进一步提出了"优先发展现代服务业,优先发展先进制造业"的产业发展方针。这是产业发展方针在新时期的延伸和扩展,并且充分体现了时代特征和上海特点。

应该看到,上海在"十一五"时期提出并在"十二五"时期继续推进"两个优先发展"的核心在于:一是有利于促进全市产业发展迈开一步、跨越一步、率先一步,争取走在全国前列,并起到示范作用;二是有利于促进全市产业向集约化、节约化、现代化和可持续方向迈进,进而切实转变经济发展方式;三是有利于促进全市产业结构调整,加速产业功能升级,进而提升城市功能能级;四是有利于促进区域内产业从当前的水平分工走向垂直分工,推动长三角区域经济合作与协调发展。

(三)三个新元素助推经济增长

从国内外经济发展趋势来看,尽管上海经济发展面临着一些重要的战略机遇,然而还需要具体分析。有些因素可能并不是上海所独有的,如国际资本和国际产业转移等因素,可能是长三角乃至全国的共同机遇。上海独有的助推经济发展的新元素主要体现在以下三个方面。

一是世博会。举办世博会可以使上海的基础设施建设稳定推进,有利于城市形象整体提升和国际经贸交流的增强。二是洋山深水港。洋山港的运营和政策,不仅标志着上海国际航运中心基本构架的初步形成,而且有利于拉动现代服务业的发展,增强城市的集聚和扩散功能。三是浦东综合配套改革。浦东进行综合配套改革的先行先试,不仅有助于国际金融中心建设,而且对于解决全市深化改革中的一系列瓶颈问题和转变政府职能都具有重要的作用。

(四)四个压力需要得到缓解

改革开放以来,上海经济社会发展取得了很大的成绩,但发展中的一些深层次矛盾和问题也在不断地显现出来,可持续发展的压力也在逐渐增强。

归纳起来,上海在"十二五"时期主要存在着以下四个方面的压力。

一是空间压力。上海是一个特大型城市,然而发展空间有限。那么,上海到底应该而且能够承载多少人口和产业?人口结构和产业结构的关联以及如何调整?对此需要找到答案。二是资源压力。主要表现在土地和能源的约束愈来愈明显。上海的土地资源极其有限,又基本上没有一次能源资源,无疑会对经济可持续发展带来严峻挑战。三是环境压力。除了生态环境之外,还表现在发展环境上的压力在增强,外部经济环境的不确定因素在增多,内部的产业结构及商务成本的压力在上升等。四是创新压力。主要表现在自主创新、自主品牌、研发能力、核心技术以及整个城市的创新体系尚未建立起来,推进创新型城市建设的任务还相当艰巨。

(五)五个解决矛盾的有效途径

在"十二五"时期,上海需要采取一系列的政策和措施去解决这些矛盾和问题。从归纳的角度来看,攻克这些矛盾和问题的有效途径主要体现在以下五个方面。

一是转型。要切实转变经济发展方式,变财富拉动为创新拉动,推动经济增长从粗放型向集约型方向转化。二是升级。要实现城市功能和产业功能的升级,推动城市功能向服务型功能转化,城市产业向高端、集群、集约、生态方向发展。三是协调。要协调好经济、社会、环境发展的关系,协调好政府、市场、企业的关系等。四是替代。动力替代要解决好投资、出口、消费之间的替代,资本替代要解决好国资、外资、民资之间的替代,产业替代要解决好二、三产业之间的替代。五是破解。其核心,就是要破解发展中的一系列结构问题。

二、上海经济发展方式转变的梳理

"十二五"时期,上海发展转型任务相当艰巨,为此,很有必要对上海经济发展方式转变的命题进行一下梳理。

(一)转型的基本方向

要进一步落实好中央关于转变经济发展方式的一系列方针、政策、措施,从科学发展观的整体要求出发,切实转变上海经济发展方式,变财富拉动为创新拉动,推动经济增长从粗放型向集约型方向转化,尽快形成以服务经济为主导的产业结构,形成经济、社会、生态和谐发展的经济发展方式和经济发展格局。

（二）转型的总体目标

要加快建设"四个中心"以及现代化国际大都市，尽早形成"四个中心"的基本框架。要实现城市功能和产业功能的双升级，进一步推动城市功能向服务型功能转化，城市产业向高端、集群、集约、生态方向发展，进一步把经济发展目标和城市发展目标有机地结合起来。

（三）转型的动力结构

要改变拉动经济增长"三驾马车"中长期倚重投资和出口的倾向，着力推动消费增长。要不断消除抑制消费增长的各种因素，要把社会收入分配利益调整政策的贯彻与促进消费有机地结合起来，要积极开拓新的消费热点，创造新的消费载体，挖掘新的消费内涵，要积极开拓全国的消费市场，并深化各类服务贸易。

（四）转型的经济结构

要形成多种所有制共存，国资、外资、民资齐头并进的格局，尤其要加快民营经济的发展。要改变上海在一定程度上存在的外资不少、国资不强、民资不足的局面，把未来发展的思路聚焦在民资做大，国资做强，外资做优。要切实贯彻落实国务院和上海市鼓励非公经济发展的一系列政策措施，切实创造有利于民营经济发展的社会环境、市场环境和舆论环境。

（五）转型的产业结构

要坚持"两个优先发展"的产业发展方针，服务业要提升城市功能能级，制造业要提升产业发展能级。现代服务业发展的突破口是国际金融中心和国际航运中心建设，以及加快服务贸易发展。先进制造业的发展重点在于"两高一新"，即高附加值、高新技术及新兴产业；操作思路可以是：发展优势产业、稳定均势产业、淘汰劣势产业。

（六）转型的产业布局

要抓好产业布局的谋划，中心城区重点发展现代服务业，郊区重点发展先进制造业。操作思路应该是强化集群发展模式：中心城区主要布局现代服务业发展集聚区、全力推进楼宇经济，以及一定的都市型工业；郊区按照大产业、大基地、大项目的思路来推进先进制造业发展，并辅之以生产型服务业的配套发展。同时，产业布局要与城镇布局紧密地结合起来。

（七）转型的产业用地

土地资源稀缺是上海产业发展的主要制约因素之一，因此，全市经济可持续发展的主线，必须建立在土地资源利用集约化的基础上。要重点推进产业集约用地，不妨提倡以单位土地面积经济产出作为一个重要的考量指标（每平方公里产出多少增加值和税收收入），亦即经济密度（单位面积的经济产出）。通过设定用地门槛来提升产业能级和提高土地利用效率，保障经济的可持续发展。

（八）转型的城镇结构

针对全市人口流向"中心城区向心力太强，郊区离心力太强"的现状，要科学合理地规划全市的城镇结构和城镇规模，完善城镇体系和城镇布局，把城镇布局、城镇规模与轨道交通建设、产业布局和人口布局合理有机地结合起来，通过郊区新城（中等城市）的构建，有效缓解中心城区人口高度集聚的态势及交通的压力，推动市民居住、生活、就业、学习的属地化和匹配化，推动全市经济社会资源的合理配置。

（九）转型的城乡结构

推动城乡协调发展的关键：要用城乡协调发展的战略思想与视角去统领全市总体规划，各区域、各专业、各产业的规划要充分体现出城乡之间的衔接。要用新的理念来推动城乡空间布局的创新，推进全市经济社会要素配置的匹配化，优化全市产业结构和产业布局，加速形成契合国际大都市发展特征的全市产业体系，形成以产业布局引导产业发展的新思路。要加大农村基础设施和公共设施的建设投入，推进和完善郊区的各项社会事业。

（十）转型的人口结构

上海在人口方面的主要矛盾是总量与结构的矛盾。一方面要控制人口总量，避免城市的无限发展；另一方面又存在着老龄化程度迅速提高，独生子女就业偏好明显、许多较重较累的工作无人肯做的两大突出问题。因此，在人口总量上，适度放开人口总量与优化人口结构，应该成为主要的战略选择。在人口布局上，中心城区人口规模应控制，郊区应当可以适度放宽。

（张兆安，《上海人大月刊》2010年第11期）

正视上海未来发展的九大关系

在酝酿上海"十二五"发展的过程中,既要注重历史的积淀,又要正视现实的矛盾与问题,更要正确处理发展中的若干关系。

一是人口规模与人口布局的关系。人口的主要问题在于"三个压力":总量扩大的规模压力,老龄化程度的结构压力,中心城区人口集聚的布局压力。怎么办?一要适度放开人口总量,改善人口的年龄结构,保持城市的综合竞争力。二要引导好人口布局,中心城区人口规模应适当控制,郊区应适度放宽。中心城区人口总量实现动态平衡;郊区人口实现总量突破。

二是城市形态与要素流动的关系。目前,全市经济社会要素的流动是不匹配的。比如,一部分存量和增量的制造业产能溢至郊区,但并没有带动相应的劳动力和人口到郊区城镇去居住和生活。考虑到城市整体发展的需要,有必要加快城市形态创新和战略布局调整,从而对经济社会要素流动起到一种巨大的推动力。

三是城镇规模与城镇布局的关系。从发展的眼光来看,应该从小规模分散化的老路中走出来,集中建几个中等城市,形成中心城—中等城市—节点城镇的城镇体系。在城镇布局上,要形成"哑铃+葫芦"型的节点城镇体系。即以轨道交通为轴线,连接中心城区和中等城市,中间再串上几个具有代表性的节点镇。如此发展模式,能够使城市化、工业化和交通设施建设形成相互依托、相互推动的格局,才能使人们工作、居住和生活的"属地化"。今天的新城建设,应该是中等城市建设。

四是经济增长与动力替代的关系。长期以来经济快速发展的态势,似乎掩盖了增长动力替代的紧迫性。在投资、出口、消费"三驾马车"中,依赖投资拉动经济增长已近极限;国际经济形势的复杂多变,又说明出口拉动经济增长也不容乐观。动力替代源在哪里?在于创新,在于消费。要积极开拓新的消费热点,创造新的消费载体,挖掘新的消费内涵。

五是产业结构与产业布局的关系。从产业结构来看,上海从昔日的工业重镇，到"三、二、一"产业发展思路，最终要形成以服务经济为主导的产业结构，都充分印证了时代特征和发展趋势。因此，"两个优先"发展，应该管很长一段时期。从产业布局来看，要形成中心城区的现代服务业高度化和郊区的先进制造业规模化的"双重格局"，并进一步深化、细化全局观念。同时，产业布局还要同新城建设紧密结合起来，尤其是中等城市应成为产业布局的重点。

六是产业发展与商务成本的关系。社会成本是刚性上升的，关键要做好两篇"文章"。一、抓好产业选择。重点要解决好服务业与制造业之间、传统产业与新兴产业之间、劳动密集型产业与高新技术产业之间、低附加值产业与高附加值产业之间的替代等。二、抓好城市形态和布局的创新。如果全市空间布局结构的发展屏障被打开的话，就可以利用郊区要素成本较低的落差，对中心城区商务成本的抬升起到反制作用，从而形成全市商务成本的控制力。

七是企业发展与资本结构的关系。国资、外资和民资对经济增长的作用应该起到此消彼长的作用。因此，需要改变上海在一定程度上存在的外资不少、国资不强、民资不足的局面，把未来发展的思路聚焦在民资做大、国资做强、外资做优。只有资本结构形成了相互替代、相互推进的局面，经济增长才会形成可靠的支撑。当前，更要切实贯彻落实国务院和上海市鼓励非公经济发展的一系列政策措施，切实创造有利于民营经济发展的社会环境、市场环境和舆论环境，切实解决民营经济发展中的体制机制问题。

八是城市建设与农村发展的关系。当前，城乡差异主要体现在收入、就业、教育、医疗、文化、社保和人居环境等方面。怎么办？一要贯彻落实好"多予、少取、放活"的方针。要多推动城市资源向农村倾斜、多为农村建设提供资金、多为农民收入增长打开门路、多为现代农业发展提供支撑；二要探索"工业反哺农业，城市支持农村"的路径。

九是上海发展与大都市圈的关系。上海的未来发展，还应当放在国家对长三角区域的总体部署中来思考和谋划。实践证明，只有依托长三角，上海才能获得稳定发展；只有服务长三角，上海才能获得持续发展。离开了周边地区广阔的、强大的经济腹地，上海就会成为"空中楼阁"，只有依托长三角广大腹地的发展，才能进一步增强集聚和辐射两大功能，发挥好长三角核心城市作用。

（张兆安，《解放日报》2010年8月21日）

从形态与空间布局看城市发展

目前，上海的城市形态布局和空间布局是以中心城区为主，郊区城镇的承载功能有限，经济社会资源配置不匹配。其主要特征表现在：一是中心城区形成了"圈与点"组合的结构。有内、中、外三个"圈"；有中央商务区、金桥、张江、虹桥、漕河泾等多个"点"。二是外环线以内开始以第三产业集群，形成具有现代化国际大都市特征的中心城区产业体系，有一部分存量或增量产业及相应的人口还会溢出中心城区。三是郊区形成了六大产业基地，并且呈现点状增大增强以及"东西以吸纳增量为主、南北以吸纳增量与存量并举"的发展格局。四是郊区散布着约130多个城镇和数十个各类经济开发区，以及具有一定区域分工但生产规模小、生产组织高度分散的农业体系。五是郊区与江苏、浙江省毗邻的一些乡镇以及岛屿乡镇，经济相对薄弱。

这样的城市形态和空间布局，其结果是导致中心城区向心力而郊区离心力"两个太强"的现象呈现刚性态势，全市经济要素的流动存在着不匹配现象，经济活动与人口过度集中于中心城区，制造业转移到了郊区，但并没有使相应的劳动力和人口溢至郊区城镇去居住和生活。于是，城里人仅仅是到郊区去上班，朝去暮来的态势未见有根本性的改观，基础设施投资建设的压力倍增，城市商务成本居高不下。因此，在"十二五"时期，上海有必要进一步推动城市形态创新和战略布局调整。

在城镇体系上，不能把上海看成仅仅是"中心城区"的上海，即使上海这样的现代化国际大都市，也有一个全市范围内城镇体系科学化、合理化的现实挑战。这是因为，在全市6 000多平方公里的市域范围内，除了人们所熟知的中心城区之外，郊区还分布着大大小小的很多城镇。这些城镇不是孤立的，而是互相依托的；不是相似的，而是各具功能的。从这个角度来看，市域范围内的各类大小城镇，需要形成科学合理的分工体系。

在城镇规模上，最大的问题是中心城区"太大"而郊区城镇"太小"，造成了全市经济社会要素配置的不匹配。郊区城镇建设规模上，可集中形成

3—5个50万人以上规模的中等城市和20—30个10万人规模的节点城镇。因此，可以集中建设几个中等城市，形成中心城区—中等城市—节点城镇为骨干的城镇体系。从这个角度去理解，"十二五"时期的新城建设，就应该是中等城市建设。

在城镇布局上，应该形成以轨道交通与高速公路为主线，以经济开发区为依托，以新城和节点城镇为载体的网络体系，变过去的城镇、开发区和交通建设"三张皮"为"一张皮"，使条条块块在空间结构上形成合力。以轨道交通作为形成郊区新城和节点城镇的主线，有助于全市经济要素流动的匹配化。轨道交通、开发区和节点城镇"三位一体"布局的核心，就是要形成"哑铃+葫芦"型的节点城镇体系。即以轨道交通为轴线，一端是中心城区，另一端是中等城市，中间再串上几个具有代表性的节点镇，并以此来形成全市的节点城镇体系。这种城镇发展模式，无疑能够使城镇化、工业化和交通设施建设形成相互依托、相互推动的格局，才能使人们工作、居住和生活的"属地化"，从而对全市人口布局、商务成本控制和中心城区压力减缓起到直接的推动作用。

在城镇建设上，要充分借鉴2010年上海世博会所展示的先进的城市理念和城市智慧。当然，最为关键的是要把握好三个方面的"为本"：一是要以人为本。"城市，让生活更美好"的理念之一，就是让城市的人们能够得到全面发展，因此，城市建设的方方面面都应该建立在以人为本的基础上，从一切有利于人的全面发展角度出发。二是要以生态为本。如果经济发展了，代价是环境恶化了，那绝对不是城市建设和发展所要追求的，经济、社会、环境要和谐发展，就需要建设好环境友好型的城市。三是要以低碳为本。任何资源都是有限的，任何发展也不是无限的，因此，城市一定要能够可持续发展，真正成为资源节约型的城市。

（张兆安，《解放日报》2010年11月9日）

2011 年

上海实现转型发展的路径探问

"十二五"时期,上海进入了"创新驱动,转型发展"的重要关口。也就是说,上海能不能建设成为创新型城市?上海经济发展能不能实现创新驱动?直接关系到上海现代化国际大都市发展的未来。

思考之一:创新驱动是转型发展的唯一选择

当前,上海经济已经跨越了人均 GDP 1 万美元的目标,进入了一个新的战略发展时期。在这个新的时期,唯有积极推进创新驱动,才能最终使上海经济实现转型发展。

首先,新发展需要步入新阶段。20 世纪 90 年代以来,上海紧紧抓住了浦东开发开放的历史性机遇,逐渐实现了城市性质从传统工商业城市向经济中心城市的转型,初步实现了产业结构、布局结构、就业结构等的战略性调整,保持了经济稳定增长的良好势头。种种迹象表明,上海经济发展已经开始步入了一个新的阶段,需要跃上更高的经济台阶。但是,如何去面对新阶段的发展之槛?

其次,新阶段需要实现新跨越。实际上,近年来上海经济发展的优势条件开始呈现出了阶段性的变化,以资源为特征的要素紧张状况开始显露,土地、劳动力等资源性要素价格开始不断提高,整个城市商务成本抬升的压力逐渐增大,一些产业的优势逐渐弱化,甚至开始转变为劣势。这充分说明,传统的以资源投入与投资拉动的经济增长方式已难以为继,迫切需要在高位平台上实现新的跨越。那么,新的驱动力在哪里?

再次,新跨越需要寻找新路径。要实现新跨越,就必须寻找发展的新路径。但是,在上海的未来征途中,仍然还存在着种种障碍。例如,在产业发展方面,先进制造业的核心竞争力和传统制造业的市场竞争力有待提高,企业自主创新能力和国际知名品牌还比较缺乏;现代服务业发展的瓶颈不少,增长的突破口还不多。在城市发展方面,城乡二元结构矛盾日趋显现,城镇结构和布局的矛盾需要化解;在体制机制方面,科技、教育、产学研结合以及国有企业等方面的体制性障碍和机制性问题,都影响了上海优势的发挥和"四个中心"的建设。在如此态势下,唯有通过创新驱动才能寻找到转型发展的新路径。

思考之二:创新驱动是一项复杂的系统工程

"创新驱动,转型发展"的实质,就是要以创新为核心,以形成人才高地为关键,以建设"四个中心"和社会主义现代化国际大都市为目标,通过形成城市创新体系提升城市国际竞争力,实现经济增长由物质推动为主向创新驱动为主转变。

首先,要破解创新驱动的主要障碍。目前,实施创新驱动还存在着一系列的障碍与瓶颈,也有不少难题需要得到有效解决。其主要表现在:一是政府职能调整不到位;二是企业创新主体不到位;三是城市创新体系不到位;四是创新驱动的紧迫感和责任感不到位;五是政策链、技术链、资金链、服务链、人才链不完整。

其次,要谋划创新驱动的重大突破。推进创新驱动的重大突破:一是推进全方位的创新。在科教创新的同时,还必须在各层面、各领域推进创新活动,包括体制、机制、政策、组织和规则等创新;二是大力集聚各类人才。人才是实现创新驱动的重要支柱,要形成人才结构合理、人才总量充沛、人才素质适应以及人才开发、使用的良性机制;三是构建产业高地。创新驱动的最终成果之一,是能不能形成产业高地,包括先进制造业高地和现代服务业高地;四是构建平台,包括教育平台、人才平台、技术平台、服务平台、信息平台、环境平台、金融平台和制度平台。

再次,要形成创新驱动的主要抓手。以公共平台为重要载体,通过一系列的抓手来推动创新驱动。一是探索设计新型研发机制,促进企业创新主体到位;二是加快高层研发机构集聚,提升创新能级和水准;三是建设科技基础设施,提供创新服务保障;四是优化科技创新项目布局,提升中长期发展后劲;五是数量与质量兼顾,优化教育与人才资源的配置;六是市场与政府协同,促进教育与科研及产业融合;七是深化行政审批改革,降低企业创新创业门槛;八是充分调动区县的积极性,引导形成特色产业集群;九是以打开退出通道为落脚点,优化创业投资市场环境;十是以发展中介机构为切入点，促进技术资本高效互动。

最后，要落实创新驱动的政策措施。为了推进创新驱动，还必须采取一系列相关的政策措施。一是支持产业共性技术研发；二是强化科技创新资源共享；三是加大财政的科教支出；四是吸引一流研究机构和高校落户；五是强化终身教育和职业教育；六是疏通企业、高校、研究机构人才流动通道；七是调动科研人员创新的积极性；八是对于政府布局的战略项目实施强制创新；九是鼓励和促进风险投资的发展；十是支持专业性中介机构发展；十一是发挥区县在产业升级中的作用；十二是降低科技型的企业创业门槛。

（张兆安，《解放日报》2011年3月15日）

商业功能要契合城市发展

最近，很多人都在关注一些商业步行街的转型问题。实际上，透过对这个问题的讨论，我们更要探讨都市发展与商业功能的关系。理性地看，都市发展要求商业功能与之相契合，并起到相互依存、相互推进的作用；而商业功能直接影响到现代都市的结构、品位、形象等要素的综合体现，并对都市能级提升起到相应的权重作用。

那么，现代化国际大都市的发展趋势具有哪些特征？一是功能的综合性。都市发展历史表明，都市功能不是单一的，而是综合的，都市越大，综合性越强，功能结构也愈完善。这意味着，都市的各项功能不仅要自成体系、自我完善，而且还需要相互融合、互相推进。二是历史的继承性。任何一个大都市都有成长演变的历史，这种历史就是都市的风格，而这种风格需要通过各种外在载体，如文化、精神、建筑、产品等得以体现。因此，都市建设必然要追寻历史与未来的结合、传统与现代的结合、独特与综合的结合、继承与发展的结合。三是形态的组合性。在整个市域范围内，中心城区以现代服务业集聚，而郊区以先进制造业集群的布局形态基本形成，说明都市形态的组合性特征已经显露。四是生活的多样性。人口规模的大型化和人群结构的多样化，带来了都市生活的丰富多彩以及都市文化的精彩纷呈，使得都市生活的多样性表现得相当突出，国际化和本土化并存，世界性和民族性共处。五是消费的层次性。都市结构的丰富多样，引发了消费的层次性。人口层次的集群规模，使得不同人群的消费出现了层次性；不同收入人群的存在，使得消费水平的差异比较明显；各类人群不同的消费偏好，拉大了都市消费的层次性。

上海现代化国际大都市发展的基本趋势明晰了，商业功能应该与之紧密契合。怎么契合？关键是要抓好以下七个"化"。

第一，商业定位的国际化。作为现代化国际大都市，其商业定位也一定是国际化的。如果上海要形成国内外闻名遐迩的"百花争艳、百舸争流"的商业格局和氛围，进一步提高商业的国际化程度尤为重要。这里所谓的国际化，除了跨国商业企业的入驻、国际先进商业业态的引入、国际品牌商品的营销等，更需要有都市商业发展中的国际视野、国际规则、国际技术、国际交流，以及国际人才。

第二，商业功能的完整化。目前，进一步完善上海的商业功能是当务之急。关键在于，一方面要推动商业功能在整个市域范围内的全面渗透和全面覆盖，也就是通常所说的"横向到边，纵向到底"，把所有的商业需求"一网打尽"，并充分体现商业功能的动态化发展趋势；另一方面，要充分体现商业功能在上海发挥集聚和扩散两个功能中的应有地位和作用，也就是把国际、国内两个资源"拉进来"，把服务功能"扩出去"，进而为上海都市功能的提升增加"砝码"。

第三，商业结构的体系化。其中有三个体系最重要：布局的体系化。各类商业设施应在空间形态上得到合理布局，如市级商业中心、区域商业中心、居住区商业、郊区城镇商业和专业特色街，以体现特色、增强功能为重点，并形成互相支撑的格局；业态的体系化。百货业、连锁业、批发业、专业服务业，以及电子商务等新型业态都应呈现出体系化的发展趋势；企业的体系化。不同的所有制结构和规模结构，来自国内外的商业企业都能够公正、平等地参与市场竞争。

第四，商业模式的多样化。如果用未来的眼光来看，都市的形态、结构、产业、人群、生活、消费等都在向着多样化、细分化的方向发展，这就迫使商业模式不得不跟上这种发展趋势，并充分体现出多样化的态势与格局。从这个意义上来说，对传统的商业模式，要么进一步做深、做细、做强，要么进一步转型与升级；对现代的商业模式，要进一步借鉴、消化、引进，促进消费的新发展；对潜在的商业模式，要进一步研究、开发、创新，引导新的消费潮流。

第五，商业经营的品牌化。在现代都市商业中，品牌化的商业街和商业区、专业街和特色街、大型购物中心和百货商场、大型综合超市、超市门店、便利店，以及国内外著名商业企业和商品品牌，是不可或缺的。从这个战略高度出发，上海商业应该对照世界著名大都市商业发展的水平和特征，充分体现现代都市商业的特色风貌和整体形象。

第六，商业运行的效率化。现代都市商业必然要求达到四个"高效率"：

政府管理的高效率。无论是市场监管,还是企业服务,行政管理的效率高低直接影响到商业发展的基础;市场运行的高效率。市场交易应该是全方位的、无障碍的、有信用的,也是有保障的;商业营销的高效率。快节奏、多变化是现代都市市场的基本特征,低效率的商业营销,就难以满足市场的需求;企业运作的高效率。大都市的竞争相对激烈、成本相对较高,低效率难以立足。

第七,商业环境的便利化。便利化是现代都市商业的一个重要标志,如何才能称之为"便利化"?商业布局是合理的,各种购物行为都能够便捷地完成;商业业态是丰富的,不同的消费需求都能得到满足;商业结构是梯次的,不同收入人群都能各取所需;商业氛围是宜人的,国内外消费者都能够流连忘返。如果对照一下,还有不小差距。

(张兆安,《解放日报》2011 年 10 月 1 日)

从两个视角来认识传统产业

当前，高新技术产业和新兴产业发展已经成为产业结构调整升级的重要抓手。在如此态势下，昔日的传统产业还要不要发展？如果传统产业仍然需要发展，又应该如何发展？

第一个视角：传统产业仍然不可或缺

顾名思义，传统产业主要是指兴起时间较早、传统技术所占比重较高、以传统产品为主的产业。那么，在经济转型发展的时期，传统产业是不是全部"过时"了？传统产品是不是要全部被"扬弃"了？实际上，传统产业仍然扮演着十分重要的角色，即使在今后相当长的时期内，传统产业仍将是促进经济增长的重要支柱，更不可能全部消亡。

其一，传统产业仍然具有重要的支撑作用。目前，在高新技术产业和新兴产业蓬勃发展的同时，传统产业仍然起着重要的作用。例如，2010年上海传统制造业产值占全市工业总产值的比重达70%，其利税及就业贡献分别占全市工业的比重达53.3%和58.5%。在城市商业发展中，还是以传统的零售批发业为主，而其他传统产业领域中也比比皆是。因此，在经济转型发展中，传统产业仍然具有很强的功能与作用，更是不可或缺的。

其二，传统产业仍然具有重要的市场影响。在经济转型发展的过程中，一些传统企业和品牌确实已经销声匿迹了，但也有很多传统企业和品牌并没有在激烈的市场竞争中"倒下"，而是"老枝发新芽"，都有很好的发展前景。例如，老凤祥、恒源祥、光明食品、杏花楼、五芳斋等许多传统品牌，不仅市场影响力比以前没有减弱，而且对于传统产业提升发展起着重要的示范作用。应该看到，传统品牌只要得到很好的传承，完全可以获得新发展。

其三，传统产业仍然具有转型发展的优势。实际上，传统产业并非"一无是处"，通过改造升级，完全可以形成转型发展的新优势。例如，一些传统的制造业，通过技术创新、品牌经营，以及工业化与信息化融合等方式，开创了传统制造业发展的新空间；一些传统的服务业，通过引入新理念、新内涵、新模式、新载体等方式，使得昔日的服务业更加符合时代发展的特征和产业发展趋势。这说明，一些传统产业通过转型提升，可以获得新的发展优势。

其四，传统产业仍然具有转型提升的潜力。新兴产业从哪里来？更多的是由传统产业孕育、转化而来的。例如，时尚产业从何而来？实际上还是从传统的服装产业演变而来；网上购物从何而来？实际上也是从传统的零售业、批发业，再加上信息技术而来的。从这个角度来看，新兴产业不是对传统产业的简单替代，而是需要依赖传统产业发展所积累的雄厚基础。因此，改造提升传统产业，不仅应该成为产业结构调整的重要组成部分，而且有助于新兴产业的孕育和发展。

第二个视角：传统产业需要转型发展

传统产业不可或缺，但这不是讲传统产业可以躺在昔日的功劳簿上，其中一部分产业能级相对较低的传统产业可能还会遭到淘汰，当然，更多的传统产业还是需要通过改造提升，重新焕发新的青春和活力。那么，如何加大传统产业改造力度，提升传统产业的能级？关键是要在以下七个"抓好"方面下足功夫。

其一，抓好产业整合。一般来讲，传统产业往往处在产业链的底端，从而影响到产业的利润率和影响力。因此，传统产业应该通过产业整合的方式，努力提升产业能级，形成新的生产力。为此，传统产业要利用自身具备的资源禀赋，积极参与产业的资源重组、资产重组、企业重组，以及产业链的重组，争取在产业分工中能够取得比较有利的位置，进而获取产业发展的主导权，提升传统产业的赢利水平和竞争能力。

其二，抓好产业融合。注重产业融合发展，也是传统产业能级提升的重要抓手，而产业融合的例子比比皆是。例如，传统的零售批发业与信息产业一结合就出现了电子商务，旅游业与农业一对接就产生了观光农业和休闲农业等。这说明，只要具有了产业融合的意识，选准了产业融合的路径，加上了一些创意的元素，再辅之以必要的政策支持，传统产业就有可能孕育转化出一些新产业、新技术、新业态、新产品、新服务、新模式。

其三，抓好技术创新。说到底，传统产业能级提升的核心，就是技术创新。一方面，传统产业只有通过技术改造和技术创新，才能够加快生产装备、工艺流程，以及产品和服务的升级换代，才能够真正地提高市场的竞争力。

另一方面,各级政府应该提供相应的政策支持,鼓励和帮助传统产业建立健全技术创新的长效机制,尤其要加强中小企业的技术创新支持。在财税、信贷、土地、担保、专项资金等方面给以必要的政策倾斜。

其四,抓好模式创新。传统产业的能级提升,运营模式创新也相当重要。例如,一些传统企业通过运用电子商务、服务外包等新模式,拓展了新的销售渠道和盈利方式。因此,不仅要鼓励传统企业向新兴行业和新兴业态延伸,而且现有的政府管理体制、管理规章、管理方式、管理内涵,以及行业分类、统计标准、企业认定、市场规范、税种税率、外资准入、投融资机制等都应该适应这些新兴业态的发展,并形成必要的政策保障体系。

其五,抓好布局优化。一般来讲,产业布局是否优化,直接关系到资源的最优化配置。目前,由于传统产业的布局相对比较分散,资源配置也就不可能达到优化状态。在这种情况下,传统产业必须加快产业布局的整合调整,可以将分散在各个区域的生产企业进一步向大型一体化生产基地集聚,可以有效促进产业从零星分散生产向集聚提升转变;也可以加大向市域以外的拓展力度,可以在更大的范围内实现传统产业的技术提升和规模扩展。

其六,抓好体制嫁接。就传统产业来讲,还更多地受到传统体制机制的长期束缚,因而实行体制嫁接尤为重要。除了可以借鉴外资企业的体制机制之外,还应该嫁接民营经济的体制机制。为此,一方面是要深化国有企业产权改革,积极引进民营企业参与国有企业的重组改造,以引进增量资源来带动存量资源提升;另一方面要放宽民营资本的市场准入,切实向民营资本开放法律法规未禁入的行业和领域,并鼓励民营资本进入垄断行业的竞争性业务领域。

其七,抓好人才培养。传统产业的能级提升,还有一个重要瓶颈,就是专业人才和技术蓝领的缺乏。为此,要通过正确评价传统产业专业人才的劳动价值,大力培育最能激发人才创新活力的土壤和气候,并建立有利于充分发挥专业人才作用的机制和平台。同时,还应该加大产业人才培养的力度,提高企业技术蓝领的整体素质,并制定相关激励措施来调整传统产业领域人才和蓝领的收入水平,充分发挥他们的积极性。

(张兆安,《上海企业》2011年第11期)

2012 年

"创新驱动,转型发展"的未来方向

过去的5年,面对国际金融危机和国内宏观调控等多重考验,上海坚持把结构调整作为转变发展方式的主攻方向,在调整中谋发展、在创新中促转型,不仅成功举办了有史以来规模最大的世博会,而且在推动"创新驱动,转型发展"中取得了一些骄人的成绩。

未来的5年,上海仍然面临着"两碰头"的严峻挑战。一方面是国内外经济环境仍然复杂多变,不确定因素依然存在,促进经济增长更加稳定和持续的任务相当艰巨;另一方面是经济转型发展的任务也相当艰巨,能不能转型成功又直接关系到长远的利益。为此,对上海"创新驱动,转型发展"进行必要的把握,一定会有所裨益。

第一,坚持"一条主线"。尽管国内外经济发展环境可能变幻莫测,但是,一定要从科学发展观的整体要求出发,切实转变经济发展方式,变财富拉动为创新拉动,推动经济增长从粗放型向集约型方向转化,把上海构建成为国际经济、金融、贸易、航运"四个中心"和社会主义现代化国际大都市,形成经济、社会、生态和谐发展的经济发展方式和经济发展格局。也就是说,要毫不动摇地坚持推进"创新驱动,转型发展"。

第二,加快"二个提升"。从国际国内"两个市场"和"两种资源"的角度出发,上海未来发展的关键是要实现城市功能和产业功能的"双升级"。从城市功能来看,要通过向服务型功能转化和服务经济为主导的经济结构的形成,进一步增强集聚和辐射的"双向功能",成为人流、物流、资金流、技术流、信息流的"五流"交汇之地,成为国际性的"枢纽城市"。从产业功能来看,要按照现代服务业和先进制造业"两个优先发展"的要求,推动城市产业向高端、集群、集约、生态方向发展。此外,还要注重把经济发展目标和城市发展目标有机地结合起来。

第三，实行"三个替代"。经济发展的过程，就是不断替代的历史，而替代也是转型的需要，因此，未来上海经济增长中的三大战略替代关系尤其重要。在经济增长的动力替代方面，要着力解决好投资、出口、消费之间的替代关系，尤其要采取积极有效措施推动消费增长。在经济增长的产业替代方面，要着力解决好二、三产业之间的替代关系，尤其要突破瓶颈制约，加速形成以服务经济为主的产业结构。在经济增长的资本替代方面，要着力解决好国资、外资、民资之间的替代关系，尤其要积极鼓励和加快民营经济的发展。

第四，抓住"四个元素"。从国内外经济发展趋势来看，尽管上海经济发展不失有一些重要的战略机遇，然而有些因素，如国际资本和国际产业转移等，可能是长三角乃至全国的共同机遇，而上海独有的助推经济发展的新元素主要体现在四个方面：一是推进后世博建设，加快把世博会区域构建成为新的国际性中央商务区，与陆家嘴"比翼双飞"。二是推进迪士尼项目建设，加快形成上海进一步集聚"人气"和推动发展的重要载体，彰显与世博会相似的效应。三是推进虹桥商务区建设，加快形成新的商务发展的集聚阵地。四是推进郊区新城建设，加快形成南汇、松江、嘉定、南桥、青浦五个"中等城市"。

第五，谋划"五个布局"。抓好产业布局的谋划，并进一步强化集群发展模式。从郊区来看，要谋划好"两个布局"，除了继续推进"东部信息和生物医药、西部汽车、北部钢铁、南部重石化、临港装备产业、崇明及长兴和长江口造船"等六大产业基地之外，还要结合制造业能级提升，谋划好生产型服务业的配套发展和相应布局。从中心城区来看，也要谋划好"两个布局"，结合创新创意，要布局好各类现代服务业发展集聚区；结合总部经济，要布局好商务楼宇经济板块。从创新发展来看，还要谋划好"一个布局"，亦即形成一批"哑铃型"的布局结构，例如，东西轴线的陆家嘴—虹桥商务区的商务布局；放射型的"中心城区—五个新城"的城市布局。当然，产业布局与城镇布局需要进一步紧密衔接。

第六，优化"六个结构"。一是在动力结构方面，要不断消除抑制消费增长的各种因素，积极开拓新的消费热点，创造新的消费载体，挖掘新的消费内涵，并深化各类服务贸易。二是在资本结构方面，要改变目前"外资不少，国资不强，民资不足"的局面，把未来发展的思路聚焦在"民资做大，国资做强，外资做优"。三是在产业结构方面，要加快国际金融、贸易、航运中心建设，重点发展高附加值、高新技术及新兴产业等"两高一新"的先进制造业。四是在城镇结构方面，把城镇布局、城镇规模与轨道交通建设、产业布局和人口布局合理有机地结合起来，推动全市经济社会资源的合理配置。五是在城乡结构方面，要用城乡协调发展的战略思想与视角去统领全市总体规划，各区域、各专业、各产业的规划要充分体现出城乡之间的衔接，并推进和完善郊区的各项社会事业。六是在市外结构方面，推进市外投资和市外布局等，不仅有利于上海更好地服务长三角、服务长江流域、服务全国，也有利于上海在提供"三个服务"过程中获得更好的发展。为此，要转变观念，制定相应的战略规划和激励政策，并提供相应的服务。

(张兆安，《解放日报》2012年5月5日)

对上海郊区农业发展的若干认识

在"十二五"期间,上海经济社会已经进入了一个十分关键的转型发展时期,与此同时,郊区农业发展的内外部环境也发生着一系列的重大变化,而农业发展的基本趋势也出现了一些新的变化。如何充分认识这些发展变化的各种因素和趋势?对于更好地推动上海郊区农业向着现代化的方向发展,也许会有所裨益。

一、对郊区农业发展外部环境的认识

应该看到,郊区农业发展的外部环境,除了国际国内形势发展的外部环境之外,最重要的还是上海经济社会的整体发展正在发生着重大的变化,其中最需要引起高度关注的是"一个目标,五个结构"。一个目标:就是要建设成为国际经济、金融、贸易、航运"四个中心"和社会主义现代化国际大都市,并且到2020年形成基本框架。五个结构:一是产业结构,要形成以服务经济为主导的产业结构,城市的服务功能要得到大提升;二是资本结构,要形成国资、外资、民资齐头并进的态势,三种资本相辅相成和互为补充;三是城镇结构,要形成中心城区和中等城市(郊区5个100万人口的新城以及其他新城)为框架的城镇体系和城镇布局,推动全市经济社会资源配置合理化;四是交通结构,主要特征是构建高速公路和轨道交通为骨架的城乡交通网络体系,城乡之间的时间距离进一步缩短;五是人口结构,主要特点是外来人口规模有可能进一步增加,而本地人口的老龄化程度将会进一步提高。

这些外部环境的重大变化,一方面对郊区农业的进一步发展创造了一些条件,提供了一些机遇,也在一定程度上夯实了基础;另一方面,也为郊区农业的进一步发展带来了更为严峻的各种挑战,增强了郊区农业向现代化方向发展的紧迫性。因此,从全市经济社会未来发展的角度出发,去充分认识郊区的农业发展问题,不仅是重要的,也是必要的。

二、对郊区农业发展内部环境的认识

郊区农业发展的外部环境,对农业发展起着重要的影响,而郊区农业发展的内部环境，同样也对农业发展起着重要的影响。从郊区农业发展内部环境的角度来看，郊区农业的未来发展，面临着一些不可逆转的基本趋势。这些基本趋势，可以从郊区"三农"问题的三个视角进行一些剖析。从农民角度来看，郊区面临着"三多三少"的趋势：一是外来农民逐渐增多，本地农民逐步减少；二是职业农民逐渐增多，兼业农民逐步减少；三是新型农民逐渐增多，传统农民逐步减少。从农业角度来看，郊区面临着"三增三降"的趋势：一是二、三产业元素逐渐增加，农业自身元素逐步下降；二是社会资本比重逐渐增加，农业自有资本比重逐步下降；三是新型经营模式逐渐增加，传统经营方式逐步下降。从农村角度来看，郊区面临着"三增三高"的趋势：一是外来人口流入逐渐增加，农村社区多元化程度逐步提高；二是农村青年流出逐渐增加，农村社区老龄化程度逐步提高；三是城镇化元素逐渐增加，农村社区管理难度逐步提高。

这些内部环境的基本趋势，必然会对郊区农业的进一步发展带来十分深刻的影响。应该充分认识到，有一些影响，对郊区农业发展应该是有利的；还有不少的影响，对郊区农业发展则可能是不利的。因此，从未来发展的趋势来看，郊区农业发展必然会面临着一些与以往不同的新形势、新特点、新机遇、新瓶颈以及新任务。

三、对郊区农业发展基本判断的认识

通过对郊区农业发展内外部环境，尤其对郊区农业发展面临着一些不可逆转的基本趋势的认识，我们应该对郊区农业的未来发展做出一些基本判断，以为郊区农业发展提供一些借鉴。

应该看到，对郊区农业发展的基本判断可以罗列很多，但从农产品供求关系来看，有三个基本判断是十分重要的。这三个基本判断，归纳起来就是"三个增加"：一是全市对外来农产品的需求将会进一步增加。基于全市常住人口的不断攀升，流动人口的不断增加，必然对农产品的消费总量将会进一步增加，使得外来农产品的消费比重有可能进一步提高，而本地农产品的消费比重有可能进一步下降。二是本地传统农产品的竞争压力将会进一步增加。基于郊区农产品生产成本的不断上升，相对于外地农产品来讲，本地传统农产品的比较优势将会逐渐下降，传统农产品的盈利空间将会受到更大的挑战。三是对郊区农业组织化的客观要求将会进一步增加。基于农产品市场竞争和农产品经济效益提高的客观需要，本地农产品生产唯有不断提高生产的组织化程度,才能够进一步提高郊区农业发展的效率和效益。

四、对郊区农业发展基本方向的认识

从对郊区农业发展内外部环境和农业发展基本判断中,我们应该清醒地认识到,郊区农业未来发展的基本方向仍然应该是"农业增效,农民增收"。为此,郊区农业发展主要应该体现出"五个化"。

一是农产品的"精品化"。本地农产品应该走精品化、高附加值的道路,一些低端的农产品市场可以让位于外地农产品,一部分本地农产品应该实现多品种、小批量,瞄准中高档市场。二是农产品的"品牌化"。本地农产品要进一步增强品牌意识、扩大品牌范围、加大培育力度,按照现代农业发展要求加快实现本地农产品的品牌化。三是农业生产的"组织化"。农业组织化程度的高低,直接影响到农业增效和农民增收。从2010年来看,尽管郊区农业组织化水平达到了61.18%,农业产业化龙头企业已经有402家,经工商登记设立的农民专业合作社也有2 577个,分别占郊区农户和农田面积的42.9%和41.4%,但农业组织化程度进一步提高的空间还很大。四是农业产业的"融合化"。在当前经济全球化和高新技术化的大背景下,产业融合已经越来越成为产业发展的现实选择,成为提高产业生产率和竞争力的一种新的发展模式,郊区农业发展的"接二连三"就是明证。例如,农业与旅游业一对接就产生了观光农业和休闲农业,而郊区农业旅游"月月有活动,季季有节庆"就起到了如此的作用;又如,农产品零售、批发与信息技术一结合就出现了农产品电子商务和网购。这说明,只要具有了产业融合的意识,选准了产业融合的路径,加上一些创意的元素,再辅之以必要的政策支持,就有可能推动郊区农业的新发展。五是农业发展的"平台化"。平台经济是现代经济中的一个重要形式,所谓平台,就是枢纽,就是节点,也就是说,郊区农业应该发展成为全国农业的农业科技创新、农业要素整合、农产品交易、商业模式创新的中心平台。

(张兆安,《上海农村经济》2012年第7期)

上海"十二五"以及
未来发展的七个要点

2011年初,上海"十二五"经济社会发展规划已经市人代会审议通过,并且在各类媒体上公开发表了。那么,在"十二五"以及未来一个发展时期内,上海经济社会发展有哪些重要的发展趋势和发展元素?当然,有战略机遇,也有发展瓶颈;有外部因素的影响,也有内部因素的作用。从全市宏观层面来归纳,以下七个要点或者七个问题很重要,值得关注,值得重视。

第一个要点:上海发展的方向和目标是什么

很多人的回答是国际经济、金融、贸易、航运"四个中心"。这个答案不是全部。除了加快实现"四个中心"之外,完整的答案应该是:"四个中心"和社会主义现代化国际大都市。应该看到,"四个中心"主要是经济发展方向和目标,现代化国际大都市则主要是城市发展的方向和目标。国际国内经验教训充分表明,有的地区或城市,可能把经济工作搞得很好,但是,也有可能把城市建设忽视了。因此,经济和城市,两个方向和两个目标应该是高度契合的。一个城市,不能只讲经济,不讲城市;讲城市,就是要强调城市管理,抓好社会管理。

那么,对上海来讲,什么叫国际化大都市?就是要把上海建设成为世界城市。什么是世界城市?就是具有世界能级的国际化城市。比如,美国的纽约、英国的伦敦、法国的巴黎、日本的东京,这些城市都可以被称为世界城市,上海同样有基础、有条件建设成为具有世界能级的现代化国际大都市。因此,我们应该全面地认识上海发展的方向和目标,这对我们把握上海未来的发展是有很大帮助的。

第二个要点:"十二五"期间上海发展的主线是什么

不论是上海,还是全国;不论是过去,还是未来,在每一个五年经济社会发展规划期间,都会明确提出一条贯穿五年经济社会发展工作的主线。例如，在我国的"十二五"经济社会发展规划中已经明确，发展主题定格于"科学发展"，发展主线定格于"转变经济发展方式"。

那么，"十二五"期间上海经济社会发展的主线是什么？实际上就是 8 个字："创新驱动、转型发展"。如何正确理解这条发展主线？千万不要以为这是一句口号。这是因为，在这五年发展中，所有的经济社会发展和方针政策的制定，实际上都是围绕这八个字展开的。再进一步来讲，这 8 个字的核心就 4 个字，一个是创新，一个是转型。反过来说，凡是符合创新、符合转型的，就会获得各种政策的支持；不符合创新、不符合转型的，就有可能在未来发展中遭到淘汰。

第三个要点：上海的经济结构和产业结构是怎么样的

一句话，就是以服务经济为主导。实际上，上海在 20 世纪 90 年代初浦东开发开放的时候，就已经明确提出了"三、二、一"的产业发展方针。那么，今天的服务经济为主导有什么新的含义呢？恐怕有两个含义是十分重要的：一是在产业结构中，服务经济应该占到绝对的比重；二是在未来经济发展中，服务经济发展有了明确的发展数量目标。

2011 年，上海产业结构的现状如何？大体的情况是：第一产业占 0.6%、第二产业占 41.5%、第三产业占 57.9%。也就是说，农业很重要，但农业的比重很低；制造业正在结构调整，但制造业比重一直在 40% 以上；服务业需要大发展，但服务业比重仍然没有超过 60%。不过，上海已经在"十二五"经济社会规划中明确提出了发展目标，到 2015 年，全市服务业所占比重要达到 65%。这样的话，每年至少要上升大约 2 个百分点。当然，从目前来看，全市现代服务业发展还会有很多困难和瓶颈，需要攻坚克难。

第四个要点：上海"十二五"经济增长靠什么产业来推动

以服务经济为主导，是不是上海就不需要制造业了？当然不是。到底依靠什么产业来推动上海经济增长呢？4 个字——"两轮驱动"，就是服务业和制造业共同推动经济增长。也就是说，在"十二五"以及未来一个比较长的时期内，上海经济增长仍然需要服务业和制造业来共同推动。当然，也有人提出上海要建设成为现代化国际大都市，就不需要过多地依赖制造业，甚至可以不需要制造业了，因为，纽约、伦敦、巴黎、东京包括中国香港都没有什么制造业，都是依靠服务业支撑。但是，纽约的服务业可以支撑一个城市，是因为纽约的服务业不仅仅服务纽约市，还服务全美国、服务全世界；而上海的服务业只能服务上海，服务长三角刚刚开始露出一点小头。服务长江流域还看不到，服务全中国还不知道，服务全世界还相当遥远。因此，上海的服务业首先要服务好本地的制造业，没有了制造业，服务业发展就没有了基础和市场。

那么，"两轮驱动"是不是我们什么都需要呢？也不是。还有"两个优先"4个字一样重要，也就是"优先发展现代服务业，优先发展先进制造业"。这意味着什么？第一，意味着上海经济什么都要发展的时代终于过去了，产业发展开始进入到了有选择发展的历史时期，重点是要推进现代服务业和先进制造业的发展。第二，意味着全市的经济发展方针和产业政策都是围绕着"两个优先"展开的，是不是符合"两个优先"发展的要求，对于所有的产业和企业来讲，当然是十分重要的。

第五个要点：上海的经济社会发展板块有何重大变化

这是一个很少有人关注，但又是相当重要的要点或问题。从全市区域经济发展的角度来看，自上海解放以后，一直存在着"两大板块"，一个叫市区，一个叫郊区；或者，一个叫中心城区，一个叫农村。但是，从"十二五"时期开始，上海的板块经济已经变成了"四大板块"，也就是四大功能板块，这是一个重大变化和重要信号。第一块，浦东新区；第二块，是个新名词，叫中心城区及拓展区，这意味着从规划层面上来看，原来郊区的闵行、宝山两个区变成了拓展区；第三块，郊区。郊区还有几个？从规划意义上讲，只有5个了，黄浦江以南奉贤、金山两个区，黄浦江以北上海西部松江、青浦、嘉定三个区；第四块，崇明县。崇明原来一直排在郊区的最后，现在变成了四大板块之一。

这种区域板块的重大变化，历史上是从来没有出现过的。这种变化意味着什么？意味着上海市域范围内的经济布局和产业布局正在发生着变化，意味着不同区域的战略定位和战略重点的进一步清晰，也意味着整个城市经济社会发展规划的进一步细化，有利于突出区域主导功能，加强分类指导，发挥重点地区的辐射带动作用，形成发展导向明确、要素配置均衡、空间集约集聚的发展格局。

第六个要点：上海"十二五"有没有新的元素或新的发动机

从上海以及全国经济社会发展的历史轨迹来看，每一个五年发展期间，都需要一些新的元素，或者可以称作新的发动机。例如，上海在"十一五"

时期，2010 年上海世博会的筹建和举办，就是一个重要的新元素。从国内外经济未来发展趋势来看，尽管上海经济发展不失有一些重要的战略机遇，然而有些因素，如国际资本和国际产业转移等，可能是长三角乃至全国的共同机遇，而上海独有的助推经济发展的新元素主要体现在以下四个方面：其一，推进后世博建设，加快把世博会区域构建成为新的国际性中央商务区，与陆家嘴"比翼双飞"。当然，这里也应该包括黄浦江两岸的开发建设。其二，推进迪士尼项目建设，加快形成上海进一步集聚"人气"和推动发展的重要载体，彰显与世博会相似的效应。其三，推进虹桥商务区建设，加快形成新的商务发展和国家级会展经济发展的集聚阵地。其四，推进郊区新城建设，加快形成南汇、松江、嘉定、南桥、青浦 5 个"中等城市"。这 5 个新城的规划，都是 100 万人口。同时，上海应该形成哑铃型的城镇结构，即一端是中心城市，一端是中等城区，然后通过轨道交通接起来。

第七个要点：还需要突破什么重大发展政策

实际上，我们可以通过很多角度来解读，上海发展靠什么？其中一个角度，就是靠两条：一靠上海自己努力，二靠好的发展政策。在这方面，中央对上海经济社会发展是十分支持的，也给予了很多的政策支持。例如，在 2005 年期间，浦东新区开始综合配套改革，先试先行；洋山港开港以后推行的保税港区政策；又如，在 2009 年，国务院印发了《关于推进上海加快发展现代服务业和先进制造业建设国际金融中心和国际航运中心的意见》，上海的金融服务业和航运服务业出现了新的发展势头。

那么，上海还需要什么发展政策？其中在最需要的政策中，应该包括两个政策。第一个，是服务业发展政策。长期以来，上海现代服务业发展很艰难，原因很多，其中存在着两个发展瓶颈，就是税负高和成本高。服务业征收营业税，而营业税是重复征税的；而制造业征收增值税，税率看上去比较高，但是可以抵扣的。因此，服务业的税负太高，再加上经营成本高，造成服务业的内部化，制造业里边的服务业门类就不愿意剥离出来。2011 年，中央批准上海搞增值税扩围改革试点，也就是 2012 年 1 月 1 日开始的"营改增"，6 个服务业领域、大约 13 万户服务业企业开始试点。总的来讲，这对上海有好处。但是，一定要落实好，让服务业企业的税负降下来。第二个，是要积极争取自由贸易区政策，或者说是局部的自由港政策。实际上，已经实施的保税港区政策可以称作准自由港政策，再往前走一步，就是自由港。当然，上海不可能在全市范围内都实行自由港政策，但是，实行局部的自由港政策还是有基础、有条件的，也是应该积极争取的。

（张兆安，《上海企业》2012 年第 10 期）

上海商业发展新思考

最近，笔者应邀参加了"2012上海市郊商业发展论坛"，论坛主题是：市郊改变商业发展格局，商业改变市郊生活方式。从近年来全市商业发展来看，郊区商业增长都要明显快于中心城区。这种现象已经说明，上海商业发展的内外部环境出现了很多新的变化。因此，也有必要对上海商业发展的基本趋势进行一些思考和把握。

思考之一：把握人们商业消费习惯变化的基本趋势

从未来发展趋势来看，如果用比较形象、简洁的语言来归纳，大都市常住人口商业消费习惯的基本趋势，可以描述为"三点一线"：大型综合购物中心或大型城市综合体，家门口的小超市或便利店，社区菜市场或社区农贸市场，再加上发展迅猛的网上购物。应该清醒地认识到，人们商业消费习惯的变化发展，不仅对全市商业发展的模式、布局、形态等产生着深刻的影响，也预示着全市商业发展面临着一系列新挑战、新机遇。

思考之二：把握全市商业消费发展的基本趋势

与人们消费习惯变化发展相对应，大都市商业消费可能呈现四个基本趋势。一是属地化或本地化消费。也就是，以生活或工作社区周边的消费为主，过去热衷于逛南京路、淮海路等商业街的情形不复存在。二是大型综合购物中心或大型城市综合体消费。大型的、综合的商业加上其他消费的载体，越来越受到人们的追捧，一般的商业街或者单体的百货公司难以满足人们多元消费的需要。三是商业同其他消费内涵的融合。人们的商业消费越来越与休闲、文化、旅游等消费元素结合在一起，为什么包含多元素消费载体或场所的生意越来越好？可以从中寻找答案。四是网上购物或网上消费。近年来，网上购物风起云涌，尤其是青年人广为接受。

思考之三：把握郊区商业发展的基本趋势

为什么郊区商业开始崛起？一是郊区城镇规模大了。近年来，郊区城镇发展不再是小打小闹，而是按照中等城市的规模在打造，如松江、嘉定、南汇、奉贤（南桥）、青浦 5 个新城的规划人口都在 100 万，从而扩大了商业发展空间。二是郊区人口结构丰富了。目前，郊区成为中心城区人口外迁和外来人口流入的主要承载地，全市制造业布局在郊区，再加上产城融合发展，郊区人口规模大增、人口结构大为丰富。三是农村消费习惯变化了。以前，郊区商业不发达，人们只能到中心城区去购物，而今各种档次的消费需求基本上都能在郊区本地得到满足。

思考之四：把握不同区域商业消费发展的基本趋势

全市不同的区域，商业发展应该有所侧重，体现特色。对于中心城区来讲，商业消费向各个区分流、向郊区分流，不仅成为定势，而且不可逆转。因此，各个区应该构建好各自的商圈，而南京路等商业街要充分利用大量国内外游客集聚的优势，根据国内外游客的消费偏好，继续发挥商业重镇的作用。对于郊区来讲，应该抓好大型综合购物中心建设，满足居民需求，留住本地消费。同时，还可以同休闲、旅游结合起来，吸引中心城区市民以及国内外游客前来消费。

思考之五：把握商业布局形态发展的基本趋势

随着人们收入水平的提高和消费习惯的变化，商业的布局形态越来越重要。如何谋划？关键是两句话。第一句，"块状比带状的稳定性好"。上海最早的乍浦路美食街、黄河路美食街，由于是带状结构，各领风骚若干年后风光不再，而徐家汇、新天地、五角场等块状结构形成了，就比较稳定。第二句，"越综合，越持久"。为什么商业街消费在下降，而大型综合购物中心或大型城市综合体的消费在上升？这是因为，人们出行的目的不再是单纯购物，而是结合了休闲的元素和文化的消费，也就是在商业消费之外还要同时满足人们其他的消费需求。在这种新的形势下，商业布局形态越综合，发展才能越持久。

（张兆安，《解放日报》2012 年 11 月 1 日）

2013 年

对上海人口问题的若干思考

当前,上海经济社会发展正处于十分重要的转型时期,既面临着重大的发展机遇,也面对着来自各方面的严峻挑战。在全市上下积极推动"创新驱动,转型发展"的关键时刻,还有很多重大经济社会问题值得进行深入的研究和探讨,其中人口问题就是一个十分重要且无法回避的战略问题。

至 2012 年底,上海户籍人口为 1 426.93 万人,常住人口为 2 380.43 万人。从全市人口发展的基本态势和未来趋势来看,主要呈现出两个方面的特征:一是总量规模持续增长,外来常住人口数量不断攀升。从"五普"到"六普"(2010 年第六次人口普查)的十年间,上海的常住人口增加了 661.15 万人,平均每年增加 66.1 万人,增长 40.3%,远高于同期全国人口(5.8%)和长三角人口(13.2%)的增长水平。同时,外来常住人口总量接近 1 000 万,占全市常住人口的比重已经超过了 40%。此外,至 2012 年底,全市的常住外国人达 17.3 万人,同比增长 6.7%,占全国 1/4。从今后一段时期来看,上海的外来常住人口不可能减少,还将会有所增加。二是老龄化程度进一步加深,本地少儿和年轻劳动人口比例偏低。2012 年,全市户籍人口老龄化 25.7%,比上年提高 1.2 个百分点,市中心城区老龄化程度总体上高于郊区,并且成为全国最早进入老龄化的城市。2011 年,全市 0—14 岁少年儿童比例仅为 8.6%,25—44 岁年轻劳动人口比例为 26.9%。这说明,全市经济社会发展对外来劳动力的依赖度在逐渐增加。

在如此的发展态势下,目前上海人口问题的核心,已经演变成了人口总量与人口结构的矛盾。也就是说,既要调控人口规模,也要改善人口结构。一方面,根据上海特大型城市的承载能力和环境容量,不得不合理规划和控制人口的总量规模;另一方面,还要面对城市老龄化程度不断提高,本地独生子女就业偏好明显、许多较重较累的工作无人肯做的两大突出问题,积极推动人口结构的调整与完善。

如何有效地化解上海的人口问题？在宏观上，需要根据人口发展的规律和趋势，制定完善全市人口发展的战略规划，使得人口发展与经济社会发展、资源环境承载能力相协调；在策略上，需要从总量、结构、布局、素质、管理等方面进行系统性的思考，采取综合性的对策措施。

第一，从人口总量上来看，在改革开放环境和市场经济条件下，全国经济社会资源的自然流动是不可阻挡的潮流，人口的自然流动同样如此。因此，人口的流动是一种常态，在比较短的时期内，大城市人口总量规模逐渐增加的趋势也是不可逆转的，但是，大城市的承载能力有限，不可能无限发展。在这种情况之下，大城市还需要对人口总量规模进行必要的调控。如何调控？不能简单地就人口来调控人口，除了必要的行政手段之外，还可以通过产业发展和产业结构来进行人口调控。如果用一句比较形象的话来讲，就是"发展了多少产业，就来了多少的人；发展了什么产业，就来了什么样的人"。

第二，从人口结构上来看，目前比较棘手的是两个主要问题，即老龄化问题和本地独生子女就业偏好问题。在这种情况下，改善全市人口的年龄结构就显得十分重要，而这又同全市人口规模密切相关。如何进行取舍？还是有必要通过适度放开人口总量，从而优化人口结构。在人口老龄化和大量独生子女存在的现实面前，通过全市人口年龄结构的改善，来降低老龄化程度，推延老龄化的时间，并且相应地减轻社保压力，降低商务成本，增加就业机会，保持城市的综合竞争力。同时，外地年轻人才和年轻劳动力的进入，也可以对本地独生子女的就业观念、就业选择的改变起到一定的促进作用。

第三，从人口布局上来看，人口布局的主要方向是什么？总体的思路应该是：达到人口布局、产业布局、城镇布局的"三个结合"。也就是，人们的工作、学习、居住、生活的属地化和匹配化。应该清醒地认识到，如果新增人口尤其是外来人口主要集聚在中心城区或者城乡接合部的话，那么，不仅上海这个未来的现代化国际大都市将会不堪重负，而且还会引发一系列的社会问题，大量市民来回奔波的交通拥堵问题也很难得到解决。因此，应该紧密结合全市产业布局和郊区新城建设，引导好全市人口的流向，进行人口的合理布局。同时，中心城区人口规模应适当控制，郊区人口规模可以适度放宽。

第四，从人口素质上来看，应该从以往主要关注人口规模转向强调人口素质的优化。对上海来讲，除了要进一步提高全市人口素质之外，最为关键的是需要拥有大量的各类人才。因此，上海的人才政策不应该是孤立的，人口总量的增长要同人才总量的增长相协调，人口年龄结构的改善要同人才的吸纳相衔接，而人才政策也应该同人口政策相对接。从这个战略角度出发，上海应该进一步放宽人才政策，加快吸纳海内外各类人才的步伐，进一步创新和完善人才政策。应该清醒地认识到，今后上海常住人口的增长，应该更多地建立在引进国内外各类人才的基础上，尤其是国际化人才上。

第五，从人口管理上来看，在今后一段时期内，上海的人口依然会有所增长，存在着两个"二元结构"，即原来传统意义上说的城乡二元结构，新上海人与老上海人（以户籍划分的上海常住人口）的二元结构，以及大规模的流动人口和大量存在着的人户分离状况，这对上海的人口管理都将带来严峻的挑战。总的来说，既要适当放开，又要相应调控；既要加强协调，又要优化结构；既要自然流动，又要有序引导；既要加强管理，又要强化服务。同时，还需要特别强调人口管理政策方面的公开、公正、公平，让全体新老上海人都能够得到必要的公共服务，分享改革开放的成果。

（张兆安，《上海企业》2013年第8期）

抓住城乡统筹着力点

2013年，中央一号文件连续第十年聚焦"三农"问题，一直以来中央也十分强调要求促进统筹城乡发展。从历史发展轨迹来看，上海已经攻克或化解了各个历史发展时期的主要矛盾，例如，实现浦东浦西的联动发展，调整产业布局，优化产业结构，改善经济增长的动力结构，深化改革开放；但是，在全市城乡"二元结构"的现实态势下，城乡发展不平衡、区域发展不平衡、增长方式不平衡、收入增长不平衡等一系列问题也开始显露出来，并逐渐上升为上海经济与社会新一轮发展的主要矛盾。这个主要矛盾可以直观地表述为：600平方公里（中心城区）与6 000平方公里（郊区）的矛盾。换言之，就是城乡如何协调发展，城乡二元结构如何破解。可见，进一步推进城乡统筹发展，对上海经济社会发展再上新台阶意义重大，为此，需要抓好城乡统筹五个方面的"着力点"。

第一个着力点，统筹市域规划，搭建城乡协调发展的基本构架。城乡协调发展的基础在于市域范围内的规划统筹，并在此基础上形成城乡一体化发展的基本构架。为此，要用城乡协调发展的战略思想与视角去统领全市总体规划，从而进一步推进整个市域内经济与社会要素的合理配置。要进一步创新规划理念，淡化城乡及行政区域界限配置，使各种资源在无地域差别的范围内进行优化配置，按市场规律自然流向。同时，要实行规划的全覆盖，各专业规划宽要到边、深要到底，并充分体现出城乡之间和专业之间的规划衔接。在城市总体规划的框架体系下，各区域规划、各专业规划及各产业规划之间应该形成合力。

第二个着力点，统筹空间布局，推进经济社会资源配置的匹配化。受城市形态和交通基础设施的制约，全市经济社会要素的流动严重不匹配。主要表现在中心城区的吸引力强，而郊区的吸引力弱。例如，中心城区一部分存量和增量的制造业产能溢至郊区，但并没有使相应的劳动力和人口到郊区城镇去居住和生活。于是，基础设施投资建设的压力倍增，城市商务成本居高不下，经济要素出现外流等一系列连锁问题的产生就不足为奇了。为此，市域内空间布局的城乡统筹事关重大。关键是要使城镇、开发区、交通网络建设形成相互依托、相互推动的格局，促使人们工作、居住和生活实现"属地化"。如此，才能通过空间布局的城乡统筹，对调整全市人口布局、控制商务成本和减轻中心城区压力起到推动作用。

第三个着力点，统筹产业发展，推进产业结构和产业布局的优化。从城市发展趋势和空间布局的要求来看，"市区体现繁荣繁华、郊区体现经济实力"战略构想的实现，需要通过城乡产业统筹才能真正落到实处。从这个角度出发，有必要通过城乡协调来进一步优化全市产业结构和产业布局。为此，中心城区除继续完善多层次、多方位的商贸中心建设之外，重点要在"点、块、带"形态上形成现代服务业的集群式发展态势。郊区除继续强化东、西、南、北等六大制造业基地之外，要通过开发区发展优化、先进制造业发展同城镇、交通基础设施建设密切结合等方式和路径，形成群落型、规模型、功能型的现代制造业布局形态。

第四个着力点，统筹社会发展，逐渐缩小城乡之间的差别。随着郊区现代制造业基地建设和农村城市化建设进程的加快，郊区在城镇基础设施、就业、社保、公共卫生和基础教育等方面，滞后于全市发展水平的矛盾开始不断显露出来。为此，要进一步加大对郊区基础设施和公共设施的建设投入，推进和完善郊区的各项社会事业。对从郊区农村中分离出来的劳动力，应统筹组织就业问题，增强开发区对农村劳动力的吸纳能力，并鼓励农村富余劳动力进城就业；对市区新增和外来的劳动力，应鼓励他们到郊区去就业和创业。同时，还要重点促进郊区内部的劳动力流动，鼓励落后区域的劳动力向发达区域流动，并建立起相应的流动和协调机制。

第五个着力点，统筹机制体制，增强城乡协调发展的制度保障。从发展现状来看，中心城区与郊区的功能各异，使得同一层面的政府在管理职能和体制上存在着很大差异，所承担的任务、责任和负担也不尽相同，这就需要采取相对应的制度安排。为此，要进一步明晰中心城区和郊区，以及各区县之间的功能定位，实行错位发展，并在此基础上形成全市的合力。当前，要着力解决中心城区与郊区区县政府管理职能和管理机制趋同化的倾向，进一步完善"两级政府，三级管理"的架构。此外，还要进一步理顺管理体制，尤其要进一步理顺郊区各类开发区的"条块"关系，形成协调机制和战略联盟，以及与此相适应的配套体制。

（张兆安，《解放日报》2013年3月21日）

自由贸易试验区与上海创新发展

2013年3月底,国务院总理李克强在上海调研期间考察了位于浦东新区的外高桥保税区,并表示鼓励支持上海积极探索,在现有综合保税区基础上,研究如何试点先行在28平方公里内建立一个自由贸易试验区,进一步扩大开放,推动完善开放型经济体制机制。7月3日,国务院总理李克强主持召开国务院常务会议,原则通过了《中国(上海)自由贸易试验区总体方案》。由此,中国(上海)自由贸易试验区建设引起了国内外的高度关注,而上海"创新驱动,转型发展"也获得了重大的发展机遇。

一、全球自由贸易区得到蓬勃发展

一般来讲,自由贸易区是指两个以上的国家或地区,通过签订自由贸易协定,在WTO最惠国待遇基础上,相互进一步开放市场,分阶段取消绝大部分货物的关税和非关税壁垒,在服务业领域改善市场准入条件,开放投资,促进商品、服务、资本、技术、人员等生产要素的自由流动,实现贸易和投资的自由化,实现优势互补,促进共同发展,从而形成涵盖所有成员的一种特殊的功能区域。

早在20世纪50年代初,美国就提出可在自由贸易区发展以出口加工为目标的制造业。60年代后期,一些发展中国家也利用这一形式,从特殊的工业区逐步发展成为出口加工区。80年代以来,许多国家的自由贸易区还积极向高技术、知识和资本密集型发展,形成"科技型自由贸易区"。如今,全球自由贸易区的发展非常迅猛,范围遍及各大洲。据不完全统计,目前全球已有1 200多个自由贸易区,其中15个发达国家设立了425个,占35.4%;67个发展中国家共设立了775个,占65.6%。其中,北美自由贸易区和东盟自由贸易区最具有典型意义,而北美自由贸易区也是目前世界上最大的自由贸易区,其他的自由贸易区还有中欧自由贸易区、欧盟—拉美自由贸易区等。

从总体上来看,世界各国都非常重视通过建立和发展自由贸易区来为自己国家的经济发展服务,而自由贸易区的产生和发展也有着深刻的原因和独特的作用。其作用主要体现在：一是可以充分利用自由贸易区作为商品集散中心的地位，进一步扩大设置地区和国家的出口贸易和转口贸易，进一步提高在全球贸易中的地位和能级，并且进一步增加外汇收入；二是可以充分利用自由贸易区作为国际投资中心的地位，利用区内税收、外汇使用等优惠政策，进一步吸引外资，引进国外先进技术与管理经验；三是可以充分利用自由贸易区作为国际物流中心的地位。一般来讲，通过在港口、交通枢纽和边境地区设立自由贸易区，可起到繁荣港口、刺激所在地区和国家交通运输、物流业发展的作用。

如今，全球各类自由贸易区的功能趋向综合，管理不断加强，而且立即免税的商品范围不断扩大，削减关税的过渡期逐步缩短，并且推进单边降低关税和促进多边谈判。在服务贸易和投资措施方面，主要是实行"负向清单方式"，并且推动资本的充分流动。从自由贸易区的类型来看，目前主要存在着三种形式：一是转口集散型。这类自由贸易区，主要是利用优越的自然地理环境，从事货物转口及分拨、货物储存、商业性加工等。二是贸工结合、以贸易为主型。这类自由贸易区，主要以从事进出口贸易为主，同时还存在一些简单的加工和装配制造，这种类型在发展中国家最为普遍。三是出口加工型。这类自由贸易区，主要以从事产品加工为主，以转口贸易、国际贸易、仓储运输服务为辅。

二、上海改革开放发展获得重要机遇

对于上海来讲，中国（上海）自由贸易试验区获得国务院批准建设，必将成为改革开放以来上海经济社会发展的又一次重大的机遇，同时也将成为撬动中国新一轮改革开放的重要支点。按照建设方案，中国（上海）自由贸易试验区面积为28平方公里，即为原来上海综合保税区的范围，其中包括2005年建设的洋山保税港区、1990年全国第一个封关运作的上海外高桥保税区（含外高桥保税物流园区），以及2010年9月启动运营的上海浦东国际机场综合保税区。目前，中国（上海）自由贸易试验区这片土地不仅正被寄予厚望，而且还需要获得成功和得到推广。为此，提出以下三个方面的思考：

一是中国（上海）自由贸易试验区建设要围绕国家战略，先行先试。中国（上海）自由贸易试验区建设是新的国家战略，是在上海进行先行先试、深化改革、扩大开放的重大举措，意义十分深远。此项重大举措，有利于培育我国面向全球的竞争新优势，构建与各国合作发展的新平台，拓展经济增长的新空间，打造中国经济的"升级版"。同时，中国（上海）自由贸易试验区建设，还需要同上海建设国际经济、金融、贸易、航运"四个中心"和社会主义现代化国际大都市的国家战略结合起来，同上海"创新驱动，转型发展"的要求和目标结合起来，在上海取得试验成功，在全国得到推广。

二是中国（上海）自由贸易试验区建设要具有全球视野，国际标准。说到底，中国（上海）自由贸易试验区建设，就是要把这个特殊区域建设成为同国际全面接轨的先行先试区。同时，这项重大改革开放举措，是以制度创新为着力点，重在提升经济发展软实力，提高中国经济的国际地位和影响力。因此，各项改革开放工作的影响大、难度高。为此，中国（上海）自由贸易试验区建设，一定需要具有全球视野，率先探索高标准的改革、开放和发展路径，既要充分体现出时代特征、中国特色、上海特点，又能够与国际上一系列的高标准制度进行规范接轨，按照国际通行规则开展各项工作。

三是中国（上海）自由贸易试验区建设要抓住重点领域，积极推进。可以说，中国（上海）自由贸易试验区建设的要求高、任务重、头绪多，但是，改革的重要方向是传统的审批制度，因此，可以逐步建立"以准入后监督为主，准入前负面清单方式许可管理为辅"的投资准入管理体制，让开放来进一步倒逼改革。同时，在金融、贸易、航运等重点领域予以积极推进。在金融方面，可以包括人民币资本项目可兑换、利率市场化、汇率市场化、开展离岸金融，以及加快金融产品创新等。在贸易方面，可以实施"一线逐步彻底放开、二线安全高效管住、区内货物自由流动"的创新监管服务新模式，这是与上海综合保税区相比的主要区别。在航运方面，可以达到自由贸易试验区内人与货的高效快捷流动，并且加快形成国际航运中心的集散和中转功能。

（张兆安，《上海企业》2013年第9期）

2014 年

党的十八届三中全会精神与上海未来发展

—— 张兆安研究员在上海企联的演讲

尊敬的各位领导、各位企业家们，下午好！

今天，我想就"党的十八届三中全会精神和上海未来发展"的专题与大家共同交流三个方面的内容，供大家参考。

第一方面，我与大家一起来共同学习一下党的十八届三中全会《决定》的重要精神，共同分享学习的体会。

在党的十八届三中全会《决定》共16个部分三大板块的全文中，从经济、政治、文化、社会、生态文明、国防和军队六个方面共60条，对我国全面深化改革进行了具体部署。如果再细分下去，大概有300多条。今天，我们主要围绕我国经济领域的深化改革问题，来谈谈《决定》中的一些重要精神。

从国家和政府层面来说：一是明确提出了一个重大理论观点，使市场在资源配置中发挥决定性作用和更好发挥政府作用。我们以前都讲让市场发挥基础性的作用，表面上看改了两个字，实际上就是要进一步处理好政府和市场的关系，解决好"有形的手"和"无形的手"的作用和关系。二是提出要坚持和完善公有制为主体、多种所有制经济共同发展的基本经济制度，明确了公有制经济和非公有制经济都是社会主义市场经济的重要组成部分，指出了公有制经济财产权不可侵犯，非公有制经济财产权同样不可侵犯。我们以前经常讲两个"毫不动摇"，这次又明确了两个"不可侵犯"，这对推动非公经济健康稳定发展具有重要的作用。三是提出了混合所有制经济是基本经济制度实现的重要形式。这说明，混合所有制经济将会是未来发展的重要方向，目前的上市公司和中外合资企业都是混合经济，国有资本和民营资本的混合经济也需要发展，鼓励民营资本参与国资国企改革。四是推动政府职能转变，尤其是审批制度改革。关键是两个标准：凡是市场能够起到调节作用的经济活动，一律取消审批；企业投资项目，除了关系国家安全、生态安全等之外，政府不再审批。五是推动政府规章制度改革，比如，工商登记制度实行注册资本认缴制，社会组织登记管理也要改革。

从市场和企业层面来说：一是实行统一的市场准入制度，各类市场主体可依法平等进入，消除各类不平等现象。二是要继续放宽投资准入，投资领域要放开，市场进入门槛也要降低。三是推进完善市场体系，比如，在金融市场改革方面，明确提出了允许具备条件的民间资本依法发起设立中小型银行等金融机构；在土地市场改革方面，明确提出要建立城乡统一的建设用地市场，允许农村集体经营性建设用地出让、租赁、入股，实行与国有土地同等入市、同权同价，赋予农民更多财产权利，建立农村产权流转交易市场，推动农村产权流转交易公开、公平、规范运行。四是对企业发展也有一些重要的内容。比如，对国资国企改革，提出了从管企业转变为管资本，实际上是让国有企业真正成为市场主体，但同时国有资本收益上缴比重到2020年提到30%，更多用于保障和改善民生；对民营企业发展，提出要消除各种壁垒，制定非公有制企业进入特许经营领域具体办法；对外资企业，要放开一些服务业领域的准入限制。

从社会和个人层面来说：一是推进户籍制度改革，总的方向是四句话——小城市全面放开，有序放开中等城市落户限制，合理确定大城市落户条件，严格控制特大城市人口规模。这对我国未来的劳动力走向、布局、结构都会产生重大影响。二是调整计划生育制度，开始实施"单独两孩"政策，这对改善我国的人口规模、人口结构以及缓解老龄化程度都会起到积极的作用。三是提出了要研究制定渐进式延迟退休年龄的政策，这对我国劳动力供给、社会保障制度完善、养老政策改善等，都将产生一定的影响。

第二方面，我与大家一起来讨论一下当前的国际国内经济形势。

这应该是企业最为关心的问题了，因此，如何看形势十分重要。对于国际经济形势，从目前来看，全球经济仍然还是比较低迷，不确定因素还很多，美国、欧洲经济复苏的迹象还不太明显或者不太强劲，而新兴经济体国家的经济增长仍然会维持在比较低的速度。这说明，整个世界经济还没有真正从比较低迷的状态中完全走出来，从而对我国经济增长的外需增长所带来的影响还是不可忽视，因为经济全球化了，世界经济的发展形势必然会从各个方面影响到我国经济的发展。

对于我国经济形势，总体上仍然会保持比较平稳的增长，但是，在发展的过程中会增加一些有利的因素，主要是党的十八届三中全会《决定》中的一些改革措施会逐渐落实，这都会在宏观和微观层面上起到良好的效果，可以想象，这一系列措施下去，对于激活微观经济、激活企业投资等都会产生积极的作用。这说明，我国经济发展的整体基本面没有改变，经济保持稳定增长的整体趋势没有改变。因此，在如此的态势下，企业发展的关键还是在于加快结构调整，加快转型升级，积极练好内功，把企业能级进一步提升上去，并且还要积极寻找新的发展机遇和新的经济增长点。

但是，我国经济发展的外部环境仍然比较严峻，发展过程中面临的挑战也比较多。集中表现在：一是微观经济层面比较艰难，尤其是面广量大的中小企业所面临的融资难、用工难、创新难、转型难等困境需要得到化解。二是外需下降和国内消费增长缓慢。自从2008年国际金融危机以后，对我国的出口增长产生了严重的制约，对出口企业影响很大，国内消费长期以来增长不快，使得企业增长空间受到约束。三是产能过剩比较严重，不少种类的社会产品供给超过了需求，有的甚至出现了严重过剩的现象。四是实体经济面临严峻挑战，除了中小企业碰到融资难、用工难、创新难、转型难之外，还面临着"需求萎缩，成本上升"的困难。

当然，面对这些困难，更加需要加快改革步伐，进一步贯彻落实好党的十八届三中全会《决定》的重要精神。对于企业发展的外部政策，各位企业家还应该记住中央曾经提出的三句话："宏观政策要稳定，微观政策要放活，社会政策要托底。"也就是说，宏观政策让企业能够预期，保持稳定；微观经济放开放活，搞活企业；社会发展由政府政策来托底。

第三方面，我与大家一起来解读一下上海未来的发展问题。

对上海未来发展来讲，以下七个方面的认识是比较重要的。

第一，上海发展的方向和目标是什么？就是一句话："四个中心"和社会主义现代化国际大都市。我们要把上海建设成为国际经济、金融、贸易、航运中心，还要把上海建设成为现代化国际大都市，也就是说，上海的经济发展目标和城市发展目标一定是高度吻合的，互相支撑，而经济、社会、文化、生态又是和谐发展的。对上海来讲，建设现代化国际大都市，实际上就是要把上海建设成为国际上公认的"世界城市"，也就是具有世界级功能的城市，比如说美国的纽约、英国的伦敦、法国的巴黎、日本的东京等,都可以称为世界城市。

第二,上海经济社会发展的主线是什么?归纳起来就是8个字:"创新驱动,转型发展"。这8个字就是当前上海经济社会发展的主线,其核心就是创新与转型。我们应该清醒地认识到,经过改革开放以来三十多年的持续快速发展,经济社会发展中不协调、不可持续的弊端逐渐显现出来,面对这些问题和矛盾,迫切需要通过加快转变经济发展方式来解决。因此,上海唯有创新和转型,才能保证经济社会发展健康稳定发展,才能保证上海经济能够得到可持续发展。

第三,上海产业结构调整的趋势是什么?一句话,就是以服务经济为主导。这是长期以来,我们产业结构调整的主要目标。2012年上海服务业比重首次达到了60%,上海的农业很重要,但农业比重很低,目前1%都没有到,剩下的就是以制造业为主的第二产业,比重在39%多一点。到2015年,上海服务业发展的比重还要提高到65%。当然,三次产业的内部结构也需要进一步调整,农业中的现代农业发展,制造业中的战略性新兴产业和高新技术产业发展,服务业中的新领域、新业态、新模式等。

第四,上海经济到底靠什么产业来支撑?这不仅仅是理论问题,还是实践问题。靠什么来支撑?就是实现"两轮驱动"。什么是两轮驱动?就是服务业和制造业共同发展。这说明上海在未来一个时期内,除了加快服务业发展之外,仍然还需要依托制造业发展。但是,两轮驱动是不是上海什么都要。那也不是。所以还要记住"两个优先"4个字。也就是,优先发展现代服务业,优先发展先进制造业。这"两个优先"对上海意味着什么?一句话,意味着上海什么都要发展的时代终于走过去,上海已经进入到有选择发展的历史时代,这对不同的产业和企业来讲,是十分重要的。这是因为,符合"两个优先"就会获得更好的发展。

第五,上海经济社会发展板块有何重大变化?我们以前讲的多的是两大板块,一个是市区,还有一个是郊区,或者说中心城区和农村。实际上"十二五"规划以后,上海已经变成了四大板块。第一块,是浦东新区;第二块,是中心城区及拓展区,闵行区和宝山区从规划层面上变成了拓展区;第三块,是郊区,包括奉贤、金山、松江、青浦、嘉定5个区;第四块,是崇明县。这种区域板块的重大变化,意味着上海市域范围内的经济布局和产业布局正在发生着变化，意味着不同区域的战略定位和战略重点的进一步清晰，也意味着整个城市经济社会发展规划的进一步细化，有利于突出区域主导功能，加强分类指导，发挥重点地区的辐射带动作用，形成发展导向明确、要素配置均衡、空间集约集聚的发展格局。

第六，上海经济发展中有何区域发展亮色？从上海未来发展来看，一些新的发展区域正在形成，除了中国（上海）自由贸易试验区之外，还有四个重要的区域值得关注和重视：其一，是推进后世博建设，加快把世博会区域构建成为新的国际性中央商务区，与陆家嘴"比翼双飞"。当然，这里也应该包括黄浦江两岸的开发建设。其二，是推进迪士尼项目建设，加快形成上海进一步集聚"人气"和推动发展的重要载体，彰显与世博会相似的效应。其三，是推进虹桥商务区建设，加快形成新的商务发展和国家级会展经济发展的集聚阵地。其四，是推进郊区新城建设，加快形成南汇、松江、嘉定、奉贤、青浦5个"中等城市"，这5个新城的规划，都是100万人口。同时，上海应该形成哑铃型的城镇结构。一端是中心城市，一端是中等城区，然后通过轨道交通连接起来。

第七，上海需要实施怎么样的重大突破？最关键的是两个重大突破，不仅需要突破，而且还需要取得明显的成效。一是服务业发展的突破。长期以来，上海现代服务业发展很艰难，原因很多，其中存在着两个发展瓶颈，就是税负高和成本高。服务业征收营业税，而营业税是重复征税的；制造业征收增值税，税率看上去比较高，但增值税是可以抵扣的。因此，服务业的税负太高，再加上经营成本高，造成服务业的内部化，制造业里边的服务业门类就不愿意剥离出来。2011年，中央批准上海搞增值税扩围改革试点，也就是2012年1月1日开始的"营改增"试点。总的来讲，这对上海有好处，但是，一定要落实好，让服务业企业的税负降下来。二是2013年9月29日开张的中国（上海）自由贸易试验区。可以说，上海自贸区建设是我国转型发展时期推出的重大国家战略，也是上海经济发展面临的又一个重大机遇，因此，上海有责任凝聚力量，改革创新，争取早日把上海自贸区建设成功。

尊敬的各位领导，各位企业家们，以上跟大家分享了三个方面的内容，都是自己的一些学习体会和研究心得，供大家参考。谢谢大家！

（张兆安，《上海企业》2014年第2期）

从两个35年看上海发展愿景

——张兆安研究员在上海社会科学院
"三城论坛"上的演讲

2014年以来,上海全市上下都在围绕2020、2030、2040、2050年的上海进行广泛的讨论和研究。在这个研讨过程中,如果从城市经济发展角度出发,对上海改革开放35年作一个系统回顾,对上海未来35年作一个发展展望,也许会是一件很有意义的事情。

一、前35年:重要因素与重大举措

前35年,上海经济社会发展始终围绕着一条主线,那就是改革开放。作为我国首批沿海开放城市,在中央和全国的支持和全市上下的共同努力下,上海经济社会发展取得了巨大的成绩。当然,今天所取得的辉煌,一定是同一些重要因素相关,也同历年来上海采取的一系列重大举措相关。

任何一个城市,最重要的是确立未来发展的方向和目标。改革开放以后,上海曾经先后发起过三次发展战略大讨论,分别是20世纪80年代的上海经济发展战略研究、90年代的"迈向21世纪的上海"战略研究、21世纪的世博会与上海发展研究。通过大讨论,很好地解决了不同历史时期上海发展的方向、目标、产业、结构、布局等重大问题。如果把2014年的讨论也算上,应该是第四次了。这说明,在每个历史阶段,上海的发展都需要有一个比较清晰的方向和目标。

在前35年中,改革开放始终是上海的主旋律。改革是从上海农村开始的,以实行农业联产承包责任制和结束人民公社体制作为开端,然后农村工业化起来了,涌现了大量的乡镇企业,接着是横向经济联合,城市国有企业进入农村发展了大量联营企业,这也许是城乡协同发展最早的萌芽。以后,又推动了农业向规模经营、工业项目向园区、农民居住向城镇"三个集中"等。在农村改革的基础上,20世纪80年代中期城市改革开始发力。从宏观上来看,所有制结构调整和市场体制形成最为重要,从个体户开始一直到国资、外资、民资共同发展以及大量外来人口进入和跨国企业集聚；从80年代"计划经济为主，市场调节为辅"的双轨制到90年代确立市场经济体制，以及进行了土地批租、住房改革、财税体制改革和建立社保体系。从微观上来看，关键是国企改革，从承包制、公司制、股份制、工业局转制为控股集团公司、抓大放小，一直到建立现代企业制度，至今为止仍然在深化改革。

最为重要的是1990年的浦东开发开放，推动上海进入了实现国家战略的崭新发展时期，也开创了先行先试的新纪元。如2005年实施的浦东综合配套改革、2011年1月1日开始的服务业"营改增"税制改革，以及张江高新区、中国上海自贸试验区等。在对内对外开放的背景下，国内外资金和企业大量涌入，其中一个重要标志是上海成为全国要素市场集聚中心之一。从20世纪90年代初成立了上海证券交易所，以后各类期货交易所、黄金交易所、外汇交易中心、人才市场等要素市场都集聚于上海。

产业结构和布局调整，以及城市空间结构优化，可谓是上海的大手笔。20世纪90年代上海提出了"三二一"产业发展方针，以后又明确要形成服务经济为主导的产业结构，2012年服务经济比重首次达到60%，到2015年还要达到65%。从产业布局来看，90年代提出"繁荣繁华看市区，经济实力看郊区"，郊区以开发区为先进制造业载体，形成大产业、大基地、大项目的集群发展格局；中心城区以商务楼宇和现代服务业发展集聚区为服务业载体，总部经济和楼宇经济相结合。随着产业结构和布局调整，城市空间结构也有了调整。其中，20世纪90年代提出了"东西联动"战略，也就是浦东浦西协同发展。浦东起来后，为浦西的城市空间松动提供了一个机遇；还有市区和郊区联动发展，中心城区一些要素开始在整个市域范围内流动，促进了城市空间结构的完善。可圈可点的是，产业布局调整和城市空间优化，与交通网络支撑密切相关。对外，洋山港、浦东机场的"两港"建设，加上与市外交通网络的对接，上海国际航运中心才具有了枢纽港功能。对内，我国最早建设的沪嘉高速、内环线、南北高架、延安路高架，形成了"申"字形的网络结构，加上大规模的轨道交通、大桥、隧道等建设，构成了内外交融的交通枢纽体系。

当然，政府管理体制改革与区域协调发展也很重要。20世纪90年代，上海实行了"两级政府，三级管理"体制，以后在转变政府职能方面也下了不少功夫，而区县、街镇、行政村和居委会也进行了调整。比如，现在的黄浦区由原来的黄浦、南市、卢湾三区合并形成,而全市街镇、行政村和居委会的数量比过去有所减少。经过调整归并,各个区县功能定位更加明确、发展特色更加清晰。此外,长三角经济一体化有了新的发展,上海对长三角的辐射功能得到了增强。

二、前 35 年:突出问题与薄弱环节

前 35 年,上海经济社会发展取得了巨大的进步,但在发展过程中积累了一些突出的问题,也存在着一些薄弱环节,更需要在未来发展过程中予以化解。

从城市发展角度来看,首先,两个二元结构有待化解:一个是原来意义上的城乡二元结构,还有一些瓶颈需要突破;另一个是新的二元结构,也就是具有上海户籍的 1 400 多万老上海人和 1 000 多万没有上海户籍的新上海人之间形成的二元结构,在就业、教育、医疗、社保等公共服务提供方面有待完善。其次,用地结构不尽合理。突出表现在建设用地比重太高,目前已经超过 40%,而世界上现代化国际大都市一般比重在 25%—30%,还有各个区县和各类开发区土地产出率不平衡,每平方公里的实际产出差距很大。再次,城镇、人口、产业布局的不匹配。最严重的问题是,大城市病突出,中心城区向心力太高和郊区离心力太高,城镇、人口、产业布局出现了不匹配现象,造成了人们的工作、居住、生活、学习的分离,如大量制造业布局在郊区,但很多人仍然居住在市区,每天形成潮汐式的奔波。

从产业增长角度来看,尽管产业结构得到了调整优化,但前瞻性产业还不够清晰。以往,整个产业发展规划的视野不够阔、不够深、不够远。事实证明,以前曾经规划发展的一些产业,甚至还是支柱产业,到了今天都已经不见了踪影。对今后 10 年、20 年、30 年,上海的前瞻性产业到底怎么选择,是一个严峻的考验。同时,新经济发展起步较晚。随着信息化时代的到来,新经济尤其是互联网经济发展十分迅猛,从而成为推动经济增长的一股新生力量。在这种大背景下,尽管上海新经济包括互联网经济得到了一定的发展,但与其他一些省市相比,有影响力的互联网企业数量还需要增加。

从城市创新动力来看,上海不缺的是各类要素的集聚,但创新的动力仍然需要进一步增强。比如,城市创新体系尚未形成、创业创新意识不强、不少企业缺少核心竞争力、产学研体系有待完善,一些新产业、新产品、新模式、新服务、新项目等的推出缺乏动力。当然,文化软实力也需要得到提升。

长期以来，上海一直是我国重要的文化中心，而海派文化也具有独特的影响力，但在经济快速发展的过程中，文化软实力的提升没有随之跟上。比如，文化大家少了、优秀文化作品少了、具有国内外影响力的文化精品少了，尤其是文化创意产业发展仍然具有巨大的空间。

从全国角度来看，上海的"三个服务"还有待深化。上海服务长三角、服务长江流域、服务全国等"三个服务"，历来是国家对上海的要求，在这些方面，上海不仅做出了很大的努力和贡献，也已经取得了明显的成效，但还需要进一步深化，尤其是在长三角经济一体化、长江经济带构建、全国统筹发展方面应更有作为。还有，上海的国际化程度有待提高。作为一个现代化国际大都市，有多少国际组织和机构落户，是一个重要的考量指标。在这个方面，目前上海可谓是凤毛麟角，需要补课的地方还有更多，如金砖银行明确落户上海浦东新区，就是一个重要突破。

三、未来35年：目标机遇与关键举措

上海在20世纪90年代提出了"一龙头，三中心"的发展目标，后来加上了国际航运中心，变成了四个中心和现代化国际大都市，而且到2020年将基本形成。到2050年，上海发展目标无疑应定位于全球城市，也就是具有全球功能的城市。当然，全球城市仅仅有经济、金融、贸易、航运四个中心是不够的，还要加上文化、信息、财富、科技创新中心等内涵，而且整个城市还要更加生态、更加文明。

当然，上海未来发展目标的确定，同上海面临的国内外战略机遇密切相关。从国际来看：一是相对稳定的国际环境。在短中期内，全球范围内的局部冲突会有，但世界大仗基本上很难发生，这给中国带来了比较长时间的安全环境。二是经济全球化的深入推进。中国可以在全球范围内配置资源，充分利用好国际、国内两种资源、两个市场。三是国际经济治理体系出现变化。除了IMF、世界银行等之外，出现了一些新的组织形式，如金砖银行、亚洲基础设施投资银行、丝路基金，以及亚太自贸区等。四是新的科学技术突飞猛进。这有利于中国发挥后发优势，实现赶超。从国内来看，最关键的是三个机遇：一是改革红利。长期以来的一些红利基本上没有了，但党的十八大以后的改革红利开始显现。二是开放深化。开放的领域会扩大，开放的质量会提高，还有上海自贸试验区建设等。三是国力增强。中国不是改革开放以前，也不是改革开放初期，今天的中国已经奠定了强大的物质基础更加经得起风

浪考验。

对于上海未来发展来讲，除了确定发展目标和面临战略机遇期之外，还需要抓住一些关键性的环节，推出一些关键性的举措。

从人口和土地要素来讲，关键是人口规模控制和土地利用效率提高。一个城市的容量是有限的，不可能没完没了，如果超过极限，就会引起很多的大城市病。对于上海来讲，应该按照党的十八届三中全会《决定》提出的"要严格控制特大型城市人口规模"的要求，抓好人口总量的规划和控制。同时，由于上海寸土寸金，用地结构改善难度很大，除了坚持建设用地零增长甚至负增长之外，重点要放在提高土地产出率上，也就是要提高经济密度。上海是一个弹丸之地，解决土地产出率不平衡应该成为一个关键举措。

从城镇和区域发展来讲，重要的是城镇结构完善和重点区域开发。总的来讲，应该形成中心城区、中等城市、新市镇的城镇体系和布局，中心城区不再摊大饼，建设好松江、嘉定、南汇、青浦、奉贤（南桥）5个郊区新城，加上一批新市镇。推动全市城镇、产业、轨道交通"三张皮"为"一张皮"，推动人们工作、学习、居住、生活的属地化和匹配化。未来上海发展，更多的是需要依靠新的区域崛起，如自贸试验区建设、滨江开发、虹桥商务区、迪士尼区域、临港地区等，都是未来支撑上海进一步发展的一些重要区域。

从产业发展和项目推进来讲，未来二三十年上海的服务业和制造业是什么？一定要有前瞻性，应根据全球经济发展的趋势、技术发展的趋势、信息时代的深化等来确定，去谋划。同时，还要抓好关键项目的推进，现在已经在做的有服务业的迪士尼项目、虹桥会展项目，制造业的大飞机、装备制造业等，还有现代服务业发展也需要有更多的重大项目作为支撑，尤其是以互联网为依托的新经济、新的要素市场等。此外，文化创意产业也应该成为新的经济增长点，上海文化资源很多，文化发展载体不少，文化创意产业发展势头也不错，应该进一步理顺体制机制，推动文化创意产业再上一层楼。

从城市功能和城市能级来讲，其中有三项任务很重要：一是全球影响力的科技创新中心建设。这是习近平总书记对上海发展的新要求，也是上海"创新驱动发展，经济转型升级"的重要内涵和支撑之一，应该尽快梳理出科技创新中心的内涵、体系以及一系列的支撑项目。二是智慧城市建设。智慧城市对上海很重要，而在智慧城市建设中，如果能够培育发展出具有上海优势的智慧产业，那么，对上海工业化和信息化融合发展，对服务业能级提升会起到意想不到的效果。三是积极引进各类国际组织和机构。金砖银行落户浦东新区是一个很好的开端，下一步还要有针对性地积极引进一定数量的国际组织和机构，从而可以真正被称为全球城市。

四、未来 35 年：制约因素与不利条件

在未来的 35 年中，上海经济社会发展一定还会受到国内外经济形势变化的深刻影响，也会面临着不少的制约因素和不利条件，需要上海面对挑战，攻坚克难。

应该充分认识到，上海未来发展还有很多压力，其中来自四个方面的压力已经开始显现。一是人口压力。对于总量规模和人口布局，既要控制人口总量，也要合理布局。对于人口结构，最关键的是要解决好人口老龄化带来的一系列问题，还有户籍人口、非户籍常住人口、流动人口的结构需要改善。二是资源压力。主要表现在土地资源和能源约束愈来愈明显，上海的土地资源有限，又基本上没有一次能源资源，从而对经济增长的可持续性带来严峻的挑战。因此，上海到底应该而且能够承载多少人口、多少产业？对这两个核心问题，还需要进一步找到答案。三是创新压力。整个城市的创新动力和创新体系，企业的研发能力、自主品牌、核心竞争力，产学研体制、科研投入的效应等方面，都有许多瓶颈和问题需要得到化解。还有国资国企如何深化改革问题，党的十八届三中全会明确提出要推动混合所有制经济发展。怎么混合？这也是面临的挑战。四是环境压力。除了通常所说的生态环境之外，还表现在发展环境上的压力在增多，如外部经济环境的不确定因素在增多，内部的产业结构调整，尤其是商务成本的压力上升等。上海是全国的经济高地之一，经济高地一定也是成本高地，这是一般规律。由体制机制造成的成本，通过政府转变职能，也许还有下降的空间；由市场规律抬升的成本，是压不下去的。因此，产业选择将会是上海的一个关键问题。

如何推动区域联动发展，也将是上海未来发展的一个重要课题。从市域内来看，是城乡如何一体化发展？也就是要解决好中心城区和郊区的联动发展问题，是一盘棋发展的问题。实际上，现在城乡一体化的内涵比原来更丰富、更复杂，原来是一个城一个乡，现在乡里面也有城。比如，郊区的松江新城、嘉定新城与本区的农村也有一个城乡一体化的问题。从市域外来看，到 2050 年，上海服务长三角、服务长江流域、服务中国的功能和作用，应该发挥得更充分。目前，长三角经济一体化已经取得了比较好的进展，关键是在长江经济带建设和全国统筹发展中，上海应该起到应有的作用。

如何应对新技术革命突飞猛进带来产业发展的不确定性，以及互联网经济对传统产业和商业模式带来的挑战？对上海未来发展来讲，又将会是严峻的考验。在日益信息化的时代背景下，新的科技进步越来越显现出颠覆性的特点。比如，数码相机出来了，胶卷没了，用胶卷的照相机没了，生产胶卷冲洗药水的化工厂也没了。这种特点，对未来的产业发展带来了不确定性，今天很好的产业，说不定明天就消失了。同时，互联网经济一定是未来发展的趋势，当前，风起云涌的互联网经济，已经对传统产业和商业模式带来了很大的挑战和影响，因此，这种影响还在加深，而互联网和传统产业如何融合发展，都是需要上海密切关注和研究的问题。

最后，如何应对全球政治经济形势的变化，对上海来讲也是一个严峻的考验。未来上海的发展目标，是要建设成为全球城市，就更要考验整个城市应对全球变化的能力。这是因为，越是全球城市，越是与全球联动更紧密；越是全球城市，越是容易受到外部因素的影响。对上海来讲，在今后一段时期内，主要是两个方面的内容需要密切关注，即外资利用和外贸增长，以及如何利用两种资源和发挥两个市场的作用。

（张兆安，《解放日报》2014年12月27日）

2015 年

经济"双引擎",还需政府做"减法"

李克强总理在2015年的政府工作报告中指出,当前经济增长的传统能力减弱,必须加大结构性改革力度,加快实施创新驱动发展战略,改造传统引擎,打造新引擎。当中国经济进入了新常态,又面对着"三期叠加"的新考验,此时,推动构建经济增长的"双引擎"就显得尤为重要。

改造传统引擎的实质,就是要解决中国经济存量的调整和优化问题,其关键是下定决心、持之以恒,加快转变经济发展方式,调整、改善、优化一系列深层次的结构矛盾——动力结构、经济结构、产业结构、区域结构、需求结构、分配结构等,使得经济增长能够更为健康、可持续。

打造新引擎的实质,就是要解决中国经济增量的培育和催生问题,其关键是深化改革和扩大开放。这需要从政府推动转为市场主导,从要素推动转为创新驱动,从依赖优惠政策转为制度创新,从传统层面开放提升到更广、更深的多领域的开放,使得经济增长能够更加稳定、更有动力。

"双引擎"的构建和发力,需要政府、市场、企业之间形成应有的合力。其中最为关键的,还是要加快政府职能转变,从而大面积、大范围、大规模地释放制度"红利"。

"双引擎"的构建和发力,与进一步推动深化改革和扩大开放密切相关。改革可以释放经济活力,开放又能促进改革深化,2014年我国改革了商事制度,全国新登记注册市场主体一下子就达到1293万户,其中新登记注册企业增长45.9%,可谓是"爆发式"的景象。而上海自贸试验区推出了"负面清单"等一系列重大举措,到2014年底,新增企业有1.4万多家,大量企业趋之若鹜,蔚为壮观。

"双引擎"的构建和发力,也与让市场在资源配置中起决定性作用密切相关。现实经济中,政府与市场也是此消彼长,你进我退。过去,政府介入过多，市场作用就难以发挥；现在认识提高了，该退的也开始退了。2014年国务院各个部门在前些年的基础上又取消和下放了246项行政审批事项，各级政府也陆续取消和下放了一大批的审批事项。表明政府简政放权有了一个好开端，但任务还很重，空间还很大。如总理要求的，只有政府权力做了"减法"，才能够换取市场活力的"乘法"，才能对经济下行压力起到对冲作用。

"双引擎"的构建和发力，还与微观经济层面企业的生存发展密切相关。说到底，"双引擎"的作用如何，最后都要落脚在企业身上。实践早已证明，企业活则经济好，企业好则经济强，企业强则经济盛。从目前看，如何激发全社会创业创新的动力，形成大众创业、万众创新的整体氛围，提升企业的创新动力、转型能力、发展潜力，是稳增长、转方式、调结构的关键所在。要形成这种局面，还是需要政府深化改革，给企业松绑，给企业减负，给企业公平竞争的市场环境，给新产业、新业态、新技术、新服务、新模式创造宽松的发展氛围。

（张兆安，《解放日报》2015年3月13日）

上海创新驱动发展的思考

思考之一：新常态需要寻找新动力

在当前经济新常态下，上海面临着经济发展转型和增长动力转化的双重考验。如何应对挑战？不仅直接关系到全市经济社会的可持续发展，而且直接关系到现代化国际大都市发展的未来。实际上，上海经济发展的优势条件已经呈现出了阶段性的变化，以资源为特征的要素紧张状况开始显露，土地、劳动力等资源性要素价格开始不断提高，整个城市商务成本抬升的压力逐渐增大，以往一些产业发展的优势逐渐弱化，甚至开始转变为劣势。这充分说明，传统的以资源投入与投资拉动为主导的经济发展方式已经难以为继，迫切需要在高位平台上寻找发展的新动力。从这个角度来看，唯有创新也只有依托创新，才能成为上海进一步驱动发展的新动力。

思考之二：新动力需要破除旧障碍

在目前上海实施"创新驱动发展，经济转型升级"战略的进程中，还存在着很多障碍。主要表现在五个方面：一是政府职能转变不到位，在一些政府部门的实际工作中，创新驱动发展的紧迫感和责任感有待于进一步加强；二是城市创新体系不到位，创新驱动发展的顶层设计仍需加强，创新尚未成为推动全市经济增长的主导力量；三是企业创新主体不到位，雄厚的科教实力同产业之间缺乏紧密的衔接，科教资源支撑创新驱动发展的力度有限；四是高校、科研机构和企业三者之间的相互支撑不到位，也就是"三张皮"仍然没有整合成为"一张皮"；五是政策链、技术链、资金链、服务链、人才链不到位，相互衔接不完整，远未形成应有的合力。

思考之三：旧障碍造成"五少五多"现象

在长期的传统体制机制和发展惯性的影响下，这些创新驱动发展的主要障碍，造成了"五少五多"的现象。其表现：一是科技成果不少，但转化为现实生产力的不多；二是立题项目不少，但高端技术和实用技术不多；三是专利成果不少，但实际推广应用的不多；四是科技人才不少，但创新潜能发挥的不多；五是产学研合作不少，但真正合作成功的不多。从宏观层面上的经济结构和经济功能、中观层面上的产业结构和产业体系，到微观层面上的企业体系、产品体系和品牌体系，都缺少创新能力和知识产权的全力支撑。

思考之四：创新驱动发展需要谋划重大突破

目前，在上海推进创新驱动发展的进程中，需要谋划好一些重大的突破：一是推进全方位的创新。在科教创新的同时，还必须在各部门、各层面、各领域推进创新活动，包括体制、机制、政策、组织和规则等的创新。二是大力集聚各类人才。三是加快形成产业高地。四是全力构建创新平台。

思考之五：创新驱动发展需要形成主要抓手

以公共平台为重要载体，通过一系列的抓手来推动创新驱动。一是加快建设具有国际影响力的科技创新中心；二是形成具有自主创新能力和知识产权的产业体系、企业体系、品牌体系；三是探索设计新型的研发体制机制，促进企业创新主体真正到位；四是加快高层研发机构集聚，提升创新能级和水准；五是建设科技基础设施，提供一系列创新服务保障；六是优化科技创新项目布局，提升中长期发展后劲；七是数量与质量兼顾，优化教育与人才资源的配置；八是市场与政府协同，促进教育与科研及产业融合；九是深化行政审批改革，降低企业创新创业门槛；十是充分调动区县的积极性，引导形成特色产业集群；十一是以打开退出通道为落脚点，优化创业投资市场环境；十二是以发展中介机构为切入点，促进技术和资本高效互动。

思考之六：创新驱动发展需要落实政策措施

创新驱动发展需要全社会的共同努力，也需要形成合力，其中相应的政策措施尤为重要。为了推进创新驱动发展战略实施，还必须采取一系列相关的政策措施。一是支持产业共性技术研发；二是强化科技创新资源共享；三是加大财政的科教支出；四是吸引一流研究机构和高校落户；五是强化终身教育和职业教育；六是疏通企业、高校、研究机构人才流动通道；七是调动科研人员创新的积极性；八是对于政府布局的战略项目实施强制创新；九是鼓励和促进风险投资的发展；十是支持专业性中介机构发展；十一是发挥各个区县在产业升级中的作用；十二是降低科技型的企业创业门槛，真正形成大众创业、万众创新的局面。

（张兆安，《文汇报》2015 年 5 月 7 日）

2016 年

上海经济：稳中有进，结构向好，仍需努力

7月中旬，上海市统计局发布了2016年上半年上海经济运行情况的相关数据。从已经公布的统计数据来作一个总体考察，上海经济运行呈现出了整体平稳、稳中有进、动力转换、结构向后的基本态势。但是，全市经济发展中的一些结构性问题仍然需要得到进一步化解，创新转型的任务仍然十分艰巨，仍然需要通过努力，才能保持全市经济的可持续发展。

一、上半年上海经济稳定发展的基本特点

2016年上半年，在全球经济依然复杂低迷和国内经济"三期叠加"的大背景下，面对经济下行压力的严峻挑战。上海经济整体发展仍然取得了比较良好的成绩，也有很多可圈可点之处。主要体现在以下三个方面：

（一）经济增长：速度平稳，运行稳健

上半年，上海市生产总值（GDP）同比增长6.7%，与全国经济6.7%的增长速度持平，这是上海连续一年半以来GDP增速与全国保持同步。这表明，上海在经过连续几年经济增长速度低于全国经济增速之后，出现的不断向好迹象；也说明，上海经济通过率先结构调整和转型升级，已经取得了初步的成效。应该充分认识到，与全国其他地区相比，上海经济的结构调整和转型发展启动得比较早，因此，由于经济发展的调整转型，前几年的经济增长速度低于全国增长速度，但是通过坚持结构调整和转型升级，近年来全国经济增长速度下降了，上海经济增长速度保持了稳定增长，而且与全国经济增长速度保持一致。总体上来看，在我国经济发展整体进入新常态的前提下，上海经济增长不仅运行平稳，而且稳中有进。

（二）结构调整：持续推进，成效显现

上半年，上海经济结构调整和转型升级的初步成效继续呈现出来。主要

体现在两个方面：一是服务业保持强劲发展势头，比重继续上升。第三产业增加值增长 11.6%，远远高于第二产业的增长率，第三产业增加值占 GDP 的比重高达 70.8%。同时，服务业在占 GDP 七成以上的大基数上，还仍然保持两位数快速增长，充分显示出产业结构的持续优化。二是战略性新兴产业积极发展，工业结构发生积极变化。上半年，全市战略性新兴产业制造业一改 2015 年的跌势，总产值同比增长 0.7%，其中新能源产业增长 22.1%，新能源汽车增长 38.3%，信息化产品制造业产值增长 16.4%，航空航天器及设备制造业产值增长 13.3%。这表明，上海工业产业结构在整体困难中发生积极变化，部分新兴产业领域增速快于全国。

（三）重要指标：走势稳健，表现良好

上半年，上海经济发展除了增速稳定之外，还表现在就业稳、物价稳、收入稳、消费增长稳等"四个稳"字上。其中，全市登记失业率保持在 4% 左右的良好水平；CPI 保持在 3.1% 的温和上涨；全市居民人均可支配收入比上年同期增长 8.9%，其中城镇常住居民人均可支配收入增长 8.9%，农村常住居民人均可支配收入增长 9.7%；社会消费品保持在 8% 左右的较快增长速度，表明这些重要经济指标的走势均比较稳健。此外，投资结构、财政收入等方面走势也良好，体现了 6.7% 经济增速的含金量。固定资产投资同比增长 7.9%，第三产业投资占固定资产投资的 85.8%，社会事业投资高速增长和城市建设投资大幅度增长；全市一般公共预算收入 4 196 亿元，比上年同期增长 30.6%，其中服务业对一般公共预算增量的贡献率达到 90%。

二、上半年上海经济稳定增长的主要因素

2016 年上半年，上海经济发展之所以取得比较良好的成绩，是由于始终坚持"创新驱动发展，经济转型升级"的发展主线，是由于坚持转方式、调结构、惠民生、补短板的直接结果。主要体现在以下四个方面：

（一）以自贸试验区建设为引领，深化改革开放

在上海自贸试验区深化改革和扩大开放的引领下，上半年全市引进外资和对外投资规模持续增长。从"引进来"角度来看，全市外商直接投资合同金额 344.04 亿美元，比上年同期增长 0.8%；实际到位金额 86.67 亿美元，增长 1.4%，其中第三产业实际到位金额 81.75 亿美元，增长 6.5%。在"引进来"保持一定增长速度的同时，"走出去"正在迅速增长，上半年上海对外直接投资的中方投资额超过 200 亿美元，同比增长 13.1%，其中自贸试验区

为 128.1 亿美元，占全市的 71.5%。此外，自贸区一些改革开放措施的复制、推广，推动了上海经济的持续发展。

（二）以科创中心建设为依托，推进科技创新

2016 年以来，在打造具有全球影响力的科技创新中心国家战略的带动下，上海的科技创新实力有了明显提升，确立了科技创新的体制机制，进而对全市经济增长和转型提升起到了重要的推动作用。例如，1—5 月份上海全市发明专利授权量增长 42.4%，PCT 国际专利申请量增长 43.4%，技术合同成交额增长 19.9%。在科创中心建设的积极带动下，上海战略性新兴产业等新经济、新产业的规模、能级有了比较快的提升。"四新"同样得到了比较快速的发展，使得上海经济发展增添了新的动力和活力。

（三）以供给侧结构性改革为主线，化解发展评价

2016 年以来，随着供给侧结构性改革的全面推进，"三去一降一补"的各项措施得到了一定程度的落实，使得上海经济运行中一些瓶颈问题有所化解。例如，商务成本过高一直是近年来上海所有企业经营发展所面临的普遍问题，随着上半年"降成本"措施的多管齐下，全市工业企业成本降低的成效比较明显。例如，1—5 月份，全市规模以上工业企业主营业务成本比 2015 年同期下降 6.6%，每百元主营业务收入中的成本下降了 1.3%，当前上海该项成本为 79.16 元，而全国则为 85.73 元。

（四）以推进民生工程为抓手，助推经济增长

2016 年以来，上海通过进一步加快推进速度，来补足一些民生问题存在的短板。例如，上半年全市一般公共预算支出 3 590.73 亿元，增长 41.6%，其中社会保障和就业、医疗卫生与计划生育、城乡社区的支出增长较快，分别增长了 87.6%、78.2% 和 55.5%，可见力度之大、速度之快。实际上，一些民生问题的不断破解，不仅能够有效地解决老百姓最关心的焦点、热点、难点等问题，而且通过这些民生问题的有效解决，反过来也有利于推进全市经济的稳定增长。

三、上海经济未来发展的展望

2016 年上半年，尽管上海经济发展呈现出了整体平稳、稳中有进、动力转换、结构向好的基本态势，但是，未来发展仍然会面临着比较严峻的经济下行压力，结构调整的任务仍然十分艰巨。其中突出表现在制造业发展方面，上半年上海第二产业增加值同比下降了 3.3%，而全国增长了 6%，两者之间

差异比较明显。当然，造成制造业发展比较困难的因素很多。从国际来看，由于当前国际经济形势总体上比较复杂严峻，市场需求比较疲弱；从国内来看，由于部分行业有产能过剩的情况，全市工业结构正处于转型的阵痛期等。

与此同时，上海经济未来增长仍然还需要进一步减少对重化工业增长、房地产业发展、加工型劳动密集型产业、投资拉动等"四个依赖"，仍然还要牢牢坚守住人口、土地、环境、安全等"四条底线"。换一句话来说，仍然需要坚持"创新驱动发展，经济转型升级"的发展主线，仍然还要继续推进深化改革、扩大开放，仍然还要实施好自贸试验区和科创中心两大重要的国家战略。唯有如此，才能推动上海经济社会发展迈上新台阶，才能把上海真正建设成为强大的全球城市。

（张兆安，《上海企业》2016年第8期）

靠什么守住"品牌"的生命线

全国"两会"上，谈及供给侧结构性改革和"大众创业，万众创新"，很多代表委员都会提到"品牌"两字。几天前，国务委员王勇参加上海代表团审议时，也提及上海的很多老品牌，并希望上海更多拿出上海标准、上海品牌、上海制造，在中国迈向质量强国的进程中走在前列。

品牌之所以重要，是因为它们具有特殊的市场价值和社会价值。应该明白，品牌是由时间的累积、资金的堆积、影响的叠加而成，因而品牌是有价的。国内外不少老字号品牌或者著名品牌，经历了几十年甚至上百年的锤炼，其无形资产价值也是成百万、千万甚至几十亿上百亿的。

实际上，无论是产品竞争还是企业竞争，归根到底还是品牌竞争，如果缺少品牌的支撑，就会"底气"不足，也难有"影响力"。在现实经济生活中，很多人购物，与其说是买产品，不如说是买品牌。可惜的是，在全球闻名遐迩的品牌林中，中国品牌确实屈指可数。而近年来一波接一波的中国居民海外消费狂潮，更进一步映射出国产品牌的相对羸弱。

这些天的审议中，大家屡屡提及中国企业制造品牌的重要性和迫切性，也频频提及一些过去耳熟能详的老品牌，为它们今天的衰落甚至失去踪影而感到惋惜。在当今经济全球化进程加快、科学技术突飞猛进、互联网高度渗透的情况下，尤其需要重新打造品牌、挖掘品牌价值。这事关着我国的"强国"战略。

打造品牌，当然不是一朝一夕的事情。李克强总理在政府工作报告中谈到"工匠精神"，品牌的打造就像工匠做活一样，要慢慢打磨。至于怎么打造，无非是两个途径：培育新品牌，靠的是创造；延续老品牌，靠的是传承。

创造新品牌，关键在于"内外结合"。从企业内部来看，首先要有品牌意识，并强化品牌投入、品牌管理。一些人认为，注册了一个商标，品牌就自然而成了。殊不知，商标固然是品牌主要的外在呈现，但品牌作为一种无形资产，还需要比之多得多的规划和培育。培育品牌的过程，事实上也是一个投入的过程，是需要真金白银的。说得重一点，品牌就是企业的生命线，绝不能急功近利，不可唯利是图，只有不断地带着耐心、充满诚意地维护，品牌才能经久不衰。

同时，品牌的培育也需要外部环境的支持。如果全社会都急功近利，那么企业一定会去追求"短平快"的利益，不会有耐心去主攻创新、创造品牌。而如果一个企业花了大投入，品牌效应刚刚开始显现，接下来就假冒伪劣满天飞，不仅侵害了品牌企业的根本利益，也一定会扰乱市场环境。这样，加强知识产权保护和建立诚信体系，就显得尤为重要。而政府也要认真做好品牌培育、辅导、认定、申报和维护工作，加大品牌培育的政策支持力度，加大对品牌企业和品牌产品的保护，打击假冒伪劣等违法侵权行为。

传承老品牌，关键则在于"传导师"和"接力"。这需要更大的耐心，更多的诚意。

为什么国内外一些著名品牌能够生生不息？是因为有两种传导机制在发生着作用：一种是品牌在相同企业内历任经营者之间的上下承接传导，使品牌得以发扬光大；另一种是品牌在不同企业之间的转移和传导，也就是所谓的品牌产权的让渡。通过这两种方式，不少著名品牌形成了"接力棒"式的传导机制，就像排球比赛的一传、二传功能。有了这种"接力"传导机制，不论企业经营的一时兴衰，也不论企业经营者是否更替，品牌总是能持续下去。

这里的难点，是品牌在不同企业之间的转移和传导，需要有更多的"接力者"。怎么解决？先要破除所有制束缚，扩大接力的参与队伍。不论品牌的归属权属于何种所有制企业，其"接力者"不应受到所有制限制，只要对民族品牌的发展有利，"接力"的过程规范有序，那么就要鼓励各类市场主体参与对品牌的"接力"。一句话，对于一些象征一个城市历史脉络的老字号品牌或产业领域的著名品牌，千万不要让它在"捂"的过程中慢慢销蚀。

此外，则是要破除画地为牢的束缚，扩大接力的区域范围，用宽广的胸怀到更大的范围去寻找品牌的"接力者"。这恐怕也是体现城市精神的一种气概。如此的双向或多向之间的"接力"，对一个民族品牌来说，可谓幸事。

（张兆安，《解放日报》2016年3月16日）

2017 年

2017 年上海经济运行预测与对策

本文基于上海 2016 年之前的宏观经济数据并结合国内外宏观经济形势，采用景气分析和情景分析方法，建立宏观经济计量模型，预测 2017 年上海经济处于基准情景的概率为 75%，其 GDP 增速为 6.5% 左右。在此基础上，针对当前和未来一段时间上海将面临的"制造业 25% 的底线"、财政收入受国家对房地产和金融调控的冲击以及"2 500 万人口底线"等约束，提出了推动上海经济发展的对策建议。

一、2017 年上海宏观经济运行预测

从总体上看，2016 年上海经济运行状况基本平稳，工业生产呈现企稳迹象，服务业持续增长，固定资产投资收窄，消费市场运行平稳，居民消费价格温和上涨，工业生产者价格继续下降。展望 2017 年，我们在科学分析的基础上对上海的宏观经济运行作如下预测。

（一）利用景气分析法对上海经济周期态势的分析和预测

根据数据的可得性和变量的实际含义，本文选取 4 个先行景气指标、3 个一致景气指标和 2 个滞后指数进行分析，具体如下：4 个先行景气指标是固定资产投资新开工项目数（累计）、发电量、房地产开发企业商品房销售额（累计）和规模以上工业企业应收账款；3 个一致景气指标是工业增加值、固定资产投资、社会零售商品总额；2 个滞后指数是工业产品库存量和 PPI。所有景气指标都经过季节调整（X12）并消除了不规则因素。

由 4 个先行指标构成的先行合成指数变动情况，见图 1 中上方的一条曲线。该先行合成指数具有比较稳定的先行变化特征。经测算，平均领先于一致合成指数（图 1 下方的一条曲线）大约 3 个月。上海的先行合成指数自 2011 年以来经过温和上升，在 2013 年形成一个波峰，之后开始下行，一直到

2014年末下降势头有所缓解,从2015年进入震荡调整。2016年下半年又出现下行迹象。

具体分析各个先行指标(分别见图2、图3、图4、图5)可以发现,在4个先行指标中,有2个指标上行,2个指标下行。目前,发电量和应收账款还具有上升势头,而固定资产投资新开工数和房地产销售额已进入下行通道。后两个先行指标涉及投资和地产行业,是影响上海宏观经济的重要因素。

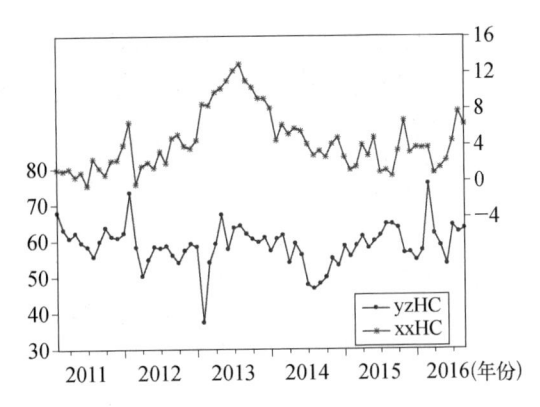

图1 先行合成指数与一致合成指数

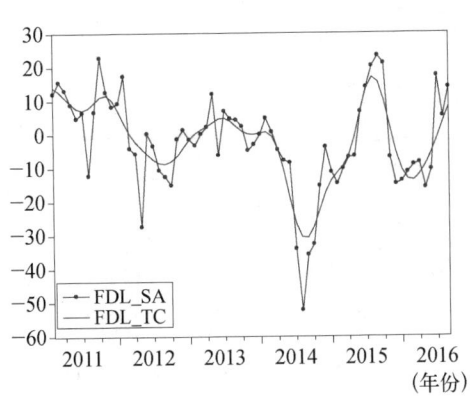

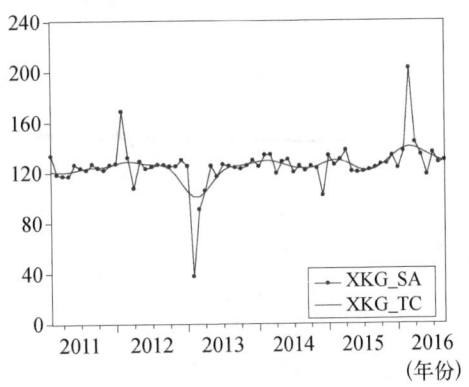

图2 发电量的季节调整和趋势周期图

图3 新开工项目数的季节调整和趋势周期图

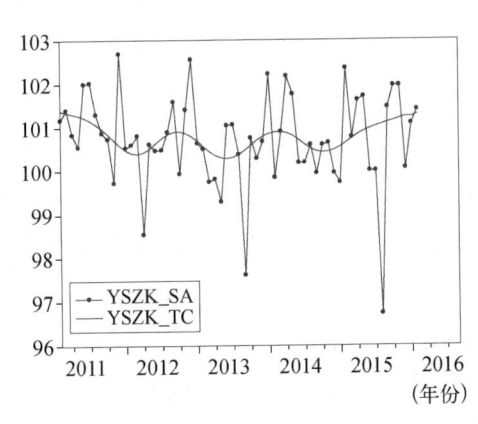

图4 应收账款季节调整和趋势周期图

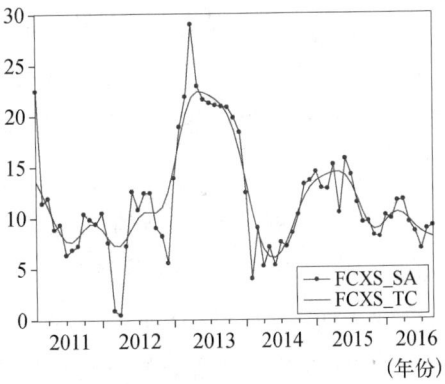

图5 房产销售的季节调整和趋势周期图

我们判断,上海的先行合成指数总体上具有下行的压力。根据先行合成指数的走势和平均先行期推测,由一致合成指数代表的经济景气在2017年初企稳。

从图6可见,上海的滞后合成指数从2015年中期已经开始回升,而且保持了良好的上升趋势。这种状态,再一次确认了上海宏观经济企稳的信号。

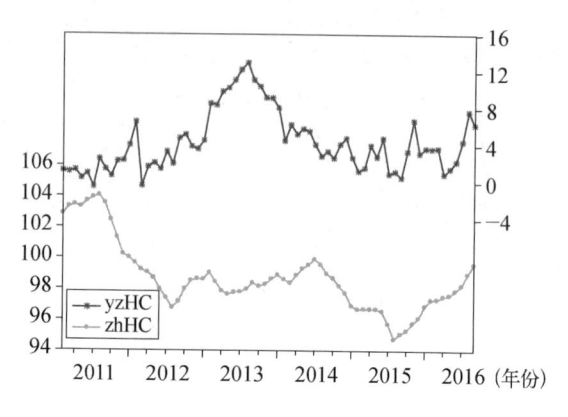

图6 滞后合成指数与一致合成指数

(二)对2017年上海宏观经济运行的预测

1. 情景设定

(1)在基准情景下,我们假定外部环境为:世界发达经济体的GDP增速低于预期;国际大宗商品价格有所回升;特朗普出任美国总统并顺利执政、英国脱欧严重影响全球经济环境并且可能导致各种不确定性增加,以及人民币贬值压力加大。同时,假定内部环境为:消费虽然稳步增加,但是受收入和房价的影响,消费对经济增长的拉动作用不足;受全球市场整体疲软和贸易保护主义的影响,进出口持续走弱;工业企业利润下滑,民间投资积极;增值税改革深化对财政收入增加的影响还将持续;国家对房地产调控力度加大,未来半年房地产投资后劲不足;货币政策稳定;财政对公共基础类建设的投资增加。

(2)在乐观情景下,我们假定外部环境为:发达经济体的GDP增速好于预期;国际大宗商品价格温和上升;美联储加息预期增强,英国脱欧得到妥善处理,对全球经济环境的不确定性减小;人民币币值坚挺。同时,假定内部环境为:受严厉的房价调控政策影响,房价上升对消费的挤出效应弱化,消费继续稳步增加,成为拉动经济增长的主要动力;尽管受全球市场整体疲软和贸易保护主义的影响,进出口持续走弱,但出口持续增加;工业企业利润稳定,PPP带动民间投资继续增加;增值税改革的深化不仅促进了行业内部分工,同时也增加了政府财政收入;受房地产调控力度加大的影响,未来半年房地产投资减缓,但是上海周边城区的房地产投资加大;货币政策稳定;财政对公共基础类建设的投资增加。

(3) 在悲观情景下,我们假定外部环境为:发达经济体的GDP增速低于预期;国际大宗商品价格继续下行,初级产品市场低迷;英国脱欧对全球经济环境的不确定性增加;人民币贬值压力加大。同时,假定内部环境为:消费、投资、净出口对经济增长的拉动作用均下降;工业企业营业收入和利润继续下滑,国有经济做大做强挤出了民间投资;增值税改革的深化未能达到预期目标,反而给企业带来不利影响;受房地产调控力度加大的影响,未来半年房地产投资下滑;国家限制资金进入虚拟经济领域,货币政策收紧;财政政策虽然扩张但幅度缩小。

2. 各种情景下上海经济形势预测

我们对2017年各种情景下上海经济增长的主要宏观经济指标的预测,见表1。

表1 2017年上海主要宏观经济指标的预测值　　　　单位:%

指标名称	基准情景	乐观情景	悲观情景
GDP增长率	6.5	6.8	6.1
工业增加值增长率	-1	1	-3
第三产业增加值增长率	10.5	12	8
固定资产投资增长率(不含农户)	6.7	7.5	5.5
社会消费品零售额增长率	8	10	7.9
出口总额增长率	1.6	3	1
进口总额增长率	-2	1.2	-3
CPI增长率	3.5	4	3.1
PPI增长率	-1.5	1	-2.3

注:本表数据均为同比增长率,预测的样本数据截止日期为2016年9月。

我们采用马尔科夫状态转移等计量经济模型，根据三种情景对各变量参数的不同设定，对上海将要面对的经济情景做出如下大致判断：基准情形是大概率事件，发生的概率为75%；乐观情景和悲观情景发生的概率分别为15%和10%。

二、2017年上海经济发展面临的主要挑战

（一）制造业规模的底线与制造业转型升级

1. 制造业是否能守住25%的比重

改革开放以来，经过37年的快速发展，上海的国内生产总值从1978年的279万元（人民币，下同）增长到了2015年的24965万元，增长了近100倍，年均增长率高达13%，见图7。

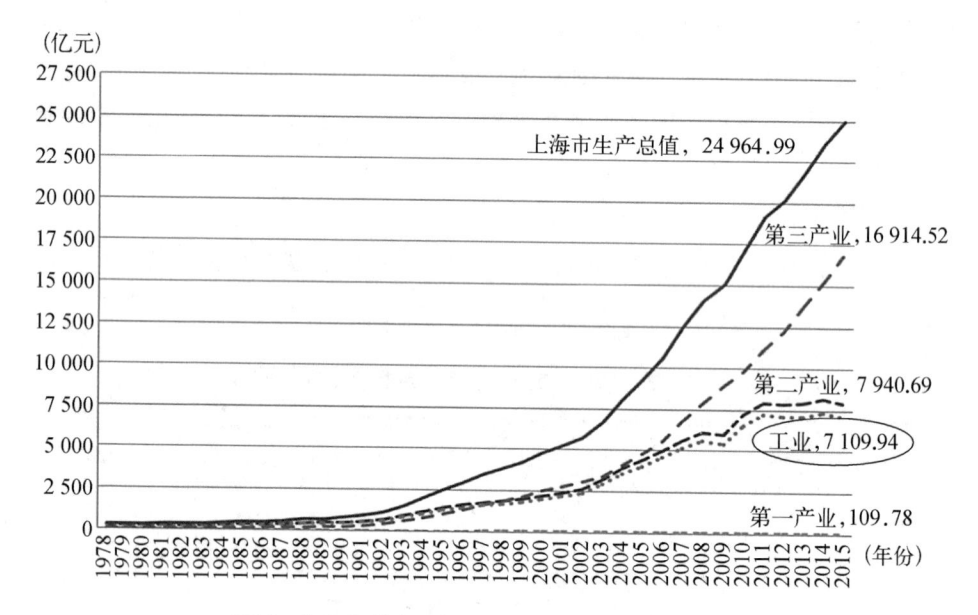

图7　上海市生产总值及各产业生产总值变化趋势

在上海GDP增长的过程中，上海GDP的构成也发生了很大变化。工业产值占GDP比重由76%一路下滑，而第三产业占GDP比重由18%一路上扬。到2016年9月，在上海的GDP中，第三产业比重为70.9%，而第二产业占比仅为28.8%。在"十三五"规划中，上海明确提出，"2020年制造业增加值占全市生产总值比重力争保持在25%左右"的底线目标。按照上海目前的经济发展趋势，这个底线是否能守得住？

2. 重点行业和战略性新兴产业能否担当使制造业企稳的重任

"十二五"期间上海的工业总产值基本上保持在年均7100亿元左右的水

平,为什么上海的制造业没有持续增长是一个需要进一步剖析的问题。我们以占上海工业总产出67%(2015年)的六个重点工业行业和上海市政府鼓励发展的战略性新兴产业的发展变化为例,深入分析上海制造业内部的产业变化特征。

(1)上海六个重点工业行业的产出分析。上海六个重点工业行业的产出在经历了数十年的高速增长之后,"十二五"期间基本稳定在21 000亿元左右。但这六个行业的在2011年前、后的规模和产出表现有所不同。我们对六大行业中规模以上企业的考察(见图8),发现汽车制造业、成套设备制造业和生物医药制造业的产出规模一直保持增长,精品钢材制造业的产出规模先增长后稳定,石油化工及精细化工制造业的产出规模基本没有变化,而电子信息产品制造业的产出规模经历了先增长后下降的过程。这种产出规模变化的情况跟企业的经营状况是否相匹配呢?如果盈利能力好的企业的规模扩张或者至少未下降,那么说明产业结构较为合理,否则,需要进行结构的优化和调整。

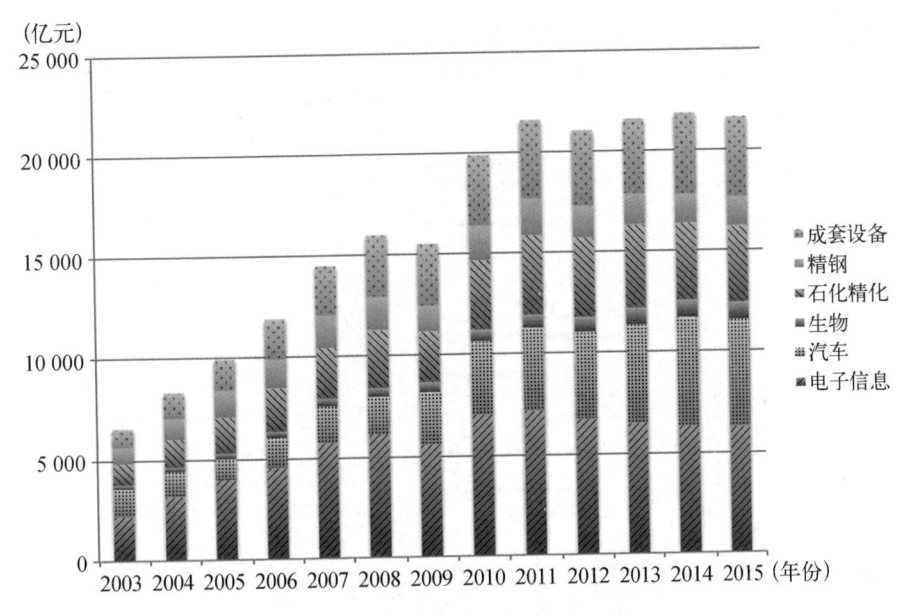

图8 上海六个重点工业行业产出规模

从图9可见,在2008年之后,汽车制造业的盈利能力最强,其次是生物医药制造行业,这两个行业的盈利能力几乎是其他四个上海重点行业的3—4倍。汽车行业不仅盈利能力强,而且其产出的占比也很高。然而,生物医药

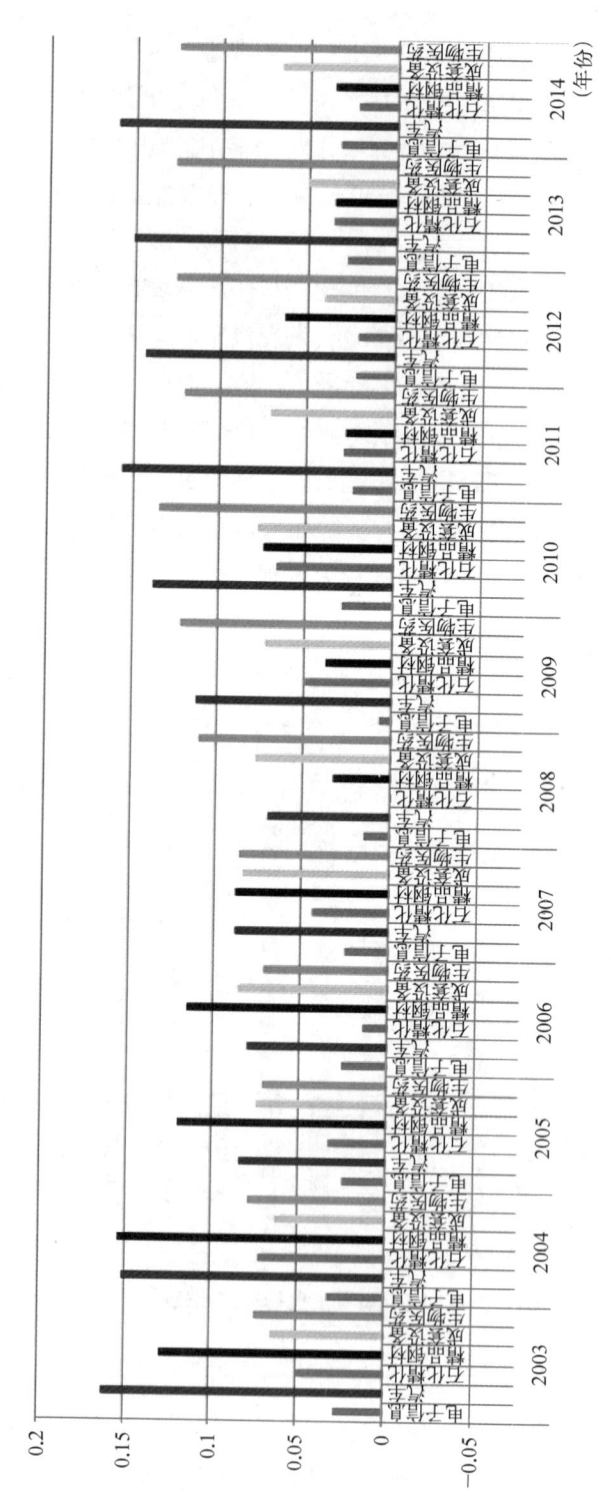

图 9 六个重点工业行业盈利能力对比

这样高盈利能力的行业其产出份额在六个重点行业中是最低的。相反，电子信息制造业的盈利能力在六个重点行业中是最低的，但其产出所占份额和汽车行业相当。石化精化行业占上海GDP的比重也不低，但该行业的盈利能力弱，而且最近两年该行业的收入和利润均出现下降。成套设备行业占上海GDP的比重和石化精化行业相仿，但其盈利能力要好于后者，然而到2011年以后该行业自身的盈利能力不及之前年份。精钢行业的产出规模小，盈利能力也低。

综上所述，在上海的六大重点工业行业中，汽车制造业结构比较合理（不过2015年汽车制造业的产出下降了2.3%）；生物医药产业应当大力鼓励发展；电子信息制造业需要在产能和盈利能力上做出权衡，要么去产能，要么提升其盈利水平；对属于重大投资项目的成套设备、石化精化和精钢行业，还要进一步观察。

（2）上海战略性新兴产业的分析。尽管工业占上海生产总值的比重一直在下降，但从其2013年及以后年份的发展趋势来看（见图10），战略性新兴产业的增加值逆势上升。战略性制造业增加值占上海工业增加值的比重在2013年、2014年和2015年分别为21%、22%、24%。但是，上海新兴战略性产业增加值仍然赶不上服务业增加值的增长，上海服务业的增加值在2014年超过了战略性新兴产业，2015年上海服务业产值比2014年增长8.7%，而上海制造业的战略性新兴产业却下降了0.1%。

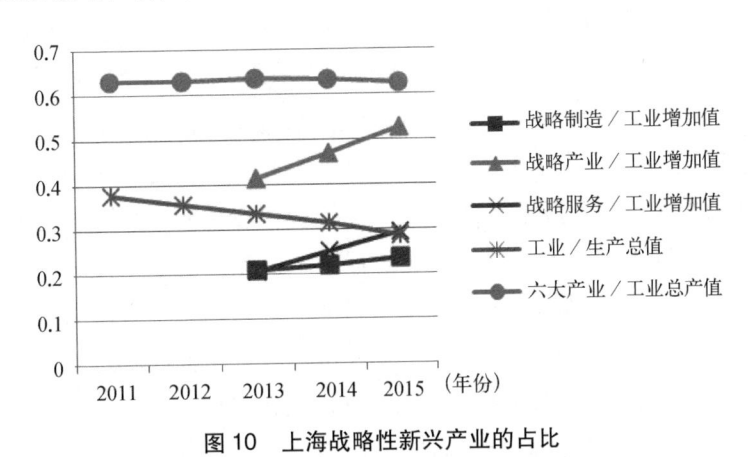

图10　上海战略性新兴产业的占比

在工业增加值基本上平稳，战略性新兴产业的增加值还有所增加的情况下，为什么上海工业增加值占生产总值的比例却在下降？主要有两方面原因：一是传统制造业增加值的下降；二是分母的增大，即服务业增速超过制造业增速。

3. 上海制造业下滑的内部原因分析

2010年以来，上海制造业增加值占GDP比重呈下降趋势。但是，上海制造业的增加值基本稳定，所以导致上海制造业增加值占比下降趋势的主要原因是上海服务业增加值的快速攀升。资本逐利的本性决定了产业资本会追求盈利能力高、利润率相对较高的第三产业。第二产业与第三产业全员劳动生产率的对比，明显呈现出这两个产业之间此消彼长的态势。因此，从某种意义上来讲，制造业占比下降是市场优化配置资源要素的结果。在国际上，同样也存在类似的现象，例如国际产业资本，在全球市场上配置资本，投资于成本低收益高的地区等情况。

具体而言，上海制造业产值下滑有需求、供给和制度等三个方面的原因：

第一，投资下滑、成本高企、外贸下跌。在2013年、2014年和2015年，上海工业行业全社会固定资产投资分别下降了4.4%、6.5%和17.2%。境外机构的研究报告认为，上海劳动力平均成本是东南亚国家的2至3倍，这是影响外商对上海产业投资热情的主要原因。此外，上海的用地成本高也是影响上海制造业规模扩张的重要因素。从外贸方面看，上海的进出口规模也都均出现下滑，尤其是加工贸易、机电产品和高技术产品的进出口规模都出现下降。

第二，有效供给不足。尽管上海在R&D占GDP的比重和专利申请数等方面在国内和国际上都处于领先水平，但上海制造业的产品研发和创新改造力度仍然不足，没有形成一批有影响力的制造业企业，上海制造的产品在市场上没有定价权，上海原来的一些老品牌日渐式微，无法取得高额利润。

第三，现行税收政策和地方政府偏好去制造业产能政策的消极影响。由于制造业税收留区的比例为16.5%，而服务业税收留区的比例高达65%，后者是前者的近4倍，所以上海各区的产业转型往往偏好于发展服务业，嫌弃制作业。国家淘汰落后产能的政策也加速了上海制造业生产规模的下滑。从2007年国家实施产业结构调整、淘汰落后产能政策以来，上海大量关停高能耗、高污染、高危险、低效益的"三高一低"的工业企业，其中，2014年就调整关停工业企业644家，减少产值近184亿元。2015年宝钢湛江项目高炉点火，近千万吨钢铁产能从上海向广东转移，还有一大批相对低端或不符合市场需求的产能被上海主动淘汰。

4. 未来制造业发展趋势判断

根据前面对上海制造业历史数据的分析，我们参考纽约、伦敦、东京等国际大都市的经济发展经验，对上海制造业发展未来发展趋势的判断是，在"十三五"期间可以守住制造业增加值占生产总值25%的底线。但是需要有以下两个前提：

第一，六大重点行业虽然继续调整，但在整体上要保持总产出基本稳定（如果能够进一步激活新能源汽车市场，汽车制造业将会有长足的发展）。生物医药制造业要继续开拓市场扩大研发投入鼓励其有序健康发展。成套设备、石化精化和精钢在整合和完善产业链的同时要结合物联网、智能制造进一步释放产能。电子信息制造业虽然面临转型，从代加工到专业制造还需要假以时日，但其生产规模要保持相对稳定。

第二，实现两个联动：战略性新兴产业增长势头回落，亟待与六大重点行业整合联动发展；第二产业仍要保持10%以上的增长速度，重点行业制造业的发展要实现与生产性服务业的联动配合。

总体上，首先要在保证制造业内部推动汽车制造和生物制药的大力发展，以此对冲其他几个行业面临的不确定性。其次要积极支持和鼓励符合未来制造业升级方向的生产性服务业的发展。

（二）上海财政收入能否持续增长

1. 上海历年财政收入的变化情况

从图11中可以看出，在过去10年，上海每年的总税收和一般公共预算

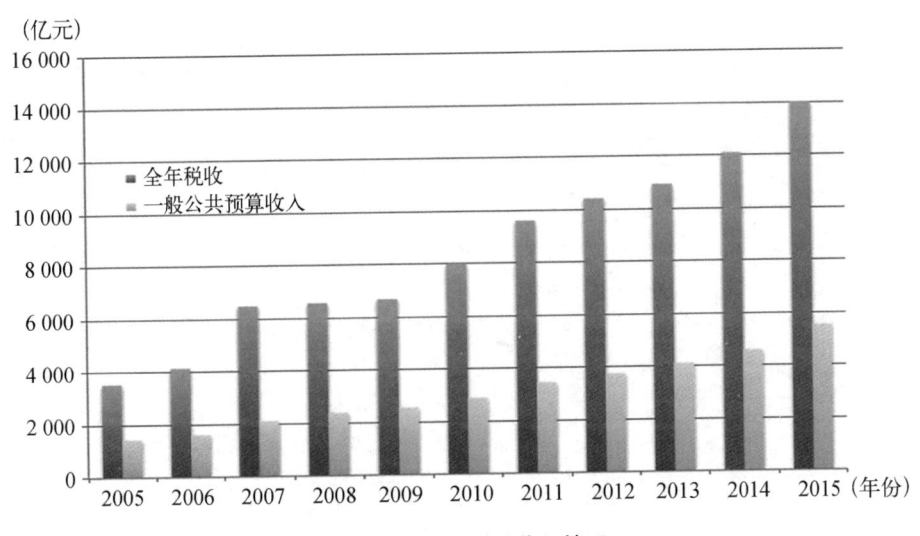

图11　上海市财政收入情况

收入都是稳步增加的。税收收入规模从 2005 年的 3 520 亿元，增加到 2015 年的 13 989 亿元，增长了 3 倍多，年均增速达 15%；同期，一般公共预算收入仅从 1 433 亿元增长到 5 519 亿元，增长近 3 倍，增速为 14%。并且上海的一般公共预算收入基本上占上海全部税收收入的 32%—40%，亦即上海全年的税收收入中有 60%—68% 贡献给了中央。

2. 决定上海财政收入增长的因素

目前，上海全市主要有以下七个税种：海关代征税、证券交易印花税、增值税、营业税、消费税、个人所得税、企业所得税。其中，增值税、海关代征税和企业所得税是上海的主要税种，这三个税种的税收额大约占上海税收总额的 65%。以 2014 年为例，上海全年税收收入为 12 083 亿元，其中：海关代征税 2 876 亿元，占比 24%；增值税 2 654 亿元，占比 22%；企业所得税 2 640 亿元，占比 22%（见图 12）。从税收收入的变化趋势看，税收总额主要随增值税、企业所得税和海关代征税的变化而变化。所以，无论从占比还是变化趋势（增长速度的贡献率）看，增值税、海关代征税和企业所得税都是决定上海税收总量增长的关键性因素。而广受人们关注的金融地产类税收在上海税收总额中的占比很小，证券交易印花税为 323 亿元，占比 2.6%；地产类（包括土地增值税、房产税和契税）税收为 580 亿元，占比 4.8%。但是，

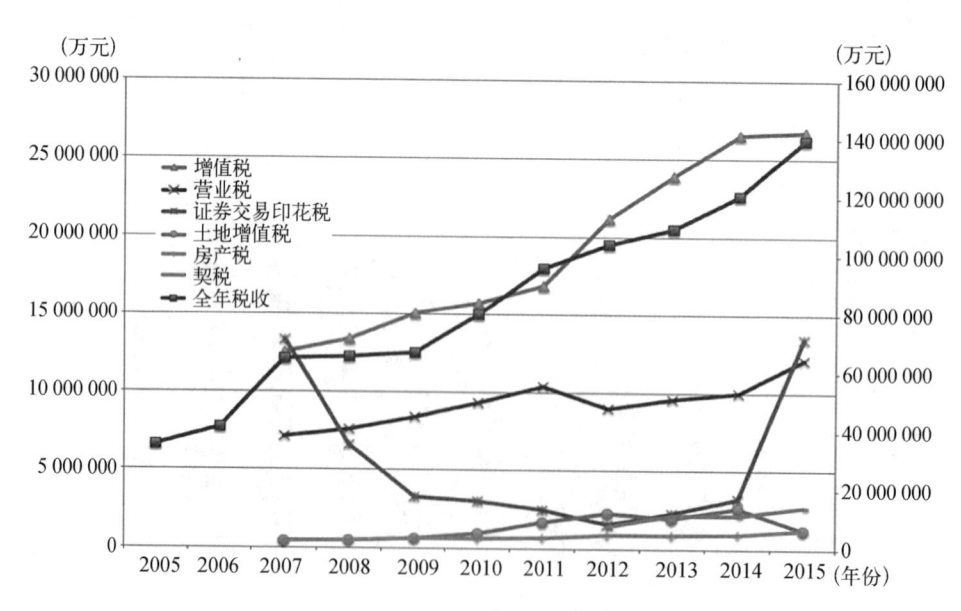

图 12　上海市全年税收及其构成

这并不说明金融和地产类税收对上海财政收入的影响就小。

下面，我们从上海产业结构的角度分析决定上海税收收入增长的因素。由于海关代征税不归地方，本文暂且不考虑；企业所得税过于笼统，不包含产业特征信息。所以，我们重点考察增值税和营业税这两个与产业结构有很大关系的税种。在 2012 年以前，上海未实施"营改增"政策时，增值税主要来自制造业，而营业税主要来自服务业。从图 12 可见，在 2012 年以前，上海的增值税收入和营业税收入基本上是平行的，按照固定速率增长；并且与工业增加值的增长速率基本相同，而营业税的增速低于服务业的增速。然而，从 2012 年开始这种情况发生了变化，营业税收入出现负增长，而增值税收入提速与服务业的增长基本平行。由此可见，在 2012 年之前，上海的税收是由工业和服务业共同支撑的，但在 2012 年以后则主要由服务业支撑。据官方统计，2015 年，上海第三产业贡献的税收占全市税收的比重为 67.4%，第二产业的税收对全市税收收入的贡献率仅为 32.6%。

在第三产业中，金融业和房地产业占比最高，增速最快。2015 年，上海全年批发和零售业实现增加值 3 826.42 亿元，比上年增长 4.3%；交通运输、仓储和邮政业实现增加值 1 130.88 亿元，比上年增长 7.3%；金融业实现增加值 4 052.23 亿元，比上年增长 22.9%；全年商品房销售额 5 093.55 亿元，增长 45.5%。由此看见，金融业和房地产业是上海第三产业税收收入的主体。

3. 为什么上海的财政收入增速高于 GDP 增速

本文从一般公共预算收入角度分析上海财政收入与 GDP 的关系。由图 13 可见，从 2006 年开始，上海一般公共预算收入的增速除个别年份小于 GDP 增速外，基本上要高于 GDP 增速 4 个百分点；在 2015 年更甚，该年上海 GDP 增速仅为 5.9%，而一般公共预算收入增速则高达 20%。

为什么上海的财政收入增速高于 GDP 增速？如果从统计数据反映经济增长的可靠性看，也许税收数据更加可靠。一方面是因为税收的口径比 GDP 核算的口径更细，比如税收对象不仅包括一般纳税人（年销售额超过 500 万元），还有小规模纳税人（年销售额小于 500 万元），而 GDP 中的工业增加值只统计规模以上工业企业（销售收入超过 2 000 万元）；另一方面税收与企业的日常经营活动密切联系，偷税漏税行为涉及法律责任，而 GDP 的统计和核算的精确性主要靠统计部门的工作和受访者自律。换一个角度，从数据的可靠性上是否可以推测，上海实际的经济增长速度并不像 GDP 反映得这么低，

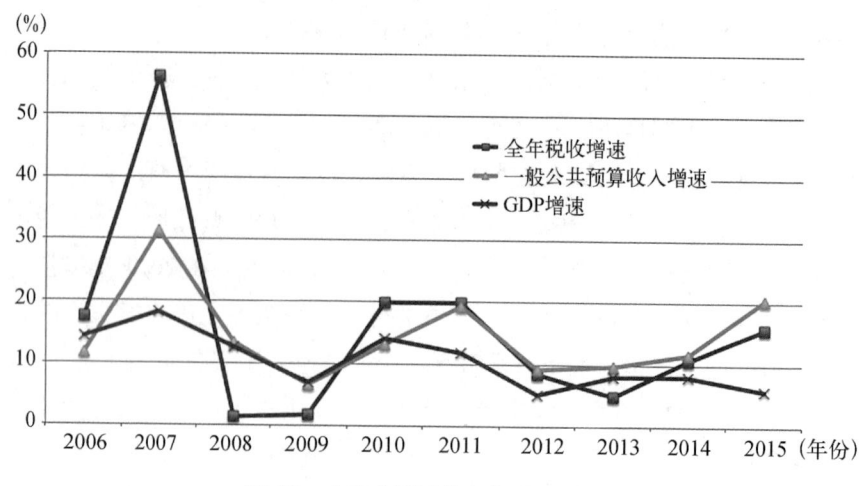

图 13　上海市财政收入与 GDP 增速

而应该像税收反映的那样呢？

（三）人口底线与创新人才短缺的冲突

上海"十三五"规划中提出要严守人口、土地、环境、安全等四条底线。其中，人口底线为"到 2020 年，把常住人口控制在 2 500 万人以内"，名列四大底线之首，足见人口底线的重要性和迫切性。然而，上海要建立"建设具有全球有影响力的科技创新中心"，亟待大力引进人才以解决创新人才不足的问题。所以上海 2 500 万人的人口底线势必会对创新人才的引进造成一定的制约。在"坚守人口底线"的大背景下，如何有效地引进人才是解决上海未来可持续发展人口战略和建设具有全球影响力的科创中心人才战略矛盾的关键。

1. 坚守上海人口底线的难度很大

据统计，近 10 年来，上海市常住人口的自然增长率约为 4.20‰。假定今后几年仍然保持这个常住人口的自然增长速度，则每年上海人口自然增长 11 万人左右，到 2020 年上海常住人口控制在 2 500 万人的目标可以实现。但是上海用于人才引进的人口指标极其有限，将会对上海的创新驱动发展战略、建设具有全球影响力的科创中心和 2040 年建设成为"全球城市"带来一定的影响。

2. 上海的科创人才不足，需要大力引进

目前，上海在科研人才储备和科研投入方面具有一定优势，截至 2015 年，上海高等学校在校学生数 50.66 万人，全市大专以上学历人口占全市人口比重为 27.13%，在企业 R&D 经费支出中，政府投入占比 8.27%；而同期，深圳高等学校在校学生数 8.77 万人，大专以上学历人口占全市人口比重为 17.47%，在企业 R&D 经费支出中，政府投入占比为 3.08%。

3. 上海的科研能力强，创新能力弱

现在，在科研论文、研究成果方面，上海居于全国前列。上海的专利数量也只略低于深圳，位居中国第二。例如，2014 年，上海的专利申请数量为 81 664 个、专利授权数量为 50 488 个，而深圳的专利申请数量为 82 254 个、专利授权数量为 53 687 个，上海与深圳相比并没有实质上的差别。然而，无论是高新技术产业总产值占比还是产业增加值占比，上海均落后于深圳，并呈现进一步下降的趋势。例如，高新技术总产值占工业总产值的比重，上海从 2007 年的 25.6% 下降到 2014 年的 20.40%；而深圳则由 2007 年的 56.9% 上升到 2013 年的 64.95% 和 2015 年的 86.7%。事实上，科研论文、研究成果、专利等均属于"科研"的中间产品，基本上由专职的科研人员创造，而如何将它们转化为最终的创新产品和服务，则需要熟悉市场的创新人才的努力才能实现。

4. 上海现行户籍制度对创新型人才引进存在挤出效应

创新人才的成功主要依赖于他们敏锐的市场观察及对技术发展趋势的把握，以及善于捕捉各种机会和极强的组织能力。

第一，现行户籍制度和积分政策导致引进人才偏重于科研型，对创新型人才的引进形成了挤出效应。目前，上海市引进人才的主体是高校和科研院所，引进的人才大多从事科研工作，而对于产业创新发展及企业创新等所需要的人才引进相对偏少，造成上海的"科技"与"创新"人才结构严重失衡，无法对产业创新发展提供强有力的人才支撑。此外，在人口总量控制的前提下，现行"一刀切"的"打分入户"户籍政策客观上使得对学历要求高的行业更容易引进人才，例如，高学历的金融行业人才比工业行业的人才"打分"要高很多，更容易被引进。于是，工业行业人才的持续短缺，成为上海相关产业长期创新能力不强的主要原因之一。

第二，创新过度倚重于国有企业和外企，导致创新型人才的培育不足。现在，上海的企业主要是国有控股及外商独资或合资企业。据 2015 年统计，上海国有控股企业工业总产值占全市规模以上工业总产值的比重接近 37%，外商及港澳台企业的产值占工业总产值比重为 61%。国有企业因产权不清晰及激励机制的限制，缺乏创新动力，不是技术创新的主体，当然也就不会产生大量的创新型人才;跨国公司基本上是把中国当成"生产基地",并没有将核心技术和技术创新中心建立在中国,它们即使在中国获得了重大技术创新,也会通过各种办法将其转移回母公司,对中国科技创新的促进效果有限。同时,由于我国国有企业过分依赖政府投入,通过市场配置资源的能力很差,从而在整体上创新不足。相对而言,深圳的国有经济规模要小很多,大部分企业都是民营企业,2014年深圳的私营企业比重高达94.3%,这些企业较早解决了产权制度和分配制度的问题,成为市场经济体制下技术创新的主体。

三、2017年上海经济转型升级的主要政策取向

2017年,既是我国执行"十三五"规划的重要一年,也是党的十九大的召开之年。按照习近平总书记提出的"上海要继续当好全国改革开放排头兵、创新发展先行者"的总要求,上海要坚持目标导向、问题导向,保持战略的一贯性和政策的执行力,坚持深化改革开放,加快将上海建设成为具有全球影响力的科技创新中心,以更积极主动的心态和行动适应引领经济发展新常态。针对上海经济转型发展中的主要矛盾和挑战,本文提出以下三个方面的建议。

(一)排除制度性障碍,推动供给侧结构性改革

2017年,上海需要进一步降低和取消各类"门槛"。我们建议:

第一,在全市范围内清理整顿,全面取消各类不合理的证照。现在推行的"三证合一,一照一码"改革试点,对市场准入效率无疑是利好。但是仍然还有一些不必要的评比、评级、上岗证等需要及时清理。

第二,在准入和监管方面,应当采用负面清单模式。例如,对于充满创新和变革活力的小微电商,应该确立"先发展、后管理、在发展中逐步规范"的原则,并且在工商、税收、市场监管等方面采取"放水养鱼"态度,以扶持小微企业发展壮大。

第三,在创业创新方面,要全面推动深化开放,尤其是对民资和外资要降低准入门槛。凡是不涉及国计民生的重要领域,如服务业中的民营银行,以及教育、医疗、文化传媒等行业和领域都应该加快开放,并优先向民间资本开放,同时还要分领域逐步减少、放宽、放松对外资的限制。

当前,上海不仅在需求侧乏力,供给侧也面临严峻的挑战。为此我们建议:

一是以"长、中、近"相结合的思路推动上海供给侧结构性改革,同时

用"制度建设、消化产能、激励机制"予以配套。

二是从长远看，供给侧结构性改革本质上是体制机制上的系统性改革，必定会推动一系列的制度创新和体制机制重构。因此，建议上海各级政府部门要密切结合政府职能转变稳步推进供给侧结构性改革。

三是从中期看，产业发展是推动上海经济发展的重中之重，必须切实解决制造业和服务业发展中的各种瓶颈问题，尤其应当以产业链培育和创新成果转化为重点，提高上海的产出水平和生产效率。

四是在近期，一方面要针对房地产市场价格的大起大落，推出更加积极有效的稳定房地产发展的政策措施；另一方面要针对企业生存发展的困境和商务成本上升等问题，完善和优化上海的营商环境和服务体系，给企业经营者和创业者以信心。

（二）强化区域经济合作，提升市场的资源配置能力

上海应该通过科技、资金、人才要素市场集成的优势，突出上海产业在创新和市场配置中的核心竞争力，形成整合长三角地区制造能级的能力。使上海能够在全国和全球范围内配置资源，提升上海产业的比较竞争优势和行业领导力，使上海成为真正意义上的全球城市。具体而言：

一是要实现从重视产品制造研发到重视智能制造系统建设的转变。上海应率先培育类似于西门子、通用电气等能够提供全流程数字化解决方案的集成企业，要强调数据要素的积累和开发，以智能生产取代规模生产。

二是要从国际分工规则执行者到国际分工规则制定者的转变。一方面，通过经营整合全球优势要素，尤其是要获得技术、品牌、研发要素等战略性资产，提升上海的全球范围生产布局能力，融入国际创新的网络；另一方面，在发展智能制造过程中，上海要积极吸引全球领先企业和高端人才的广泛参与，稳步推进相应技术标准建设和实现关键模块技术突破。

在未来的全球城市建设中，上海要更加重视流量经济，在集聚和扩散方面发挥积极作用，充分发挥上海在平台经济、总部经济、服务经济等方面具有的优势。目前，上海是国际认可度最高的大都市之一，吸引了许多跨国公司集聚。集聚的原因包括：上海具有发达的信息基础设施，便于跨国公司总部对其分布世界各地的生产部门进行遥控指挥；上海具有能够提供充分满足生产性服务业发展所需要的投资、咨询、协调等行业；上海的金融业和工商业的发达程度也都领先于国内其他城市，投资者与客户之间的联系便捷高效；

等等。在经济全球化的背景下,世界各城市的主导产业分布在全球产业链的不同节点。然而,只有处在产业链高端的管理和研发等部门才是控制全球经济的重要节点,一个城市只有具备了高端产业才能对全球经济进行控制与协调。

在区域合作中,上海要充分发挥服务经济发达的优势。事实证明,全球经济的发展越来越依赖于生产性服务业的发展,生产性服务业已经融入各个产业部门。在非服务性跨国公司内部,其生产职能和管理职能已经分离,这些跨国公司的总部所担当的角色,相当于公司内部的生产服务业。这些公司的管理部门也在进行着各种未独立的生产服务,比如一个公司的广告部、决策部、设计部和会计部等,这些跨国公司功能性总部在指挥公司的全球生产中发挥了重要作用。尽管上海在生产性服务业方面具有国内其他城市和地区无法相比的优势,但与国际发达城市相比仍然存在差距,在未来的发展中,上海需要继续发挥服务经济发达的优势,提高服务能级,为二、三产业的联动健康发展夯实基础。

(三)建立柔性政策,集聚创新人才

上海要通过市场化的方式,给用人单位更大的人事自主权,由用人单位直接招收其所需要的人才;要建立创新人才"集成中介"机构,提高识别和发掘创新型人才的效率;还要探索创建产业并购基金和技术集成创新中心,促进科研成果的产业化,为创新人才提供发展的平台。我们建议:

一是上海要将人才落户的指标下放到企业,由企业根据需要引进创新型人才。任何知识和技术不可能凭空转化为生产力,任何科技创新都有赖于企业的运作,离开企业的运作,知识和技术就无法变成产品,进而成长为产业。所以,建设以企业为中心的技术创新体系是提升城市创新能力的必要条件。比如,深圳的创新模式之所以成功,其关键原因是企业真正成为创新的主体。在深圳,90%的研发人员、90%的研发机构、90%的科研投入和90%的专利产出都来自企业。目前,深圳已是中国最大的通过企业专利驱动产业发展的大城市。根据深圳的经验,上海必须调整人才落户政策,制定引进和留住创新型人才的相关规定,尝试将人才落户的指标下放到企业,以企业的需求为导向,引进企业亟须的人才,通过企业筛选出留沪的创新型人才。

二是上海还应当建立创新人才"集成中介"机构,提高识别和发掘创新型人才的效率。创新型人才不仅包括具有敏锐眼光的科技人员,还需要有提

供资金支援的风险资本家与企业家及市场营销人员等。创新型人才是一个具有冒险精神和创新精神的人群，是创新的核心力量，决定着创新活动的未来发展前景。由于创新型人才具有其自身的特殊性，政府部门和普通的人才中介是没有足够的能力将其识别出来的。基于此，为了有效地识别创新型人才，建议上海的政府部门成立专门的人才猎头中介机构，以推进创新型的人才的筛选与人才引进工作。这些集成中介机构按照市场化的模式进行运作，其决策者由一些富有创新经验的企业家、创业家等组成，并由这些决策者来筛选相关行业所需要的创新型人才。同时，也可以按行业创建相关的人才"集成中介"机构，由不同行业引进其所需要的创新型人才。

三是上海还需要创建产业并购基金和技术集成创新中心，促进科研成果的产业化，为创新人才提供发展平台。上海作为中国最大的经济中心城市，经济开放度高，产业集中、集聚，工业门类比较齐全，信息、人才、技术平台等在全国均处于领先地位，这些使得上海在运用技术整合，使含有创新技术的产品产业化方面具有比较优势。因此，相比自主开发型的原始创新，上海更适合从事新技术的产业化，即利用引进或并购的技术，通过技术整合，实现集成技术创新。据此，建议：上海的国有企业及其上级主管部门要在政府的协调下，成立专门的产业并购基金，并引入民营资本加盟，以市场化的运作方式，通过该基金并购那些具有市场前景的具有原始创新技术的企业，加以产业化开发，从而在创新过程中占据有利的地位。总之，一方面，要将国内外最先进的技术聚集到上海，使得上海的国有企业能够利用新技术完善自己的产品，优化产品结构，提升自身的创新能力，推进技术的产业化；另一方面，也要努力降低创新的成本，提高创新的效率。同时，还要优化上海集成创新的环境，为创新型人才提供良好的事业发展条件。

（张兆安、邱俊鹏，《上海经济研究》2017年第1期）

上海在全国及长三角经济中的挑战与机遇

一、上海在中国经济中的地位和挑战

经济发展进入新常态,上海无论是在经济增长,还是经济总量占全国的比重,都在不断下降。上海 2015 年 GDP 为 24 964.99 亿元,占全国的 3.69%,比 2014 年增长 6.9%。2014 年 GDP 增速排全国 26 名,不过,排名同样靠后的还包括北京、广东、浙江等发达省份。工业占比、人均 GDP 增速和固定资产投资增速也表现为类似的情形。不过,在专利申请数和研发投入上排名分别为第 8 和第 6,居全国前列。2014 年上海市高技术产业实现的主营业务收入为 7 081.32 亿元,占全国的比重为 5.7%。

除了传统指标排名靠后,上海的经济转型发展也不突出。工业制造业从早期全国一枝独秀,到现在的发展疲软、速度全国垫底。高新技术产业依靠外企支撑,2014 年外资在六大高技术产业(医药制造业、航空航天器及设备制造业、电子及通信设备制造业、计算机及办公设备制造业、医疗仪器设备及仪器仪表制造业、信息化学品制造业)中企业数量和主营业务收入分别占比 69.81% 和 90.88%。近年来上海高技术产业在整个工业结构中地位有所下降,产业结构升级遭遇瓶颈制约。高技术产业增加值占工业增加值比重连续 6 年下降,从 2007 年的 25.6% 下降到 2013 年、2014 年的 19.9%、16.5%;高技术产业总产值占工业总产值比重也持续下降至 2013 年、2014 年的 20.9%、21.03%。从企业规模、所有制类型和行业分类三个维度中可以看到 2013 年、2014 年上海高技术产业内中小企业的主营业务收入占比不足三成,大型企业主营业务收入占比超过七成,中小企业创新力量较小。上海高技术产业外资企业与港澳台企业主营业务收入占比超过八成以上,内资企业的占比不足两成,高技术产业自主创新能力较弱。

事实上,上海在中国经济中的地位依然无法取代。上海作为中国的经济中心,在客观事实和日常表述中都已经成为现实。上海一直是以国际贸易和物流为主导方向的高度外向型城市。上海海关是全球最大的进出口货物处理地，承担全国23%的贸易量，其中外资企业对外贸易总价值更是远远超过中国其他任一城市（上海比重为15.3%，北京仅为4.3%）。过去10年间，上海随着区域经济的高速发展，在港口、码头等硬件设施建设上投资力度不断加大，集装箱吞吐量高速增长，先后于2007年和2010年超过香港地区和新加坡，并连续四年稳居全球第一，成为东北亚地区最重要的航运枢纽中心，并正在向国际航运中心迈进。在国家区域发展战略中，上海作为长江经济带的龙头与"一带一路"东部桥头堡，更是在资金融通、贸易便利、人才流动、交通体系建设、产业布局配套、环境保护、人文交流、信息共享等方面承担了载体、节点和平台等各方职能。

二、上海在长三角一体化中扮演的角色和挑战

2016年全球经济仍在深度调整中，复苏动力不足，不确定性增多。国内经济和上海经济下行的压力仍然存在。面对复杂的国际形势和国内经济新常态，我国实施"一带一路"倡议和长江经济带战略，积极孕育新的增长源泉。上海已经明确把全球城市战略设定为新一轮城市发展（2020—2040年）的新战略。这一战略要求上海必须全面深化改革开放，进一步发挥集聚效应和扩散效应，建设长三角世界级城市群，形成具有经济影响力和资源配置能力的全球城市网络的重要节点之一。上海建设全球城市，离不开长三角城市群的共同支撑。城市之间在资源要素的集聚、空间分布、产业分工和协作、制度的包容和融合等因素决定了长三角一体化的程度，也决定了上海建设全球城市的步伐。

长三角一直是以上海为龙头拉动发展的，但是，随着内外环境对原有地域产业的冲击，上海经济规模占长三角比重逐年小幅削减，其经济总量占长三角比重从2011年的23.4%下降到2015年的20.6%。相较而言，同处于后工业化时代的江苏则在工业增长与转型上表现抢眼，传统工业优势未显式微；升级步伐也一直在延续，实施的3.53万亿元技改项目已使六个传统产业做到万亿级；物流、科技、服务外包等八大类上百个服务业产业园为制造业升级提供了支撑。

尽管如此，通过测算一体化指数，我们仍然发现上海在长三角一体化中扮演着重要的角色。从2011—2014年的长三角一体化指数的发展变化趋势看，上海、江苏和浙江的一体化指数都表现出比较明显的上升趋势，长三角一体化提升明显。横向比较可以发现，总体来说上海在长三角一体化表现方面处于"领头羊"的角色，江苏的一体化指数值也领先于区域均值。

上海的劳动力市场开放度逐步提升，江苏和浙江的劳动力市场平稳发展，但劳动力市场开放度地区间并未表现出收敛特征。同时，金融市场一体化程度也没有得到显著提升，甚至有所下降，但是我们从当前宏观经济形势来看，金融市场的分割可能更能防止金融风险的地区传染，从而更有利于防患区域系统性金融风险。从技术市场表现方面，我们发现上海的科研人员人均技术市场成交额在长三角中一直处于遥遥领先的位置，但浙江则长期垫底，并且江苏、浙江和安徽与上海还存在非常大的差距，上海的技术市场几乎处于"一家独大"的位置，如何更好地有效发挥上海对长三角的技术外溢作用是未来政策研究重点所在。长三角地区上海的财政能力一枝独秀，其他三个省市差距不大，并且上海、江苏和浙江的财政能力在不断增强。在产业同构方面，三省市行业间的互补性有所降低，突出反映了重复建设以及产能过剩的现象。未来，上海如何发挥自身在研发方面的优势，如何有效配置要素资源是推动长三角一体化、建设全球城市的重要问题。

（邸俊鹏，部分内容发表于《上海蓝皮书：上海经济发展报告（2017）》）

人人关注"短平快"，
重大创新怎能冒出来

——张兆安研究员在沪津深三城论坛的演讲

- 很多科研工作和产品研发，不是一朝一夕就一定能开花结果的，需要时间，有时可能是漫长的等待，甚至遭到失败。但很多时候我们等不及这个"若干年"，而希望立马看到结果。这种急功近利的心态，有主观原因，但更多是体制机制的因素。我们现在碰到的，就是这个比较棘手的问题。

- 除了一般的基础研究及一些特殊情况之外，科研成果最终都要能够通过市场这个环节实现产业化。在此基础上，还需形成一定的产业规模，绝对不是"星星点灯"或者"橱窗内的样品"，"秀"一下就告终。目前，我国产学研转化的最大瓶颈，就是在市场这个环节"卡壳"，不少成果被束之高阁。

- 规划再好、项目再好、市场再好，如果科技人才没有动力、没有活力，再多的"好"恐怕也难以落地。我们以往常常是"重项目轻人才""重硬件轻软件"，转了一大圈后发现，把科技人才这样一个重要主体给忘了。从科技人才发展规律来讲，最重要的是解决好"两个力"的问题，即通过人才推动创新的动力和活力。

- 创新可能会碰到一些困难，甚至遭遇失败。这个时候，有没有一个好的容错机制就显得很关键。尤其是，现在体制内的很多人为什么不敢去创新呢？生怕失败了，前途也许就没了。现在一些地方建立了容错机制，这很好，但还不够完善。全社会有没有真正认可，并切实建立健全容错机制，对于形成创新氛围十分重要。

此次沪津深三个城市共同举办三城论坛，大家一起来共同探讨各个城市的科技创新和创新发展，非常重要、非常及时，也有现实意义。如果这些创新中心到位了，不仅对于相关城市的经济社会发展具有重要的推动作用，而且对于全国的创新驱动发展也具有重要的示范作用。

在这个大背景下，我想交流的主题是"科创中心：寻找各要素规律的结合点"。为什么会想到用这个主题来展开讨论呢？实际上，我们做任何一件事情或成就任何一项事业，都会有很多想法、很多办法，也会有很多的途径。但是，也许最好的办法之一，就是对做成这件事情或成就这项事业的要素，进行必要的梳理和分析。仔细看看这些不同的要素有什么样的特殊规律，各种要素的规律之间有没有可能形成冲突，在这些要素的规律之间能不能找到最佳的结合点。我认为，这个最佳的结合点，实际上就是能够把一件事情或一项事业做成功的逻辑起点和必然结果。

根据我的观察和思考，一个城市要建设成为科技创新中心，除了一般的客观基础和因素条件之外，至少需要具备六个要素，或者说是建设的主体。这六个要素或者主体分别是科技人才、科研院所、科技工作、企业、市场、政府。这六个要素实际上都有各自发展的特殊规律，我们在很多时候往往会忽视这些规律的特点和作用，以及这些规律之间会产生怎么样的相互影响。因此，围绕这一点，我想与大家一起来讨论，同时也分享自己的一些认识、观点和建议。

一、考核是否科学合理，与人才作用能否得到充分发挥大有关系

当前，世界新一轮科技革命和产业变革孕育兴起，中国经济经过深度调整、新旧动能接续转换进入新阶段。如何摆脱"跟跑""并跑"，逐步实现"领跑"？唯有创新一条路。

2014年5月，习近平总书记明确提出要求，上海要"加快向具有全球影响力的科技创新中心进军"。2016年9月，国务院印发《北京加强全国科技创新中心建设总体方案》。除此之外，天津和深圳也分别要建设成为有国际影响力的产业创新中心、国际科技产业创新中心。同时，各界人士都纷纷献计献策，期望我国能够早日形成各具功能的科技创新中心。

就各地的科创中心建设来看，科技人才、科研院所、科技工作、企业、市场、政府等六个要素缺一不可。如果它们能够形成合力，就可以共同支撑起科创中心建设。那么，这六个不同要素各自的规律又有什么具体特征呢？实际上，在每一个要素的规律里面，最为关键的、最为典型的外在呈现都可以归纳为两个主要特征。

就科技人才成长发展的特殊规律来说：其一，"要有体面的生活"。从表象来看，绝大多数的科技人才都希望能够过上比较体面的生活。它代表着科技人才的作用需要得到认可，科技人才的能量需要得到发挥，科技人才的付出需要得到合理回报，科技人才的生活也需要得到有效保障。在现实生活中，这是科技人才抱有的普遍心态，也是正常的诉求。其二，"要有成就感"。一般来讲，科技人才的成就感意识比较强烈，对成就感的追求也比较迫切。科技人才所需要的这种成就感，实际上可以转化为科技创新的内在动力。当然，这种成就感体现在物质和精神两个方面，也就是科技人才对物质生活和精神生活的满足。这两个主要特征，可能构成科技人才主要的、显著的特质。当然，也不排除会出现一些例外情况。

对于科研院校来讲：对外，要有影响力，这是很多国内科研院校目前所追求的主要目标。为此，很多科研院校围绕提升国内外影响力的战略目标，不断集聚各类资源，也在倾力奋斗着。对内，则要有评价体系，也就是对科技人才的考核体系。它是科研运行管理中的一个重要组成部分。这个评价体系是否科学合理、是否构建完善，不仅直接关系到科技人才的职称评定、科研地位、绩效收入、事业发展，而且与科技人才的作用能否得到充分发挥大有关系。

就科研工作而言，一般需要满足两个基本条件：一是必要的资金投入。对于科技工作的资金投入，在一些特殊的情况下，我个人认为还相对比较容易得到满足。这主要是由我国目前的体制机制所决定，也就是人们常说的"举国体制、社会动员能力"。从这个角度来讲，只要认识提高了，这个问题相对还是比较好办的。二是必要的科研时间。大家知道，很多科研工作和产品研发，不是一朝一夕就一定能开花结果的，需要时间，有时可能是漫长的等待。当然，也有可能会达不到预期，甚至遭到失败。例如，国有企业搞创新、搞研发，有时候需要很长的时间，可时间长了，各种不确定因素就多了。如果失败了，企业家或决策者有可能要承受风险。大家想想，如果一个国有企业的利润是5 000万元，拿出500万元投入研发，若干年以后研发成功，可能变成了5亿元，但很多时候我们等不及这个"若干年"，而希望立马看到结果。这种急功近利的心态，有主观原因，但更多是体制机制的因素。在这样的情况下，谁有动力去坚持创新呢？我们现在碰到的，就是这个比较棘手的问题。

对于企业来说，最要紧的是两个关键点：其一，企业的研发投入是需要有回报的。实事求是地讲，企业的任何一项研发活动，其主要目的就是获取更新、更多的投资回报。在一般的情况下，没有回报的事情，包括研发活动，企业是坚决不会去做的。这就是我们经常听到的一句话，企业"千做万做，蚀本生意不做"。其二，企业任何投入的回报，都是要可持续的。也就是说，一个可持续发展的企业，从科技创新和研发投入得到的回报，不是短期的、零散的，更不会"捞一把"就草草收场，而应该是长期的、整体的。

搞市场经济，就一定要按照市场经济规律办事，要"心服口服"地遵循市场经济发展的客观规律，要让市场充分发挥配置资源的决定性作用。对于科创中心建设来讲，市场要素的作用主要体现在两个方面：一是除了一般的基础研究以及一些特殊情况之外，科研成果最终都要能够通过市场这个环节实现产业化。不能实现产业化的科研成果和研发成果，市场一般是不会接受的。二是在此基础上，还需形成一定的产业规模，绝对不是"星星点灯"或者"橱窗内的样品"，"秀"一下就告终。目前，我国很多科研院校的产学研成果碰到的最大瓶颈，就是在市场这个环节"卡壳"，不少的成果被束之高阁。

对于政府行政来讲，实际上也存在一定规律，只不过我们以前可能关注得比较少而已，研究得也不够。仅就科创中心建设来讲，可以大致梳理归纳出政府行政的两条主要特征。其一，"短期，是靠投入"。由于政府掌握着大量的、丰富的经济社会资源，如果要追求短期效应的话，只要积极动员，加大资源投入规模，一般都会比较容易在短期内产生一定的效果。其二，"长期，是靠制度"。这就是说，原来主要依靠大量的投入来拉动经济社会发展，取得了很大成绩，但也会出现发展方式不科学、不可持续等弊端，且相应的制度建设比较滞后，反过来又阻碍了经济社会的健康可持续发展。实际上，只有制度建设好了，才能做到"长治久安"，才能释放长期效应。从这个角度来看，我们现在提出创新驱动、深化改革、释放制度红利，讲的就是这个道理。

二、找到要素利益平衡点，把科创中心建设"六张皮"聚成"一张皮"

通过对以上六个要素发展规律的梳理归纳和简要分析，我们会发现，它们有共性的地方，也有个性的地方；有一致的地方，也有不一致甚至相背离的地方；存在共同利益的一面，也存在利益冲突的一面。

例如，科技人才包括其他类型人才都希望自己的收入能够高一些、待遇能够好一些、发展前途会好一些，而企业往往也希望尽可能降低生产经营成本，包括人力成本，从而能够增加利润、提高回报，这就是一大问题，也是一对矛盾。如何解决？最重要的、有效的切入点，就是能够寻找到达成双方利益的平衡点。

从这个角度出发，我们应该怎么来建设科创中心呢？就是要寻找到各个要素发展规律的结合点，才能找到各个要素利益的平衡点，进而支撑起科创中心的建设。对此，可以形象地表述：这六个要素，实际上就是"六张皮"。如何把"六张皮"聚合成"一张皮"？在我看来，关键是把握好以下三句话的内涵。

第一句话，核心是人才。应该清醒地认识到，设想再好、规划再好、项目再好、政策再好、市场再好、前景再好，如果科技人才没有动力、没有活力，再多的"好"恐怕也难以落地成为现实。我们以往常常是"重物不重人""重项目轻人才""重硬件轻软件"，转了一大圈以后发现，把科技人才这样一个重要的主体给忘了。科创中心到底靠谁推动、靠谁建设？当然还是要依靠科技人才去推动、去建设。因此，在科创中心建设中，科技人才是最关键、最重要的因素之一。

从科技人才发展规律来讲，最重要的是要解决好"两个力"的问题，即通过人才推动创新的动力和活力。而人才的动力和活力能否得到激发，既对科创中心建设是一个重要的考验，同时对创新环境建设也是一个重要的考量。

第二句话，关键是环境。实际上，创新的口号已经强调了很多年。到了今天，我们依然还在讲创新。什么缘故？一个重要原因就是，整个创新环境没有营造好。具体可以从以下四个层面予以把握：一是创新的价值观有没有很好地确立起来？这是创新环境里面最重要的一条。创新需要努力和坚守，也会经过曲折的过程。如果没有确立起正确的创新价值观，重视了去推推，不重视了就不主持；想到了去搞搞，想不到就拉倒；有利益去弄弄，没有利益就躲躲——人人都去关注"短平快"了，一些重大创新、重大突破、重大技术、重大进步怎么能够迸发出来？

二是创新的门槛有没有放低？实际上，在经济社会发展进程中，创新无处不在。因此，某种意义上来说，创新不能有门槛。现在讲"大众创业，万众创新"，就要考虑这8个字的门槛还有没有？还有的话，应该把它去掉。

三是创新的机制形成了没有？比如，创新可能会碰到一些困难，甚至遭遇到失败。这个时候，有没有一个好的容错机制就显得很关键。尤其是，现在体制内的很多人为什么不敢去创新呢？生怕到时候失败了，前途也许就没了。现在一些地方建立了容错机制，这很好，但还不够完善。社会上有没有真正认可，并切实建立健全容错机制，对于形成创新氛围、推进科创中心建设十分重要。

四是创新的成果能不能得到有效保护？这个问题就是知识产权的保护问题。我国正处于经济转型时期，市场经济体制在不断完善，理应高度重视知识产权保护。如果一个人好不容易搞了一个创新发明，别人把手机拿出来一拍，就成了他的，那么原创者创新的持久动力就会萎缩和消退。

第三句话，重点是制度。科技人才的动力、活力很重要，科技创新的整体环境建设也很重要。那么，如何激发科技人才的动力和活力？怎样营造有利于科创中心建设的整体环境？最重要的还是抓好制度建设。

应该充分认识到，解决一些科创中心建设发展中的问题和矛盾，不能仅仅依靠"单兵突进"式的短期措施，而应该建立健全一系列制度。因为制度建设可以起到重要的"保驾护航"作用。从这个高度来看，上海出台加快建设具有全球影响力的科技创新中心"22条"，形成9个配套文件，建立"2+X"工作推进机制，以及人才支撑方面的"20条"、"人才新政30条"、财政配套政策"16条"，加强知识产权运用和保护"12条"。应该说是抓住了根本，抓住了要害。

如今，全国相关城市的科技创新中心建设都取得了一定的成绩，但这只是一个良好的开端，前面还有很长的路要走，还有一些险滩需要跨越。只要我们看清方向，瞄准目标，建立制度，整合资源，化解问题，通过共同努力，互鉴经验，就有理由相信建设各类科创中心的宏伟蓝图一定能够获得成功。沿着这个路径发展下去，中国一定能够成为一个创新大国。

（张兆安，《解放日报》2017年1月17日）

2018 年

2018 年上海宏观经济形势分析与研判

基于上海 2017 年前三季度宏观经济数据，笔者对其经济总量和结构性指标变量进行分析，总结得出 2017 年以来上海宏观经济运行呈现如下特征：经济总量稳步提升，经济结构基本稳定；三大需求齐发力，经济增长动能多元化；企业、政府、居民各得其所，经济效率持续改善。结合国内外宏观经济形势，本文通过景气分析和情景分析方法，建立宏观经济计量模型，预测上海经济 2017 年经济增速与 2016 年持平的概率较大，2018 年处于基准情景的概率为 72.5%，其经济增速保持在 6.9% 的水平。针对当前和未来一段时间上海面临内外部环境，本文提出要紧紧围绕"四个稳定"综合施策来强化"稳中求进"，围绕"三个推进"夯实经济基础，持续推动技术创新和制度创新。

一、上海经济运行的内外部环境

（一）全球经济复苏初显

2017 年以来，世界经济继续稳健复苏，发达国家通胀水平有所回升，新兴市场则在低通胀环境下放松货币。美国经济持续回暖，第三季度美国实际国内生产总值（GDP）按年率计算增长 3%，高于市场此前预期的 2.5%；ISM 制造业 PMI 保持连续十个月高于荣枯线；缩表与加息路径较明显。欧洲经济稳健复苏，失业率再创数年来新低，增长形势好于预期。日本经济维持低速增长，制造业及非制造业的信心持续提振，内部消费仍然疲弱，拖累了经济增长速度。新兴经济体分化程度减弱，俄罗斯经济表现良好，印度上半年增速创 2014 年以来最低。

全球贸易环境不佳，风险不减。受高标准贸易规则与贸易保护主义影响，国际直接投资，尤其是流向发展中国家的直接投资下降，这给全球经济和全球贸易带来新的负面影响。据 IMF 预测，2017 年全球债务总量将继续上升至 67.31 万亿美元，其中全球政府债务占比将上升到 84.63%，表明全球主权国家债务风险仍在持续扩大。

（二）中国经济增长处在合理区间

从国内总体情况看，2017年前三季度我国国民经济增长处在合理区间，经济结构持续优化，经济质量效益提升，整体经济发展呈现稳中有进、稳中向好的态势。

从宏观经济主要指标来看，前三季度我国经济运行基本面呈现出增长平稳、就业扩大、物价稳定、国际收支改善的良好态势。前三季度国内生产总值同比增长6.9%，经济增速连续九个季度运行在6.7%—6.9%的区间。从产业结构来看，工业生产有所反弹，不断向中高端迈进，服务业的主导作用进一步增强。从需求结构来看，消费保持快速增长，投资结构持续优化。前三季度最终消费支出对GDP的贡献率达到64.5%，继续保持经济增长第一驱动力的作用。从区域发展来看，三大战略深入实施，都发挥了自身特点，实现了优势互补和协同发展。东部地区新的动能加快聚集，转型升级继续走在前列；中西部地区后发优势突出，承接了东部地区的产业转移和技术转移。中部地区和西部地区前三季度的规模以上工业增加值增速高于全国水平。东北地区也出现了企稳向好的态势，工业增长由负转正。

尽管2017年前三季度我国宏观经济运行依然保持着稳定回升态势，但国内经济增长的动力支撑没有全面形成，结构调整和能级提升的挑战不少，经济稳定增长仍面临着严峻考验。

二、2017年上海经济运行整体态势

（一）经济基本面分析

1. 经济总量稳步提升，产业结构基本稳定

（1）2017年前三季度累计增速重回7%。2017年前三季度，上海经济增长处在合理区间，完成生产总值21 617.52亿元，比上年同期增长7.0%（按可比价格计算）。与全国经济增速相比，上海经济总体趋势与全国保持一致。应该看到，上海经济增速自2015年初跌破7%以来，经过2016年的稳步发展，经济增长持续开始向好，增速稳步攀升，至2017年前三季度增速再次回到7%（见图1）。

（2）二产提速，三产减速，增加值结构基本稳定在"三七开"。2017年前三季度上海GDP同比增长7%，主要得益于第二产业快速回升和第三产业的稳健增长。第二产业增加值6 660.45亿元，增速好于预期，实现了8.1%的

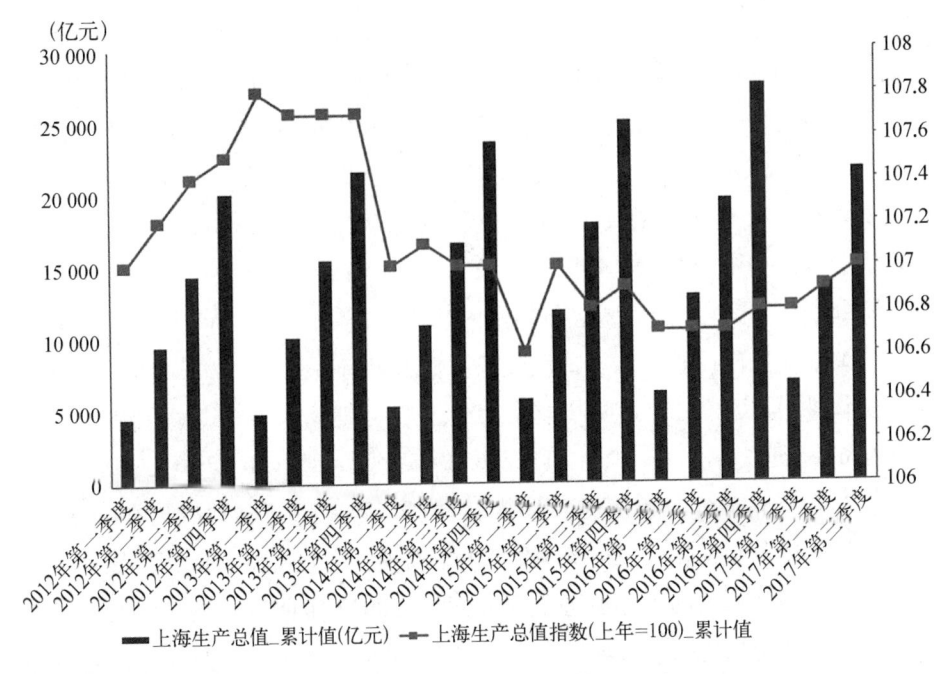

图1 上海分季度 GDP 及其指数变动情况

数据来源：2013—2016 年的《上海统计年鉴》以及 2017 年上海市统计局、国家统计局上海调查总队统计数据，http://www.stats-sh.gov.cn/html/sjfh/.

较快增长（2016 年前三季度增速为-0.7%），占 GDP 比重达到 30.8%；第三产业增加值 14 903.18 亿元，增长 6.6%，增速同比下降 3.3 个百分点，总量仍占 GDP 的 69%，继续处于 60% 这一重要水平线之上，高于全国 10.2 个百分点。二产和三产占 GDP 比例约为 3∶7。

2. 三大需求齐发力，经济增长动能多元化

（1）消费市场稳步增长，价格温和上涨。2017 年前三季度，全市完成商品销售总额 82 757.50 亿元，比上年同期增长 13.4%；社会消费品零售总额 8 666.54 亿元，增长 8.0%。其中，通信器材类、体育娱乐用品类零售额增长较快，分别增长 62.1% 和 24.5%。CPI 比上年同期上涨 1.8%；其中，服务价格上涨 2.5%，涨幅回落 0.2 个百分点；消费品价格上涨 1.2%，涨幅回落 0.1 个百分点。从八大类别看，医疗保健价格上涨最快，为 7.5%，居住价格上涨 2.2%，食品烟酒价格上涨 1.2%，教育文化和娱乐价格上涨 0.4%，交通和通信价格持平。

投资总量稳定，投资结构优化。2017 年前三季度，全市完成固定资产投资额 4 702.98 亿元，比上年同期增长 6.4%，与上年同期增速持平。从投资结

构看，第三产业投资 4 058.86 亿元，86% 的投资来自第三产业，但工业投资增长 2.0%，扭转了上半年的下降态势。第三产业中房地产开发投资 2 709.62 亿元，占总投资的 66%，但增速仅为 5.0%，而城市基础设施投资比上年同期增长 10.7%。从经济主体看，国有经济投资 1 302.13 亿元，增长 18.0%；民间投资 1 838.91 亿元，增长 15.4%。受投资需求的影响，2017 年前三季度，全市固定资产投资价格比上年同期增长 5.5%，工业生产者出厂价格比上年同期上涨 3.6%，工业生产者购进价格上涨 9.7%。

（2）外需稳健回暖，增长速度较快。据上海海关统计，2017 年前三季度，全市货物进出口总额 23 861.71 亿元，比上年同期增长 16.6%。其中，进口 14 209.63 亿元，增长 21.2%；出口 9 652.08 亿元，增长 10.5%。

（3）新经济持续为经济增长注入新动能。随着创新驱动战略深入实施，创新引领作用不断强化，"四新"经济不断涌现，为经济持续健康发展注入新的动力。与网络相关的社会服务业迅猛发展。2017 年前三季度，社会服务业同期增速为 9.4%，远高于第三产业和 GDP 增速。其中，软件和信息技术服务业增速最快，为 19.7%；租赁和商务服务业占比最高；其他与互联网相关的行业、科学研究和技术服务业均实现了较快增长。

（4）以网络经济为代表的各类新兴业态蓬勃发展。2017 年前三季度，无店铺零售额 1 463.03 亿元，比上年同期增长 15.2%，增速高出社会消费品零售总额 7.2 个百分点。另据上海市商务委统计，2017 年 1—5 月，上海市实现电子商务交易额 7 937.2 亿元，比上年同期增长 21.3%。其中，B2B 交易额 5 433.5 亿元，增长 18.3%；网络购物交易额（B2C/C2C）2 503.7 亿元，增长 28.5%。在网络购物交易中，商品类交易额 1 259.9 亿元，增长 22.0%；服务类交易额 1 243.8 亿元，增长 35.8%，增幅高于商品类网购 13.8 个百分点。各类分享经济广泛渗透到传统行业，互联网+旅游、交通、文化、体育、健康、养老等产业蓬勃发展。

3. 企业政府居民各得其所，经济效率持续改善

（1）工业企业利润率进一步提升，社会服务业利润进行了结构性调整。2017 年前三季度规模以上工业企业[①]实现利润总额 2 313.73 亿元，比上年同期增长 12.7%，其中外商及港澳台投资增长最快为 15.5%，国有经济呈现负

---

① 规模以上工业企业，指年主营业务收入在 2 000 万元及以上的法人工业企业。

增长，股份制经济增长9%；税收总额增长10.7%，应收账款增长7.9%。2017年前三季度，规模以上社会服务业企业①实现利润总额1 271.35亿元，与上年同期相比下降4.8%；主营业务收入11 112.77亿元，同比增长8.2%。商务服务业利润下降24.6%，是导致整体社会服务业利润下降的主要原因。除此之外，2017年前三季度社会服务业其他行业利润均实现了较高增长，信息传输、软件和信息技术服务业利润增长34.8%，科学研究和技术服务业增长15.9%。

（2）政府收支平稳增长。2017年前三季度，上海市地方一般公共预算收入5 559.88亿元，比上年同期增长8.3%。其中，增值税是第一税种，为2 074.33亿元，增长15.3%；企业所得税1 246.01亿元，增长3.4%；个人所得税547.40亿元，增长16.7%。全市地方一般公共预算支出5 507.85亿元，增长5.9%。其中，社会保障和就业支出931.24亿元，增长19.9%；医疗卫生与计划生育支出299.85亿元，增长7.7%。2017年1—10月，全市一般公共预算收入完成6 014.3亿元，比2016年同期增长8.4%；一般公共预算支出完成5 890.8亿元，增长8.1%，社会保障、节能环保、农林水利等民生保障支出完成情况较好。

（3）居民收入稳步增长，就业形势总体稳定。据上海市统计局抽样调查结果，2017年前三季度，上海市居民人均可支配收入44 360元，比上年同期名义增长8.5%。其中，以工资性收入为主，为26 017元，增长4.8%；转移性净收入，为10 523元，增长15.3%；财产净收入6 574元，增长13.7%；经营净收入1 246元，增长8.8%。城镇常住居民人均可支配收入46 839元，名义增长8.5%；农村常住居民人均可支配收入23 006元，名义增长9.0%。2017年前三季度，全市新增就业岗位52.68万个，比上半年增加18.45万个。截至9月底，全市城镇登记失业人数21.71万人，比上半年减少0.13万人。

（二）重点产业行业分析

1. 六大重点工业行业内部分化明显

2017年前三季度，上海市六个重点行业工业总产值17 039.88亿元，约占工业总产值的70%，其增速为12.1%，高于工业平均增速（9.4%）。六大重点工业行业中，汽车制造业增长23.0%，增长最快；其次是电子信息产品制造业，增长14.0%；生物医药制造业增长9.2%；成套设备制造业增长5.2%；精品钢

---

① 规模以上社会服务业企业，指年末从业人员在50人及以上或年营业收入在1 000万元及以上的法人企业。

材制造业增长 2.8%；石油化工及精细化工制造业增长 1.9%。从经济效益看（见图 2），2017 年前三季度，六大工业行业实现利润总额 1 641.32 亿元，占规模以上工业企业利润的 70%，其中：汽车制造业利润规模最大，其次是石油化工及精炼化工制造业、电子信息产品制造业、成套设备制造业和生物医药制造业，精品钢材制造业利润规模最小。从利润率指标来看，生物医药制造业和汽车制造业最高，为 14%左右，电子信息产品制造业利润率最低，仅为 3.4%。

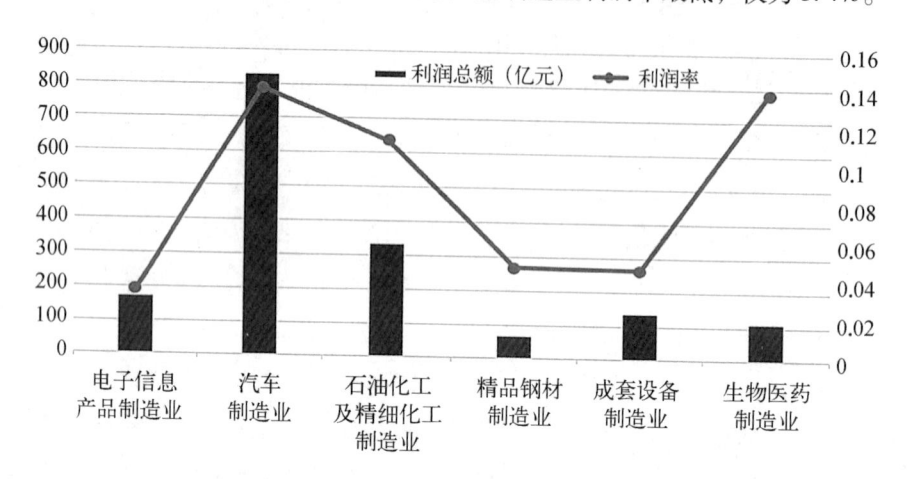

图 2　2017 年上海前三季度六大重点工业行业利润和利润率

数据来源：2017 年上海市统计局、国家统计局上海调查总队统计数据，http://www.stats--sh.gov.cn/html/sjfh/。

2. 战略性新兴产业发展势头良好

2017 年前三季度，上海市战略性新兴产业制造业完成总产值 7 524.05 亿元，占规模以上工业总产值的 30%。战略性新兴产业制造业比上年同期增长 7.9%，增速比上半年提高 1.1 个百分点，比上年同期提高 5.4 个百分点。其中，新能源汽车增长 27.9%，增长最快，但与上年同期相比下降 20 个百分点；其次是新一代信息技术，增长 12.3%；生物医药增长 9.2%；节能环保增长 6.9%；高端装备增长 5.0%；新材料增长 4.3%。战略性新兴产业可分为制造业和服务业，从 2016 年的情况看，全市战略性新兴产业增加值为 4 182.26 亿元，其中服务业和制造业分别占 43%和 56%，增速分别为 6.9%和 2.7%；战略性新兴产业增加值占全市 GDP 的 15.2%。

3. 金融和房地产行业发展回归理性

金融资本助力科技创新企业融资、避险，为科创企业做大做强提供坚实的后盾。全市存款余额稳步增长。截至 2017 年 9 月底，上海市中外资金融机构本外币存款余额 11.06 万亿元，比上年同期增长 4.6%；中外资金融机构本外币贷款余额 6.61 万亿元，增长 14.4%。上海银监局数据显示，截至 2017 年 9 月底，上海辖内科技型企业贷款余额达到 2 015.9 亿元，首次突破 2 000 亿元大关，比 2016 年末增长 24.4%；截至 2016 年 12 月底，上海银行业机构已设立 77 家科技特色支行、6 家科技支行，设立了 11 个专属的科技金融部门，科技金融从业人员达 1 788 人。截至 2017 年 5 月底，上海共有中小板、创业板企业 76 家，新三板挂牌企业 974 家。此外，截至 2017 年 5 月底，上海保险业共完成包括国核自仪、中国商飞、沪东中华造船在内的 44 个首台（套）保险项目，帮助"中国制造"走向世界。

房地产行业降温，价量齐跌。随着"沪九条""沪六条"等调控政策的相继出台，坚持"房子是用来住的，不是用来炒的"定位，一方面加强"类住宅"管理；另一方面，有序推进保障性住房供应，全市房地产调控取得一定成效。2017 年 1—10 月，全市新开工面积 2 089.96 万平方米，比上年同期下降 10.8%；销售面积 1 389.65 万平方米，比上年同期下降 37.6%。同时，房价也得到了有效控制，Wind 中国土地大全数据库显示，上海市 2017 年 10 月成交土地面积 43 万平方米，成交总价 82 亿元，楼面价 8 515 元/平方米，分别比 9 月下跌 75%、73% 和 11%（见图 3）。从 1—10 月房地产开发投资来

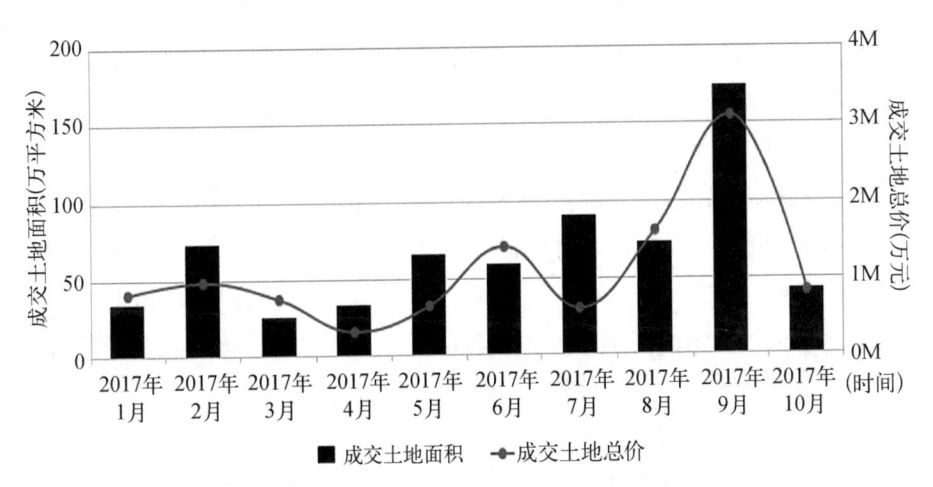

图 3 2017 年上海土地成交量和成交额

数据来源：Wind 中国土地大全数据库。

看，增速也在放缓，与上年同期相比，投资增速仅为3.7%，其中住宅增长7.3%、办公楼下降6.5%、商用房增长1.3%。

（三）重大战略推进情况

1. 科创中心建设："科+创"齐发力

（1）上海的科技实力显著提升。全国1/3的顶尖科研成果由上海创造。2016年，上海科研人员在国际顶级学术期刊上发表的论文数量占全国总数的1/3；超过1/3的国家高水平科技奖项花落上海；全国1/3的一类新药由上海研发创制。[①]

（2）以重大项目集聚创新资源。2017年以来，加快推进张江综合性国家科学中心建设，加快一批大科学装置落地，提升源头创新能力。大力推进上海光源二期及软X射线自由电子激光用户装置、活细胞结构与功能成像等线站工程、超强超短激光实验装置等大项目建设。积极推动重点科研院所集聚张江，与清华大学签署协议合建创新研究中心，建设量子计算实验研发平台。

（3）创新创业环境不断优化。上海研发费加计扣除税收优惠力度连续多年居全国第一，2016年全市享受扣除的企业有8 926家，同比增长31.38%；减免所得税额117.42亿元，同比增长15.12%。落户上海的外资研发中心累计达416家，占内地总数的1/4，居全国之首；在新产品产值和销售收入方面，外资研发中心占全市总额的比重超过50%。

（4）创新辐射带动作用显著。2016年，上海向国内外输出技术合同额占比达到69%，向外省市技术输出成交金额同比增长89.6%。2016年，上海科技创新相关领域实际对外投资共计85.7亿美元，同比增长57.4%，远高于上海企业对外投资总额。

2. 自贸试验区建设：制度持续创新

2017年9月发布的《中国自贸区发展报告（2017）》指出，上海自贸试验区历经4年的"先行先试"后，取得了显著成效，具体体现在四个方面：一是基本形成了以负面清单管理模式为特征的投资准入制度负面清单管理模式；二是基本形成了以贸易便利化为重点的贸易监管制度；三是基本形成了以服务实体经济发展为核心的金融制度；四是基本形成了由注重事先审批转为事中事后监管的政府管理制度。2017年以来，基本实现国际贸易"单一窗

[①] 《〈2017上海科技创新中心指数报告〉在浦江创新论坛上发布》，中国日报网，2017年9月25日。

口"自贸专区与上海国际贸易"单一窗口"3.0版的对接。自贸试验区金融改革，对实体经济发展提供了支撑。企业通过上海自贸试验区自由贸易账户获得的本外币融资总额折合人民币超过8 000亿元，降低了企业融资成本，提高了资金结转效率。2017年上半年自贸试验区继续推进"证照分离"改革，积极调整企业经营范围、登记范围，推行注册登记全程电子化、境外投资税制创新试点；推进融资租赁、国际船舶管理、文化贸易、增值电信等服务贸易开放。

三、当前经济运行存在的问题

（一）经济持续增长的基础还比较薄弱

2017年前三季度，占国民经济生产总值约70%的第三产业增加值增速出现回落，与上年同期相比，增速降低3.3个百分点。全社会固定资产投资在传统服务业批发和零售业、住宿和餐饮业全面均出现大幅下滑，分别为−48.7%、−42%，信息传输、软件和信息技术服务业也出现了12.9%的下滑。利用外资金额下降，合同外资、实到外资大幅下降。2017年1—5月，上海外商直接投资合同金额比上年同期下降46.2%；实到外资金额比上年同期下降7.3%；第二产业外商直接投资合同金额8.91亿美元，下降53.8%。

新旧动能还在转换中。受房地产长短期调控和长效机制的影响，全市房地产投资和销售仍将面临继续下行的压力；而六大重点工业行业和战略性新兴产业仍在调整中。

（二）新企业的创新力和老企业的竞争力均有待提升

本土制造业企业缺乏具有国际影响力的自主品牌，拥有自主知识产权核心技术的龙头企业不多，大部分核心技术、零部件和软件还依赖进口。上海是我国制造业和服务业发展的重镇，有众多百年以上的老品牌和曾经脍炙人口的传统品牌，也有不少受消费者喜爱的新品牌。但是，由于对品牌价值、品牌交易始终没有形成法规性的管理办法，相关市场体系建设不到位，对品牌维护还只是停留在评比、补贴、扶持上，没有通过市场的方式提升品牌的竞争力。

商务成本高企挤压实体经济生存空间。制造业企业受国内外市场冲击的影响，加之自身技术更新跟不上，一些企业"脱实向虚"，靠出租房产设备为生，或投资转向金融地产，获得高额回报，无形中增加了企业运行风险。

对于企业来说，用工成本高，特别是人才引进成本持续走高。对于人才来说，严苛的落户政策和高房价让他们望而却步。而且，个人所得税高企也不利于吸引海外人才。香港的个人所得税税率最高17%，内地最高45%，而且香港免税和扣除项目比内地多，因此一些海外高技能人才会选择在香港纳税，即使兼顾内地工作，也会优先选择距离香港较近的广州。

（三）制度性创新力度还有待进一步加强

自贸试验区对标国际最高标准，还有不小差距。以深化航运服务业改革创新为例，自2013年以来，上海自贸试验区内国际海上运输、国际船舶管理、国际海运货物装卸、国际海运集装箱站和堆场、国际船舶代理等领域的外商投资准入进一步放宽，市场活力得到激发。然而，在通关效率方面，中国在全球属于靠后位置，上海在全国也不靠前，现在自贸试验区通关效率比以往提高了50%，但与新加坡、美国、中国香港等国家和地区相比，仍然有很大差距。

在一些新领域关注度不够，制度创新不足。比如，随着"互联网+贸易"的新业态出现，跨境电商迅猛发展，然而在货物统计口径、退税报关政策、口岸管理集成管理创新等相应的软硬件建设相对不足和滞后，制约了新兴生产力的发展。

四、2018年经济运行形势的研判

（一）2017全年增速与上年持平的概率较大

经济增长领先指标合成指数一般能够反映之后1—2个季度的经济变化规律。根据上海经济领先指标合成指数的走势，笔者发现该指数在2017年第一季度出现上升，第二季度出现下降，第三季度再次出现回升的情况。由此笔者预测2017年第四季度单季GDP的增长速度与上年同期持平的可能性较大。上海二产在调结构与转型方面出现向好的迹象，增长回升较快，质量明显提升，制造业转型升级较为乐观。但上海经济稳定增长也带来潜在的负面影响，必须引起高度重视。总体上，2017年全年上海经济增长速度在6.6%至6.8%之间，与上年持平的概率较大。

（二）各种情景下2018年上海经济形势预判

经济运行除了遵循自身的规律外，还受到诸多外部环境和内部结构的影响。根据外部环境和内部环境的不同，笔者把2018年上海宏观经济增长趋势划分为基准、乐观和悲观三种情景。在不同的情节下笔者综合运用多个计量经济模型进行模拟预测。

1. 情景设定

在基准情景下，外部环境设定为：发达经济体的GDP增速与2017年前三季度持平；净出口保持平稳增长，美联储缩表加息，资本外流增大。内部环境设定为：消费稳步增加，工业投资和利润增速稳定。在乐观情景下，发达经济体的 GDP 增速好于预期，人民币汇率坚挺，受"一带一路"投资和全球市场回暖，净出口呈现增长态势。消费仍然是扩大内需的主动力，三产投资稳步提升。在悲观情景下，发达经济体的 GDP 增速低于预期，全球经济环境的不确定性增加，净出口呈现负增长。工业企业营业收入和利润继续下滑，房地产调控力度加大，防止实体经济脱实向虚，货币政策从紧。

2. 各种情景下上海经济形势预测

在各种情景下，2018 年上海经济主要变量的预测结果如表 1 所示：

表 1　2018 年上海主要宏观经济指标的预测值　　　　　单位：%

指 标 名 称	基准情景	乐观情景	悲观情景
GDP 增长率	6.9	7.2	6.5
工业增加值增长率	1	2.3	−2
第三产业增加值增长率	11.5	13	10
固定资产投资增长率（不含农户）	6.8	7.1	5.5
社会消费品零售额增长率	9	12	7.9
出口总额增长率	6	8	5
进口总额增长率	5	6	4
CPI 增长率	2.5	3	1.1
PPI 增长率	1.5	2	−1.3

注：数据均为同比增长率，预测的样本数据截至 2017 年 9 月。

通过采用马尔科夫状态转移等计量模型，结合三种情景下变量参数的不同设定，笔者大致判断，基准情形是大概率事件，发生的概率为 72.5%，乐观情景和悲观情景发生的概率分别为 15.2% 和 12.3%。

五、对策建议

2018 年，不仅是"十三五"规划的攻坚之年，也是党的十九大召开之后的第一年。中国特色社会主义进入了新时代，按照习近平总书记提出的"上海要继续当好全国改革开放排头兵、创新发展先行者"的总要求，加快全球影响力的科技创新中心建设，以更积极主动的心态和行动适应和引领经济发展新常态，力争在深化自由贸易试验区改革上有新作为，在推进科技创新中心建设上有新作为。上海需要坚持"四个稳定"，"稳"中求进；紧紧围绕"四个推进"夯实经济基础；持续推动技术创新和制度创新。

（一）坚持"稳"中求进

（1）稳定增长预期。上海是全国经济发展的方向标，建议把稳定增长预期作为宏观审慎管理的"重头戏"。其重点：一是稳定增长预期。如果低于6.5%的增长率，那么，可能会逆转国内外对我国经济发展的预期，进而产生连锁反应。二是稳定投资预期。当前，投资对稳定经济增长仍然是一个不可或缺的推动因素，其中民间投资的走势直接影响着未来的发展预期。三是稳定房地产预期。坚持"房子是用来住的，不是用来炒的"，在房地产投资、成交量下降的前提下，要防止"大起大落"，房价"大起"得到了有效遏制，需要警惕的是"大落"。四是稳定实体经济预期。如果实体经济困难的现状短期内不能有效扭转，实体经济企业的发展形势可能恶化。

（2）稳定外部环境。充分利用自贸区制度创新红利，微调财税政策，应对外部压力。一是"因地"调整企业所得税政策。结合结构性减税的推进，选择在自贸试验区内实施15%企业所得税率试点，与美国减税政策持平。二是"因企"调整企业所得税政策。对重点支持的战略性新兴产业、高新技术产业、研发、环保、新材料、新能源、新服务等行业的国内企业，适当放宽享受15%企业所得税率的范围。三是"因资"调整企业所得税政策。适当调整吸引外资的政策，如对外资研发中心、技术支持中心、战略运筹中心、转口贸易或销售中心等性质的企业，给予15%的优惠税率或其他税收减免措施。四是"因时"调整资本管制政策。重点是加大资本流入的开放力度，加强对资本流出和外汇流出的监管。

（3）稳定实体经济。建议高度关注实体经济企业主动收缩生产经营，形成低水平增长下微观均衡的现实。为此，一是加大加快企业降本减负。加大减税力度，清理取消各类收费，优化社保收缴，降低公共服务价格。二是加快政府职能转变。减少审批事项，缩短审批时间，统一审批标准，破除各种潜规则，为民间投资打开大门。三是加快提增民营企业家信心。重塑新型政商关系，保障企业家权利，包括知识产权、财产安全，使其能全心创业、安心发展、恒心安居。四是加快实施产业保护政策。对自主创新的技术、产品、服务等，设置 2—3 年的产业保护期，消除"谁创新，谁吃亏"现象。

（4）稳定金融发展。建议重点处理好金融改革创新中的"破"和"立"的关系。为此，一是管控好信贷资金的流向。改变金融"脱实向虚"的倾向，支持实体经济尤其是中小企业的投融资需求。二是管控好影子银行等表外业务。由于实体经济困难，大量资金堆积在银行，如果表外业务把握不好，风险不小。三是管控好中小银行及非银行金融机构风险。重点防范中小城市商业银行、村镇银行、小贷公司、担保公司等出现风险大面积爆发的情况。四是管控好金融创新风险。既要鼓励金融改革创新，又要把监管重点放在建立新业务的制度规范和监管标准上，严格控制金融机构过度的交叉投资，突破金融分业监管模式，对资管平台和同业业务平台实行统一监管。

（二）围绕"三个推进"做实经济基础

（1）推进"一带一路"桥头堡战略落实。四年多来，"一带一路"倡议得到了国际社会普遍认同，但仍然需要更多的发展成果来支撑。为此，一是建议按照"城市、园区、项目"的推进策略，在沿线各国打造一批境外的"浦东新区"，予以重点突破。二是建议推动各地与"一带一路"倡议的对接，使上海真正成为"一带一路"的支点城市和"桥头堡"，同时联动长三角城市群，发挥各自优势。

（2）推进改革开放不断深化。当前，改革开放进入深水区，也到了决胜阶段。为此，一是建议与中央部门协商，在中央统领、地方创造的机制下，发挥好地方改革创新的能动性，构建好地方权利义务的匹配性，调整好地方调控经济的灵活性，并加快国资国企改革。二是总结"1+3+7"各自贸区优势，取长补短加快改革创新的步伐。

（3）推进产业协调融合发展。目前，"脱实向虚"引起的结构形态虚高现象依然存在。为此，一是建议正确处理好一、二、三产的关系，不能顾此失彼，尤其是我国这样的发展中大国，没有制造业支撑是难以想象的。二是建议协调好三次产业的发展，过去是牺牲了农业搞工业，现在不能忽视了制造业搞服务业，这方面的教训是很多的，还是协调发展、融合发展为好。

（三）持续推动技术创新和制度创新

（1）解决好科技创新中科技与产业发展"两张皮"的问题。上海市科委通常注重对科研院所和企业研发部门的创新激励，而产业化不是其工作重点。上海市经信委则较为关注招商引资,从而容易造成投资导向而忽略创新导向,这就有可能进一步导致创新和创业企业不能得到有效的支持和帮助,造成的最终结果是创新成果转化和产业化之间的脱节。因此,如果这两大部门能够实现协同合力,将能兼顾科创环节的全产业链,从而更好地整合创新链和产业链。同时,还要进一步加强扶持合力的机制建设,在重点发展领域,以培育市场、培育企业为导向或主体,促进政策衔接、力量聚焦、协同创新。无独有偶,广东省深圳市、广州市协调科技发展和创新能力建设的部门是市科技创新委员会,既注重科研前端又重视创新发展后端。

(2) 加强高新技术园区和高端制造业园区的联动,促进创新产业链的有效连接。张江国家高新技术园区在生物医药和集成电路产业上具有技术优势。上海光源在生命科学和医药学研究中可以测定生物大分子结构。但这两项基础项目自身不具备经济效益产出能力,如果能结合一批新材料、生物医药、微电子领域的科技生产企业,必然会促使研发的产业化的共同推进。目前,各个园区基本上形成了自己特色的主打产业,有些侧重于研发,有些侧重于高端制造,接下来迫切需要做的是,建立园区之间的产业互通互联机制,提供服务保障,促使领军企业跨园区进行创新链整合,建立创新孵化平台,提升自身创新水平的同时,以点带面提升园区整体创新水平。

(3) 从激励机制上着手,充分发挥国有企业资本的优势。为激发国有企业的创新活力,上海早在2014年就发布了《关于在经营业绩考核中视同于利润和单列政策的操作指引(试行)》。然而,从最近几年高技术产业发展情况来看,存在国有企业大而不强、外资企业强而不为、民营企业长而不大的现象。而竞争性国有企业创新不足的原因,从根本上来说仍然是激励机制的问题。国有企业要实现创新跨越式发展必须走技术并购路线。国有企业不能像民营企业一样根据市场需要收购创新型企业,为企业注入创新要素。因为一旦收购并取得创新收益,一方面被收购企业的利润不能反映在企业账面上,反而会增加国有企业的成本,账面上表现为利润下降;另一方面,国有企业利润下降,而被收购企业的利润大增,有可能被界定为利益输送。如果收购但创新失败,则领导有可能面临国有资产流失的责难。总之,对于国有企业主管,收购创新企业,不论成败对自身均没有益处。相比来说,国有企业更愿意进行资本运作，但这样做的弊端是，资金必然会寻求利润高地，甚至进行炒作，而对企业自身的技术升级改造及创新产业链和生态链的形成，不甚关心。

（张兆安、邱俊鹏，《上海蓝皮书：上海经济发展报告（2018）》）

四大品牌建设，怎样从"打造"迈向"打响"

——张兆安研究员在上海图书馆的演讲

- 服务半径越大，说明服务范围越宽，服务能级越高，服务实力越强。纽约的华尔街、伦敦的金融城，其服务半径可以覆盖全球。现在，上海很多服务业发展的半径主要在本市。如果能服务到长三角、长江经济带、全国乃至全世界，才能跟卓越的全球城市功能相匹配。

- 用办文化事业的理念和方式去指导文化产业发展，或者简单地把文化事业产业化，其结果都不会理想。对于体制内的文化主体，关键在于形成创新意识、创新动力、创新机制，强化市场意识和竞争能力；对于体制外的文化主体，重要的是降低市场门槛、享受公平待遇、获得发展机遇。

2017年12月中旬，在中共上海市委举行的学习会上，中共中央政治局委员、上海市委书记李强明确提出要全力打响上海服务、上海制造、上海购物、上海文化四大品牌。这充分表明，上海按照习近平总书记提出的当好"改革开放排头兵、创新发展先行者"的要求，在新时代要有新使命、新作为。

对此，全市上下结合大调研活动，立足需求导向、问题导向、效果导向，"八仙过海，各显神通"地献计献策。这种整体氛围的形成，说明大家对全力打造四大品牌有共识，有动力，有激情，有行动。但是，从"打造"到"打响"，还需要具体行动。首先要进行体系化思考，然后进行系统化建设。

一、建设五个中心就是构建五大服务平台

站在新的历史起点，上海发展的目标是清晰的。到2035年，基本建成卓越的全球城市，令人向往的创新之城、人文之城、生态之城，具有世界影响力的社会主义现代化国际大都市；到2050年，全面建成卓越的全球城市，令人向往的创新之城、人文之城、生态之城，具有世界影响力的社会主义现代

化国际大都市。

何为全球城市？一句话，具有全球功能的城市。全球功能如何体现？关键在于城市的服务功能。服务功能有多大多强？核心在于服务能级、服务平台、服务产业、服务环境。

（一）服务能级的高低，关系到城市功能的能级

服务能级体现在哪里？从近处讲，应该按照中央对上海提出的服务长三角、服务长江流域、服务全国的"三个服务"要求，充分发挥现代化国际大都市强大的带动辐射作用。要当好排头兵、先行者，并且带动其他地区共同发展。从远处讲，要继续积蓄力量，提升能力，更好地服务"一带一路"倡议，更好地在全球配置资源，并且在全球经济发展中发挥更大的作用。

纽约、伦敦、巴黎等全球城市，就在世界范围内起到了集聚和辐射作用。这也是上海服务品牌的基本方向和最终目标。

例如，上海很多的金融要素市场都是服务全国的，证券市场也不例外。现在，上海自贸试验区开通了"沪港通"，说明服务的范围更大了，服务的能级也更高了。

（二）服务能级如何彰显，主要依靠的是服务平台

可以说，有多大的服务平台，就有多强的服务能级。平台在哪里？上海正在建设的五个中心，实际上就是五大服务平台。

在经济服务方面，要充分发挥上海的经济优势和各大要素市场的作用，在创新驱动、结构调整、产业升级等方面做好"三个服务"，尤其要服务于长三角产业合理布局和整体竞争力的提高；在金融服务方面，要为长三角、长江经济带以及全国提供全方位、高水准国际化金融服务；在贸易服务方面，要充分利用上海自贸试验区的契机，为更多城市以上海为桥梁和平台开展国内外贸易提供更好的条件；在航运服务方面，要充分发挥航运和航空两个国际枢纽港的作用，尤其要联合苏、浙两省的河海港口，建成以上海洋山深水港为载体、服务于整个长三角乃至全国的组合港；在科技创新服务方面，要创造更多可复制、可推广的经验，为推动经济高质量发展提供服务。

（三）服务平台如何发挥作用，依靠的是服务产业发展

目前，上海的服务业所占比重一直在70%左右，基本上形成了以服务经济为主导的产业结构。下一步，除了继续在内部开拓之外，我们不能故步自封，而要扩大服务半径。实际上，服务业发展的规模、水平与服务半径密切

相关。服务半径越大，说明服务范围越宽，服务能级越高，服务实力越强。纽约的华尔街、伦敦的金融城，其服务半径可以覆盖到全球。现在，上海很多服务业发展的半径主要在本市。如果能服务到长三角、长江经济带、全国乃至全世界，就说明服务业发展的半径越大，发展空间也就越宽广。这样，上海服务业发展才能跟卓越的全球城市功能相匹配。

（四）服务产业如何有效拓展，关键在于服务业发展环境

一个城市的服务能级高低，服务平台打造，服务产业发展，除了市场起到配置资源的决定性作用以及发挥好企业主体作用之外，还离不开这个城市功能发挥所依赖的制度环境。这个整体的制度环境，需要政府去营造。由此也就提出了这样一个问题：政府能够为上海服务业开拓发展提供什么？用近期经常讲的话来表述就是，制度供给能否跟上，政府服务能否到位至关重要。上海提出进一步优化营商环境，抓住了问题的本质。

二、形成产业品牌应成为第一个考量

一段时间以来，不少耳熟能详且引人自豪的上海制造品牌不见了踪影，不免让人感到惋惜。新时代，上海要进一步打造制造品牌，需要开辟新天地，需要注重形成四个层面的体系。

（一）第一个层面是产业品牌体系

党的十九大报告强调要构建现代经济体系。其中的一个重要内涵就是，要构建现代产业体系。从这个意义上来说，上海制造品牌首先应该是指产业品牌体系，也就是代表上海制造的总体品牌，如上海汽车、上海电气、上海航空航天、上海生物医药等。这是因为，有没有在全国乃至全球响当当的产业，对全球城市来说是非常关键的。从这个高度出发，如何培育和发展中国特色、时代特征、上海特点以及全球知名度的制造产业，进而形成上海制造的产业品牌，应该成为第一个考量。

（二）第二个层面是行业品牌体系

大家知道，经济社会越发展，产业分工越精细，市场空间就越多元。在每一个产业大类下面，事实上有很多细分行业。例如，重工业里面有钢铁、化工、装备等；轻工业里面有食品饮料、黄金饰品、文体用品等。如果产业层面暂时不"出挑"，那可以深入打造行业品牌。事实上，以前上海的制表、自行车等行业就是享誉全国的，具有很大的市场影响力；以老凤祥、老庙黄金为代表的上海黄金饰品行业，如今仍然风靡全国。

（三）第三个层面是企业品牌体系

在每一个细分行业中，都可以有一些代表性的品牌企业。很多品牌听上去是产品品牌，实际上更是企业品牌，在现实经济生活中，很多产品品牌和企业品牌是互相叠加、彼此交融在一起的。例如，光明的乳制品、老凤祥和老庙黄金的黄金饰品、恒源祥的羊毛制品、老大房的蛋糕，既是产品品牌，也是企业品牌。在这种情况下，产品品牌和企业品牌形成了相互支撑的局面。

（四）第四个层面是产品品牌体系

对消费者来讲，产品品牌是最直接的、最直观的。它涉及吃、穿、用、行等方方面面，直接关系到产品的市场影响力和占有率。从微观层面来说，缺少品牌的支撑，企业难免会少了底气，产品也会缺乏市场感召力。从宏观角度来看，产品品牌是一个城市重要的"名片"。有时候，记住了一些产品品牌，也记住了一座城市，如上海的南翔小笼包，天津的狗不理包子。

这四个层面的品牌体系，缺一不可，相互支撑，相得益彰。只有这样，上海制造品牌才能形成合力，才能形成更强的持久力。其中，还有两个问题很重要：

一是要抓好品牌培育。对于产业、行业、企业、产品这四个层面的品牌，中小企业要注重创新和培育，大型集团要注重谋划和聚焦，政府要注重服务和知识产权保护。

二是要抓好品牌传承。怎么传承？一种是在企业内部的上下承接和传导，另一种是在不同企业之间的转移和传导，也就是品牌产权的让渡。国内外不少品牌是通过"接力"得以延续的。同时，品牌"接力"的队伍要大、区域范围要广，要鼓励各类市场主体参与这场"接力"，而不要让老字号或著名品牌在"捂"的过程中慢慢销蚀掉。从这意义上说，应该以宽广的胸怀来寻找品牌的"接力者"。

例如，上海最早获得国家驰名商标称号的"霞飞"和"百雀灵"被外地企业买去；反之，上海的品牌"接力者"也可以购买外省市的品牌。通过双向或多向之间的品牌"接力"，尽管一些企业消亡了，但品牌得以生生不息。

三、"拎袋率"高低检验购物天堂成效

毋庸置疑，卓越的全球城市一定是购物天堂。对于这一点，大家已经有了共识。那么，如何打造上海购物品牌？以下四个方面的思考，可供大家一起探讨。

(一)上海购物的基础很好

目前,上海全球零售商集聚度达到54.4%,紧随伦敦和迪拜排名第三;知名品牌集聚度超过90%,消费品进口总额约占全国的30%。同时,2017年,上海接待国际游客入境者873万人次,接待国内游客3.18亿人次,再加上本市2400多万的常住人口,以及还要举办的2018年中国国际进口博览会,来自海内外的游客、消费者川流不息。在此背景下,上海打造购物天堂的资源丰富,基础很好,潜力很大,完全有能力打造成为闻名遐迩的购物天堂。

(二)上海购物出现了变化

这突出表现在:消费内涵变了,人们在基本需求得到满足之后,物质需求档次提高,精神需求逐渐增加;消费追求变了,除了大众化消费之外,多元化、个性化、便捷化成为消费的主流;消费方式变了,纯粹的购物被综合性消费所取代,实体购物被网上购物所替代。

例如,以前上海人喜欢到南京路、淮海路逛街并购物,但现在很多上海人选择在居家附近的大型购物中心消费,年轻人则更多地选择网上购物和消费。于是,一方面上海人属地化消费倾向明显;另一方面,以往那种上海大街上常见的"大包小包"现象少了。

(三)上海购物要实施分类指导

在上海购物的,无非是本地消费者、国内其他省市游客和国际游客三大群体。针对不同群体,应当进行分类指导,并且提供各自所需的商品以及购物场所。这就是上海购物的供给侧结构性改革。例如,能否准备好有品牌、有创意、有文化内涵、性价比高的上海特色产品以及物有所值的国内外各类商品?在这方面,南京路、外滩、城隍庙、陆家嘴等景点境内游客的"拎袋率"高低,就是一块试金石。又如,上海本地人的各类购物需求能否得到充分满足,很多新的购物消费需求能否被激发出来,也还有很多潜力可挖。

(四)上海购物要推进互动融合

核心是推动"购物+"的深度融合发展,即上海购物应与其他产业实现融合发展,以取得更大的效果。例如,购物可以与旅游、会展、文体等产业紧密结合。国外很多购物天堂,实际上就是建立在旅游业、会展业、文化体育活动蓬勃发展基础上的。

在上海购物品牌打造中,宣传推介也要增强,服务水平还要提高。2015年7月,上海开始实施境外旅客购物离境退税政策,并已设立了235家境外旅客购物离境退税商店，主要分布在外滩、南京东路、豫园、陆家嘴、浦东机场等购物商圈、中心商业街区、旅游购物景区、交通枢纽和涉外居住商业小区等。对此，上海本地人的知晓度还不算很高，无法发挥宣传的作用。

四、文化资源的梳理要体现整体性独特性

上海文化必然是一种大文化，并且会对经济社会发展起到重要的推动作用。上海文化的内涵应该体现出历史性、继承性、地域性、民族性和多样性；上海文化的外延应该形成历史与未来、传统与现代、独特与综合、继承与发展的结合。唯有这样，上海文化的亲和力、感召力、整合力、影响力，才能够得到充分彰显。

（一）把文化资源梳理出来

红色文化、海派文化、江南文化构成上海文化的三条主线。目前，红色文化资源的梳理比较到位。其他还有很多文化资源，如果进行体系化梳理，同样是十分丰富的。例如，上海的江河文化、民间民俗文化、商业文化、体育文化、休闲文化、中外移民文化、国际难民文化等，可谓精彩纷呈。当然，上海文化资源的梳理，既要体现整体性，又要体现独特性。

（二）把文化载体构建起来

上海的各类文化资源，都能够找到相应的载体。例如，文学艺术方面有众多的名人故居、文化遗迹、文化名人街、中外文化交流重要场所以及文化名人留下的优秀成果等；建筑文化方面有外滩建筑、优秀近代建筑保护单位、早期的领事馆建筑、宗教建筑和早期的花园住宅，以及郊区的古镇建筑等。

（三）把文化产业发展起来

上海文化如何得以发展延伸？一个重要的途径是，通过形成产业得以延伸，这就是文化产业发展的意义所在。下一步，文化与文化产业的联动还需要从多个方面着手：比如，强化海派文化的概念，策划实施增强认同感和感召力的方案；全市经济社会发展战略中，融入文化理念和文化发展的内涵；城市形态的调整，既要研究文化内涵的注入，也要考虑文化产业发展的需要；结合产业结构调整、创意产业及都市型产业发展，构建完善文化产业园区、文化产业楼宇，吸引国内外文化企业向上海集聚。上海出台的"文创产业50条"，对文化产业发展一定会起到重要的推动作用。

（四）把文化主体培育起来

在文化产业发展过程中，文化主体的培育十分重要。尤其是，文化主体的多元化，直接关系到文化产业发展的内涵、规模、结构、水平。要厘清什么是文化事业、什么是文化产业。在一些情况下，文化事业和文化产业的边界不甚清晰，很容易把文化事业和文化产业的主体搞混了，往往会用办文化事业的理念和方式去指导文化产业发展，或者简单地把文化事业产业化，其结果都不会理想。因此，有必要严格界定文化事业和文化产业，并且按照各自的规律得到发展。

进一步来看，文化主体不仅应该包括各级政府、各类企事业单位，还应该包括市内外、国内外以及不同所有制、不同营运模式的文化主体。没有文化主体的多元化，就不会有丰富多彩的海派文化。其中对于政府主体来讲，关键在于放松管制、积极引导、减少审批、提高效率；对于体制内的文化主体来讲，关键在于形成创新意识、创新动力、创新机制，强化市场意识和竞争能力；对于体制外的文化主体来讲，重要的是降低市场门槛、享受公平待遇、获得发展机遇。

总之，尽管还有很多工作要做，但在市委、市政府的领导下、在全市上下的努力下，打响四大品牌的目标一定会实现。上海的全球城市功能一定会因此得到充分体现。

（张兆安，《解放日报》2018年3月13日）

打造开放新高地要只争朝夕

近日,上海"扩大开放100条"发布,可谓"一石激起千层浪"。如今,上海又一次站在了我国深化改革和扩大开放的潮头。

上海,历来因开放而生、因开放而兴、因开放而立、因开放而强、因开放而服务好国家重大战略部署,也因开放而闻名遐迩。

回顾改革开放40年来,上海在扩大开放的很多方面都走在了全国前列,起到了第一个"吃螃蟹"的示范作用。往远的说,全国第一例土地批租、第一个海关特殊监管区域和保税区、第一个出口加工区、第一个保税交易市场,第一家外资银行、第一家外资保险公司、第一家合资基金管理公司,第一家中外合资汽车企业、第一家中外合资商业零售企业、第一家中外合资物流企业、第一家合作办学项目等;从近的看,全国第一个自由贸易试验区、第一个金融业对外开放先行先试城市、第一次承办2018年中国国际进口博览会等。凡此种种无非说明,开放是上海最大的优势、最强的功能、最鲜明的特质、最核心的竞争力。

目前,尽管国际政治经济形势复杂多变,国内经济也在加快创新转型,但扩大开放仍然是我国的基本国策,正如习近平总书记在博鳌亚洲论坛上所宣布的"中国开放的大门不会关闭,只会越开越大",扩大开放重大举措"尽快使之落地,宜早不宜迟,宜快不宜慢"。

面临新时代、新形势、新要求、新使命,上海在国家新一轮扩大开放的大格局中,应该而且可以先走一步,跨越一步,率先构建成为我国新一轮全面开放的新高地。同时,通过积极探索,先行先试,积累经验,复制推广,为全国建设开放型经济新体制做出应有的贡献。这也是上海当好全国改革开放排头兵,创新发展先行者的重要内涵。

上海"扩大开放100条",明确了5个方面、20项任务、100条举措。其中,有34条需要进一步争取国家支持,约占全部开放举措的1/3,还有约1/3的开放举措为上海独有。这充分表明,上海要在贯彻开放新理念、增创开放型经济新优势、构建全面开放新格局上勇当排头兵。

这个全面开放新高地，在制度建设上，要成为与全面开放相适应的改革创新试验区；在开放内涵上，要成为探索开放型经济新体制的压力测试区；在政府服务上，要成为营商环境持续优化的先行区；在服务国家战略上，要成为服务长三角、服务长江经济带、服务全国"三个服务"的承载区；当然，也要成为服务国家"一带一路"倡议、推动市场主体"走出去"的桥头堡。

打造全国新一轮全面开放新高地，需要上海把扩大开放与卓越的全球城市建设紧密地结合起来，与"五个中心"建设紧密地结合起来，与自由贸易试验区建设紧密地结合起来，与提升上海城市能级和核心竞争力紧密地结合起来，与实施和服务国家战略紧密地结合起来。

今天，上海打造全面开放新高地的帷幕已经正式拉开，接下来，应该是"撸起袖子加油干"了。

首先，要尽快地落实好国家统一实施的开放政策，争取率先落地项目。这需要只争朝夕的精神和分秒必争的行动。其次，要积极争取国家的进一步支持，争取先行一步试点。通过先行一步的试点，抢占先机，发挥示范带动作用。再次，要对国家还在探索研究中的开放举措，主动争取进行压力试验。上海自贸试验区建设的经验表明，以敢为人先的决心和勇气，通过大胆试、大胆闯、自主改，就能够获得新突破、新进展、新成就。此次的扩大开放举措，上海同样需要进行积极的探索。最后，全市上下，各个条线，各个领域，都要找准定位，明确任务，落实责任，加强协作，制定任务清单和时间表，通过共同努力，率先把上海建设成为全国新一轮全面开放新高地，为全国新一轮全面开放做出新贡献。

（张兆安，《解放日报》2018年7月16日）

2019 年

文旅融合发展应当"精益求精"

——张兆安研究员在上海市文旅局中心组扩大学习会的演讲

● 目前,来沪游玩的人主要活动在南京路步行街、外滩、豫园、陆家嘴、新天地以及迪士尼、七宝镇、朱家角镇等,很多其他景点还没有得到充分开发和利用。新形势下,有必要对全市旅游景点进行归类细分、突出主题,打造更多的品牌景点,让上海"行行能旅游,处处有景点"。

● 推动旅游业高质量发展,除了国内外游客规模增长之外,还应当把国内外游客人均消费水平提升作为主要目标和考量指标。要分析国内外游客支出结构的变化情况以及影响人均消费水平提升的主要因素,进而有针对性地采取措施,来一次旅游业的供给侧结构性改革。

上海正日益彰显社会主义现代化国际大都市的内涵和品格。这是一个历史过程,需要不断努力和锻造。放眼全球,凡是世界著名城市,一般都具有文化旅游大都市的特质。仅从这个角度来看,上海有必要拿出"四份文化清单"。

一是梳理文化资源,推出资源清单。从文化资源的角度来看,上海的红色文化资源梳理得比较充分,海派文化和江南文化还需要进一步梳理;中心城区的红色文化、海派文化特色比较浓郁,郊区的江南文化更加突出。只有把文化资源梳理清楚了,才会知道上海文化发展的基础是什么、与其他省区市相比优势在哪里,以及需要突出发展哪些领域。

二是构建文化载体,列出载体清单。文化资源的外在形式,就是各种各样的载体。例如,红色文化中的中共一大、中共二大会址,海派文化中的外滩建筑群、文化名人故居,江南文化中小桥流水的古镇,等等。又如,有的名人也许没有故居,但他的著作也是一种载体。有了这些载体,文化就能够展现出来,也能够站上文化的制高点。

三是发展文化产业，排出产业清单。有了文化产业或文化事业，很多优秀的文化才能够延续下来。有的地方戏曲没了演出、没了观众，就失去了生命力。当然，文化产业和文化事业需要按照各自的规律走。

四是培育文化主体，形成主体清单。与一般的产业领域相比，文化主体更加复杂。从类型来看，有产业主体，也有事业主体；从所有制来看，有国有、集体、民营、外资乃至个体；从形式来看，除了事业单位和文化企业之外，还有很多专业化的工作室、文化个体户等。这些文化主体的培育发展，不能套用一种模式，而需要分类指导，制定相应的配套政策和措施。

一、国内外游客"拎袋率"高低，是一块真正的试金石

近年来，我国掀起的旅游大潮令人叹为观止。顺应这一趋势，上海应当按照"吃住行游购娱"六个要素补齐短板，推动文旅更高质量发展。

在上海，"吃"的方面归纳起来有国内外风味和本地特色美食两大类。但要让国内外游客可以便捷地、直观地了解上海"吃"的内涵，甚至形成不"吃"什么不算到过上海的心理，还需要认真提炼、总结。实际上，"吃"是需要引导的。引导得好，可以激发消费。

上海"住"的容量，总体上可以满足国内外各类游客的需求，但结合自助游和家庭游的趋势，上海在"住"的效应方面还有很大潜力可挖。例如，近年来上海周边地区搞得轰轰烈烈的民宿经济，吸引了很多客源。实际上，星级宾馆主要是住宿功能，民宿则往往兼有"住宿+旅游"的功能。长期以来，上海人形成了"不出上海不叫旅游"的固化概念。如果这种观念得以改变，那上海人和国内外游客就有望共同支撑起本地民宿经济的发展。

对上海来讲，"行"基本上不成问题。如今，上海的对外、对内交通已经形成立体化、网络化、便捷化、枢纽型的整体格局。但是，也有进一步完善的要求和空间。例如，通过增加航线航班密度，进一步增强交通的枢纽功能；通过精心组织和周密安排，进一步应对好特定时期大客流对交通的影响；通过采取各项政策措施，进一步缓解特定时段和区域的市内交通拥堵。一句话，就是解决好"精益求精"问题。

上海"游"的资源不少，但有待进一步梳理与合理布局。目前，来沪游玩的人主要活动在南京路步行街、外滩、豫园、陆家嘴、新天地以及迪士尼、七宝镇、朱家角镇等，很多其他景点还没有得到充分开发和利用。新形势下，有必要对全市旅游景点进行归类细分、突出主题，打造更多的品牌景点。例

如，城市景观旅游的夜景、建筑、桥梁等，历史民俗旅游的古镇、传统节日、保护建筑、弄堂民居等，水上观光旅游的江景、海景、河流、湖泊等，文化积淀旅游的博物馆、纪念馆、图书馆、寺庙教堂等，产业拓展旅游的工业、农业、金融、新兴服务业等，休闲娱乐旅游的主题公园、各种娱乐载体，等等。如此，让上海"行行能旅游，处处有景点"。

上海在"购"的方面还存在短板，这意味着未来的增长空间很大。当前，上海全球零售商集聚度达到54.4%，紧随伦敦和迪拜，位居全球第三。其中，知名品牌集聚度超过90%，消费品进口总额约占全国的30%。2018年，上海接待国际旅游入境者893.71万人次，接待国内旅游者33 976.87万人次，再加上超过2 000万的常住人口，可谓人流不息、熙熙攘攘，购物潜力巨大。针对国际游客和国内游客两大群体，有必要提供更丰富的商品及购物场所，包括打造更具创意、更有文化内涵、性价比高的上海特色产品等。从这个角度来看，国内外游客"拎袋率"高低，是一块真正的试金石。

至于"娱"，更是大有文章可做。上海聚集了丰富的文化资源、演艺团体、大小剧场以及其他各类文化娱乐载体，可以为国内外游客的文化娱乐活动提供支撑。例如，《时空之旅》演出吸引了不少国内外游客的眼球，近年来冒出来的小剧场演艺活动也日益受到追捧。除了浦江夜游之外，上海的夜间经济发展空间很大。夜间经济的一个重要内涵就是，为国内外游客提供喜闻乐见的各类文化娱乐活动。

二、发掘注入文化元素，避免旅游内容和产品同质化

一定程度上讲，文化即旅游，旅游即文化。在文化资源和文化载体中，包含着很多的旅游因子；反过来，在很多情况下，每一次的旅游活动也是一次文化熏陶和文化活动。

例如，对于世界各国的著名建筑，有人去观赏，表面上是旅游活动，实际上也是文化熏陶。我们去黄浦江夜游，看的是建筑、江河，也是在看人文；去古镇游览，也就看到了乡土文化。这些都是一种文化行为、文化活动。

认清了文化和旅游的关系后，文旅融合发展的连接点就会相对容易地找到，文旅融合发展的效应也就能够进一步放大。

一方面，要把文化资源转化为旅游载体。以往，我们不仅常常会把文化和旅游分割开来，而且非要分清楚哪个是文化的、哪个是旅游的，甚至还有人觉得文化的档次比较高、旅游的档次比较低。这样，就很容易进入一个认识误区。

实际上,很多情况下文化和旅游密不可分、相互交融。例如,巴黎的卢浮宫是一个文化圣地,但其实也是一个旅游载体。世界各地游客到了巴黎都要去参观卢浮宫,还有北京的故宫、纽约的大都会博物馆、伦敦的大英博物馆等,都有异曲同工之处。又如,很多犹太人来上海后,都要去参观虹口的犹太人纪念馆,也是同样道理。

在现实生活中,有的文化资源"束之高阁",有的文化场所"门可罗雀",说到底与文旅分割密切相关、与文化资源没有转化为旅游载体密切相关。因此,如果把"文化即旅游,旅游即文化"这个关系想明白了,很多文化资源和文化场所就能够转变成为鲜活的旅游载体,不仅使得旅游内涵和旅游项目更加丰富多彩,也能够使上海的城市魅力得到更好彰显。

另一方面,要在旅游发展中植入文化的元素。国内外的实践反复证明,文化内涵的注入,能够使旅游品质得到有效提升。文化元素对旅游发展的影响是全方位的、多环节的,可以体现在"吃、住、行、游、购、娱"各个环节。在推动旅游业的发展过程中,发掘和注入文化元素,可以把更多的文化内涵、文化符号、文化特质贯穿于各个旅游景区、景点,避免旅游内容、旅游产品的同质化,突出差异化和品牌化。

对于上海来讲,关键是要把红色文化、海派文化、江南文化的各种元素进一步融入旅游业发展中去,精心打造更多体现上海文化内涵、城市精神、人文精髓的特色旅游项目、旅游产品、旅游线路,充分激发上海文化的生命力、影响力、创造力、感召力,并且从整体上带动旅游业发展提质增效。

同时,可以创新思维、扩展视野,打造"旅游+演艺""旅游+影视""旅游+文博"和"旅游+文教"等一系列具有鲜明特色的文旅业态和产品。

总之,上海旅游业发展取得了积极成效。下一步,推动旅游业高质量发展,除了国内外游客规模增长之外,还应当把国内外游客人均消费水平提升作为主要目标和考量指标。要分析国内外游客支出结构的变化情况以及影响人均消费水平提升的主要因素,进而有针对性地采取措施,来一次旅游业的供给侧结构性改革。

三、文旅融合发展提升城市影响力、感召力和传播力

文化和旅游的融合发展,可以为上海建设社会主义现代化国际大都市添砖加瓦、增加成色。当前,首要的是为上海建设"五个中心"提供好服务。

如何服务"经济中心"？一要增强硬实力。这主要看文创产业和旅游业发展的增加值、销售收入、增长速度等在上海服务业乃至全市经济发展中的比重。二要提升软实力。尽管有很多因素影响城市的影响力、感召力、传播力，但文化和旅游是十分重要的因素。一定程度上甚至可以说，文旅融合发展是一个先导因素。

如何服务"金融中心"？一是增加金融消费规模。文化和旅游发展，能够带来大规模的人流和物流，进而形成金融消费流。二是积极传播上海的金融文化。作为现代服务业重要组成部分的金融业，同样离不开文化积淀、形象塑造。例如，在银行博物馆，人们可以充分了解金融业的发展脉络。

如何服务"贸易中心"？一是壮大对外贸易。随着上海乃至我国对外贸易结构的优化调整，服务贸易的作用越来越凸显。上海的文创产品、项目以及旅游产品、服务的进出口，都是服务贸易发展的重要组成部分，对稳定壮大出口具有特殊意义。二是拓展对内贸易。如今，文化博览交易、旅游会展交易已经成为上海对内贸易的重要组成部分。同时，大规模的文化活动和国内外旅客，还能带来一系列的贸易活动与经济发展实效，值得进一步挖掘潜力。

如何服务"航运中心"？一是有大规模的航运客源。除了货物和集装箱之外，大量的海内外游客进出上海，使得上海国际航运中心的空运、海运、陆运等客源充沛，航运市场潜力喜人。二是有丰富的客源结构。上海文化和旅游的发展，吸引了愈来愈多国家和地区的游客纷至沓来，不仅促进了国际社会对上海和中国的了解，也带来了一系列市场机遇。

如何服务"科创中心"？科技创新无处不在，文化和旅游也应占有一席之地。一是文旅融合发展需要增强科技含量。例如，一些文创领域只有得到科技的支撑，才能提升产业能级；旅游业利用科技手段，可以孕育更多新业态。二是科技创新需要注入文化元素。例如，一些设计领域的科技创新，如果注入更多的文化元素，就可以从理念到成果上获得更多认同。

当然，文旅融合发展服务上海"五个中心"建设，还需要继续从其他几个方面着力：

其一，进一步增强文旅融合发展重要性的战略共识，切实提升文旅产业的战略地位，形成文旅产业发展的全市合力；

其二，进一步对文旅融合发展进行系统性谋划和推进，根据城市特点、资源禀赋、产业支撑等要素，从"点、线、面"对文旅产业进一步聚焦、提炼特色；

其三，进一步推出一些文旅融合发展的新主题、新平台和新载体，尤其要结合上海三项重大任务和进博会重大平台建设、共建"一带一路"等，为上海服务长三角、服务长江经济带、服务全国等做出新贡献；

其四，进一步推动文旅产业和其他产业的融合发展，形成新的生产力。

（张兆安，《解放日报》2019年12月10日）

加快构建适合上海营商环境发展的评价指标体系

营商环境是一个国家或地区经济软实力和竞争力的重要体现。2018年6月中共上海十一届市委四次全会提出，上海要面向未来面向全球提升城市能级和核心竞争力，必须"打造国际一流的营商环境，深化'放管服'改革"。改善营商环境离不开合理有效的营商环境评价。国家统计局服务业司2018年初对上海黄浦区和浦东新区进行营商环境调查，并作为世界银行评价中国营商环境的样本。目前上海对本地营商环境"底数"的掌握，以及对标和评价，也主要是基于国家统计局的这份调查结果。在《2019世界银行营商环境报告》中，中国总体排名比2018年跃升了32位，上海为此做了全方位的努力。成绩不容置疑，但问题依然存在。经过前期与企业和相关部门座谈发现，目前上海在对营商环境的评价中，仅依靠国家统计局的调查尚不能全面反映上海的营商环境，还需要进一步构建适合上海营商环境发展的指标体系，完善相关制度，做足长板，弥补短板，更有针对性地加快推动营商环境改善。

一、当前上海营商环境评价存在的问题

（一）关键性指标缺失

2018年国家统计局设计的营商环境问卷主要涉及七个方面，分别是企业基本情况、企业开办、获得电力、获得信贷、不动产登记、用水报装、用气报装。但从上海经济运行的实际情况看，改善营商环境不仅应当包括企业开办的便利化，而且更重要的是，应当体现不同类型企业之间的公平竞争环境，减少或消除企业营商活动中存在的各种"玻璃门""弹簧门"等。即便借鉴《世界银行营商环境报告》中的指标体系也难以涵盖上海营商环境发展的全部内容。为此，亟须构建一套比较完整的又能客观反映上海营商环境的评价体系。

（二）调查对象的代表性不强

国家统计局在2018年初对上海黄浦区和浦东新区进行了调查，以此作为

世界银行《营商环境报告》评价中国的数据子集（样本还包括北京）。从开展调查的情况看，调查对象的代表性不够强，不能全面反映实际的营商环境。具体表现在：

一是调查对象多为用电、用气的工业企业，这对于服务业占比达到70%的上海而言，不具有代表性，尤其是对于黄浦区等中心城区，服务业或者服务经济占比可能接近90%，理应在调查对象中适度增加服务业企业占比。

二是仅以内资企业为调查对象不能全面反映上海的多种所有制企业并存的情况。企业的开办、获得电力、获得信贷、不动产登记、用水、用电均以内资企业为调查对象，上海的外资、港澳台资占比较高，目前的调查对象不能全面反映上海不同资本属性企业的营商环境变化。

三是仅调查小微企业的授信不能全面反映不同规模企业的情况。在获得信贷方面，调查对象为2017年底前完成有抵押物贷款的最新50户授信小微内资企业。调研发现，近年来针对小微企业的信贷出台了大量的金融政策，反倒是中小型企业成为政策的"夹心层"，在规模和政策两个方面都不占有优势。

（三）领导部门组织协调性不足

上海市2017年底出台《上海市着力优化营商环境，加快构建开放性经济新体制行动方案》，黄浦区、浦东新区等区基本上都有自己的实施意见，市发改委、税务局、市商务委、市工商局等对标世界银行营商环境测评指标出台了一批改革举措，也取得显著的成绩。但总体上在政策的系统性和组织的协调性上还有待改进。主要表现在：一是各部门从各自部门利益出发制定行动方案，缺乏与相关部门的协同和配合，比如数据的共享和政策的衔接方面。二是没有统一的协调组织，还导致部门之间相互推诿，一些初衷良好的政策迟迟不能落地。三是对营商环境没有有效的评估跟踪考核机制，落实部门的工作积极性不高。

二、构建上海营商环境评价体系的若干对策建议

上海正在加快建设国际经济、金融、贸易、航运中心，建设具有全球影响力的科技创新中心，迈向卓越的全球城市，对标国际最高标准、最好水平，着力打造国际一流的营商环境，不断增强城市吸引力、创造力和竞争力，继续打响"四个品牌"，加快构建更高层次的开放型经济新体制。在这个大背景下，上海营商环境的内涵和外延也有所不同。为此，加快构建适合上海营商环境发展的评价指标体系就显得尤为必要。

（一）完善上海营商环境评价指标体系

首先，营商环境的评价应该从企业的获得感的视角来指标。《世界银行营商环境报告》涉及的10个指标涵盖了从企业的孵化孕育到破产注销的全生命周期。应该以此为借鉴在现有统计的基础上，增加体现融资、运营和容错处理的指标。其次，营商环境应该是一个系统。营商环境应囊括企业全生命周期所需的要素支撑和外部环境，尤其应突出上海在契约意识、诚信水平、市场监管等方面的优势，还应注意到这些因素是彼此关联、互相促进的，要梳理关键性因子作为核心指标。最后，营商环境应该是制度集合。营商环境涉及企业生存和发展外部环境的制度集合，应包含公平竞争的市场环境、积极服务的政务环境、有法可依的法治环境等各方面的制度保障。

具体到指标设计上要确保两个方面：

一是保证指标的完备性。上海作为世界银行评价中国营商环境的代表性城市，至少要在指标体系上无一遗漏。企业启动、融资、运营和容错四个方面必不可少。融资阶段的获得信息和少数投资者保护、运营阶段的跨境贸易和纳税、容错处理阶段的合同执行和破产办理，都是全面评价上海营商环境的重要指标，建议列入上海营商环境评价指标体系。

二是确保调查对象具有代表性。应该建立覆盖服务业、内外资企业和大中小型企业的抽样调查体系，抽样比例和指标权重可以按照行业增加值占比、所有制企业总规模占比、企业增加值份额来设计。在调查用电、用气情况时候，不应该仅限于工业企业，而应该要面向包含服务商贸流动企业。在调查企业的开办、获得电力、获得信贷、不动产登记、用水、用电等情况时，也不应该仅限于内资企业，而应该覆盖外资和港澳台资企业。在调查企业授信情形时，也不能仅限于小微企业，而应该涵盖中小企业和规上企业。

综上考虑建议新的指标体系应包括以下一级指标（括号内为二级指标）：企业开办（企业登记所需办理的程序数、所需天数、成本占比、实缴资本下限）、施工许可（许可程序数、所需天数、成本占比）、获得水电气（程序数、时间和资金成本）、获得信贷（程序数、时间和融资成本）、纳税便利（年纳税次数、时间成本、年缴纳税费）、跨境贸易便利（进出口提交文件数、时间和资金成本）、合同执行（契约意识、诚信水平）、办理破产（破产启动程序数、天数）。除了这些常规性的指标，还应该囊括：市场环境（政府招投标项目中标企业的分布、获得政府补贴的企业分布)、政务环境(政策稳定性、信息披露、企业反馈问题的渠道、政府回应的速度)、法治环境(股东诉讼指数、纠纷调解指数、产权保护、司法效率)。

(二)政府部门牵头做好数据收集、整合和共享

从数据的可得性来看,大部分的二级指标数据可在世界银行数据库、OECD数据库、中国国家统计局(城市数据板块)、中国城市统计数据库、上海统计年鉴和上海市统计局网站上获取。但是仍有一些数据需要政府部门提供,尤其是对于之前没有统计的数据,更要统计局安排统一调查才能获取。因此,建议由市委成立营商环境专门小组,统筹发改委、商务委、经信委、统计局、税务局、人社局等各部门打通数据收集和共享渠道,为社会研究机构提供必要的数据支持。

(三)构建指标体系研究、发布和后评估机制

一是以课题形式组织社会科研力量研究指标体系。结合上海面向全球的城市营商环境内涵和要求,向高校、研究机构发布课题,深入研究符合上海发展现状和未来趋势的营商环境指标体系。二是市发改委牵头组织制定营商环境考核方案,通过绩效考核评价对既定目标进行改进考核。三是政府根据第三方的评价体系,定期发布上海营商环境白皮书。一方面,在全市范围内为各部门提升营商环境工作提供指引;另一方面,为全球主要节点城市之间对比提供可比的评价指标,寻找差距、补齐短板。

(邱俊鹏,《上海社会科学院新智库专报》,2019年)

以新兴奋点、新增长点、新支撑点引爆未来

中共上海市第十一届委员会第八次全体会议提出"要把招商引资、促进投资与培育壮大发展新动能紧密结合",具体来讲:要配强招商力量,紧盯大项目、好项目,加强统筹协调,推动重大项目落地;瞄准具有高成长性、高附加值、关键核心技术的产业方向,持续加大投入,大力提升产业基础能力和产业链水平;传统优势产业要提升能级,战略性新兴产业要培育成势,重点区域要聚力突破,加快形成新兴奋点、新增长点、新支撑点。

对照上海实际情况,这确实是触到了"要害处",抓住了"关键点",对引爆未来具有十分重要的现实意义。

新动能不会自然而来,也不会一蹴而就。一般来说,新动能的培育形成和发展壮大,主要通过两种途径。一是通过对传统动能的更新改造和转型提升,进而形成新动能。在这个过程中,需要包括硬件和软件的投入,没有投入,传统动能不可能转换为新动能。二是通过直接的产业发展新投资,形成新动能。从中可以看出,无论选择哪一种途径,都离不开投资。投资哪里来?其中一个重要环节,就是招商引资工作。因此,把招商引资、促进投资与培育壮大发展新动能紧密结合起来,才能起到"一箭双雕"的效果。同时,这种结合也与加快形成新兴奋点、新增长点、新支撑点密切相关。

上海经济发展的历史经验表明,培育壮大发展新动能往往离不开新兴奋点的铺垫和引领。这些新兴奋点,可以是具有决定性意义的重大改革和战略举措,也可以是具有显著标志性意义的载体、产业、项目等。远一点来讲,如浦东开发开放、设立上海证交所、洋山港建设、世博会,以及一系列上海在全国首创的案例;近一点来看,如"三项新的重大任务"和进博会,以及张江科学城建设、全力打响"四大品牌"、"一网通办"、特斯拉超级工厂等。这些新兴奋点,都是"牵一发而动全身"的,不仅有利于招商引资和促进投资,更有利于培育壮大新动能。

新兴奋点形成了，就可以为形成新增长点打好基础。应该说，每一个历史发展阶段，都需要形成新的经济增长点。例如，随着上海产业结构不断调整，制造业得到了优化组合，服务业则异军突起，成为很长一段时期内上海经济发展的新增长点，至今服务业比重连续多年保持在70%左右。下一步，上海经济发展仍然需要形成新增长点，这些新增长点不仅需要符合上海未来发展的方向和目标、符合产业和技术发展的趋势，而且应该做到"点、线、面"结合，当然，能够"横向到边，纵向到底"最好。

新增长点的形成，实际上也需要新支撑点的发现和培育。对上海未来发展来讲，新支撑点不是"胡子眉毛一把抓"，也不是"小打小闹"，而应该是关系着全局，关系着格局、关系着创新、关系着未来。如有这样的战略思考，形成新支撑点可以抓住四点：一要"大"，紧盯大项目、培育大产业、构建大基地。二要"高"，围绕高附加值、高成长性、高技术尤其关键核心技术产业做文章。三要"新"，新产业、新行业、新业态、新技术、新模式、新服务、新人才等，都需要去持续追寻。四要"好"，好项目、好产业、好载体、好制度、好政策、好环境，一系列的"好"，才能有利于形成新支撑点。

（张兆安，《文汇报》2019年12月30日）

2020 年

上海经济运行特点与
短中长期施策重点

2018 年以来,受扭曲性贸易措施和不确定的政策环境影响,全球商品贸易和投资增长明显放缓,正在拖累整个经济活动。世界银行预测亚洲经济增速预计 2019 年和 2020 年将分别放缓至 5.0%和 5.1%,尤其是制造业。目前,上海经济前景面临诸多外部风险,主要发达经济体宽松的货币政策可能会影响国内资本市场的稳定性,对上海的影响首当其冲。中美贸易紧张局势可能进一步深化,受油价上涨以及英国"无序脱欧"的影响,主要贸易伙伴增长弱于预期。与此同时,国内经济增长的新旧动能转化还没有完成,实体经济疲软,资本市场、房地产和货币政策传导机制梗阻仍是潜在的风险因素。面对复杂多变的外部环境,以及国内市场多重掣肘,上海如何稳住经济基础,保持改革定力,实现更高质量发展,建成令人向往的创新之城、文化之城、生态之城,这是一个既具有挑战又富有意义的命题。

一、上海经济运行态势分析

上海作为全国改革开放排头兵、创新发展先行者,加快建设"五大中心"、全力打响"四大品牌",正在以高质量发展的目标引领经济社会稳步发展。下面我们从经济基本面和消费、战略性新兴产业、贸易、实体经济四个突出方面对当前上海经济发展的态势进行分析。

2019 年前三季度,上海市完成生产总值 25 361.20 亿元,比 2018 年同期增长 6%(按可比价格计算),下降了 0.6 个百分点,是 2014 年以来回落最大的一年,第一季度(5.7%)、第二季度(5.9%)累计增速有所回升。其中,第一产业增加值 60.09 亿元,与 2018 年前三季度相比(按可比价格计算)下降 4.3%;第二产业增加值 6 982.80 亿元,下降 1.1%(2018 年前三季度是同比增长3%）；第三产业增加值18 318.31亿元，增长8.9%，比2018年同期提高0.7个百分点。增速回落主要源自第三产业增长乏力，以及第二产业的增加值收缩。

从产业结构来看，前三季度第三产业增加值占全市生产总值的比重为72.2%，比2018年同期提高2.6个百分点。工业增加值占GDP的比重为24.8%，低于25%，挑战"十三五"规划中提出的"2020年制造业增加值占全市生产总值比重力争保持在25%左右"的底线。

从第三产业内部构成来看，2019年前三季度金融业和批发零售业对增加值贡献最大，占三产总增加值的44%。其中，金融业增加值4 670.52亿元，同比增长13.6%，高于2018年同期增速（5.3%）；批发零售业增加值3 411.58亿元，同比增长2.1%，低于2018年同期增速（3.9%）。增加值排在第三位的是房地产业，其增加值为1 552.22亿元，增长8.4%，高于2018年同期增速（2.6%）；接着是交通运输、仓储和邮政业增加值1 262.6亿元，增长4.7%，低于2018年同期增速（12.7%）。

（一）消费成为经济增长的第一拉动力，消费结构高级化

GDP按照支出法可以分解为最终消费支出、固定资本形成和货物服务净出口。我们核算了从1998—2017年，拉动上海经济增长的三种动力的贡献度。可以看出，一直以来，消费和投资的拉动作用基本相当，尤其是2008年之后消费的拉动作用进一步凸显，成为上海经济增长的主要动力。从全国的情况来看，也基本类似，2018年，我国整个最终消费增长（含服务消费）对经济增长贡献率为76.2%，比上年提高18.6个百分点。最终消费支出增长连续5年成为拉动中国经济增长第一动力。而且，消费向追求高品质、差异化、多样化的选择性消费发展。

服务消费占居民消费的比重不断上升。数据显示，近年来城乡居民用于食品、衣着等生存型消费支出规模仍呈现上升态势，但占总消费的比重在不断下降，城乡居民恩格尔系数明显下降；与此相对，消费支出增长愈来愈转向别的消费领域，用于文教娱乐、医疗保健、家政等的发展型消费规模持续增长，占总消费的比重不断上升。2017年发展型消费占居民消费支出的65.9%，2016年和2015年均在64%以上（见表1）。从国际上看，2018年美国服务消费占比达到68.9%，其他发达国家基本上超过了50%，日本为59.4%、英国为58%、法国为54%、德国为52%。中国占比为49.5%，接近

德国和其他欧洲大陆国家，上海已接近美国的平均水平。

表1 上海居民消费支出结构 单位：%

指标	2017年	2016年	2015年
生存型消费	34.1	34.8	35.6
发展型消费	65.9	65.2	64.4
其中：居住	34.5	32.7	32.5
教育文化娱乐	11.8	11.2	10.9
医疗保健	6.5	7.3	6.5

注：生存型消费包括食品烟酒、衣着、生活用品及服务等；发展型消费包括教育文化娱乐、医疗保健、交通通信等。
数据来源：历年《上海市统计年鉴》。

（二）战略性新兴产业贡献度稳步提升，增长速度回落

战略性新兴产业代表了未来产业发展的趋势，是产业升级提质的重要体现，也是未来上海经济发展的重要产业支撑。从规模上看，自2015年以来上海市战略性新兴产业增加值在GDP中的份额稳步提升，2018年其份额接近17%，比2015年提高2个百分点；2019年前三季度工业战略性新兴产业总产值占规模以上工业总产值的31%。从结构上看，战略性新兴工业增加值与战略性服务业增加值的比值基本上保持在4.5：5.5，后者略高。从增速上看，战略性新兴工业和服务业增加值分别高于工业和服务业增加值；工业战略性新兴产业总产值增速高于规模以上工业总产值增速；工业战略性新兴服务业增加值快于战略性新兴工业增加值的增长。值得注意的是，工业战略性新兴产业总产值增速出现较大幅度的下滑（见表2）。从官方报告的数据来看，2019年前三季度，生物医药、高端装备和新能源工业战略性新兴产业总产值增速分别为6.9%、2.4%和4.6%，除新能源之外，生物医药和高端装备的增速都在下降，其他行业的情况不得而知。从2018年的数据来看，工业战略性新兴产业各行业的增速均出现了不同程度的收缩。

表2 上海市工业战略性新兴产业总产值增速情况   单位：%

行　　业	2019年前三季度	2018年前三季度	2017年前三季度
生物医药	6.9	9.5	9.2
新能源汽车	/	9.3	27.9
新一代信息技术	/	4.7	12.3
节能环保	/	3.7	6.9
高端装备	2.4	3.1	5
新能源	4.6	2.5	/
新材料	/	0.1	4.3

数据来源：上海市统计局网站和历年《上海市统计年鉴》。

（三）货物贸易大幅下降，凸显服务贸易

近两年来，全市进出口货物贸易大幅下降。2019年前三季度上海市货物进出口总额2.48万亿元，同比下降1.5%，2018年同期增长5.8%，2017年同期增长16.3%。其中，与2018年同期相比，出口下降0.1%、进口下降2.4%。从贸易品结构来看，向价值链高端升级的态势基本稳定。主要体现在：一是加工贸易占比趋于下降，尤其是出口。与2016年相比，2019年前三季度加工贸易出口占出口贸易总额的比值下降了4个百分点。二是高新技术产品贸易占比趋于上升。2019年前三季度高新技术产品进口额和出口贸易额占比分别为33.6%和44.7%，比2018年均有大幅度提高（见表3）。

表3 上海市历年进出口贸易品结构   单位：%

年　　份	2019年前三季度	2018	2017	2016
进口：加工贸易	12.3	11.1	11.2	12.3
进口：高新技术产品	33.6	28.6	29.9	30.0
出口：加工贸易	36.3	39.1	40.9	40.0
出口：高新技术产品	44.7	42.0	43.4	43.1

资料来源：上海市统计局网站和历年《上海市统计年鉴》。

从历年的贸易数据来看，服务贸易起点低，但增长速度快于货物贸易（见表4）。2005年服务贸易仅为251.4亿美元，货物贸易是它的7.4倍，到2017年服务贸易增长了近7倍，货物贸易增长了2倍，此时后者是前者的2.4倍。从2017年服务贸易的结构来看，主要以旅行贸易为主，占到服务贸易总额的一半；其次是运输服务（占14%）、专业管理和咨询服务（13%）、电信、计算机和信息服务（6%），占比最低的是金融服务贸易，不足1%。

表4　上海市主要年份服务贸易情况

年　份	2005	2010	2016	2017
服务贸易（亿美元）	251.4	871.42	2 018.8	1 954.7
货物贸易（亿美元）	1 863.65	3 688.69	4 338.05	4 761.23
相对比值	1∶7.4	1∶4.2	1∶2.1	1∶2.4

数据来源：历年《上海市统计年鉴》。

（四）实体经济分化，工业企业不及服务业企业

近3年工业企业的经营状况不佳，亏损企业不断增加，企业利润持续下降。2019年前三季度规模以上工业企业利润总额出现大幅度下降，较2018年同期减少约15%。值得关注的是，六大重点行业利润降幅更大，约下降19%，其中除了生物医药行业利润增加37%，成套设备制造利润基本持平以外，其他行业均下降，汽车制造业下降23%，石油化工及精细化工和精品钢材分别下降37%和26%。所幸，2019年前三季度规模以上服务业利润总额2 036.8亿元，与规模以上工业企业利润总额（2 159.5亿元）相当，但利润较2018年大幅增长33%。其中，信息传输、软件和信息技术服务业增长最快，为47%，租赁和商业服务增长了25%。这对于服务业占比超过70%的上海来说是非常重要的。

二、对策建议

当前至"十四五"是我国改革开放以来，国外形势最为复杂、国内发展最为关键的时期。推动国内供给侧结构性改革发展与应对国外大国贸易摩擦双重任务压力交汇，经济运行稳中有变的不确定性预期增强。从历史数据和预测分析看，上海未来经济仍具备内生增长动力，按期施策，有所侧重。

（一）短期施策，迫切需要稳定增长预期

地方 GDP 增速不仅是国内企业和国际资本投资的重要"风向标"，也是地方财政和居民收入增长的基础，因此必须保持合理的增长空间。考虑到未来经济不确定因素，GDP 增长率力争不破 5.5%，经过一年的化解调整，2020 争取回到基准或乐观水平。如果这条底线突破会逆转国内外对上海经济发展的预期，进而产生连锁反应。其中很重要的是稳定投资预期。一是制定出台鼓励民间投资的政策，尤其在产业投资的融资、财政政策支持方面予以适当倾斜。二是投资一些重大的基础设施和解决民生问题的建设，这不仅可以解决一些需求的短板问题，也能为保持经济稳定增长提供支撑。三是扶持一批新兴技术应用的基础设施投资，譬如 5G 的商用投资、新能源汽车、智慧城市、农业现代化等领域的下一代基础设施布局，具有促进国内创新应用投资、升级营商环境、满足消费升级等多重效应。四是进一步扩大开放，吸引外资。当前外商投资具有结构性调整特征，一部分外商在成本影响下在全球调整布局，我们要跟踪掌握调整的节奏，另有一部分新兴产业产品的外资，正积极布局中国市场，上海要抓住先机。

（二）中期施策，需要面向实体经济

当前经济运行中最大的隐患是实体经济面临的困难，如果这种状况短期内不能有效化解，长期下去，一批实体经济企业的预期可能进一步恶化。对此，一是建议对已出台的一系列减税降费举措进行必要的评估，根据实施情况，决定是否需要进行必要的调整。二是针对实体经济中工业企业包括六大重点产业、战略性新兴产业重点企业，调查分析利润下降的普遍性根源。面对高端制造化和智能制造化的未来趋势，为产业升级提供必要的资金支持和硬件设施。三是实体经济中鼓励发展"根植型的产业链"，实现可持续的本地化发展。将产业转移与升级过程结合，主动对接长三角周边，实现资源共享，形成产业链发展共享。产业转移中部分产业环节、企业留下来的，实现长期本地化。

（三）长期施策，需要回归以人为本

一是以满足民众生活需求为导向发展经济，在教育、医疗健康、旅游等高品质生活行业激发经济新增长点，鼓励组织创新，引导社会资本、外资进入相关领域。二是经济增长的质量最终落实到居民收入的可持续增长上，更加重视对劳动力就业、失业率、居民收入和收入差距等指标的跟踪监测。进

一步健全针对人的指标统计数据收集和发布,包括细化传统就业指标、跟踪调查新行业就业指标,收集并发布新消费新业态收入和消费数据。三是促进人的交流,增加公共活动区基础建设投资,提高公共服务的便利性,提升公共服务供给的质量。四是注重人与自然的和谐共生,进一步增加市中心和人口活动密集区域的自然绿化面积。五是随着民众公民意识的增加,要重视民众在社会经济建设中的参与性,问政于民,进一步发挥社会组织的功能,激发民众对社会经济热点问题的讨论,在讨论中凝聚意识,在参与中形成合力。

(邸俊鹏,部分内容发表于《上海蓝皮书:上海经济发展报告(2020)》)

全力以"复"，促进消费潜力释放

在近日的各类媒体上，公园开园、景区开放、文化场馆开馆、各类餐厅开门、大小商家开市……许许多多的"开"字扑面而来，令人目不暇接。这充分表明，在国内疫情防控形势趋稳向好的基础上，继各类企业复工复产开局良好之后，又迎来了一系列的复市高潮。

应该充分认识到，只要消费的人群还在、消费的需求还在、消费的动力还在、消费的能力还在，那么，这次疫情防控对社会消费的严重影响，就会随着时间延伸逐渐得到化解。当前，社会消费开始明显暖了起来，确实令人欣喜和鼓舞，但真正被压抑着的常规消费充分释放出来，使新型消费壮大起来，还需要扎扎实实进一步做好"功课"。

人们"宅"在家里将近两个月了，确实比较"闷"，都在等待着时机以补偿春节期间已经失去的消费乐趣，例如，吃吃饭、逛逛街、购购物、观观景、游游园、看看戏，等等。应该说，在复市之后，这部分常规消费可能会比以往更加集中地显现出来，对此，与其很多人说是"报复性消费"，还不如说是一种"补偿性消费"，很容易起一下"蓬头"，但可能也会逐渐归于平静。当然，即使是"补偿性消费"，也是难能可贵的，因此，政府和商家要共同努力，紧紧抓住这一波可能稍纵即逝的消费"时间窗口"，让更多的人能够"安心"地补上春节消费的遗憾。

俗话说得好，危中有机，化危为机。仔细观察一下，这次疫情也确实催生出了一些新型消费，不妨统称为"云经济"，与此相对应，也就是"云消费"。具体说来，各种在线的教育、医疗、娱乐、健身、培训、游戏、演出、游览等"新名堂"应运而生，林林总总，不胜枚举。这些新型消费，有的本来就有，只不过疫情防控期间更加迅猛地发展起来；有的以前没有，则是因为有市场新需求而蓬勃发展起来。最要紧的是，其中有很多新型消费将在疫情之后转变成为常态化的消费内涵和消费形式，对此，不仅要予以高度关注，采取必要的措施加以支持，政府也完全可以帮助"扶上马，送一程"。如果抓住机遇，乘势而上，也就可以把上海培育成为全国"云经济"的高地、"云消费"的福地。

这次疫情防控，对如何进一步扩大社会消费规模也带来了不少启迪。当前来看，消费方式的线上线下互动和各类消费载体互补，消费需求的物质消费和精神消费的共同提升，消费内涵的实物消费和服务消费的不断联动，消费服务的个性化服务和精细化服务的逐渐深化，其中，确实出现了一些新气象，显露了一些新趋势。一些新的消费热点、消费载体和消费内涵正在形成，怎么办？关键在于及时引导。把潜在的消费转化成为现实的消费，把未来的需求转换成为即时的需求。如果做好了，不仅能够迅速地恢复因疫情影响而损失的消费规模，而且更加有利于形成新的消费增量。

积极促进消费增长，实际上也是一枚硬币的两面，供给侧这头做好了，还需要在需求侧方面使上劲。千头万绪，关键在于三个环节：积极调整社会收入分配机制，让老百姓"有钱消费"，当前的首要任务是稳就业；积极消除抑制消费增长的各种不利因素，让老百姓"有钱敢消费"，如营造良好的消费环境，增强社会保障能力等；积极推出各类鼓励消费的政策措施，让老百姓"有钱乐于消费"，如以前应对国际金融危机推出的家电以旧换新、家电下乡等，都取得了一定的效果。此时此刻，如果出台一些合适的刺激消费政策，也一定可以引导和激发消费。

消费城市是世界级大都市的共性特征。上海作为全国最大的消费城市和新零售的"试验田"和"竞技场"，形成与卓越的全球城市相匹配的商业文明，建成具有全球影响力的国际消费城市，当下要全力打好复市硬仗，把促进消费增长的基础扎得更加牢固。

（张兆安，《文汇报》2020年3月19日）

深入推进示范区建设

在 2020 年李克强总理所作的政府工作报告中，明确指出要深入推进长三角一体化发展。当前，作为实施长三角一体化发展国家战略的先手棋和突破口，长三角生态绿色一体化发展示范区进入了密集施工的新阶段。

在短短时间内，示范区围绕规划管理、生态保护、土地管理、项目管理、要素流动、财税分享、公共服务政策、公共信用八个方面率先展开了一体化制度创新，形成了共同行为准则。例如，即将公示的示范区国土空间规划是全国第一个跨省域法定国土空间规划；出台了示范区核准投资项目目录、产业发展指导目录、先行启动区产业准入标准，金融同城化 16 条举措；建立了生态环境标准、环境监测监控体系、环境监管执法的"三统一"制度；两省一市已明确按比例共同出资设立示范区先行启动区财政专项资金，3 年累计不少于 100 亿元。因此，示范区开始迈出了一条跨行政区域共建共享、生态文明与经济社会发展相得益彰的新路径。

应该说，示范区建设好了，可以夯实长三角一体化发展国家战略，也可以形成一批在长三角乃至全国可复制、可推广的跨区域制度创新的经验。

一是建议国家把示范区建设纳入"十四五"规划。当前，国家正在制定"十四五"规划，将示范区建设纳入其中，能够更好地推动示范区的制度创新和项目建设，也能够更好地强化示范区建设的示范引领作用。同时，要支持做好把党的十八大、十九大明确涉及地方的一系列改革事项在示范区"集中落地、率先突破、系统集成"这篇大文章，使得示范区成为长三角乃至全国深化改革和扩大开放的"试验田"，跨区域制度创新和政策突破的"样板间"。

二是建议国家重点支持示范区建设一批重大项目。按照总体方案要求，示范区建设要尽快彰显集聚度和显示度，更好地引领长三角一体化发展。因此，希望国务院有关部门按照职能分工，加强对总体方案实施的协调和指导，在政策实施、体制创新、资源配置、项目审批等方面给予积极支持，尤其对一批跨区域、跨流域的轨道交通、能源、科技、信息、生态环境综合治理等重大建设项目，建议能够纳入"十四五"国家战略布局，帮助协调完善项目推进机制。

三是建议国家把一些重大科技项目布局在示范区。目前，华为上海研发基地已落户示范区内的青浦金泽，其他科技资源也在加快集聚。应充分发挥示范区环境优美、交通便利、制度创新的优势，把一些符合生态绿色发展要求的国家重大科技基础设施、国家实验室以及国内外大型企业的研发机构布局在示范区，承担国家重大科研任务，推动科技成果孵化转化，既可以激发示范区的平台功能和效应，也可以与张江国家综合科学中心建设呼应，比翼双飞。

四是建议国家支持示范区嵌入绿色发展先行先试的重大功能。示范区的一个使命是要将生态优势转化为经济社会发展优势，因此有必要打造两个重要基地。希望国家相关部门把推进绿色发展的新科技、新标准、新产业、新业态、新项目、新服务放在示范区试验，成为推动全国绿色发展的示范基地；希望把自贸试验区扩大开放的一些政策延伸到示范区，或者把示范区直接纳入自贸试验区，尤其要扩大绿色服务贸易开放，如外资独立办学、办医，以及免税商品、开征环境税、发行绿色债券试点等，成为推动全国绿色开放的创新基地。

五是建议国家对示范区建设提供有力的法治保障。示范区八个方面的制度创新，涉及相关法律法规和政府规章的调整，"理事会+执委会+发展公司"的管理体制也涉及与两省一市有关部门、两区一县政府职责权力的划分。建议由全国人大或全国人大授权沪苏浙两省一市人大，加快制定《长三角生态绿色一体化发展示范区管理条例》，调整相应的法律法规。全国人大可以授权两省一市人大常委会开展跨区域的相关立法工作。

（张兆安，《上海人大月刊》2020 年第 6 期）

2021 年

上海经济结构和需求侧动力分析

一、上海发展面临的内外部环境变化

党的十九届五中全会指出我国发展环境正面临深刻复杂的变化，当前和今后一个时期，我国经济发展仍然处于重要战略机遇期，但机遇和挑战都有了新的发展变化。目前从世界经济来看，疫情的短期负面冲击仍在继续，并加速世界经济、政治、科技领域的深刻调整。在此背景下，国际环境的不稳定不确定因素将大大增加，越来越多国家正在经历低增长、低通胀、低利率和高债务、高收入差距、高老龄化的"三低三高"问题。从短期来看，疫情冲击下世界经济出现第二次世界大战后最严重萎缩和大规模失业；从中长期来看，在疫情的推动下世界经济存在陷入长期低迷的风险。与此同时，疫情将通过强化贸易保护主义、民族主义、民粹主义的反全球化力量，阻碍经济全球化发展。

事实上，在新冠肺炎疫情暴发之前，世界经济格局已经处于深刻调整期，疫情的发生和全球蔓延只是加速了这一进程。未来几年，主要大国之间在经济、政治、科技等领域的力量对比将进一步演化，世界经济格局将呈现中、美两国主导的态势。这主要得益于中国在世界经济中的地位不断提升（作为全球产品最大消费市场和全球产品供应商），与美国的差距不断缩小，并成为美国最强劲的竞争对手。新兴高科技国家核心竞争性领域将是各国必争之地，5G、量子计算、人工智能、基因工程、航天科技等领域的竞争或封锁与反封锁将会进一步强化，科技鸿沟和数字鸿沟将继续加宽加深。

当前和未来一段时期，我国仍处在发展的重要战略机遇期。在"六稳""六保"的前提下，中国将加快形成以国内大循环为主体、国内国际双循环相互促进的新发展格局，推动更高水平的对外开放、数字化转型、产业链重构、供应链布局和高科技创新。无论是机遇还是挑战，在这样的世界大环境背景下，中国都不可能独善其身，未来经济增速会大概率向发达经济体趋同。

上海作为全国改革开放排头兵、创新发展先行者，未来将继续加快建设"五个中心"，增强"四大功能"，打造国内大循环的中心节点和国内国际双循环的战略链接，聚焦当好科技和产业创新开路先锋，立足国内、国际两个市场，用好资本和技术两种资源，全力助推上海提高配置全球资源能力。

二、当前上海经济发展态势

首先，从上海国民经济增加值的构成角度，考察第二产业内部、第三产业内部的主导因素，把握经济增长的主要成分。其次，关注在现代服务业、在线新经济和数字经济领域上海采取的行动和取得的成效，分析未来增长的空间。最后，从"三驾马车"角度来分析上海经济增长的动力。

（一）经济结构分析

2020年，上海市生产总值38 700.58亿元，比上年增长1.7%。全国增长2.3%。上海上半年受疫情影响较大，经济恢复力略低于全国水平，增长率位于全国水平之下（见图1）。第一季度GDP下降6.7%，与全国水平相当；第二季度累计GDP降幅收窄4.6个百分点，幅度低于全国水平5.2个百分点；第三季度继续收窄但仍为负增长，全国已转正。从三次产业结构看，第一产业增加值不足1%，第二产业和第三次产业增加值占地区生产总值的比重分别为26%和73%，其中第二产业增长1.3%，第三产业增长1.8%。

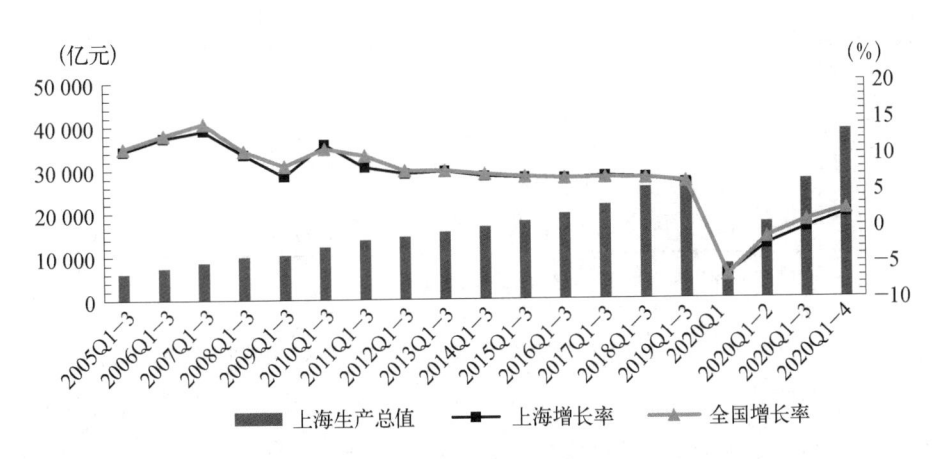

图1　上海市及全国前三季度GDP规模和同比增速

数据来源：上海市统计局和国家统计局网站，笔者整理。

在第二产业内部，六大重点行业占工业总产值68%，是拉动第二产业增长的主导因素。其中电子信息产品制造业和汽车制造业占比最高，2020年发挥了重要作用，分别同比增长5.3%、9.3%，相比于2019年同比下降有了很大改观。值得一提的是上海的生物医药制造业表现一般，同比只增长2.9%。上海生物医药制造还有一个突出的问题就是产值规模小，只占重点行业总产值的6%；更多的优势集中在研发部门。从盈利方面看，规模以上工业企业中，六大重点行业利润占比达65%，其中汽车制造业利润额最高，从利润产值之比来看，生物医药制造业、汽车制造业、精品钢材制造业的盈利能力较强。相比较而言，电子信息产品制造业产值高但利润不高，未来该行业亟待提高技术含量向价值链高端攀升。生物医药制造业有待于进一步扩大产能，提高研发水平，在全市范围内加快推动医联体项目落地（见表1）。

表1 2020年六大重点行业产值和利润　　　　单位：亿元

指标名称	产值	同期增长（%）	利润	同期增长（%）	利润/产值
电子信息产品制造业	6466.23	5.3	236.90	12.5	3.7
汽车制造业	6735.07	9.3	608.42	-24.7	9.0
石油化工及精细化工制造业	3488.97	0.5	277.28	-13.6	7.9
精品钢材制造业	1120.40	-4.2	110.48	30.3	9.9
成套设备制造业	4556.95	0.6	306.06	0.3	6.7
生物医药制造业	1416.61	2.9	220.52	5.6	15.6
六个重点行业工业总产值	23784.22	4.1	1759.66	-9.2	7.4

数据来源：上海市统计局网站，笔者整理。

在第三产业内部，金融、批发零售和地产是三大主要行业，占第三产业增加值的50%以上，分别是25%、17%和12%。统计局单列出的"信息传输、软件和信息技术服务业""租赁和商务服务业"两大类别，各占第三产业增加值的10%、9%。从官方发布的增长率看，信息传输、软件和信息技术服务业实现了15.2%的高速增长，这与新冠肺炎疫情之下在线经济发展高度相关。金融业也增长了8.4%。批发零售下降3.3%，比前三季度收窄3.6个百分点，地产增长1.7%。特别值得关注的是，租赁与商务服务业同期同比下降11%，尽管比前三季度收窄 0.4 个百分点，但仍提示疫情下的上海实体商业企业活动不太活跃。更让人费解的是，根据此前官方发布的 2019 年前三季度和 2020 年前三季度的行业增加值计算（见表 2），增加值远好于第三季度官方发布的数据，除了批发零售、餐饮、交通运输增速为负，其余的行业均实现了高增长，总体上服务业增长 7.8%。

表 2　2019 年前三季度和 2020 年前三季度行业增加值及增长率

产　业	2019Q1—3（亿元）	2020Q1—3（亿元）	官方发布的同期增长率（%）	计算得的同期增长率（%）
工业	6 278.14	6 592.91	−3	5.01
建筑业	729.32	476.59	0.4	−34.65
批发和零售业	3 411.58	3 400.87	−6.9	−0.31
交通运输、仓储和邮政业	1 262.6	1 035.28	−11.1	−18
住宿和餐饮业	319.51	242.62	−22.8	−24.06
信息传输、软件和信息技术服务业	1 723.44	1 983.68	15.1	15.10
金融业	4 670.52	5 361.34	7.9	14.79
房地产业	1 552.22	2 348.5	−0.3	51.29
租赁和商务服务业	1 582.51	1 762.92	−11.4	−11.4
总计	21 529	23 204		

数据来源：上海市统计局和国家统计局网站，笔者整理。

（二）重点领域分析

上海经济重点关注现代服务业、资本市场、房地产市场、高技术产业和在线新经济这几个领域，以及推动经济高质量增长的核心要素：技术和资本。这里重点看一下现代服务业、在线新经济和数字经济领域。

现代服务业按照大口径分为交通运输、仓储和邮政业，信息传输、软件和信息技术服务业，科学研究和技术服务业。从营业收入角度看前三个行业占主导地位。前三季度信息传输、软件和信息技术服务业实现高增长，尤其是后者的利润可观。但是交通运输、仓储和邮政业与租赁和商务服务业受到重创，这也是第四季度和2021年亟须关注的行业，如何促使这些行业至少恢复到2019年的水平，需要进一步提升整体的营商环境，并在降税降费方面给予更大支持。

2020年4月13日，为推进在线新经济的发展，上海市政府办公厅发布《上海市促进在线新经济发展行动方案（2020—2022年）》，明确提出四个"100+"行动目标，到2022年，将上海打造成具有国际影响力、国内领先的在线新经济发展新高地。聚焦12个发展重点，包括无人工厂、工业互联网、远程办公、在线金融、在线文娱、在线展览展示、生鲜电商零售、"无接触"配送、新型移动出行、在线教育、在线研发设计、在线医疗等。在线新经济不仅为疫情防控提供了重要的支撑，也是推动经济转型升级的着力点和构筑未来发展优势的发力点。近年来，上海在新经济方面取得了长足的发展，2019年，上海在线新经济税收总额为916亿元，仅次于广东，占全国在线新经济税收总额的11.80%。

上海在数字经济基础上发展起来的互联网应用、人工智能、新基建等方面也取得了长足的进步。2020年4月，上海市政府发布《上海市推进新型基础设施建设行动方案（2020—2022年）》；7月，上海市经信委发布《关于加快推进本市5G网络建设和应用的实施意见》，明确了5G基站布局规划，适应金融服务、智慧教育、文创体育、智慧旅游、城市管理、智慧民生等创新应用需求，提升智能化水平。截至2020年7月底，上海已经累计建成5G室外基站超过2.5万个，5G室内小站超过3.1万个，上海已成为全国5G基站部署最多的城市。

然而，我们也意识到上海在数字经济、互联网经济和在线经济方面，与其他大城市相比仍存在提升的空间。比如，上海的互联网企业数基本上只有北京的一半，信息技术服务收入也只有北京的一半。从数字中国发展指数来看，上海77.8，略高于浙江和江苏，但是低于北京（80.35）和广东（79.15）。根据上海市税务局提供的数据显示，2019年上海在线新经济核心产业规模为2 480亿元，排名位于全国第四位，仅次于广东、北京和浙江，占GDP比重为6.54%。而且，近十年来，上海在线新经济核心产业占GDP比重增速较缓慢，与北京和浙江的差距在近两年逐渐加大。这些方面的差距可能也是导致上海在疫后经济恢复方面弱于北京的一个原因。

（三）需求侧增长动力分析

从需求侧分析，经济增长的动力来自消费、投资和净出口。我们核算了从 1998—2017 年（受制于数据可得性近两年数据无法估算），拉动上海经济增长的三种动力的贡献度。可以看出，从 2000 年加入 WTO 至 2008 年金融危机以前，消费和投资的拉动作用基本相当，但在 2008 年之后消费的拉动作用进一步凸显，成为上海经济增长的主要动力，对 GDP 增长的贡献度为 56%。与全国整体的情况相比，上海较早成为消费拉动型城市。2019 年，我国整个最终消费支出对经济增长贡献率为 57.8%，资本形成总额的贡献是 31.2%，货物和服务净出口是 11%，分别拉动 GDP 增长 3.5、1.9 和 0.7 个百分点。从 2011 年开始消费超过投资成为拉动中国经济增长第一动力。

从增长动能来看，投资起主要作用，消费尤其是零售还没有完全恢复，净出口好于预期。具体来讲，固定资产投资方面，2020 年，上海固定资产投资总额比 2019 年同期增长 10.3%，增速比上半年高出 3.6 个百分点，为疫后经济复苏提供了重要支撑。其中，制造业投资比去年同期增长 20.6%，尤其是六大重点工业行业投资增长超过 31%，主要是电子信息产品制造、生物医药制造和汽车制造行业实现了较大投资增长，增速分别为 64.8%、27.3%、17.1%。相比之下，房地产开发投资增长 11%，尽管增速有所提高，但如果扣除土地购置费，可能是负增长。

消费方面，2020 年前三季度，上海市社会消费品零售总额约 1.1 万亿元，比 2019 年同期下降约 4.6%，降幅比上半年收窄 6.6 个百分点，10 月份持续回升，增速比 2019 年同期增长 14.5%，全年增长 0.5%。2020 年主要是受疫情防控影响，居民尤其是外地游客大规模减少，使得住宿和餐饮业零售额仍有较大缺口，1—10 月，比 2019 年同期下降 22.4%。所幸，线上消费增势较好，前三季度，上海市网上商店零售额约 1 800 亿元，比 2019 年同期增长约 4.7%；而且疫情改变了人们的消费习惯，网上消费占社会消费品零售总额的比重比 2019 年同期增长 2.5%，为 16.2%，占社会消费品零售总额的比重为 16.2%，同比提高 2.5 个百分点。

进出口方面，据上海海关统计，全年，上海市货物进出口总额为 3.5 万亿元，同比增长 2.3%，在疫情冲击系由上半年的负转正来之不易。出口和进口都实现正增长，出口总额 1.4 万亿元，与 2019 年持平；进口总额 2.1 万亿元，增长 3.8%。此外，前三季度，全市外商直接投资实际到位金额也实现较快增长，比 2019 年同期增长 6.1%。从进出口结构看，民营企业发挥了重要作用，进出口增长 11.3%，外商投资企业进出口增长 2.9%，国有企业进出口下降 12.8%。从进出口商品类别看，高新技术产品进出口增长 6.3%，机电产品进出口增长 3.9%。

三、政策建议

2021 年上海面临的主要风险包括新冠肺炎疫情的再暴发、贸易环境的恶化、美国对华核心技术的封锁，以及企业大规模停业破产引发的各种次生风险。稳就业、稳外资外贸、稳投资、稳预期，保市场主体、保产业链供应链仍是工作的重心，在稳的基础上谋发展。建议做好以下几个方面的工作。

一是积极运用财政税收等政策，帮扶困难企业度过经济寒潮，积极引导银行、保险等金融机构对困难企业予以帮扶纾困。二是发挥上海国资优势，释放国企潜力。三是加快开发崇明区、建设五大新城，支撑经济尽快恢复到正常轨道。四是大力发展国家鼓励的人工智能、集成电路、芯片、5G、智能驾驶、区块链、生物医药、新能源汽车、大飞机等战略性新兴产业。五是充分发挥上海作为长三角地区龙头地位的作用，引领长三角区域实现高质量的再集聚。

（邱俊鹏，部分内容发表于《上海蓝皮书：上海经济发展报告（2021）》）

引领区：浦东改革开放再出发

浦东开发开放，是邓小平在中国改革开放历史进程中的紧要关头打出的一张开放"王牌"。在当前国际政治经济形势发生重大变局之际，习近平总书记于2020年11月12日出席浦东开发开放30周年庆祝大会并发表重要讲话，并且提出要支持浦东新区实现高水平改革开放，将浦东新区打造成为社会主义现代化建设引领区。

按照习近平总书记重要讲话所指引的方向，一是要聚焦"激活高质量发展新动力"的要求，全面加强改革系统集成；二是要聚焦"增创国际合作和竞争新优势"，深入推进高水平制度型开放；三是要聚焦"服务构建新发展格局"，持续增强全球资源配置能力；四是要聚焦"打造自主创新新高地"，全力做强创新引擎；五是要聚焦"开创人民城市建设新局面"，加快提高城市治理现代化水平。

2021年6月7日，为建立完善与支持浦东新区大胆试、大胆闯、自主改相适应的法治保障体系，推动浦东新区高水平改革开放，打造社会主义现代化建设引领区，第十三届全国人民代表大会常务委员会第二十九次会议审议了国务院关于提请审议《关于授权上海市人民代表大会及其常务委员会制定浦东新区法规的决定（草案）》的议案。

2021年7月15日，《中共中央国务院关于支持浦东新区高水平改革开放打造社会主义现代化建设引领区的意见》公布，明确了7个方面21条重大任务和举措；7月19日，上海市召开推进浦东新区高水平改革开放打造社会主义现代化建设引领区动员大会，提出全面贯彻落实中央部署要求，推动浦东新区在创新引领等5个方面发挥引领作用，举全市之力奏响高水平改革开放最强音；7月20日，国务院新闻办公室举行了支持浦东新区高水平改革开放、打造社会主义现代化建设引领区新闻发布会；7月22日，上海市政府召开新闻发布会，浦东新区对外公布了一系列贯彻落实《中共中央国务院关于支持浦东新区高水平改革开放打造社会主义现代化建设引领区的意见》的具体举措,主要是:紧盯五大战略定位,加快提升引领力;推出六大行动计划,做强做优核心功能;制定实施方案,重点抓好"四个重大"。

在世界面临百年未有之大变局和我国构建新发展格局的时代背景下,此次《中共中央国务院关于支持浦东新区高水平改革开放打造社会主义现代化建设引领区的意见》的出台,不仅再次赋予浦东新区改革开放新的重大历史使命,站位高远、目标明确、内涵丰富、措施着力,可以推动浦东继续当好改革开放排头兵的排头兵、创新发展先行者的先行者;而且将为中国深化改革和扩大开放提供强劲驱动力,成为中国加快构建新发展格局的关键一步,成为上海服务长江经济带发展、服务全国改革开放发展大局、服务和带动长三角高质量一体化发展的重大举措。

当前,浦东打造社会主义现代化建设引领区的大幕已经全面拉开,并且要努力交出一份无愧于时代、无愧于人民、无愧于历史的满意答卷。在这个大背景下,如何充分认识浦东新区社会主义现代化建设引领区的丰富内涵,就显得尤为重要。当然,这些丰富内涵可以从不同角度去理解和解读,其中引领区建设应该也可以发挥好以下五个方面的重要引领作用。

第一,在高质量发展引领方面,关键在于推动形成高质量发展的动力源头和支撑体系。主要包括:一是要以科技创新作为高质量发展的重要推动力量。紧紧围绕科创中心核心承载区的建设和张江综合性国家科学中心集中度显示度的提升,推动浦东各个领域、各个层面的科技创新,打好核心技术攻坚战,破解关键技术领域"卡脖子"的难题,促进新旧动能转化,推动经济数字化转型,加快推进区域协同创新,尤其要在集成电路、生命科学、人工智能等关键领域取得重大突破。二是要以高端产业作为高质量发展的重要支撑力量。紧紧围绕世界级创新产业集群的打造和高端产业的引领发展,带动浦东先进制造业和战略性新兴产业进一步提升能级和国际竞争力,促进浦东现代服务业与上海"五个中心"核心功能的深度融合,不断增强全球高端资源要素的配置能力和高端产业的引领功能。

第二,在高标准改革引领方面,关键在于推动改革的系统集成和推进综合性改革试点。主要包括:一是要强化系统观念和协同理念,尤其是特别强调要从事物发展全过程、产业发展全链条、企业发展全生命周期出发谋划设计改革。这充分说明,一些重大的制度创新和制度完善,在顶层设计时需要更多地进行协同联动和衔接配套,从而放大改革的集成效应。下一步,系统集成应该成为浦东各项改革的"重头戏",而集成效应应该成为浦东各项改革成效的"试金石"。二是要推动政府服务创新、营商环境优化、要素市场建设等各个方面各个环节取得改革新进展,并且在改革的系统集成效应显现上走在全国前列。目前,浦东在"高效办成一件事""高效处置一件事""高效服务一个产业发展"等方面不仅取得了一定的成效,而且已经积累了一些好的做法和经验,下一步,仍然还需要继续得到进一步的深化和拓展,如"一业一证"等新改革的落地实施等。

第三,在高水平开放引领方面,关键在于推动制度型开放和增强国际合作和竞争的新优势。主要包括:一是要对标国际最高标准、最高水平,抓住浦东全域打造特殊经济功能区的战略契机,尤其要在投资、贸易、金融、人才等领域进行一系列的制度型开放试点,通过先行先试,推动形成规则、规制、管理、标准等制度型开放体系,提供高水平制度供给、高质量产品供给、高效率资金供给,推出一批重大支持政策,以制度型开放更好地参与国际合作和竞争。二是要全力推进上海自贸试验区及临港新片区建设,充分发挥"试验田"的示范作用,要对标更高标准国际经贸规则,围绕贸易和投资自由化便利化、国际航运枢纽建设、知识产权保护、公平竞争等,实行更大程度和更大范围的对外开放压力测试,并且争取在一些重点领域率先实现突破,而取得的相关成果可以率先在浦东新区全域进行推广实施。

第四,在高品质生活引领方面,关键在于推动民生福祉提升和人与人、人与自然和谐共生的美丽家园建设。主要包括:一是要认真践行"人民城市"的重要理念,开创"人民城市人民建,人民城市为人民"新局面,进一步织密社会民生服务网,统筹布局优质教育、医疗、养老、文化等公共服务资源,不断增加高质量优质公共服务资源供给,不断提高公共服务均衡化、优质化水平,进一步加快城乡融合发展,实现社会服务和社会治理的优化升级,全面提升人民群众的生活品质和满意度、幸福感。二是要强化和谐优美生态环境建设,建立健全生态环境保护体系,实行最严格的生态环境保护制度,深化生态环境保护综合行政执法改革,推动绿色低碳出行,在绿色生活环境上更进一步,把浦东建设成为美丽宜居的生态城。

第五,在高效能治理引领方面,关键在于构建完善经济治理、社会治理、城市治理统筹推进和有机衔接的治理体系。主要包括:一是要推动治理手段、治理模式、治理理念的创新,把全生命周期管理理念贯穿城市规划、建设、管理全过程各环节,加快建设智慧治理体系,深入推进政务服务和城市运行的"一网通办"和"一网统管"高效运转,进一步提升城市治理的科学化、精细化、智能化水平,为此,浦东要进一步提供示范样板。二是要坚持底线思维和增强风险意识,建立完善与更大力度改革开放相匹配的风险防控体系,进一步健全完善防范化解重大风险的体制机制,做到防风险与促发展,同步部署,同步推进,同步落实,守住不发生系统性风险底线。同时,要进一步构建城市安全预防体系,完善公共卫生应急管理体系,防范化解安全生产等领域重大风险,筑牢城市安全底线,增强城市安全韧性。

(张兆安,《上海企业》2021年第8期)

关于"十四五"期间张江科学城数字化转型的思考

"十四五"期间,上海市全面推进城市数字化转型,作为张江科学城开发平台主力军,也提出在信息化建设的基础上全面启动数字化转型的升级工作,对标先进,做好顶层设计,结合智慧城市与大数据资源的整合使用,形成未来的核心竞争力。未来小企业做生意,大企业做平台,在数字化转型方向明确的同时,如何推进就成了摆在目前的现实问题。无论是从微观层面还是宏观层面,数字化转型难度之大、成本之高、基础之弱、方案之多是当前绕不过去的客观存在。据报道,在数字化转型过程中60%的企业尚未进入良性轨道,其中26%的企业数字化转型反而成了吞噬企业资源的陷阱。为此,寻找合适的方法,拟定工作的原则,在"道"的层面先进行探讨,达成对道路之曲折、前途之光明的工作共识,有利于后续"术"的工作推进。

一、现状与将会面对的困难

(一)信息化建设尚未完成

数字化转型大致可以分为四个阶段:(1)业务操作电子化;(2)业务流程信息化;(3)业务和管理数字化;(4)业务决策智能化。通过数字化转型并成为数字驱动的平台型企业,就能获得更加智能的决策、敏捷高效的运营、全域数据的统揽,最终推动业务的创新、转型和增长。目前,我们仍旧处于业务操作电子化与业务流程信息化的过渡阶段。特别是在体验上,为什么"上系统"往往意味着工作量的增加?非但没有解放生产力还影响了工作效率?原因就是我们仍旧处于"人与人信息交流"阶段,距离"人、机、物"三融合的智能社会相差甚远。在信息化过程中,要一跃进入数字化时代,还需要寻找一条良性的路径。

(二)企业顶层设计挑战

数字化转型在大数据、云计算、区块链等技术背后是什么?是治理规则。治理规则的制定,制定完成之后的有效运行,依靠的是涉及大量的协同、制度的设计、权利结构的重塑、协作流程的再造。一着不慎，数字化转型就容易叠床架屋影响工作效率，若要形成战斗力，需要渡过三个难关：（1）数据关：海量数据计算背景下，数据的广度、深度、质量决定数据化转型的成败。（2）组织关：当前的业务流程是基于人与人之间的信息流动构建的，数字化转型就是要把人与人传递信息的效率通过数据中台从"链路"变为"环路"，由此各个部门的价值定位和组织关系势必也会随之改变。（3）文化关：数字化转型的主动性不会从天而降，领导者转型动力、各层级组织对于转型的共识、以数据为驱动的工作文化如何建立，如何突破现有薪酬体系和招聘框架符合数字化转型的人才队伍，都是需要思考和面对的问题。

（三）内部与外部的正确认识

针对单个企业内部构建数据中台的解决方案，绝大部分都属于"贩卖焦虑""营销概念"的范畴。不上数据中台是会被时代抛弃的，但只上内部的数据中台，效果可能还不如认真完善企业管理软件。"企业架构是企业对于市场信息'认知'的体现"，同理，数据中台的架构更应该是围绕张江平台形成的生态圈的体现。数据中台应该是热带雨林的图谱，而非庄园田埂的景观。数据中台的建设，不扎根行业就不解决问题，没有放之四海皆准的标准答案，拆 ERP 烟囱、建数据中台、组织架构重塑都得围绕对于生态圈的准确把握，深入的调查研究并在实践中不断摸索经验。

二、下一步工作的原则

（一）定性与定量结合

我们面对的是一个特殊的复杂巨系统——社会系统的数据空间创造。在这个系统里人的意识千差万别，涉及社会学、经济学、政治学等跨学科知识体系，没有现成的理论和方法进行简单的处理，但也不意味着完全没有路径。钱学森在 1988 年系统工程学中就提到了"定性跟定量相结合"的指导思想，即用专家的经验与计算机的计算结合起来整体、辩证地看待和解决问题。把直观的、经验的、专家的、定性的经验跟复杂的、数学的、大数据的计算相结合，破除大数据迷信，处理社会（企业）系统。

（二）确保技术自主可控与技术先进

基于大数据、云计算、区块链、物联网、隐私加密等技术的数据化转型中，采取什么样的技术路径需要极高的专业深度。以隐私加密技术为例，就包含了同态加密计算、多方安全计算、联邦学习、差分隐私技术等技术路径；

在物联网+边缘计算+区块链领域，英特尔、思科、华为、IBM都有各自解决方案；在智慧城市建设中，新华三、阿里、腾讯、华为、谷歌也都有各自的技术路径。对于张江科学城而言，数据化转型不可能一蹴而就，必然有一个模仿学习、实践试错、博采众长、自主独立的探索历程，但技术的自主可控与技术的先进性是必须始终坚持的工作原则。

（三）扩大规模与提升协同效率

基于最先进的技术引领，不断追求规模的扩张与内部协同效率的提升是可以作为判断数据化转型成果的两大标准：一是规模的大小决定能级的高低。作为张江科学城的数字化转型，规模和能级在设计之初就应该立足整个科学城的产业生态范围、城市运营界面、基层社会治理三大系统的调和、适配，协同浦东城运中心、数字产业集团，在科学城领导下围绕数据港建设主题，构建运营体制机制。二是协同的效率决定"有用与能用"。打个比方，过去是"火车跑得快，全靠车头带"，高铁时代每一节车厢都有动力，用系统工程的角度讲求各部门全局推动。也就是说，数据中台不是驱动的火车头，而是协同推进的信号中枢。"有用"即响应时间的缩短、工作流程的精简、一线权限的灵活；"能用"即根据每节"车厢"、每个组成部门的特质和习惯，信号传达可接受、可执行、可落地，同过去要有明显的体验提升，才能称为"有用、能用"。

三、推进落地的工作思路

（一）启动数字化转型大调研

避免直接上数据中台，而是通过调研从微观中观宏观三个层面：（1）围绕公司业务部门最需要解决的实际问题；（2）围绕由园向城转型最需要探索的运营模式创新；（3）围绕张江科学城"十四五"最主要发力点。寻找三者的交叉结合地带，寻找数字化转型的突破口，列明数字化转型清单，由简到繁，花小钱办大事，凝聚最大共识。

（二）新一代张江绿色数据中心建设

为了建设"光速网络环境、绿色高效能耗、数字孪生空间、天量可信数据、共享算力平台"的数据时代在线新经济生态基建，构建"网电云链存"五位一体的长三角数字孪生产城融合智慧城市示范新城，张江科学城需要有自己的共享算力中心（绿色数据中心）。具体而言，探索基于现有算力中心建设模式，同国家电网、世纪互联等企业紧密合作，联动建设、集中打造存算一体、以算为主，2万个机架规模、PUE 小于1.3、符合 ESG 国际标准、迎合新基建 REITs、碳排放交易需求，融合清洁电力、弹性电网、边缘计算、区块链技术的物联网数字空间，承载"十四五"期间整个张江科学城算力需求的集中式算力中心。

（三）点线面推动张江科学城数据中台建设

一是点：进一步完善企业内部信息化建设。简化流程、减少审批层级、下放审批权限，先做强前台，再做强中台。二是线：用企业数据中台替代传统OA，业务流、数据流、程序流"三线分离"，业务流重灵活变动，数据流重数量质量，程序流重逻辑判断。三是面：内外结合构建张江大中台负责智慧城市（园区）的统一运维。以张江大数据中台为树干，在各个枝干上鼓励各类企业探索应用场景，各自开花结果，最终形成一个围绕于张江大数据中台的生态体系。

（四）新一代金融基础设施建设

金融是现代经济的核心，构建新一代金融基础设施意义深远、前景广阔，是真正开启数字时代的先手棋。张江科学城未来的工作方向，是把最聪明的脑袋和最雄厚的资本相结合。结合的媒介有许多选项，而基于金融基础设施构建的"科技融资平台""数据征信平台"乃至"张江科技银行"，不仅会成为科技与资本结合的平台，更能成为引领整个上海城市数字化转型、在线新经济产业发展的核心基建，最终形成张江科学城范围的科技金融小循环，金融科技产业也会成为下一个张江科学城的主力产业集群。

（邵晓钟，2021年2月）

关于选择上海市银行卡产业园承载建设具有国际竞争力金融科技产业集群的建议

国家与国家间经济竞争的本质是产业集群的竞争。金融科技产业集群的高水平发展，不仅对于上海金融中心建设、科创中心建设及全面推进城市数字化转型具有重要意义，更能通过科技自立自强、制度创新引领，助力确保国家的金融主权安全、金融服务实体、金融技术领先、金融风险可控、金融定价自主和金融人才供给。据了解，上海市银行卡产业园（简称"卡园"，张江科学城范围）已经具备相关条件，现将有关情况和建议报告如下。

一、卡园已具备建设金融科技产业集群的基础和条件，能够承担上海金融科技中心建设的核心承载功能

2002年，市政府专题会议确定在唐镇设立"上海市银行卡产业园"，规划面积3.75平方千米。截至2020年底，建成和在建产业空间逾200万平方米，在册从业人员5万，年营收2300亿元，先后引进包括人民银行三大运营中心、中国银联、中国平安在内30余家大型金融机构的科技研发和运维部门，是全国最具有集聚度的金融科技产业集群。具体表现为"三个集聚"：

（一）国家金融科技力量集聚

如，人民银行金融科技研究中心、电子商务与电子支付国家工程实验室（金融行业第一个国家工程实验室）、中债数金、中征征信、成方金信、中国银联技术部、云闪付事业部、平安科技、太平金科、中银金科、交银金科、兴业数金、招银云创、上海银行科技部、中国人寿研发中心、海通证券研发中心等。

（二）国家金融基础设施集聚

如，人民银行支付清算系统（大额实时、小额批量、跨行支付）、征信系统、反洗钱系统、银行卡跨行信息交换和资金清算系统、国债登记系统、金融期货交易系统、保险理赔系统等。值得一提的是，在疫情防控期间，卡园的金融基础设施和金融机构,为保证线上交易和经济社会正常运行做出了重要贡献。

(三)国家金融数据集聚

如,100%人民币支付清算数据、100%人民币跨境支付数据、100%境内外币支付数据、100%个人征信数据、100%银行卡数据、100%金融期货交易数据。此外,卡园还有海量的企业级金融数据。中国银行、交通银行、招商银行、兴业银行、上海银行、中国平安、中国人寿、中国太平、国泰君安等机构的数据中心都在卡园。

过去近20年,卡园一众金融机构,代表国家水平、体现国家意志、实现国家使命,以不可或缺的重要作用支撑了上海国际金融中心的建设,实质性服务经济社会发展和人民生活。

二、进一步强化卡园的功能定位,明确产业集群营建方向

当前我国金融科技发展不平衡不充分的问题依然存在:顶层设计和统筹规划有所缺乏;各类市场主体在科技能力、创新动力、人才队伍、体制机制等方面相对失衡;产业基础比较薄弱,尚未形成具有国际影响力的生态体系,缺乏系统级的超前研发布局;以应用创新为主,原创性技术创新缺乏;技术创新与产业应用相脱节,距离高成熟度产业应用较远;要素集聚但缺乏协同,金融机构开发能力外包,创新能力不足;各自为政,数据孤岛难以打破;跨主体协同、特别是创新领域的协同缺乏体制机制;协会、联盟形式松散;研发中心、金融科技实验室能级普遍较低;适应金融科技发展的基础设施、政策法规、标准体系等亟待健全;等等。虽然,卡园拥有金融科技产业集群化发展的良好基础,但要成为具有国际竞争力的金融科技产业集群,还需要集合各方资源,做到"三个突破":

(一)科技创新突破——搭建国家金融战略科技力量大舰队

金融是国家重要的核心竞争力,是我国战略科技力量体系中不可或缺的重要力量和组成部分。承载战略科技力量的国家实验室更是一国走向强盛的标志。美国于20世纪中叶建立国家实验室制度,已有超过30个国家实验室在各个战略必争领域开展研究,模拟研究过星球大战、金融战争等重大场景,主导和引领了整个美国式科学技术创新体系。以美国能源部遍布全美各地的17个国家实验室为例,总共管理着超过125亿美元的公共基金,更擅长以场景式创新驱动研发,完成一个课题,即突破一批技术,培养一支队伍,成熟

一个产业链。国家实验室对于美国整体的产业集群创新、发展、竞争力提升等方面，都起着不可或缺的重要作用。卡园拟以国家金融科技发展研究中心（金融科技国家实验室，筹建中）为旗舰，结合现有金融科技力量高原造峰、大兵团作战。以科技创新，驱动具有国际竞争力的金融科技产业集群建设。

（二）产业规模突破——营建金融科技国家实验室所需生态

历次科学技术革命表明，科技的发展是在技术与市场的互动中动态演进的。国家实验室离不开产业集群的土壤，产业集群也离不开国家实验室的组织。规模决定能级，能级决定能力。规模的突破将有利于国家金融科技发展研究中心（筹）更积极有效的系统集成研发资源、规模化应用创新成果。卡园拟汇集技术研发企业 50 余家，应用场景创新企业 80 余家，金融安全监管企业 40 余家，综合类持牌金融科技子公司 40 余家等。建设大平台、汇聚大团队、推进大攻关，共同建设完善涉及金融安全监管、金融交易服务、金融科技创新、金融公共服务 4 类 20 余项国家级金融数字基础设施。

（三）制度创新突破——走出金融科技高质量发展新路

面对"百年未有之大变局"，迫切需要建立与此相适应的科技创新体制机制、产业集群协作机制，以制度引领的强劲"动能"大幅提升我国科技创新能力的"势能"。卡园拥有金融科技产业中最好的企业、最好的技术、最多的人才、最重要的设施，还有毗邻张江科学城和陆家嘴金融城的区位优势，得益于目前国内先进的数字技术、现代金融、各类创新平台，特别是海内外金融科技顶尖人才和机构的赋能，卡园有责任也有基础，组织好产业集群，走出金融科技高质量发展新路。例如，打造金融数字化转型实践区、金融数据企业集聚区、金融数据场景应用示范区、金融数据创新监管试验区和金融数据标准先导区；推动金融科技产业与现有集成电路、生物医药、人工智能产业在研发、生产、应用中的无缝衔接，让数据成为产业发展的关键要素；助力打好产业链各环节核心技术攻坚战，引导资本更好地服务科创和实体经济。针对性提升对长三角国家战略科技力量的金融供给水平，提升长三角金融服务科创的效能和效率，实现科技赋能金融，金融服务实体。

三、若干建议

卡园的历史使命，就是通过开发建设、生态营造、组织服务，助力上海国际金融中心建设，打造具有国际竞争力的金融科技产业集群。为此提出以下若干建议，供参详。

（一）更新卡园主题和产业定位

建议增挂"上海市金融科技产业园"牌，定位金融中心与科创中心建设联动发展主阵地、上海金融科技中心建设核心承载区。将金融科技产业提升为张江科学城继集成电路、生物医药、人工智能后第四大重点产业。

（二）支持卡园引进国家金融科技发展研究中心

支持卡园为其预留产业发展空间、政策优惠空间、制度创新空间、生活配套空间。

（三）支持拓展产业空间和算力空间

目前卡园剩余不到 0.15 平方公里的产业和商办用地可供开发，且金融机构数据中心拓展需求无法满足，发展受到产业空间和能耗指标的双重制约。因此建议：其一：将卡园三期（0.5 平方公里）仍保留为产业用地。据了解，该地块根据《浦东新区唐镇国土空间总体规划（2020—2035）（草案）》已拟作为浦东居住生活功能区。其二：将卡园正北方（顾唐路以东、秦家港路以南、华东路以西、景雅路以北）1.35 平方公里地块纳入园区规划。其三：酌情考虑持牌类金融机构、国家金融科技实验室的数据中心建设需求。

历史经验告诉我们，科技的制高点决定经济的制高点，经济的制高点决定金融的制高点，当前需要一支人民可以依靠、国家可以信赖的金融战略科技力量。通过探索金融业关键技术的大科学联合攻关新模式，逐步建成具有世界一流竞争力的金融科技产业集群，并成为上海金融中心建设最显著的"创新引擎"。建议支持卡园对标美国产业集群营建经验，承载建设具有国际竞争力金融科技产业集群。

（邵晓翀，2021 年 6 月）

做深做实 AI 赋能中心，为张江科学城提供数据共享利用平台

一、产业背景

人工智能的核心价值是通过特定算法分析已知数据，识别隐藏在数据中的可能性，并基于此独立或辅助使用者进行预测与决策。人工智能体现价值的前提是存在大量可供分析的数据，具体到企业的实际应用当中，就是要求企业能够提供连续准确的研发设计、生产经营、设备运行、营销获客等各方面业务数据，以此训练、修正、完善算法模型，再利用模型挖掘企业数据的真正价值。可以说，行业或区域的数字化程度决定着人工智能能够在其中发挥多大作用。从宏观角度来看，尽管近年来我国数字经济规模快速增长，但整体数字化程度与以美国为代表的发达国家相比仍存在较大差距。目前，人工智能还缺少在各行各业大面积应用的数据基础，短期内只能在金融、制造、电力、医药等数字化水平较好的领域谋求发展。随着企业数字化转型不断深化和数字经济的蓬勃发展，对于数据资源的强大需求是当前 TMT 领域企业普遍诉求，一个共享的数据融通平台或者数据隐私计算平台，在未来整个园区的公共基础设施环节中，拥有重要的突出地位，并拥有极为广阔的市场空间。

如前所述，人工智能产业的根基和动力来源于数据。在获取数据的过程中，我们通常会面临一个两难问题，很多情况下算法模型所需的训练数据以孤岛形式散落在不同的企业与用户之中，我们一方面需要尽可能全面地获取数据以扩充训练样本规模，另一方面出于隐私与安全的相关要求又不能随意收集、融合和使用数据进行 AI 处理。为解决以上难题，隐私计算产业赛道成为当下的风口，以联邦学习、安全多方计算、差别隐私、同态加密等技术为模型提供隐私保证。作为一种创新的建模机制，可以针对来自多方的数据训练统一模型而又不损害这些数据的隐私和安全性，因此在金融、医疗、销售、城市管理以及许多其他领域中都很有前景。

二、当前数据共享面临的主要问题

当前阻碍数据共享的问题很大程度上并非技术障碍，甚至可以说技术是推动数据共享的主要力量，但是最终决定数据共享的是人本身。总结各方观点笔者总结了五个方面的问题：(1) 鼓励支持数据安全共享利用的政策很多，调子很高，防范数据利用风险的法律法规也很多，但是在数据利用阶段存在合理不合规，合规不合法的现象。(2) 数据以及数据应用场景的多元化决定了主管部门难确定风险，确定了风险也难以决策。往往是做盆景，不做森林，做典型，不做生态。(3) 数据安全共享利用的法律、标准和技术都在快速发展，彼此衔接，形成一个有效治理同步困难。(4) 数据安全共享利用方法论和安全技术的不统一性，导致数据孤岛的重现。(5) 为了防范风险而机械粗暴的组织数据共享，导致数据垄断演化为彻底的服务垄断。

三、解决当前数据共享困境的理念：最佳实践

最佳实践即从法律、管理、市场、安全技术等多个机构、各个方面在同一框架体系下进行数据的开放和利用。基于特定的技术、方法、过程、活动、机制可以使得管理实践的结果达到最优，并减少出错的可能性。

（一）安全贯穿数据利用的整个生命周期

在数据的生产、采集、数据治理体系、数据清理体系过程中，确保网络安全。在数据共享体系中，确保信息安全。在数据开放体系、应用体系中确保业务安全。

（二）数据共享和利用要遵循按劳分配

生产要素是创造商品或服务所需的收入。在经济学中，生产要素包括土地、劳动力、技术和资本。数据共享利用和土地、资本分配利用一样，既要体现市场化配置的一面，又要体现公有制（按劳分配）为主体的一面。所以坚决的反对数据私产化、数据垄断，鼓励数据以按劳（技术、计算）分配。

（三）基于可控去标识化技术的数据全过程监管

过去的数据在流动过程中最大的管理问题在于，数据的监管一直因为技术的原因停留在"源头监管"。由于数据的匿名性、可复制性在流通过程中带来了无法监管、无法确权等一系列问题，是典型的"一管就死、一放就乱"，当此之时以可控去标识化技术为代表的，给予每一个数据单体打上标签，从而达到监管层"可追溯、可熔断"。

四、解决当前数据共享困境的基础：五大数据基础公共服务

数据本身安全利益并不复杂，且有足够多的样本和技术，困难的是数据利用的"控制"：控制数据利用的方向，从而保护个人的隐私和商业的秘密；控制数据利用的颗粒度，精细到单个体的数据流动过程；控制数据的利用内容范围，分类分层级的差异价值。为此我们需要提供五大类型的数据基础服务。

（一）量化合约服务

帮助识别数据在流通前的合规风险，即通过数据去标识化共享合约的量化标准（经过长期大量项目积累和行业专家、法律专家的知识沉淀），以智能、直观、在线的方式，全过程地为相关信息的收集和合规留证。

（二）合规评估服务

由数据描述、供需机构、流通过程、授权情况、应用场景等评估模块，同时提供流通合规过程证明的存证和专家支持。

（三）受控重标识服务

以国产密码算法实现数据去标识化技术，由数据控制者利用此技术自主处理，使数据去标识化，并根据合约评估意见结论，区分数据主体对象形式，管理受控数据的重标识过程。

（四）合约配置执行服务

合约律行，在业务逻辑与数据配送逻辑起到承上启下作用，并根据业务逻辑生成对配送逻辑的控制指令。包括不仅限于流通任务控制、合规评估控制、重标识控制、紧急熔断控制等。

（五）融合计算环境服务

这包括可信执行环境模式（TEE）、多方安全计算模式（MPC）以及联邦学习模式、去标识化技术、同态加密技术的混合应用。

五、联合上海数据交易所，在 AI 赋能中心主题下落地数据共享利用平台，建设首个"云上园区"

很多人可能不知道，所谓的数据交易，1.0 模式的以物易物已经被实践证明无法成功，2.0 模式的数据融合计算才是出路。同时，既然数据和土地、资本是同样的生产要素，上海数据交易所正是一个提供融合计算环境的绝佳平台，而这个融合计算环境，其实也就是一个"云上园区"。当前，上海数据交易所方兴未艾，如果我们能以"地主"的定位，邀请上海数据交易所，在 AI

赋能中心的主题下，为张江科学城营建一个"云上园区"，同上海数据交易所进行数据的二级开发。让"长"在张江科学城的数据，都能够沉淀在"云上园区"，各方数据融合计算的商业模式（即 AI 算法模型），就是一家家客户，入驻 AI 赋能中心，在 AI 赋能中心里形成数据融合计算的生态环境，形成首个有名有实的"云上园区"，而这个园区最值钱、最吸引人的公共服务就是前述的五大基础服务（量化合约服务、合规评估服务、受控重标识服务、合约配置执行服务、融合计算环境服务）。这些服务作为组合拳，能够让各个公司的法务都通过审核、都能让各个公司的数据不动价值动、让数据真正意义上在全流程的监管下流通起来。应用场景包括并不限于：金融机构反欺诈、反洗钱数据融合共享、科技金融机构基于实验数据的信用贷款、园区各类企业之间的数据共享计算等，未来，张江科学城会拥有以 AI 赋能中心为代表的、真正基于 AI 和数据的公共服务平台，用数据赋能张江科学城的企业，成为上海数字化转型的真正标杆。

六、AI 赋能中心的运营模式与盈利空间

科学城数据共享利用平台 AI 赋能中心，初步设计一共有数据业务运营、计算模型开发、数据分销服务、平台流程监管、数据安全服务五方参与的生态体系。

（一）数据业务运营商（数据猎人）

有数据融合隐私计算需求的企业，如银行间"数据不动价值动"的金融信息共享，如汽车企业在确保自身数据库安全情况下开放真实数据给 AI 厂商，科技创新企业通过自身的实验数据向金融机构申请科技贷款等，可以通过数据融合咨询服务收取咨询费。

（二）计算模型开发商（数据匠人）

当有数据融合需求的双方、三方乃至多方企业确定融合计算意愿之后，由计算模型开发商介入，在数据实操层面设计数据加工模式，并进行数据隐私计算确保各方数据安全和计算结果。这个环节中大量算法企业具有广阔的市场前景，AI 赋能中心可以拥有真正的算法库。

（三）数据服务分销商（数据商人）

整个数据融合计算中的支付环节，负责向参与各方提供数据融合计算的支付结算。

（四）平台全流程监管方（数据法官）

以人民银行、公安部、上海数据交易所、张江集团为代表的官方信用背书机构（不收费）。

（五）数据安全服务技术供应（基础设施）

此环节即基于前述五大服务，即量化合约服务、合规评估服务、受控重标识服务、合约配置执行服务、融合计算环境服务，作为最关键的公共基础设施，是各方数据愿意入驻 AI 赋能中心的关键所在，此环节的技术供应商会拥有稳定的流量服务费用。

（邵晓翀，2021 年 11 月）

关于进一步推进张江机器人谷特色园区建设的思考

2020年11月,张江机器人谷正式对外"亮相"以来,ABB超级工厂、傅利叶智能、高仙机器人、微创手术机器人等相继落户;2021年4月张江机器人谷获评"上海市级特色产业园"。张江机器人谷立足张江、康桥多年以来的智能制造积淀,"站在地球仪旁"思考产业突破口,选定产业发展方向,瞄准前沿产业赛道,精准发力服务机器人产业生态,形成了强大的特色园区生命力,在张江科学城形成了旗帜鲜明的服务机器人产业高地。"十四五"期间,如能进一步在新区层面明晰战略目标,加大支持力度,明确主攻方向,有望代表张江、浦东、上海乃至长三角,打造具有世界竞争力的机器人产业集群,成为全上海智能制造领域的代表性高地。

一、当前产业发展的趋势

（一）新一代人工智能驱动智能制造

新一代人工智能技术的应用将催生制造业产业模式的根本性转变,产业模式将实现从以产品为中心向以用户为中心的根本性转变,完成深刻的供给侧结构性改革。主要有两方面:一是从大规模流水线生产转向规模定制化生产。二是产业形态从生产型制造向服务型制造转变。

（二）服务机器人行业迎来快速发展

服务机器人充分融合计算机视觉、语音识别、自然语言处理、知识图谱等人工智能技术,智能化水平显著提升,无论产品应用的广度,或是技术深度都产生了可观的进步,目前正由感知智能向认知智能迈进。2016年以来产业年均增速23.8%,2021年全球服务机器人产业规模预计125.2亿美元,其中家用服务机器人、医疗服务机器人和公共服务机器人市场规模预计分别为82亿美元、13亿美元和31亿美元,家用服务机器人市场规模占比最高达65%。到2023年,全球服务机器人市场有望突破201亿美元。

二、当前工作的开展基础

（一）能级跃升迈出高质量发展第一步

自 1992 年成立以来，截至 2020 年，康桥工业区先后引进外资企业 547 家，世界五百强投资企业 22 家，内资企业 4 259 家，2020 年完成工业产值 1 911 亿元，在 2020 年上海市中型开发区综合发展排名第四、世界 500 强企业投资相关加权合计数排名第五、单位土地工业总产值排名第六。立足张江科学城人工智能产业集群建设经验，结合自身智能制造的深厚底蕴，选准机器人产业赛道，迈出了"十四五"科技自立自强高质量发展的第一步。杭迎伟指出："在浦东大力打造的六大'硬核'产业中，'智能造'对其他产业的赋能作用非常大。机器人产业作为'智能造'的集中体现，需要全力推进，希望张江机器人谷锚定节点，加快建设。"

（二）形成"八个一"的产业运营方法

总结人工智能岛建设运营经验，并形成"八个一"的工作方法：一批龙头企业、一批公共平台、一个行业展厅、一个行业峰会、一个产业规划、一个高端智库、一个投资体系、一批空间载体。快速形成了机器人产业氛围，推动机器人谷的产业集聚。

三、下一步工作开展的思考

（一）助力智能制造内部大集成

新一代智能制造内部和外部均呈现出前所未有的系统"大集成"特征。一方面是制造系统内部的"大集成"：企业内部设计、生产、销售、服务、管理过程等实现动态智能集成，即纵向集成；企业与企业之间基于工业智联网与智能云平台，实现集成、共享、协作和优化，即横向集成。新一代人工智能技术与先进制造技术的融合将使生产线、车间、工厂发生革命性的大变革，提升到历史性的新高度，将从根本上提高制造业的质量、效率和企业竞争力。在今后相当长一段时间内，生产线、车间、工厂的智能升级将成为推进智能制造的一个主要战场。

（二）服务好智能制造外部大集成

另一方面是制造系统外部的"大集成"：制造业与金融业、上下游产业的深度融合形成服务型制造业和生产性服务业共同发展的新业态，即纵向集成。其中，智能产品是主体，智能生产是主线，以智能服务为中心的产业运营模式变革是主题。智能制造新模式新业态是在新一代信息技术和人工智能技术的推动下，通过技术、单元、系统、组织和生产方式等创新，推进产业体系出现重大变化，催生新的模式和新的产业形态。智能制造云和工业智联网是支撑智能制造大集成的基础。

（三）寻找产品创新的中国力量

产品创新所开辟的是新的"技术路径"，而非已有技术路径的规定之下细化潜在的技术经济指标。产品创新打造的是新的价值链，具有较为广阔的收获"创新租"的空间。自主产品创新是一个经济体的产品结构和工业结构升级的极为重要的通道，而本土市场需求是从事自主产品创新不可或缺的条件，"十四五"期间广阔的服务机器人市场前景，也推动着张江、康桥进一步坚持面向世界科技前沿、面向经济主战场、面向国家重大需求、面向人民生命健康，不断向寻找并帮助产品创新的中国力量，围绕创新产品布局新兴产业赛道。

四、下一步工作开展的举措

（一）建设产业集群关键平台扩大流量入口

依托国创（上海）工业软件有限公司，针对流程工业领域重大基础问题，开展基础理论研究、共性关键技术突破，加快流程制造业工业软件研发，推动新一代人工智能与流程制造的深度融合创新；紧密联系上电科国家机器人检测与评定中心（总部）浦东分中心；ABB智慧医疗赋能中心等机构，深入产业公共平台，了解行业发展业态，为优质企业提供发展空间与潜在投资支持。

（二）招投联动布局全国产品创新平台入驻

加强产业研究，制作产业图谱，在全国范围内跟踪研究、寻找具有自主创新能力的产品创新平台，基于其内生的技术能力，嫁接各类外部技术经验，特别是将张江科学城人工智能产业优势作为宝贵的战略性资源，为自主创新平台的技术发展提供各类可能性，进而推动其在张江康桥落地研发中心、产品验证中心，并推动张江科投同前沿产业创新平台的深度对接。

（三）确保产业链关键节点畅联通服务招商

一是以立德为代表的产业链关系型节点。作为特种机器人联盟的服务性平台公司，该平台凝聚了机器人行业顶级专家，是全球性高端机器人技术平台。二是以王田苗教授为代表的产业链教父型节点，作为国家"十一五"先进制造技术领域专家组组长及中国制造业信息化专家组副组长、"十二五"服务机器人重点项目专家组组长，一路走来对于机器人产业的方方面面都具有权威的影响力。三是以机器之心为代表的产业链媒体型节点，作为国内领先的前沿科技媒体和产业服务平台，关注人工智能、机器人和神经认知科学，为产业提供高质量内容和多项产业服务。

（四）继续推进张江研发临港制造联动发展

加强张江科学城与临港新片区联动发展，全力做强创新引擎，打造自主创新新高地的联动枢纽和战略落脚点。一是统筹资源、精准匹配，确保关键项目成为张江科学城与临港新片区的资源优势叠加高地。把科创资源、土地资源、政策资源等各类资源归拢形成工具箱，实现资源供给和企业需求的高效匹配。二是严格管理、服务到家。为每个项目配备服务专员，建立工作联系单制度，加强双方协同，确保事有人管，及时回应和解决，确保不留存服务真空地带。

（邵晓翀，2021 年 11 月）

2022 年

彰显改革开放的浦东力量

站在新的历史起点上,"惟改革者进,惟创新者强,惟改革创新者胜"。习近平总书记的这句话掷地有声,浦东开发开放再出发也更须特别地遵循,要进一步彰显新时代中国改革开放的浦东力量。

一要深入打造社会主义现代化建设引领区。习近平总书记勉励浦东:"勇于挑最重的担子,啃最硬的骨头,努力成为更高水平改革开放的开路先锋、全面建设社会主义现代化国家的排头兵、彰显'四个自信'的实践范例,更好向世界展示中国理念、中国精神、中国道路。"为此,浦东应在五个方面发挥好引领作用:高质量发展引领,以科技创新作为高质量发展的推动力量,以高端产业作为高质量发展的重要支撑;高标准改革引领,强化系统观念和协同理念;高水平开放引领,推动形成规则、规制、管理、标准等制度型开放体系;高品质生活引领,增加优质公共服务资源供给;高效能治理引领,增强城市安全韧性。

二要深入服务国家重大发展战略。习近平总书记强调浦东的战略地位:"支持浦东在改革系统集成协同高效、高水平制度型开放、增强配置全球资源能力、提升城市现代化治理水平等方面先行先试、积极探索,对上海以及长三角一体化高质量发展乃至我国社会主义现代化建设具有战略意义。"为此,浦东应着力于在六个方面服务好国家战略。要建设好上海自贸试验区及临港新片区,要承载好中国国际进口博览会溢出效应,要支持好长三角一体化发展,要助推好长江经济带建设,要落实好"一带一路"倡议,要把握好在构建全国新发展格局中的战略新定位。

三要深入培育五个中心核心功能。习近平总书记嘱托浦东:"要充分利用航运中心带动物流、资金流,促进对外贸易、国际金融业务的开展,整体促进'四个中心'建设。""要抓好上海国际金融中心建设,支持长三角和我国高质量发展。"为此，浦东应围绕增强核心功能，服务"五个中心"建设，要增强经济服务功能、要增强金融服务功能、要增强贸易服务功能、要增强航运服务功能、要增强科创服务功能。

四要深入实施创新驱动发展战略。习近平总书记强调："抓创新就是抓发展，谋创新就是谋未来。""浦东要在基础科技领域作出大的创新，在关键核心技术领域取得大的突破，更好发挥科技创新策源功能。"为此，浦东应抓住三个关键环节：要提升科技创新策源能力、要强化高端产业引领作用、要构建具有全球竞争力的人才制度体系。

五要深入推进城市治理现代化进程。习近平总书记指出："城市管理应该像绣花一样精细。""加强和创新社会治理，关键在体制创新，核心是人，只有人与人和谐相处，社会才会安定有序。""提高城市治理现代化水平，开创人民城市建设新局面。"为此，浦东应推动提高三个方面现代化水平：紧紧围绕城市治理现代化目标，不断提升政府治理能力；推动治理现代化进程；加强基层基础建设。

（张兆安，《文汇报》2022年6月10日）

上海应探索科技、产业、
金融高水平循环之路

最近,我们围绕浦东引领区建设,就"以制度创新为引领,科技赋能金融,金融服务实体,实现科技、产业、金融的高水平循环"这个主题,与浦发硅谷银行总部等进行了深入交流。美国硅谷银行历经40年发展,已经成为占比全球科创金融60%份额的第一大科技银行,浦发硅谷银行作为美国硅谷银行和浦发银行共同成立的中国第一家科创银行,历经10年时间的科技金融实践,扎根中国科创生态圈,覆盖长三角、京津冀、珠三角80%科技创新企业,累计服务3000家本土企业,年放款量100亿—200亿元,初步具备了成为科技创新国内国际双循环枢纽的能级和作用。

一、中美相比,反差不小

国与国之间的竞争,本质上是产业集群的竞争。决定产业集群竞争力的关键因素是科技创新、产业规模与金融效率,而科技、产业、金融的高水平循环又是一个跨周期的系统工程。目前,美国作为全球创新中心地位依然稳固和明显,私募股权基金规模占据了全球私募股权市场50%以上的份额,科技金融人才与资本,如同发动机驱动着全球创新。相比之下,我国科技、产业、金融的循环效率较低,其中既有房地产市场挤出效应,也有法治环境、契约精神不足带来的交易成本过高,具体而言:

(一)相比美国,我国科创资本相对"不稳定"

在美国,科技金融80%以上是股权融资,股权融资足够成熟和足够可预测,债权融资只占金融市场中的一小部分。而我国则完全相反,是以债权融资为主,股权是补充,造成的结果是股权融资高度不确定、高度不可预测,而债权融资又过度竞争,无法用长期发展的理念对待和处理科技创新。美国基金背后都是以养老金、大学捐资基金代表的长期投资者,因而始终能够得到长期、稳定的支持。而我国的VC/PE公司缺乏成熟专业并能提供长期资金的机构LP,几乎无法承诺始终能确保得到政府、国企、银行的稳定支持,对企业的投资也鲜有可持续投入。时至今日，就基金募资而言，募美元依旧比募人民币容易得多。

（二）相比美国，我国科技金融主体相互"不信任"

从诞生到上市，美国科创企业大部分都只有一家贷款结算银行，而我国科创企业都有好几家。其背后原因：首先，企业对银行的不信任。美国的 VC 在投资了 A 轮之后，90%会投 B 轮，65%会投 C 轮，企业只要达到"里程碑"就能拿到下一轮融资，美国硅谷银行跟着 VC/PE 股权配债权，不良率仅 0.3%。反观我国企业，因为每家银行都不能承诺长期授信，企业无法得到持续支持，只能做多头授信以防万一。其次，银行对企业的不信任。在美国，科创企业将各类型资产登记后打包抵押给银行，银行作为第一顺位授信给企业，形成长期合作关系，大部分银行不愿意做第二顺位。反观我国银行，科创企业不仅可以在多头授信时，只给授信银行看部分业务，更可以在明知没有前景时依然烧完最后一分钱，再"另立山头""逃废债"，银行不仅无法在经营期间干预企业的盲目投机，更无法处置新企业的资产。所以中国银行成了"典当铺"，遇到高风险企业就只看土地厂房和营收，遇到低风险企业就一窝蜂争相贷款过度授信。

二、主要问题，两种现象

制度创新是改革开放后我国经济高速发展的内在动力，但同时制度创新有很强的内生性和路径依赖，与国情、历史、发展阶段密切相关，既受生产力的约束，又受历史文化传统的深刻影响。

（一）银行业存在运动式科创现象

创新是高风险、小概率事件，越颠覆式的模式创新、越卡脖子的技术突破，一定是大量试验下的随机概率，所以一定要有市场化机制，分散风险，分摊收益，可以说，没有比股权融资更适合的科技金融方式。虽然说我国金融体系结构决定了支持科技创新离不开银行，但金融支持科技创新的主力部队，应该是扎根创新生态圈的基金、投行、政策性银行，而非普遍的提供金融基础服务的银行。当前，由于大量银行运动式推行科创信贷，但又缺乏识别科技创新的能力，导致许多银行搞"名单创投"，即以"高新、小巨人、瞪羚、独角兽、专精特新"名单做科技创投。根据名单一拥而上，降低审批条件，进行利率补贴，催动过度杠杆。据了解，一些头部科创企业甚至可以做到"贷款成本低于存款收益"进行套利。

（二）间接融资难以转化直接融资

美国硅谷银行给 VC/PE 的贷款占其资产规模的 61%，在美国平均一般 30% 的私募股权投资资金来自商业银行。而在我国，目前银行资金支持股权投资的最便捷通道受阻。首先，在市场层面，人民币股权基金市场缺乏成熟专业并能提供长期资金的机构 LP，随着资管新规的落地，银行理财资金作为 LP 出资比例也大幅下滑。其次，在法律层面，根据《中华人民共和国商业银行法》第 43 条："商业银行在中华人民共和国境内不得从事信托投资和证券经营业务，不得向非自用不动产投资或者向非银行金融机构和企业投资，但国家另有规定的除外。"另外，根据中国人民银行颁布的《贷款通则》第四章第 20 条，借款人"不得用贷款从事股本权益性投资，国家另有规定的除外"。

三、制度创新，三个思考

制度创新通常是从内部、自上而下的改革，逐渐从量变到质变。当前，正是进一步改革开放难得的历史机遇期，当以制度创新为引领，科技赋能金融，金融服务实体，实现科技、产业、金融的高水平循环，推动上海全球科技创新中心建设，引领全国科技金融体系健康、有序发展。

（一）银行资金进入股权投资市场始终是慎重决策的关键问题

在 1983—2009 年的 PE 市场繁荣期，美国商业银行是对 PE 直接投资的资金量为机构投资者中最高的，30% 的私募股权投资资金来自银行。2010 年 1 月 21 日，美国总统奥巴马宣布将对美国银行业做重大改革"沃尔克法则"（Volcker Rule），其核心是禁止银行从事自营性质的投资业务，以及禁止银行拥有、投资或发起对冲基金和私募基金。2019 年 8 月，美国货币监理署（OCC）投票修改"沃尔克法则"，2020 年 6 月联邦存款保险公司（FDIC）表示放宽限制，允许银行向风险资本和基金进行大额投资。从美国的实践中可以看到，银行业的金融活水对科技创新的支持也是一个根据国情反复推拉的过程，不能一概而论谈放开，避免金融自由化。

（二）历次制度创新的突破都是从边缘地带开始，制度创新的成功都依赖于系统集成

制度创新从边缘部分开始最容易突破，所谓边际制度创新就是对原有制度进行边缘性改进，但同时制度边缘的结合地带又是监管最薄弱的环节。2016 年中国银监会与科技部、中国人民银行联合印发了《关于支持银行业金

融机构加大创新力度　开展科创企业投贷联动试点的指导意见》，鼓励和指导银行业金融机构开展投贷联动业务试点，有效防范风险，不断提升科创企业金融服务水平，但缺乏证监会在需求侧相应的制度保障，单方面在供给侧试点混业经营，文件执行就会存在很大的风险敞口。

（三）实现科技、产业、金融的高水平循环，金融监管的技术支持与金融创新的制度支持同样重要

金融创新与金融监管是一对矛盾的统一体，两者之间存在既对立又统一的辩证关系。没有金融监管就没有金融创新，没有金融创新也就没有监管制度和体系的逐步完善。银行业源头活水对于科技金融的大流量支持与否，取决于如何正确处理金融创新与金融监管的关系，只有掌握好创新与监管的平衡点，才能推动科技金融健康的有序发展。金融监管的技术支持对于监管部门和被监管部门均具有重要的意义。对于监管部门而言，监管技术支持可以提升监管效率和监管能力，缓解环节监管信息不对称、监管迟滞、监管空白等问题；对被监管机构而言，监管技术支持有助于将其从繁复的监管法规和冗长的监管流程中解脱出来，降低其金融合规成本。

四、浦东率先，探索突破

为了更好地引领全国科技、产业、金融的高水平循环，真正建成引领全球科技创新，融通全球金融资本的全球金融中心和科技创新中心，建议利用好浦东新区社会主义现代化建设引领区的制度创新便利，"三箭齐发"在浦东新区率先探索出符合中国国情，"有用、能用、好用，放得开、管得住、可熔断"的科技金融制度体系与金融科技监管平台。

（一）集成"一行两会"制度突破

当前金融服务愈加虚拟，业务边界日益模糊，风险的复杂性、传导性和隐蔽性的加剧，不断增加金融监管界定和识别的难度，特别是条块之间的结合地带往往成为监管的空白地带。作为金融活水来源的供给侧，人民银行、银保监会，应该同作为市场需求侧监管代表的证监会一道，在三方监管的结合地带进行制度创新。例如，在针对双碳战略、绿色金融、气候科技等特定科技创新赛道，参考《关于金融支持浙江高质量发展建设共同富裕示范区的意见》，人民银行、银保监、证监会、科技部、上海市政府系统集成拟定有利于推动浦东引领区建设，在全国范围具有实践探索意义、能够振奋人心的科创制度创新策略与全生命周期的监管方案。

（二）利用引领区进行创新试点

利用好中共中央、国务院印发《关于支持浦东新区高水平改革开放　打造社会主义现代化建设引领区的意见》授予的深化制度创新机制安排，"遵循宪法规定以及法律和行政法规基本原则，制定法规，可以对法律、行政法规、部门规章等作变通规定，在浦东实施"。通过一行两会部委共同研究，发挥上海浦东及国家综合性科技创新中心（张江科学城）的创新资源禀赋和具体实践，不在存量框架内切小块做试点，而是通过制度创新，在增量上试点突破商业银行法和贷款通则对资金投向的限制，综合商业银行、投资银行、产业银行业务模式，借鉴浦发硅谷运营经验，整合张江现有科技投资、科技贷款相关队伍，率先组建科创主题的区域性政策银行——张江科技银行进行市场化运作、自负盈亏、先行先试。

（三）建设金融科技平台保驾护航

国际金融中心首先是金融科技中心、金融情报中心。2020年10月，中国人民银行提出支持上海建设国家级金融科技发展研究中心，助力上海走出独具特色的数字金融发展之路，为推进上海国际金融中心建设和长三角一体化发展提供有力支撑；2021年4月，中共中央、国务院印发的引领区文件中也明确指出支持在浦东设立国家级金融科技研究机构。建议利用好这一国家级金融科技机构，由相关团队牵头，以"超越分业管理体制的数据协同创新，支撑防范系统性风险底线的实现"为目标，建设三大具有引领性的金融基础设施：（1）建立起能够承托"一行两会"对于科技金融资金全生命周期管控的金融监管平台；（2）建立起能够支撑张江科技银行运行的投资系统、情报系统、决策系统；（3）建立起符合进一步对外开放发展潮流，能够安全、有序、可控的汇聚全世界的良性资本投资上海、投资浦东、投资全中国的科技创新股权市场交易平台。

（邵晓珊，2022年3月）

2023 年

打造超大城市乡村振兴"样板房"

——张兆安研究员在中共上海市委党校的演讲

上海作为全国经济最发达的超大城市，正朝着"五个中心"及具有世界影响力的社会主义现代化国际大都市迈进。有人曾提问，作为超大城市，上海还需不需要乡村？我的答案是需要。

新时代，上海不仅要进一步强化破解"三农"问题的紧迫感，还应该率先成为全国实施乡村振兴战略的"排头兵、先行者"，打造超大城市乡村振兴的新样板。

当然，作为超大城市的乡村或者说郊区，实施乡村振兴战略的基础、条件、目标、要求、政策与其功能定位是密切相关的，超大城市的乡村发展变化有其必然性，也有特殊性，更有时代性。这就使得上海实施乡村振兴战略面临一些不同的形势、特点、机遇、任务。

在这一大前提下，无论上海乡村的功能定位，还是乡村振兴战略的实施，都需要体现时代特征、中国特色、上海特点。简单来说，凡具有上海乡村个性特色的，应当积极探索与创造经验；凡具有全国乡村普遍共性的，可以从法律规章等层面上进行制度固化。

一、关于上海乡村功能的认识，要有大视野、大格局、大战略

作为超大城市，上海的乡村与全国其他地方相比具有共性的一面，也有个性特色的一面。大体上，随着改革开放的不断深入、经济社会的不断发展，上海的乡村已经开始显露出一些趋势性变化：

第一，农民出现"三多三少"：外来农民逐渐增多，本地农民逐步减少；职业农民逐渐增多，兼业农民逐步减少；新型农民逐渐增多，传统农民逐步减少。

第二，农业呈现"三增三降"：二、三产业元素逐渐增加，农业自身元素

逐步下降；社会资本比重逐渐增加，农业自有资本比重逐步下降；新型经营模式逐渐增加，传统经营方式逐步下降。

第三，农村显露"三增三高"：外来人口流入逐渐增加，农村社区多元化程度逐步提高；农村青年流出逐渐增加，农村社区老龄化程度逐步提高；农村城镇化元素逐渐增加，农村社区管理难度逐步提高。

面对变化，需要坚持"三底线、三不变"原则。"三条底线"是指确保粮食生产能力不降低、农民增收势头不逆转、农村稳定不出问题，"三个不能变"是指集体土地所有权不能变，农地农用不能变，农民的基本权益不能变。

上海，不能就上海论上海；同样，对上海乡村功能的认识，也不能仅仅局限在市域范围，而要有大视野、大格局、大战略。

比如，在长三角一体化发展国家战略的引领下，相互融入明显加速，区域合作明显增强，城际功能及产业分工明显深化。其中，上海乡村与长三角地域相连、人缘相亲、文化相融、经济相通，具有与长三角共同发展的良好基础。

为此，上海与江苏、浙江两地接壤的乡村可以建设若干个"共建、共生、共利、共荣"的发展圈，起到乡村振兴一体化发展的示范作用；可以对一些乡村振兴项目实行联合开发，共同立项、共同规划、共同开发；可以培育一些区域乡村联动发展的"闪光点"，推动跨区域投资等；可以选择一些关联性较大的产业链、供应链，培育成为一体化发展抓手等。

又如，上海在继续当好全国"改革开放排头兵，创新发展先行者"的过程中，把乡村建设好了，把乡村振兴战略实施好了，起到应有的示范作用，就能充分体现国家战略、上海使命、乡村愿景的高度统一。从这个高度出发，上海乡村振兴战略实施要进一步增强紧迫感和使命感。

再如，上海城乡具有行政区域的高度统一性，在经济结构与要素价格上呈现相对落差。这样的制度性、经济性特征，为超大城市发展提供了回旋余地。

一方面，可以把乡村作为"城"的外延来做文章，形成城乡"一盘棋"意识及互补性发展战略，让乡村成为大都市发展的重要腹地、缓冲地带及多功能、多样化基地，并在思想观念、推动机制、舆论导向上为缩小城乡差别提供准备。另一方面，做足"乡"的内涵，不能简单地以"城"替"乡"，而应注重以"城"带"乡"。尤其是要形成工业化、信息化、城市化和农业现代化"四化联动"的整体态势。

二、"繁荣繁华看市区，经济实力看郊区"是城市开发的必然

上海的乡村，既是超大城市中心城的扩展区、连绵带，又是现代化国际大都市产业、人口、就业的主要分布区，还肩负着优化城市环境的特殊职能。

下一步，从建设"五个中心"和现代化国际大都市、推动形成长三角世界级城市群等客观要求来看，还应发挥好乡村的更多新功能。

第一，全市综合经济实力增长的"组合"功能。超大城市的乡村不应停留在为全市经济发展"添砖加瓦"这一层面上，还要成为中心城区和郊区"两相组合"的中坚力量。因此，也就有了"繁荣繁华看市区，经济实力看郊区"的生动说法。这不是"摊大饼"的需要，而是超大城市功能开发的必然。

例如，一些乡村地区成了新型开发区，进而推动郊区工业化、城镇化进程；一些乡村地区培育一系列旅游景点，打造出各具特色的古镇，推动郊区休闲旅游业发展；传统农业通过"接二连三"，发展了观光农业、休闲农业等，有力提升了农业发展能级，等等。

第二，国际大都市圈空间伸展的"扩充"功能。目前，上海城市经济社会发展资源的配置和布局已从以往的 600 平方公里走向了 6 000 平方公里，也就是从外环线之内扩展到包括郊区在内的整个市域范围，并且逐渐构建形成了上海大都市圈。

一方面，带动中心城区第三产业蓬勃发展和能级提升，改善城区的空间结构和产业结构，郊区顺势成为制造业重要基地，产业结构日益丰富。另一方面，推动郊区城镇化发展进程。如通过新城建设，不仅在郊区打造了五个中等城市，还与中心城区以及江苏、浙江周边城市一起构建形成上海大都市圈。

第三，国内外经济要素流入的"承接"功能。通过工业化和城镇化的不断推进，超大城市的乡村已经发展成为承接国内外经济社会要素流入的重要阵地。

一方面，随着城市功能调整，中心城区产业开始逐渐地向郊区迁移、扩散，郊区承接功能显现，接纳了存量经济，激活了增量经济。另一方面，随着产业和企业的进入，郊区承接越来越多的劳动力，郊区各处"大居"承接了大量的中心城区外溢人口。

第四，现代化国际大都市内外辐射的"走廊"功能。随着超大城市集聚

功能的提升和辐射能量的释放，上海与长三角、长江经济带乃至全国经济社会要素流动的内涵不断丰富，规模不断增大，速度不断加快。

其中，很多要素的流进流出不仅会经过郊区，还有相当一部分会沉淀下来。这就需要超大城市乡村发挥好"走廊"功能，如航空客运走廊、航运物流走廊、产业集群走廊、旅游景点走廊、绿色居住群走廊等。

我曾在全国"两会"上提出长三角地区可以共同打造"四条走廊"：G60科技创新走廊、G50绿色发展走廊、G42高端智能制造走廊、临海临港战略性新兴产业走廊。这些经济走廊的打造形成，都离不开超大城市郊区的承载、嫁接与发展。

第五，维系现代化国际大都市健康发展的"屏障"功能。都市现代农业发展和美丽乡村建设可在很大程度上净化空气、增加绿地面积、提高森林覆盖率、提升水质、增强涵养水源的能力，进而缓解超大城市的"热岛效应"，对"天更蓝、水更清、土更净、地更绿"起到重要的推动作用。

第六，现代化国际大都市全方位的"服务"功能。在"供应服务"方面，可为超大城市提供绿色、安全、无公害和标准化的各类农产品，解决城市居民的"菜篮子""米袋子"问题。

在"居住服务"方面，可通过吸纳和消化中心城区外溢人口，疏解中心城区人口密度过高问题，改善全市人口布局。

在"休闲服务"方面，可提供居民休闲、度假、旅游等服务载体。通过发展观光农业、休闲旅游、民宿等，整洁的村容、便捷的交通、优美的田园风光成为城市居民缓解压力、放松心情的"解压地""充电地"。

三、贯彻落实"多予、少取、放活"方针，推进城乡一体化发展

深入把握超大城市的乡村功能，是为了有效解决"三农"问题，助力乡村振兴战略实施，推动农业发展、农村兴盛、农民富裕。下一步，还应在以下几个方面进行必要的思考。

第一，要有长期作战的思想准备和物质准备。在超大城市，尽管实施乡村振兴战略的基础和条件比较好，但跨越城乡鸿沟过程的艰巨性和长期性也是不能轻视的，更不可能一蹴而就，而应该做好长期作战的准备。

由此，推动超大城市乡村振兴战略的实施不能急于求成，但应有紧迫感。这就需要制定完善好中长期的统筹规划，明确方向，瞄准目标，落实责任，精准施策，再予以分步实施，从而成为长三角、长江流域乃至全国率先实现乡村振兴的"样板房"。

第二，要辩证认识城乡差异的基本内涵。农业与工业、服务业的差异是由产业性质和特征所决定的，农村的生态特征和自然风貌当然也与城市有所差异……凡此种种，既不可能消除，也不应该消除。

这就提醒我们，如果机械地理解消除城乡差异，就有可能把农村搞成"城不城、乡不乡"，弄到最后成了"夹生饭"。

第三，要遵循农业、农村的自然规律和经济规律。一般来讲，大城市往往对推进工业化、城市化的冲动比较强烈，实践经验也比较丰富。这为乡村振兴创造了有利条件，但不能就此简单地套用推进工业化、城市化的思维去指导乡村建设，更不能机械地照搬工业化、城市化的发展模式。

要充分遵循农业、农村的自然规律和经济规律，切实尊重农民的意愿，充分发挥农民的主体作用，使农村内生力量和外部推动力量的劲往一处使。唯有如此，超大城市乡村振兴才能真正有效、有序地实施起来。

第四，要强调系统集成的理念。实施乡村振兴的总要求是"产业兴旺、生态宜居、乡风文明、治理有效、生活富裕"，内在要求推动乡村产业、人才、文化、生态、组织振兴。可见，超大城市乡村振兴是一个综合、复杂的系统工程，需要方方面面的共同推动。

以往的发展经验表明，"单兵作战"仅仅是基础，更重要的是要站在全局高度进行系统集成，进而产生整体效应。为此，要形成组织体系、明晰操作主体、强调综合协调、落实统筹规划。

第五，要明晰乡村振兴的基本取向。当前，乡村振兴要进一步贯彻落实好"多予、少取、放活"的方针，推进城乡一体化发展。

"多予"的核心在于多推动城市资源向乡村倾斜，多为乡村建设提供资金，多为农民收入增长打开门路，多为现代农业发展提供全面支撑。

"少取"的核心在于执行最严格的土地制度，保护好乡村各类资源，进一步减轻农民负担。

"放活"的核心在于深化农村改革，理顺体制机制，释放农村活力，推动农业发展，加强农村民主法制建设。

第六，要探索"工业反哺农业，城市支持农村"的路径。工业反哺农业的最直接体现之一就是"工业下乡"。昔日的乡镇企业曾经起到过这个作用，当下郊区的各级开发区以及新城建设，也可以成为非农就业和农民收入增加的重要载体。

城市支持农村的直接体现之一就是加大财政支持力度，推进城市资源向农村的流动和配置。要通过城乡基础设施建设，使社会事业和生活水平实现有效对接，脚踏实地、有的放矢地去消除城乡在收入、教育、医疗、卫生、文化、社会保障、人居环境等方面的差距。

（张兆安，《解放日报》2023年2月28日）

上海市元宇宙生态营建思路与工作建议

元宇宙是新一代信息技术融合创新的集大成者，具有鲜明的"系统综合、集成创新、总体设计"的特性。元宇宙是目前能够凝聚广泛产业共识、聚焦科技前沿，进行协同攻关和集成创新的共识性场景，具有鲜明的"引领性"。2021年10月Facebook改名Meta发展至今，东西方元宇宙的发展产生了分野。美国"脱实向虚"的资本社交元宇宙正在退坡，中国"以虚促实"的产业孪生元宇宙正砥砺前行。立足研究与观察，提出如下元宇宙能够解决的问题以及后续工作建议供参考：

一、当前问题

一是科技情报各自为政，需要元宇宙深入研究。真正有价值的研究和项目欠缺，以及在欧美的理念设定之下搞研究，缺少属于自身确定的目标与取向，这是当前最大的问题。据统计，我国目前仍有60%的产业核心技术依赖国外程度达30%—50%，17%的产业核心技术依赖国外程度超50%，几乎所有产业的核心技术都不同程度受到国外封锁。当前欧洲与美国等发达国家和地区终止了对中国科技开放与交流，使得我国的科技发展也陷入瓶颈。中国过去总有追赶目标，现在慢慢陷入"黑暗森林"，要靠自己开道铺路，是当前面临的最紧迫形势。

为此，首先需要打破各自领域的垂直研究，在元宇宙的系统集成下，建立更广泛深入的情报系统，要做细致入微的调查与分析。例如利用好元宇宙广覆盖、系统集成的特点，在材料、机械、化工、电气、工程、能源、医疗等领域，有针对性地分析短长；在全世界范围内搜索可以发展为实用科技的基础研究、基本理论的最前沿结论；发现现有技术仍有发展改进空间的领域等。

二是科技金融供给错配，需要元宇宙对接供需。科技创新是0—1、1—10的全过程，目前，对于0—1的有效供给，正在新型举国体制的推动下得到改善，但支持高风险基础研究的还不够多。同时，全链条加速机制还不顺畅，许多已经掌握关键技术的项目，在 1 到 10 的产业化阶段，这关键的"1"迈得尤为艰难。天使投资的趋势正从过往的"小资金、消费类、外资多"在往"大资金、硬科技、国家队"转变，面对上亿元需求的高风险创新，市场机构看的多投的少，传统商业银行"不敢贷、不愿贷、不会贷"，国资国企又只能以设备、装修、房租提供支持，把创新变成了"数砖头"。当前，新型研发机构也要有新型的金融供给相匹配，也需要组建起专门主题的国家战略科技力量，以制度创新的红利和大兵团作战的方式，集中火力为高风险科技创新项目提供支持。

三是创新机制需要创新，需要元宇宙提供场景。当前我们需要的是面向世界科技前沿、面向经济主战场、面向国家重大需求、面向人民生命健康，基于需求导向、以场景式创新引领的"大兵团作战"协同创新机制，而非单一企业、单一团队、单一产品的单点创新。据统计，美国国家实验室年度经费总额约占整个联邦政府研究与开发经费总额的 1/3，已有超过 30 个国家实验室在各个战略必争领域开展研究，模拟研究过星球大战、金融战争等重大应用场景，主导和引领了整个美国式科学技术创新体系，是我们需要学习、借鉴的榜样。近三年来全国各地组建了许多新型研发机构、国家级省级实验室，一定程度上解决了研发创新的体制障碍，但在成果转化上仍未形成规模效应。封闭的研究环境同开放的现实场景之间存在沟壑，新技术无法通过实战得到市场验证，也无法通过市场反馈进一步改良技术。为此，我们需要在为研发提供经费、空间、设备的同时，还需要提供"场景"，以场景的目标促转化，以场景的需求促协同，以场景的问题促进步。而这正为元宇宙系统集成的特性所契合。

四是数据算法算力之争，需要元宇宙取长补短。ChatGPT 的爆火是一场人类认知革命的起点，人类告别信息时代进入智能时代，以数据为中心的 AI 赋能，告别了过往以人类经验和程序模型为起点的社会运行方式，替代以机器智能和海量数据为起点的探索模式。人类获取知识的途径得以丰富，机器智能可以发现人类所无法认知的知识，数据作为经过结构化和加工产生的知识正在颠覆性地改变生物学、医学、建筑学等领域，人类从此需要习惯与非人智能共存，物理世界将被全部数字化、孪生化。当前的世界从未如此紧迫，AI 竞争将成为比科技战、贸易战更加长远和根本的竞争。而在目前算力受制于人、算法不如于人的情况下，大力发挥场景优势，筑牢数据长板，需要元宇宙的系统集成和场景牵引。

二、工作建议

一是成立上海第四个国家级新型研发机构。当前上海已建设有张江实验室、浦江实验室、临港实验室三大国家级新型研发机构，分别在集成电路、人工智能、生物医药领域开展基础研究、成果转化，上海第四个国家级实验室应该做什么？可能就应该在元宇宙生态中寻找突破。但是，元宇宙系统集成、包罗万象的特性，使得建设任何细分前沿科技的专门性实验室，都不足以牵引起整个元宇宙生态的建设，换言之，元宇宙生态的建设难点在于总体设计、系统集成，而非某个技术的独创领先。因此建议：立足上海国际金融中心特色，用好"金融是现代经济核心"的特点，以金融科技为技术探索方向，通过具有金融功能的元宇宙底座建设服务科技创新。以"创新机制的创新"为目标，做全国新型研发机构的"母机构"，为全国范围内的国家战略科技力量，在元宇宙综合性场景下的协同攻关提供情报支撑、底座支持与金融支撑。

二是成立新型研究型银行从事科技金融供给。建议由主持并从事研制建成了中国外汇交易系统、全国银行间同业拆借系统、国债交易和结算系统、银行卡信息交换系统等国家级金融改革重大信息工程的柴洪峰院士领衔营建金融主题的国家实验室，并打造面向数字金融信创的可信验证平台及产业生态建设，研制面向金融场景的数据库测试基准及公共验证系统、研发金融智能应用可信验证指标体系及验证工具集。基于金融科技的创新，探索研究成立专门服务于国家战略科技力量的服务性银行、新型研究型银行。作为代表上海市国际金融中心与科技创新中心联动的枢纽和主阵地，建议酌情吸收合并浦发硅谷银行，同时践行习近平总书记"鼓励和吸引更多民间资本参与国家重大工程、重点产业链供应链项目建设，为构建新发展格局、推动高质量发展作出更大贡献"的精神，结合上海特色与张江生态，进一步提升战略能级，组建资金来源多元化、科技情报集成治理、服务国家战略的新型研究型银行。

三是建设城市级产业孪生底座，让"元"创新长在"宇宙"里。建议立足金融主题国家实验室的情报能力、系统能力，打造产业情报平台、服务平台，目标做到四个精准：精准描绘科创要素，精准分析科技情报，精准跟踪企业发展，精准对接产业服务，从而为新型研究型银行的科技金融供给提供方向。具体而言需要做到"四个孪生"：

其一，"城市孪生"打造场景友好型的创新城市。联合企业，目标打造"未来交通""未来医疗""未来生活""未来制造""未来金融"五大综合性超级场景，在上述领域，基于"网、电、云、链、算"的数字时代"黄沙水泥"，打造场景友好型城区，在场景中建设联合攻关平台，为新型研发机构和0—1的高风险创新提供城市级别的"试验场""实验室"，吸引龙头企业，推动产业协作，降低经营成本、扶持中小企业，催动快速成长。

其二，"创新孪生"打造科技情报与产业大脑底座。高度重视数据治理，通过数字底座推动创新要素的实时、广泛链接，打造具有世界视野的科技情报网络、产业信息平台。例如在张江科学城中区4.1平方公里内有0—1的中科院、上海科技大学、交通大学等大科学装置和新型研发机构，有1—10的红杉高瓴、微软百度等大企业开放创新中心和孵化加速器，也有双子塔周边10—100的总部集群，是打造科技创新"核爆点"的最佳首选地，更是打造创新孪生科技情报与产业大脑的理想实验台。

其三，"服务孪生"打造产业服务元宇宙平台。在城市孪生建立了城市级试验场景，创新孪生建立了完善的情报网络基础上，整合产业服务能力，产品化线上化产业服务产品，实现实时高效能精准对接。目前存在客观割裂的组织科技创新、组织科技大基金，忽略了更加困难、更加外部性、更加隐秘但更加重要的产业服务生态，科技、金融、产业高水平循环，离不开产业公共服务、人才服务、政策服务、金融服务、空间服务生态的底座支撑。目标通过底座建设，将服务集成化、产品化，建成高能级的元宇宙孵化器，为企业提供更好的规则、更精准的服务、更广泛的链接，让企业发展成本最低。

其四，"业务孪生"加速企业数字化转型。通过城市孪生的数据收集、创新孪生对于产业情报的汇总、分析、统计，完成产业数据中台的建设，服务孪生完成精准服务不同成长阶段的企业、不同成熟阶段的技术，实现产业服务能级的跃升。产业营建集团自身也需要通过内部的业务孪生，推动工作流、数据流、资金流三流合一，完成数字化转型，形成系统化服务能力。

四是成立一批立足场景的专题性新型研发机构，具体而言：

其一，元宇宙交通场景：以中国工程院院士、清华大学车辆与运载学院教授李克强院士为领衔，结合智能网联车行业上下游关键企业，组成"智能网联先进技术研究院"作为未来城市交通出行整体解决方案的总体设计部门，结合复星集团汽车板块生态资源、智能网联车产业上下游工程力量，寻求城市级的先导试验场景，以城市级的综合数据治理、城市级的智能道路建设、城市级的智能网联车运维，形成智能网联车的"中国方案"，同步落地复睿智行公司总部，扎根土壤，营建生态。

其二，元宇宙双碳场景：同中国科学院大气物理所合作，由吕达仁院士领衔，落地"双碳数值模拟系统华东中心"，开展面向工业区和城市的双碳模拟服务；共建"华东碳中和研究院"，开展新型科研成果转化模式的研究示范，推动双碳技术研发和产业链落地；在"地球系统数值模拟装置华东中心"和"华东碳中和研究院"建设的基础上，开展基于碳捕集的监测核准方法学研究开展对应的绿色金融产品研发的特色研究。推动上海成为首个具备碳排放趋势模拟、碳监测核准、大数据、云计算、人工智能、区块链等技术能力的绿色金融创新城区。不仅可以保障绿色金融交易过程的公正公平权威，在绿色金融监管、绿色金融标准推广、反洗绿等方面发挥重要作用；还可以有效降低绿色金融机构的运行成本、提升绿色金融机构的服务效率、促进绿色金融产品的创新、延伸绿色金融服务的触达范围。通过一段时间的培育将形成国内国际认可的绿色金融产业高地，为绿色低碳产业集群的快速发展持续供血。

其三，元宇宙生药医疗场景：由顾晓松院士领衔，团队围绕国家重大战略、行业重大需求和长三角生物医药产业高质量发展的需求，开展以产业高质量发展为导向的创新创业活动。从事生物材料与组织工程、再生医学与转化、新药研发与智慧中医、人工智能与医疗装备领域的协同攻关；由赵国屏院士领衔，面向生物合成领域的高潜质项目，提供"技术转化+团队孵化+天使投资"的集成化功能，助力项目从0到1的创建；由陈凯先院士团队领衔，通过"联盟+平台"创新模式，加快推进上海市大型医院经方、验方、协定方及中药制剂的临床转化。

综上所述，元宇宙生态的营建，最宏观的纲领是"做强国家战略科技力量，营建世界级产业集群"；最直接的目的是"培育发展新动能，抢占产业发展新赛道"，最微观的举措是"梳理生态赛道、攻关前沿技术、打造系统底座、建设攻关场景、落地重点项目"。元宇宙生态可以在战略上服务于数字化转型战略，战术上作为三大产业集群的"集成创新场"，打造元宇宙"场景首发地"成为催动产业增长、吸引产业流量、促进产业协同的关键基础设施，而牵引起元宇宙产业生态的核心，可以是一个具有科技情报治理、场景创新协同、科技金融供给功能的金融主题国家级新型研发机构（实验室）。

（邵晓翀，2023年3月）

关于组建张江科技银行的战略构想

张江科技银行（简称张江银行）是立足于"十四五"期间科技自立自强战略背景下浦东引领区建设制度创新引领的重要平台；是专门服务于国家战略科技力量建设与世界级产业集群建设、立足科技金融的专门性商业银行；是由"上海国家金融科技发展研究中心"主导建设，代表张江综合性国家科学中心能级和水平的科技金融供给平台；是对标美国硅谷银行运营模式，结合中国特色，进一步提升战略能级，资金来源多元化，服务国家战略的科技创新银行；是整合张江科学城所属之科技投资、小额贷款、加速孵化、技术转移等相关条线的能力与资源，基于数据驱动建设的，具有张江特色的科技金融专门性政策银行；是目标"十四五"期间，通过科技赋能金融，金融服务实体，进一步提升张江科学城的"科技+金融"服务能级，引领城市数字化转型，推动上海金融中心和科创中心建设融合联动，为强化金融资源配置能力和科技创新策源功能提供坚实支撑，真正把张江科学城建设成为全球化的创新资源配置枢纽、国家战略科技力量的坚强供给、世界级产业集群的重要功能平台。

一、建设背景

（一）百年未有大变局之下"金融先行"，贯彻实践"引领区"文件精神，助推发展动力机制转换的重要制度创新

《关于支持浦东新区高水平改革开放打造社会主义现代化建设引领区的意见》明确指出，率先建立与国际通行规则相互衔接的开放型经济新体制，核心就是从要素开放向制度开放全面拓展，从规则跟随者向规则制定者转变。张江科技银行的建设，对外有利于浦东率先构建高标准国际化技术转移规则体系，打造我国深度融入全球科技创新体系的功能高地；对内有利于"金融服务实体"树立"十四五"科技自立自强大背景下"金融供给制度创新"的典范，进一步提升和完善金融业针对性供给科技创新型组织、绿色双碳型组织方面的能力。

(二)进一步提升张江科学城的创新策源力、制度引领力,进一步提升其开放创新枢纽的能级,建设世界一流的张江科学城

近年来,科学城实现了巨大的飞跃,已经成为国内创新要素最聚集、创新氛围最浓厚、创新成果最丰富、创新品牌最响亮的地区之一。9月15日《上海市建设具有全球影响力的科技创新中心"十四五"规划》正式发布,明确指出"加快张江综合性国家科学中心的集中度和显示度","全力打造世界一流的张江科学城","强化张江国家自主创新示范区核心载体功能"。在大量资源集聚于张江科学城重点突破的同时,张江科学城不仅应该成为上海科创中心建设主阵地,更应该努力成为引进国外先进技术经验的桥头堡,引领长三角的国家战略科技力量建设大本营。

(三)建设一个持续性、长期性的服务于国家战略科技力量的科技金融供给平台

在上海全力推进张江综合性国家科学中心建设、推进世界级重大科技基础设施集群建设,进一步提升集聚度、显示度的过程中,是千亿级别的资源大投入、产业大协同、科技大攻关。"兵马未动,粮草先行"。过去我们习惯于针对单个项目一事一议地进行投入,未来需要我们针对国家战略科技力量、针对科技创新实体的制度性供给,去维持一个持续性、长期性的科技研发和产业集群建设。张江银行作为科技金融资本平台,可以推动多场景下各个产业领域的国家实验室建设和国家重点实验室体系在金融领域的制度重组、强化针对科技创新基础能力的金融供给,提升国家战略科技力量的金融供给水平,助力打好各个产业链关键核心技术攻坚战,让金融资源以灵活的制度、高效的供给水平,支持国家战略科技力量的建设。

二、建设意义

(一)有利于提升金融服务科技创新实体经济的水平

一是改变金融服务科技创新企业能力不足的现状。未来10年,服务业的GDP占比会达到60%,但目前金融业并不是很熟悉给服务业贷款,特别现在中小服务业、科技创新企业,特别是银行业普遍存在"不敢贷""不会贷""不愿贷"的现象,究其原因是"技术进步大大快于规则制度",传统衡量风险的制度框架不利于银行业服务科技创新企业。同时,银行业对于科技创新领域的数据整合和分析的能力、数据开发和运营的能力都有所欠缺,更缺乏专门的行业人才,无法像美国硅谷银行一样深入产业最底层掌握最全面的数

据信息。二是改变金融业服务世界级产业集群的能力不足的现状。当前，金融业最能系统地扶持产业集群的手段是政府产业引导基金，但是存在三大制度性困境：(1) 本地财政的跨区域投资限制；(2) 财政资金保值增值的隐性约束；(3) 财政资金市场化运作缺乏引领性。为此，通过张江银行建设一个既能体现国家意志，推动科技自立自强，又能引领市场资源集聚，满足建设世界级产业集群能级、满足科技创新企业需求的功能性金融平台，具有很强的制度创新示范意义。张江银行既能做到资金来源多元化、运作机制市场化，真正以尖端科技项目为驱动，向全世界、全中国的尖端科技提供金融供给的制度创新示范，又能起到让资本市场各个方面都共同参与到尖端技术研发与产业集群建设当中来的引领性作用。

(二) 有利于提升上海金融中心服务国家战略的能级

金融是现代经济的核心，也是科技创新的关键供给。为了早日建设成世界一流的科学城，早日真正成为世界科技创新的核心引擎、全球开放的创新枢纽、创新制度供给高地，我们当前需要利用张江科技银行以制度创新、科技创新、金融创新"三箭齐发"，外引技术，内振创新，数据驱动，精准供给，引领长三角，辐射全中国。以科技创新的规律、金融供给的手段、数据时代的理念把张江科技银行建设成为张江科学城技术策源力、制度引领力的关键引擎，是真正的"引擎的引擎""枢纽的枢纽"。未来，张江科技银行作为"国家战略科技力量"的金融科技平台，可以凝聚长三角的资本，向全国各地特别是缺乏资本的中西部国家战略科技力量如嵩山实验室、天府实验室、秦岭实验室、国家（西部）科技创新中心等提供强大的金融支持。

(三) 有利于提升上海科技创新中心创新枢纽的能级

上海科创中心建设，张江科学城是主战场。《中共中央　国务院关于支持浦东新区高水平改革开放打造社会主义现代化建设引领区的意见》明确指出："建设国际科技创新中心核心区，增强自主创新能力，强化高端产业引领功能，带动全国产业链升级，提升全球影响力。"金融是现代经济的核心，在进一步做强科学城集中度、显示度之余，更好地起到"枢纽"作用，离不开科技金融资源的调配、引导、供给。张江银行的成立能在两方面同时助力上海科技创新中心枢纽能级的提升：一是在国内科技金融资源的枢纽型调配上，使得金融作为源头活水源源不断供给科技创新；二是在国际科学技术引进与系统集成上，通过"金融先行"以金融支持科技研发、产业创新、产业集群集聚，以系统工程与产业集群的理念，创新技术传播链路，引导数据的流动，将国外先进技术引进到国内。

三、建设思路

（一）明确张江银行要为实体经济服务

当前金融业脱实向虚的隐患仍然存在，金融服务实体经济理念贯彻仍然不深。中国银行业发展绝不走西方追求资本繁殖的老路，把银行业作为经济活动中最高端的行业，而是应该坚持精准定位服务型行业属性，深刻理解金融业强监管的发展趋势。

（二）明确张江银行要为科技创新承担风险

深刻理解科技创新的特殊性、偶然性、不可预见性。未来科技创新投资过程中，科技银行要做好亏本的准备，要做好损益率的分析与风险管理。

（三）明确张江银行支持科技创新的概念和边界

科技银行在支持国家进行大规模科技创新的历史阶段中，要同国家主导投入的科技创新有所区分，具体而言有三条标准：（1）明确承担风险、接受亏损；（2）负责产业化、市场化；（3）关注企业主体技术的原创性、唯一性。建议科技银行负责国家科技创新成果上的再次投入，不是"从无到有"，而是"从有到更有"，把0—1的基础研发交给国家战略科技力量主题下的新型研发机构、交给能支持长期性投入的国家资本、华为式的科技型企业，科技银行参与1—10、10—100的产业化阶段。

（四）明确张江银行同一般科技银行的特殊性

人才和制度是张江科技银行的核心竞争力，也是中心的核心竞争力。张江科技银行的管理人员和管理体制不同，是同一般科技银行最大的不同。能够长期稳定拥有一支高原造峰、系统集成的产业专家团队是重中之重，同时，新型研发机构式的创新体制机制贯穿到科技银行的管理运营，也是其最显著的特色。首先，做好张江银行的核心问题不是经营问题，而是决策问题。硅谷银行、红杉高瓴、招商国投、深创投等机构，核心是有一支懂产业的人才队伍。项目由庞大的、专业背景的专家共同审定。物理、化学、生物领域的技术和理念能否变成现实、是否具有唯一性和特殊性、是否具有产业化前景，都需要政产学研各方专家共同审定，不仅是技术专家，更需要工程专家、经济专家、社会专家从世界经济走向、产业布局方向、技术发展趋势有明确判断。其次，如何做出决策才是一切经营的前提，一个具有引领性的制度创新来聚集、组织、协同各方面的专家，既要对各类事件的出现进行长远的详细判断，也要对项目本身进行精微的操盘。

（五）明确张江银行要在中心的支持和管理下，成为科技创新方面具有全局性、引领性的研究机构

目前，在科技创新领域，各个赛道百舸争流、千帆竞渡、万马奔腾。但是，一个能够全局性、宏观性、科学性描述当前中国科技金融现状、科技创新金融供给现状的机构、报告仍是空白，没有整体上的归总和统计，就不知道中国科技金融发展过程中出现的问题还有规则、规律，就会有"多了多了，少了少了"的现象，科技金融供给的效率、均衡都会受到影响。长三角的资本如何服务西部科学中心的建设，如何服务国家范围内的战略科技力量，都需要智库的研究和指导。在中心及科技银行起步初期，起码要对于自身投资的领域拥有总体的判断、全貌的分析、数据的治理。

（六）明确张江银行的致广大而尽精微

对于科技创新范围的广博、深邃、久远要时刻心怀敬畏。能引导整个产业发展的尖端科技是创新，一台仪器中的关键零部件也是创新，乃至通过重新设计系统集成现有技术研发新产品也是创新。任何一家科技银行都不可能做到全领域的科技创新金融供给，而是要找到具有爆发性的赛道，进行专业、精确、深入的布局和投资。此时，在科技银行内部，话语权属于专家而非行长、总经理、董事长。

（七）明确数据技术在科技银行中的辅助地位

科技创新的前沿技术，往往以数据形式存在，但前沿技术数据，不仅绝对不会轻易示人，更不是一般的信贷人员所能了解的。大数据往往是在成为潮流和趋势之后，才能成为大数据，创新阶段的小数据、秘数据在科技银行经营过程中才是主流，所以，人才是数据处理的关键。

四、建设方案

（一）总体定位

张江银行定位于以制度创新引领、数据要素驱动，专门服务国家战略科技力量建设、服务世界级产业集群建设的先导性、引领性科技金融供给平台。狭义上，张江银行以美国硅谷银行为对标，服务张江建设世界一流科学城，同时成为上海国家金融科技发展研究中心、国家金融科技实验室的关键运营资源供给。广义上，张江银行以科技金融助力科技创新，成为国家战略科技

力量体系的重要金融供给平台；以金融数字底座服务在线新经济，成为城市数字化转型的关键基础平台。

（二）建设目标

张江银行对标国际科技前沿、面向我国战略科技力量发展目标和需求，坚持金融与科技融合发展理念，坚持面向世界科技前沿、面向经济主战场、面向国家重大需求、面向人民生命健康，构建系统级能够服务科技创新国家战略的金融业新型基础设施；打造符合的时代要求，能够推动高水平科技自立自强的金融人才队伍；建设成为国家战略科技力量体系与世界级产业集群建设的重要金融供给平台。

第一步，力争用2年时间整合张江科学城科技金融条线相关人财物资源，特别是整合张江科学城投、贷、孵条线人才队伍，现有中国银行、上海农商银行、上海银行等科技支行牌照、团队，挂牌张江银行，代表张江科学城的科技金融供给最高水平，一期资本金10亿元。

第二步，力争用5年时间，建成能够支持张江科学城产业集聚、汇聚长三角政产学研各方资源，代表上海金融中心水平，服务国家战略科技力量的专门性银行，二期资本金20亿元。

第三步，力争用10年时间，建成国家战略科技力量体系的重要金融供给平台，三期资本金100亿元。

（三）建设任务

1. 制度创新方面

一是首家专注从事国家战略科技力量与产业集群建设，为国家战略科技力量研发机构、相关产业集群中各种轻资产、高增长的科技企业提供长期性、低于股权融资成本的贷款/债权融资的科技银行。二是"数据驱动"为特色的科技金融银行。基于张江银行所属"数据银行"，同客户形成强大的场景合作开发能力、数据整合分析能力、数据开发运营能力，大幅度提升科技贷款的适用性、风控的针对性和贷后管理的细致程度。

2. 资本筹措方面

起步阶段由国家金融科技发展研究中心、张江科学城企业自筹：一是张江科学城内生物医药、集成电路、人工智能产业的龙头领军企业。二是张江科学城相关的政府侧产业投资基金与商业银行。三是市属、区属国资平台，一期筹集10亿元资本金；二期面向全国范围产业集群领军企业和组织，筹集20

亿元资本金；三期面向全国市场筹集资金 100 亿元。

3. 人才队伍方面

在起步期整合张江科学城科技投资条线、小额贷款条线、孵化加速条线、产业研究条线的队伍力量，将科技投资的投资经理，变成科技银行的业务经理，加上张江科学城范围内科技支行的业务骨干，组成张江银行创始团队，从股权投资向债权投资转型。得益于张江科学城已有的科技投资、小额贷款、产业孵化条线拥有的专业人才队伍和生态资源，张江银行在起步阶段，就具备了比肩硅谷银行的基本框架和高水平人才队伍。

4. 数据要素方面

基于金融科技发展研究中心、金融科技国家实验室的研发力量，构建以数据为关键要素的数字经济金融供给平台，以金融引领推进数字产业化、产业数字化，引导数字经济和实体经济深度融合，培育技术和数据两个市场。

5. 技术转移方面

组织一只强大的科技金融人才队伍，张江银行的项目经理首先应该是行业专家，其次才是金融专家。张江科技银行是在金融供给背景下完成技术与技术的对接，结果导向上看，最终会成为先进技术向外传递、赋能的关键环节。未来，科技银行的项目经理们会像银行业务员一般拼命寻找优质客户，会像"数据猎人"一般"上天入地"寻求技术数据的价值转移和赋能，成为企业进行技术与技术对接的超级连接者，成为先进技术系统集成的助推剂，成为技术向产品转化过程中的关键推动力量，进一步提升张江科学城的技术策源力、辐射影响力。

6. 产业集群方面

建设初期，张江银行立足张江科学城生物医药、集成电路、人工智能三大世界级产业集群的建设。同时积极对接金融科技、航空航天、新能源汽车、装备制造等产业集群，同其余三大综合性国家科学中心紧密联系，同中科院、工程院、航天科工等国家战略科技力量紧密联系，同中西部特别是陕西、河南、四川等省份的国家级、省级实验室进行对接，服务当地的国家战略科技力量建设。远期，形成一张辐射全国、融通世界的科技金融供给平台网络，成为国家战略科技力量的重要金融供给平台。

五、未来展望

张江银行作为立足于"十四五"期间科技自立自强战略背景下浦东引领

区建设制度创新引领的重要平台，作为专门服务于国家战略科技力量建设与世界级产业集群建设、立足科技金融的专门性商业银行，本质上是一家以系统工程的思想、科技创新的理念、数据驱动的金融科技创新平台。张江银行建设的本身，充满了无限的可能性。从小处看张江银行的出现，是制度性的填补金融业服务科技创新企业能力空缺的商业银行，是张江科学城主动布局产业集群，建设世界一流科学城的"金融引擎"。从大处看，是服务国家战略科技力量与世界级产业集群建设的重要金融供给平台，是上海建设科技创新中心与金融中心联动发展的"金融枢纽"，是服务长三角、服务全中国的重要标志性机构。行成于思，事在人为，希望张江银行的建设设想能够得到各方关注并尽早启动实质性的推动和建设。

（邵晓钿，《国家级金融科技发展研究中心战略规划研究（子报告三）》，2023 年 4 月）

图书在版编目(CIP)数据

中国经济：形与势 / 张兆安，邱俊鹏，邵晓翀著. -- 上海：上海社会科学院出版社，2024. -- ISBN 978-7-5520-4450-8

Ⅰ.F124

中国国家版本馆 CIP 数据核字第 20249W3D33 号

中国经济：形与势

著　　者：张兆安　邱俊鹏　邵晓翀
责任编辑：邱爱园
封面设计：周清华
出版发行：上海社会科学院出版社
　　　　　上海顺昌路 622 号　邮编 200025
　　　　　电话总机 021-63315947　销售热线 021-53063735
　　　　　https://cbs.sass.org.cn　E-mail：sassp@sassp.cn
排　　版：南京展望文化发展有限公司
印　　刷：上海万卷印刷股份有限公司
开　　本：710 毫米×1010 毫米　1/16
印　　张：31.5
插　　页：1
字　　数：545 千
版　　次：2024 年 11 月第 1 版　2024 年 11 月第 1 次印刷

ISBN 978-7-5520-4450-8/F·776　　　　　定价：168.00 元

版权所有　翻印必究